21世纪高等院校人力资源管理专业教材新系

Human Resource Management

企业劳动关系管理

BUSINESS LABOUR RELATIONS MANAGEMENT

（第四版）

吴晓巍　主　编
孙劲悦　副主编

东北财经大学出版社
Dongbei University of Finance & Economics Press
大　连

图书在版编目（CIP）数据

企业劳动关系管理 / 吴晓巍主编. —4版. —大连：东北财经大学出版社，2020.8（2021.12重印）
（21世纪高等院校人力资源管理专业教材新系）
ISBN 978-7-5654-3845-5

Ⅰ.企… Ⅱ.吴… Ⅲ.企业-劳动关系-管理-高等学校-教材 Ⅳ.F272.92

中国版本图书馆CIP数据核字（2020）第059401号

东北财经大学出版社出版
（大连市黑石礁尖山街217号 邮政编码 116025）
网 址：http://www.dufep.cn
读者信箱：dufep@dufe.edu.cn
大连永发彩色广告印刷有限公司印刷 东北财经大学出版社发行

幅面尺寸：170mm×240mm 字数：496千字 印张：24 插页：1

2020年8月第4版 2021年12月第3次印刷

责任编辑：李 彬 王 斌 责任校对：孙 平
封面设计：张智波 版式设计：钟福建

定价：48.00元

教学支持 售后服务 联系电话：（0411）84710309

如有印装质量问题，请联系营销部：（0411）84710711

新世纪人力资源管理的思考（代序）

跨入新世纪，经济全球化、技术进步和消费者地位的提升等使得企业的外部经营环境变化越来越快。很多企业管理的研究者与实践者都有一个共识：不确定性是企业所面临的新竞争环境的主要特征。以不确定性为特征的竞争环境向企业提出了新的挑战，企业如何应对这一挑战呢？企业管理的研究者和实践者不约而同地将目光投向了人力资源。例如，核心能力理论认为，企业在本质上是一个能力体系，能力是能够为人们共同感受到的智力资本，它包括人力资本、结构资本和顾客资本。组织变革理论认为，有效的沟通是一种重要的组织资源，组织内群体之间、个体之间以及群体与个体之间能否有效地整合和分享有价值的信息与知识是衡量组织有效性的标准，从而将研究的焦点指向了组织内的人。而以资源为基础的企业理论则认为，传统的竞争优势来源（如技术、财务资源的获得）已不再能以稀缺的、不可模仿的和不可替代的方式为企业创造价值。因为人力资源的价值创造过程具有路径依赖和因果关系模糊的特征，其细微之处竞争对手难以模仿，所以，企业的人力资源将是持久竞争优势的重要来源，有效管理人力资本，而不是物质资本，将是企业绩效的最终决定因素等。尽管不同的理论对“什么是人力资源”有着不同的解释，其殊途同归的根本原因却在于“人是企业能对自身进行变革以适应环境变化的唯一动力”。在企业系统中，人具有其他要素所没有的特性——自我变革与自我发展的能力，即也只有人，才能够对企业的构成要素以及要素之间的关系进行调整。可见，当企业与环境间的平衡被打破时，必须借助于人的力量，才能重新达成企业与环境间的适配。因此，面对具有不确定性的竞争环境，企业管理的研究者和实践者都只能从人——这个企业自身变革的唯一动力源上，来试图找出有效的对策。从这一认识出发，可以毫无疑问地断言，人力资源成为企业管理研究与实践的热点和核心是一种历史的必然。

然而，“人力资源”并不等同于“人力资源管理”，正如一位首席执行官在回答记者提问时所说：“如果你是指小写的hr（指人力资源），那么我认为其是企业成功的关键；如果你是指大写的HR（指人力资源部或人力资源管理实践），那我就并不这么认为了。”这表明人力资源管理在实践中并没有受到重视。为什么人力资源管理并没有在实践中发挥应有的作用呢？我们知道，人力资源管理在本质上是人力资源能够被开发的工具。企业管理者们可以运用人力资源管理实践，如人力资源规划、招聘与挑选、培训与开发、绩效管理与评估、薪酬制度管理等，来吸引、确认和保留高质量的人力资源。企业在获得高质量的人力资源之后，人力资源管理的下一个目标是鼓励人们表现出支持企业利益的行为。因为人力资源对企业持续竞争优势来说只是一个必要条件，而不是一个充分条件。人力资源潜力的实现，在一定程度上是由于人们通过表现出特定的行为而允许企业从中获益。因此，人力资源管理是人力资源和企业绩效关系的中间变量。人力资源仅仅在与正确的人力资源管理实践——通过诱发员工行为产生优势的实践——相结合时，才是有效的，即拥有正确的人力资源管理是人力资源效率最大化的必要条件。这种中间变量角色在一定程度上也解释了为什么许多企业强调人力资源的重要性，而只有极少的企业能够开发出作为竞争优势之源的人力资源。

现实中人力资源管理没有能够发挥出应有的作用通常在于人们对于人力资源管理角色的错误定位。人们依然按照传统人事管理的观念将企业人力资源管理看成“成本中心”，而在新经济条件下企业人力资源管理应该成为企业的“利润中心”。要实现人力资源管理从成本中心向利润中心的转变，企业对人力资源管理的定位应该实现如下的转变：

首先，人力资源管理部门必须转变其思想观念，从注重“人力资源管理做什么”转变为关心“人力资源管理的产出是什么”，从解决“企业经营运作过程中的人的问题”转变为解决“与人有关的企业经营运作问题”。

其次，人力资源管理者必须从传统的职能专家向战略伙伴、员工支持者转变。其中，战略伙伴角色主要集中于把人力资源的战略和行为与经营战略结合起来。在这一角色中，人力资源管理者以战略伙伴的面目出现，通过提高组织实施战略的能力来帮助保证经营战略的成功。员工的支持者角色意味着人力资源管理者需要帮助维持员工和企业之间的心理契约，把精力投入到员工日常关心的问题和需求上，积极地倾听、积极地反应，并向员工提供为满足他们不断变化的要求所需的资源，创造一个学习的氛围和环境，让企业员工置身于其中，激发出一种自然的学习动力和工作成就感。

最后，人力资源管理者必须掌握新的技能：掌握业务，掌握人力资源，具备个人能力和掌握变革。掌握业务要求人力资源管理成为企业核心经营管理的一部分，了解并参与基本的业务活动，具备强烈的战略业务导向。掌握人力资源是指人力资源管理要确保基本的管理和实践相互协调，并担当起行政职能。具备个人能力是指人力资源管理者应具备良好的人际影响能力、问题解决能力和创新能力。掌握变革要求人力资源管理者应懂得如何领导企业变革与重组。很显然这四种新技能是与人力资源管理的新角色一一对应的。

人力资源管理任重而道远。相对于肩上的千斤重担，这门年轻的学科显得十分稚嫩，迫切地需要企业管理研究者和实践者们辛勤地培育。东北财经大学出版社的这套丛书从不同的层面、不同的视角对人力资源管理领域内的不同问题作了全面、系统和深入的探讨，对推动人力资源管理的理论发展，提高人力资源管理的实践水平，无疑是雪中送炭。这套丛书与20世纪90年代以来陆续引进和出版的人力资源管理教材不同，其具有两个显著的特征：一是先进性，这套丛书紧跟时代步伐，汇集了人力资源管理的最新观点、内容、原理和方法；二是适用性，这套丛书以培养能力为目标，吸收了国外教材的众多优点，特别适合于企业管理专业和人力资源管理专业的本科生、硕士研究生、教师以及人力资源经理们使用。总之，这套丛书是国内不可多得的优秀人力资源管理教材。十分感谢东北财经大学出版社给我这套丛书先睹为快的机会，读书偶感，权且为这套丛书的出版作贺。

赵曙明

于南京大学

第四版前言

在建立和完善社会主义市场经济体制过程中，我国的劳动关系日趋复杂多样。我国致力于维护和谐稳定的劳动关系，初步形成了以《中华人民共和国劳动法》为主体的调整劳动关系的法律法规体系，建立了劳动合同和集体合同制度、三方协调机制、劳动标准体系、劳动争议处理体制和劳动保障监察制度，与社会主义市场经济相适应的新型劳动关系基本形成。

劳动关系是最基本、最重要的社会关系之一，事关广大劳动者和企业的切身利益，事关经济健康发展与社会和谐稳定。当前，我国劳动关系总体保持和谐稳定，但同时也应看到，我国劳动关系的内部因素和外部环境正在发生深刻变化，处于劳动关系矛盾多发期和凸显期，已成为社会的主要矛盾之一，而我国协调劳动关系的法律、体制、制度和机制还不健全，劳动关系基层工作仍比较薄弱，机构和队伍建设相对滞后，与劳动关系形势的发展变化不相适应，实现劳动关系长期和谐稳定面临严峻挑战，任务艰巨繁重。

党中央高度重视新形势下的劳动关系工作，党的十九大报告做出“中国特色社会主义进入新时代”的重大政治判断，明确提出“完善政府、工会、企业共同参与的协商协调机制，构建和谐劳动关系”的目标要求。习近平总书记在十九大报告中指出：我国是工人阶级领导的、以工农联盟为基础的人民民主专政的社会主义国家；建设知识型、技能型、创新型劳动大军，弘扬劳模精神和工匠精神，营造劳动光荣的社会风尚和精益求精的敬业风气；完善政府、工会、企业共同参与的协商协调机制，构建和谐劳动关系；增强群众工作本领，创新群众工作体制机制和方式方法，推动工会、共青团、妇联等群团组织增强政治性、先进性、群众性，发挥联系群众的桥梁纽带作用，组织动员广大人民群众坚定不移跟党走。党中央明确提出要在改善民生和创新管理中加强社会建设，推动实现更高质量的就业，千方百计增加居民收入，统筹推进城乡社会保障体系建设，并确定了构建中国特色和谐劳动关系的新任务，提出了新要求、新举措。不断研究和丰富构建中国特色和谐劳动关系理论，努力探索出一条符合中国国情的构建和谐劳动关系新路子，是当前和今后一个时期摆在我们面前的一项重大历史任务。

随着社会主义市场经济的发展和完善，新的劳动关系管理实践和经验不断涌现出来。《企业劳动关系管理》自2009年出版发行以来，读者一致反映本书时代性强，重点突出，主线清晰，简明实用。本书是人力资源管理专业的核心教材，也是管理类本科专业和研究生的主干教材。本次修订，立足于内容新颖、前沿和创新，引入了劳动关系管理的新思想、新方法，更换了许多现实案例和相关数据，使之既具有较强的新颖性和前瞻性，又具有较强的实践性和可操作性。本次修订中，武玉莹、陈金凤、刘璐斯、丁雅素、贺银脂、邵新参与了案例的整理和文字的校对工作。

本书借鉴和参考了国内外学者的大量研究成果，谨致以最诚挚的谢意！

东北财经大学出版社领导和编辑给予了热情的帮助和精心的指导，在此表示衷心的感谢。

编　者

2020年1月

目　录

第1章 导 论

引导案例

2019年9月16日，美国爆发了汽车工人大罢工。约有4.8万名通用汽车公司的工人走上街头举行了罢工，其中，工会成员有4.6万名。工人们举着写有标语的牌子，牌子上的一个组织再次走进人们的视线，这个组织就是美国汽车工人联合会（United Automobile Workers，UAW）。它是这次罢工活动的组织者，组织和领导了这次长达六周的罢工活动。罢工事件起源于通用汽车公司在2018年底宣布将在2019年11月关闭4家美国工厂。对此，UAW向通用汽车公司提出了两项意见：一是希望通用汽车公司将部分工厂从墨西哥转移到美国，为美国本土创造更多就业机会，通用汽车公司在转型成为电动汽车企业后，需确保工人的就业量；二是要求提高工人工资、医疗保健、就业保障等薪酬福利。但最终双方谈判失败，UAW组织了工人的罢工行动。该事件成为美国近12年来最大规模的罢工行动。

大罢工对各方造成了重大损失和影响。据统计，北美地区已有约1万名非工会成员的工人因罢工而失业。大罢工导致通用汽车公司的汽车生产线停产，也影响加拿大及墨西哥工厂的正常生产，通用汽车公司每天的损失约为4亿美元（约合人民币28.27亿元）。美国劳工部表示，罢工造成了通用汽车公司逾20亿美元的损失，已经失去了30万辆汽车的产量。接着，美国汽车座椅及电子系统供应商李尔公司10月末宣称，罢工将对李尔公司2019年的财务收入情况产生不利影响，因此，公司将调低全年的收入预期。通用汽车公司是李尔公司最大的客户，2018年在李尔公司业务总量中的占比达到18%。李尔公司首席执行官表示，通用汽车公司的罢工活动导致李尔公司收入损失达到5.25亿美元，称“罢工每周会导致其损失7 000万至7 500万美元”。通用汽车公司的罢工活动对其他主流供应商也产生了深刻影响，包括Nemak、安道拓和佛吉亚。

2019年10月末，UAW宣布，经工会工人投票，决定与通用汽车公司签订为期4年的新劳动合同，并宣布结束罢工行动。当日，约41 000名通用汽车公司工会会员参与了投票，最终57.1%的成员支持新的合同。新合同通过后第二天，4.8万名工人已回归工作岗位。新合同将使通用汽车公司每年至少增加1亿美元的人工成本。这份协议的主要内容包括：第一，通用汽车公司承诺投资90亿美元在美国建厂，其中77亿美元为直接投资，其余资金将用于合资企业。第二，通用汽车公司将为工会工人提供9 000个工作岗位，其中相当一部分是新增的就业机会。第三，通用汽车公司为全职职工提供11 000美元的签约奖金等。第四，通用汽车公司实施医疗保健计划。

资料来源 ①佚名．通用工人罢工结束 损失逾20亿美元［EB/OL］．［2019-10-10］．https：//www.pcauto.com.cn/news/1863/18633785.html.②佚名．美国通用汽车5万工人走上街头罢工 曹德旺意外亮了［EB/OL］．［2019-10-10］．https：//finance.sina.com.cn/chanjing/gsnews/2019-09-17/doc-iicezzrq6316312.shtml.③张晨静．鏖战31天后，美国通用汽车近50年来最长罢工达成“暂定协议”［EB/OL］．［2019-10-10］．https：//www.guancha.cn/internation/2019_10_18_521877.shtml.

学习目标

劳动关系是现代社会中最基本的社会经济关系之一，其规范、协调程度对于劳动者、企业以至整个社会都有重大影响。本章旨在阐明劳动关系的基本概念、主体、特征和类型，介绍劳动关系理论的研究历程、主要学派观点和劳动关系运作及管理的内容，并介绍劳动关系的组织及外部环境的构成要素及相互关系等。

1.1 劳动关系概述

劳动关系是人们为实现劳动过程而形成的一种社会关系，是人类社会最基本的社会关系之一。在市场经济体制下，劳动关系是劳动者、企业和政府都密切关注的。一个企业内部的劳动关系状况如何，直接关系着该企业的生产效率、生产质量、劳动力成本以至核心竞争力；对整个社会而言，劳动关系还会影响经济增长、就业和失业状况、社会财富的总量及分配，并进一步影响全体社会成员的生活质量。因此，和谐的劳动关系是劳动者、企业和社会孜孜以求的目标，劳动关系问题是包括劳动者、企业、工会、政府等在内的劳动关系各主体所必须面对的重大课题。

1.1.1 劳动关系的概念

劳动关系（labor relations）通常是指生产关系中直接与劳动有关的那部分社会关系，或者说是指整个社会关系系统中与劳动过程直接相关的社会关系系统。具体地说，劳动关系是指劳动者与劳动力使用者以及相关组织为实现劳动过程所构成的社会经济关系①。

“劳动关系”这一概念包含以下几个方面的内容：第一，劳动关系的目的。劳动关系是与劳动过程相联系并在劳动过程中形成的，实现劳动过程是劳动关系主体的直接目的。第二，劳动关系的主体。劳动关系是以劳动者和劳动力使用者（雇主）为基本主体构成的，但为实现劳动过程，相关的社会组织——主要是作为社会生产过程组织协调者的政府、作为劳动者利益代表的工会组织以及作为劳动力使用者利益代表的雇主组织，也是不可或缺的。第三，劳动关系的性质。劳动关系的基本性质是社会经济关系，或者说，劳动关系是以经济关系作为基本构成的社会关系。

在不同国家或不同的体制下，劳动关系又有不同的称谓，如劳资关系、劳工关系、劳使关系、雇佣关系、员工关系、产业关系等。这些不同的称谓，是从不同角度对特定劳动关系性质和特点的把握和表述。对这些相关概念的对比和解释如下：

①劳资关系（labor-capital relations），是一种最传统的称谓，一般是指私有制

① 常凯．劳动关系学［M］．北京：中国劳动社会保障出版社，2005.

企业中的劳动关系，所体现的是雇佣工人和雇主（企业主）的关系。这一关系既包括劳动者个人与雇主的关系，也包括工会与雇主或雇主团体的关系。这是在市场经济条件下使用最广泛的一个概念，其特点是突出劳资的区别，主体明确、关系清晰，但具有阶级关系的性质和某种对抗的含义。

②劳工关系（labor relations），该称谓与劳动关系在英文中为同一词组，但在中文上更强调劳工（劳动者）的地位，特别是劳工团体的地位，突出劳动关系是以劳工为核心和重点的关系，注重集体劳动关系、集体协商等工会与雇主之间的互动过程。我国台湾地区和海外华人学者更多使用这一概念。

③劳使关系（labor-user relations），这一称谓源于日本，意为劳动者与劳动力的使用者之间的关系。与劳资关系这一称谓所带有的对抗意味相比，该概念显得中性、温和，同时也能准确地表述出关系的内涵。

④雇佣关系（employee-employer relations），又称劳雇关系，强调的是受雇者与雇主的关系，主要是以就业关系为中心的个别劳动关系，一般不包括集体劳动关系。一些不赞同工会的学者通常喜欢使用这一概念。

⑤员工关系（employee relations），是指企业管理方与员工及其团体之间产生的关系。这一关系包括双方基于雇佣合同的法律关系，也包括双方之间的伦理关系。这一称谓源于西方的人力资源管理体系，是从人力资源管理角度提出的取代劳资关系的概念。它强调以员工为主体和出发点的企业内部关系，注重个体层面上的关系和交流，蕴含了注重和谐与合作的精神。

⑥产业关系（industrial relations），又称工业关系，原意为区别于前资本主义劳动关系的以社会化大生产为基本特征的工业生产过程中的劳动关系。狭义的产业关系等同于劳资关系，主要指劳动者及工会与雇主之间的关系；广义的产业关系则指产业及社会中管理者与受雇者之间的所有关系，包括了雇佣关系的所有层面以及相关的机构和社会、经济环境。这一称谓源于美国，在欧美国家和地区使用比较广泛，强调劳资双方及其组织、政府在工作场所和在整个社会中的相互作用关系，并将这种关系看作一个系统。

相对于以上各种不同称谓，劳动关系则是一个最为宽泛和适应性最强的概念。作为一个更通用的概念，劳动关系包容了上述不同概念表述的内涵，不仅可以避免所有制不同所引起的概念差异，而且可以避免从某种政治立场或经济利益出发引起的概念差异。这一概念具有概括性、客观性的特点，更能反映这一社会关系所具有的一般特征。因此，《中华人民共和国劳动法》（以下简称《劳动法》）和《中华人民共和国劳动合同法》（以下简称《劳动合同法》）都明确使用“劳动关系”这一表述，指出目前我国劳动关系的具体含义是指劳动者在运用劳动能力、实现劳动过程中与用人单位之间产生的经济社会关系[①]。

---

① 《中华人民共和国劳动法（1994）》第一章。

1.1.2 劳动关系的主体

劳动关系的主体是指劳动关系的参加者，是劳动关系构成的基本要素，也是劳动关系研究的基本内容。狭义上讲，劳动关系主体包括两方：一方是雇员以及以工会为主要形式的雇员团体，另一方是雇主以及雇主组织。广义上讲，劳动关系的主体还包括政府（如图1-1所示）。在劳动关系的发展过程中，政府通过立法介入和影响劳动关系，发挥其调控、监督和干预作用。下面分别对各劳动关系主体进行介绍。

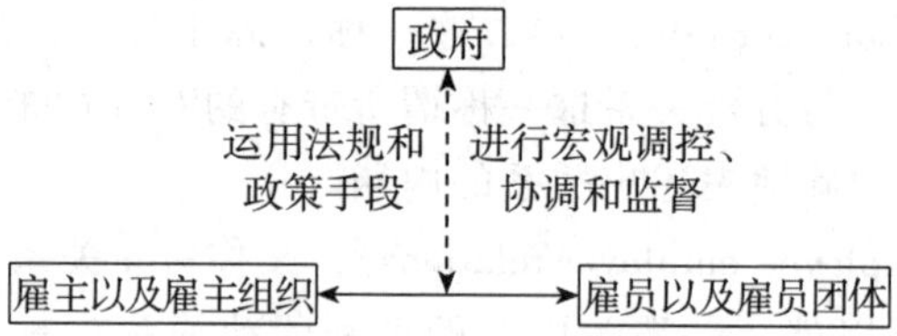

图1-1 劳动关系主体

1）雇员

雇员（employee）又称为员工、劳动者（labor），指具有劳动权利能力和行为能力，由雇主雇用并在其管理下从事劳动以获取工资收入的法定范围内的劳动者。雇员的范围非常广泛，包括蓝领工人、医务人员、行政管理人员、教师、警察、社会工作者等，不包括自由职业者、自雇用者和农民。在就业组织中，雇员本身不具有基本经营决策权力并从属于这种权力，在劳动过程中处于被支配的地位。

2）雇员团体

雇员团体是指因为共同利益、兴趣或目标而形成的雇员组织，包括工会（trade union）、类似于工会组织的雇员协会（labor union）和专门的职业协会。在我国和世界上的许多国家，工会是雇员团体的最主要形式，其主要目标是代表并为其成员争取利益和价值。非工会的雇员团体包括独立于工会的雇员协会，它往往是在一个就业组织内部形成的，如基于某一兴趣而组成的员工俱乐部、员工协会等，也包括员工组成的非正式组织。职业协会是由跨企业、跨行业从事某种特定职业的雇员组成的组织，如律师协会、会计师协会等，其主要目标是为其成员争取更多的在特定职业方面的利益。

3）雇主

雇主（employer）也称企业主（enterpriser/entrepreneur）或资方（capital），是指雇用他人为其工作，并须支付工资或报酬的法人或自然人。雇主可以包括雇用员工的业主、经营负责人或代表业主处理有关劳动事务的人，其最重要的特征在于拥有经营决策权，尤其是对雇员的劳动请求权和指示命令权。

4）雇主组织

雇主组织是由雇主依法组成的组织，它们以行业或地区为纽带，一般不直接介入雇员与雇主的具体劳动关系事务中。其主要任务是同工会或工会代表进行集体谈判，在劳动争议处理过程中向其成员提供支持，通过参与同劳动关系有关的政治、社会活动以间接影响劳动关系的形成。常见的雇主组织形式有行业协会、地区协会以及国家级雇主联合会。

5）政府

政府（government）在劳动关系中的角色，是代表国家运用法规和政策手段对劳动关系的运行进行宏观调控、协调和监督，具体包括规制者（regulator）、监督者（inspector）、损害控制者（damage controller）以及协调与仲裁者（mediator and arbitrator）①。另外，政府作为公共部门的雇主，也以雇主身份直接参与和影响劳动关系。

1.1.3 劳动关系的特征

作为人类社会最基本的社会经济关系之一，劳动关系的特征可以概括为以下几个方面：

1）个别性与集体性

雇主向雇员支付劳动报酬，雇员向雇主让渡自己的劳动力而获得报酬，这种雇主与单个雇员之间形成的雇用与被雇用的关系，是劳动关系最本质、最一般的基本构成形态。为了维持和提高雇员群体的共同利益，雇员团体（主要是工会）作为与雇主及其组织抗衡和协调的力量，也与雇主及其组织间形成了互动关系。因此，从劳动关系的主体看，劳动关系具有个别性和集体性特征。

2）平等性与隶属性

一方面，在劳动力市场上，劳资双方都是自由、独立的主体，双方平等协商并签订书面协议完成劳动力的市场交换。另一方面，劳动者以劳动换取报酬，处于从属地位，提供职业性劳动，从这一点讲，劳动关系具有隶属性的一面。

3）对等性与非对等性

就劳动关系双方的权利义务而言，具有对等性和非对等性之别。所谓对等性义务，是指一方没有履行义务之前，他方可以免除另一相对义务的履行。所谓非对等性义务，则是指一方即使没有履行某一相对义务，他方仍不能免除履行另一义务，如雇员提供劳动与雇主支付报酬之间具有对等性，但雇员的忠实义务与雇主的照顾义务之间则无对等性。对等性义务属于双方的利益交换，而非对等性义务则属于伦理道德上的要求。

4）经济性、法律性与社会性

雇员通过提供劳动获取一定数量的报酬和福利，体现了劳动关系的经济性。同时，劳动关系在法律上是通过劳动契约形式表现的，雇员在获取经济利益的同时，还要从工作中获得作为人所拥有的尊严、归属感、成就感，其经济要素和社会身份要素并存于同一法律关系中。

---

① TAYLOR B，KAI C，QI L. Industrial Relations in China［M］. Northampton：Edward Elgar Publishing，Inc.，2003.

劳动关系的特征属性如图1-2所示。

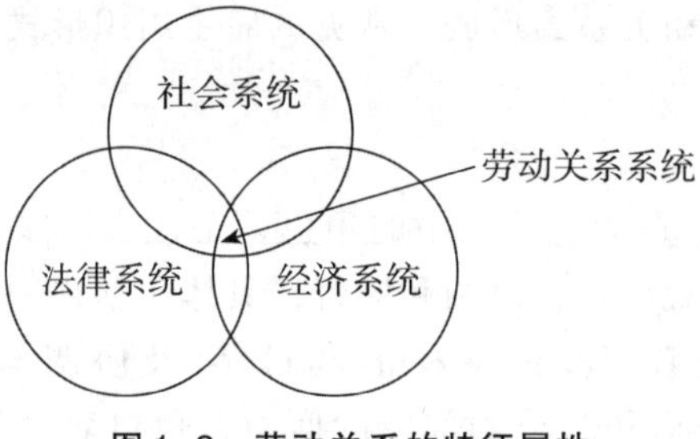

图1-2 劳动关系的特征属性

资料来源 MILLS D. Labor Management Relations［M］. 5th ed. New York：McGraw-Hill，1994.

1.1.4 劳动关系的层级结构与类型

1）劳动关系的层级结构

劳动关系就其构成形态而言，可以分为个别劳动关系、集体劳动关系和社会劳动关系。

个别劳动关系是单个劳动者与雇主分别形成的雇用与被雇用的关系。人们在日常生活中所感受和所指向的劳动关系，通常都是这种个别劳动关系。个别劳动关系是劳动关系最直接、最本质和最一般的构成形态，主要涉及劳动行为的实现和劳动标准的保障，体现了劳动关系的从属性和人身性。雇主追求的利润与劳动者追求的报酬之间存在此消彼长的关系，因此，个别劳动关系中包含了劳动关系构成的基本要素特点和矛盾冲突因素，体现了劳动关系作为一种社会经济关系的基本特点。

集体劳动关系是指作为劳动者代表的工会与雇主及其组织间所形成的关系。集体劳动关系最重要的特点是工会等劳工组织作为代表介入劳动关系中，并针对众多劳动者个体的共同利益与资方进行平等协商，谋求力量与地位的平衡。在企业中，劳动关系首先是若干个别劳动关系的集合，工会成立后即形成集体劳动关系。个别劳动关系和集体劳动关系都在企业这一组织形式的内部形成和运行，因而可以统称为企业劳动关系（企业劳动关系结构如图1-3所示）。

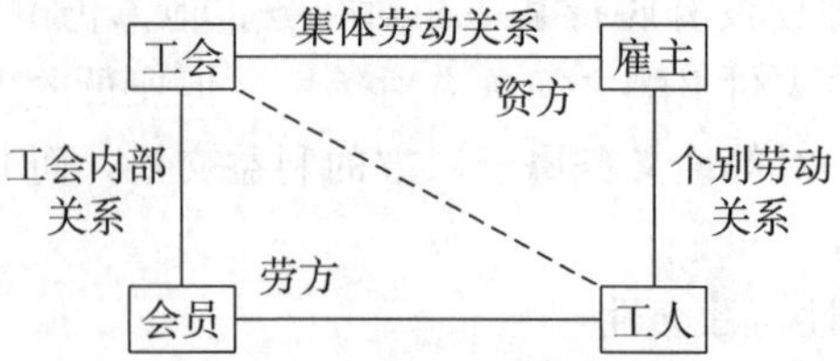

图1-3 企业劳动关系结构

资料来源 常凯. 劳动关系学［M］. 北京：中国劳动社会保障出版社，2005.

社会劳动关系是整个社会层面的劳动关系，它超越了企业劳动关系的层次，是一种宏观层面的劳动关系。社会劳动关系最重要的特征是政府作为一个直接主体介入其中，所涉及的不仅是劳资双方的具体利益，而且涉及公共利益和社会关系。社会劳动关系侧重解决劳工政策、经济政策和社会政策等层面的问题。

2）劳动关系的类型

按照劳动关系主体之间的力量对比，可以把劳动关系划分为均衡型劳动关系、不均衡型劳动关系和政府主导型劳动关系。均衡型劳动关系是指劳动关系双方的力量相差不大，能够相互制衡。其具体表现为：在相关法律和制度的保障下，劳动者和工会代表有权了解组织内部信息，参与组织的基本生产决策与经营管理。而不均衡型劳动关系则是指劳动关系双方力量悬殊，一方在组织运行中起主要作用并支配另一方。该类型又可分为两种情况，即向雇主方倾斜或向雇员方倾斜，一般情况下以前者居多。所谓政府主导型劳动关系，是指政府控制劳动关系力量，并且决定劳动关系事务的情况。这种类型以计划经济国家、新加坡等较为典型。

按照雇主与员工在利益方面的相互关系划分，可将劳动关系划分为利益冲突型劳动关系、利益协调型劳动关系和利益一致型劳动关系。所谓利益冲突型劳动关系，是以劳资双方矛盾和劳资阵营对峙为基础建立的劳动关系。在这种类型的劳动关系中，双方主体存在明显的矛盾和分歧，各自均有自己的利益，彼此的阶级（或阶层）立场也不同，发生劳资矛盾和劳资冲突难以避免，工会在其中往往代表着工人的利益。这种类型的劳动关系又称为“传统型”劳动关系。而利益协调型劳动关系是以劳资双方权利对等和地位平等为基础建立起来的劳动关系。在这种劳动关系中，双方主体在人格和法律上是平等的，双方相互享有权利和负有义务，在处理双方利益关系时，遵循对等协商的原则，以实现双方的共同目标。从法律上看，这种劳动关系是以近代劳动立法中的契约精神为依据构建的，它不仅表现出劳资双方的关系比较和谐稳定，而且使得社会和经济也能够稳定发展，可称之为“西方型”的劳动关系。所谓利益一致型劳动关系，则是以管理者或雇主为中心建立起来的劳动关系。这种劳动关系的特点在于强调劳动关系双方利益的一致性。在这种关系类型中，劳动者的利益往往是由国家和企业代表的，而人力资源开发与管理机制则相对重要并要求完善和健全。因为日本企业内部的劳动关系多属于这种类型，因此该类型又被称作“亚洲型”的劳动关系。

按实现劳动过程的形式来划分，劳动关系又可分为两类：一类是直接实现劳动过程的劳动关系，即用人单位与劳动者建立劳动关系后，由用人单位直接组织劳动者进行生产劳动的形式，当前这一类劳动关系占绝大多数；另一类是间接实现劳动过程的劳动关系，即劳动关系建立后，通过劳务输出或借调等方式由劳动者为其他用人单位服务实现劳动过程的形式。这一类劳动关系目前占少数，但今后会逐年增多。

1.2 劳动关系理论及系统运作

作为最基本的社会经济关系，如何调整劳动关系并使其与社会经济发展目标保持一致，是政府、学术界和企业界共同关注的问题。发达国家为解决该问题已经经历了几个世纪的探索和改进，并在此基础上产生和发展了现代的劳动关系理论。这些理论对各国的劳动政策、产业政策、相关立法和制度都产生了重要影响，而企业内实际运作的劳动关系实践又进一步丰富和完善了各国的劳动关系理论。

1.2.1 劳动关系理论

在对劳动关系理论的研究中，西方学者从不同立场和对现象的认识出发，得出了互不相同的结论，形成了具有代表性的五个学派：新古典学派、人事管理学派、正统多元论学派、自由改革主义学派和激进派。这些学派观点的相似之处在于：都承认雇员和雇主之间存在目标和利益的差异。其主要区别表现在：第一，对雇员和雇主之间的目标和利益差异的重要程度认识不同；第二，在市场经济中对这些差异带来的问题提出了不同的解决方案；第三，对劳资双方的力量分布和冲突的作用持不同看法，尤其是在冲突在劳动关系中的重要程度以及雇员内在力量相对于雇主是否存在明显劣势这两个问题上存在分歧；第四，在工会的作用以及当前体系所需的改进等方面存在认识差异。

1）新古典学派

新古典学派也称新保守派，基本上由保守主义经济学家组成，是在代表新兴资产阶级利益的古典经济学说的基础上发展和演化而来的。这一学派对劳动关系理论进行了卓有成效的研究，认为市场化是解决劳动力市场效率与公平问题的最佳途径。在理想的市场经济中，市场的各主体将效用最大化作为最终目标，通过市场机制这只“看不见的手”将资源配置到最有效率的地方。该学派认为，所谓公平和公正，是指劳动生产率高的员工将获得相应的、较高的工资报酬，而市场竞争机制恰能保障员工获得这种“公平和公正”的待遇。

新古典学派认为，具有经济理性的雇员与雇主有着不同的利益和目标，但是同时他们又能相互协调这些目标。假如市场运行和雇主策略不受任何其他因素的干扰，那么劳动关系的双方都会履行自己的义务，实现管理效率和生产效率最大化，资方获得高利润，雇员获得高工资、福利和劳动保障，从而实现公平。同时，该学派认为工会的作用是负面的，工会并不是劳动力市场所需要的，其垄断力量破坏了本来可以自由流动的劳动力市场关系，使得市场力量失衡，长期来看对雇员和雇主都没有好处。

新古典学派的政策和管理主张，是将市场规律引入工资和福利决定的过程，把雇员的工资收入和绩效联系起来，并赋予管理方以更大的管理弹性，减少限制管理权力的法律和法规，尤其是要减少劳动法对管理方的限制。

在奉行新古典学派思想的国家中，以美国模式最为典型，加拿大和爱尔兰的主流思想也是新古典主义思想。近年来，该学派也开始关注劳动关系系统内部各要素之间的作用和特征，开始对工会的组织化水平、集体谈判的结构和性质以及工人罢工行为等进行考察和研究。

2）人事管理学派

人事管理学派多由组织行为学者和人力资源管理专家组成，该学派主要是从人力资源管理的角度来研究劳动关系问题。该学派的基本理论假设是，雇员与雇主的利益是基本一致的，劳资双方都希望自己的企业有更好的发展。双方产生冲突的原因在于雇员认识到自身始终处于管理权力的从属地位，管理与服从的关系是员工不满的根源。如果雇主能够采用高绩效模式下的“高认同感”的管理策略，劳资冲突就可以避免，并且会使双方保持和谐的关系。

该学派对工会的态度是模糊的。大多数该学派的倡导者认为工会的存在会威胁到资方的管理权力，不仅不能解决本质问题，而且还常常给企业与员工带来负担。在已经建立起工会的企业，雇主应该将工会的存在当成既定的事实，同工会领导建立合作关系，发挥工会的“伙伴角色”作用而不是“对立角色”作用。与新古典学派相比，人事管理学派对“纯市场”经济的局限性认识得更多一些，主张采用更加人性化的管理方式和工作组织形式，强调雇员与雇主之间的相互信任和合作。

自20世纪70年代后期起，日本的劳动关系模式成为该学派主张的典范。近年来，英国的劳动关系改革也在向该学派方向发展。在人事管理学派“效率与公平完全和谐”的假设基础上，其管理实践旨在建立工作场所的新型伙伴关系，鼓励劳资双方的信任和合作，以实现“共赢”。

3）正统多元论学派

正统多元论学派由传统上采用制度主义方法的经济学家和劳动关系学者组成，该学派的观点是第二次世界大战以来发达市场经济国家一直奉行的传统理念的延续。该学派主要关注经济体系中对效率的需求与雇佣关系中对公平的需求之间的平衡，主要研究劳动法律、工会和集体谈判制度。该学派认为，雇员对公平和公正待遇的关心，同管理方对经济效率和组织效率的关心是相互冲突的，同时也认为，这种冲突仅限于诸如收入和工作保障等具体问题，而且这种冲突是可以通过双方之间存在的共同、根本利益加以解决的。解决的方法是将冲突通过各种渠道转化为可以控制的双方共同遵守的规则。

正统多元论学派的核心假设是，通过劳动法和集体谈判确保公平与效率的和谐发展是建立最有效的劳动关系的途径，这也是第二次世界大战以后许多国家所奉行的劳动关系制度。该学派强调弱势群体的工会化，强调更为集中的、在产业层次上的集体谈判，提出用工人代表制度等形式来保证劳动标准的推行，形成“工业民主”的氛围。

德国是实施正统多元论学派政策最典型的国家，德国模式也是该学派最为推崇的现实模式。德国模式的特点是强调劳动法、雇员参与制度、工作委员会制度以及政府为工会提供信息、咨询和共同决策权等，工会成为社会经济结构的组成部分，在产业层面上进行集体谈判和协商，具有相当强的调整劳动关系的能力。

4）自由改革主义学派

自由改革主义学派更具有批判精神，积极主张变革。该学派的观点在五种学派中最为松散，包括了对歧视、不公平、大量裁员与关闭工厂、拖欠工资与福利、危险工作环境以及劳动法和集体谈判体系中的缺陷等问题的分析和批评。该学派十分关注如何减少或消灭雇员受到的不平等和不公正待遇，认为劳动关系是一种不均衡关系，雇主凭借其特殊权力处于主导地位。从双方地位差异这个角度看，该学派与正统多元论学派、人事管理学派并没有很大的分歧。但该学派认为现存的劳动法和就业法不能为雇员提供足够的权利保护，因为公正、平等地对待雇员往往会影响雇主的利益，因此为了确保雇员受到公正、平等的待遇就必须加大政府对经济以及劳动力市场的干预。

自由改革主义学派的最大特点是提出了“结构不公平”理论。该理论将经济部门划分为“核心部门”和“周边部门”。“核心部门”是指规模较大、资本密集且在产品市场上居于主导地位的厂商；“周边部门”则是规模较小、劳动密集且处于竞争性较强的市场上的厂商。该学派认为，核心部门由于经济实力强，更能消化和转移附加成本，并且在核心部门工作的雇员具有更多的关系力量，所以与周边部门相比，核心部门能够为雇员提供更优厚的劳动条件，采用更进步的管理方式。自由改革主义学派支持强有力的劳动法和各种形式的工人代表制度，关注更广泛的经济社会政策，反对市场化尤其是自由贸易协议，主张强势工会，认为工会应该比以往更加关心更为广泛的社会问题和事务。

瑞典模式是自由改革主义学派观点最具代表性的实例。瑞典是世界上最著名的社会福利较好的国家之一，在传统上遵循“积极的劳动力市场”政策。任何工人团体都可以自由组成工会，其协议自动覆盖该工会所在的产业，瑞典的工会在国家政策和管理方面的影响力很大，在社会保险、福利方面承担管理责任。

5）激进派

激进派主要由西方的马克思主义者组成，所关注的问题同自由改革主义学派有许多相同之处，但它更关注劳动关系中双方的冲突以及对冲突过程的控制。该学派认为自由改革主义所指出的问题是资本主义经济体系本身固有的问题，因而其提出的政策主张的作用也十分有限。激进派认为，在经济中代表工人的“劳动”利益与代表雇主与管理者的“资本”利益是完全对立的。“资本”希望用尽可能低的成本获得尽可能多的收益，而工人由于机会有限处于一种内在的劣势地位，由此，这种对立在劳动关系中比在其他地方都表现得更明显。冲突不仅表现在工作场所的工资收入、工作保障等具体问题的分歧上，而且还扩大到“劳动”和“资本”之间在宏观经济中的冲突。进而，激进派认为，其他学派所提出的“和谐的劳动关系”只是一种假象。

激进派认为，只要资本主义经济体系不发生变化，工会的作用就非常有限，尽管工会可能使工人的待遇得到某些改善，但这些改善是微不足道的，要使工会真正发挥作用，必须提高工人对自身劳动权和报酬索取权的认识，了解劳动关系对立的本质，进而开展广泛的与“资本”斗争的运动。在实践层面上，激进派面临的主要是用何种社会制度来代替资本主义制度，以及如何完善这种制度的问题，该学派的主要倾向是建立雇员集体所有制。

1.2.2 劳动关系系统

系统方法是一种从总体观察和分析社会现象的研究策略，是社会科学中普遍使用的分析架构。劳动力经济学制度学派的代表人物邓洛普（John T. Dunlop）在1958年出版了《劳动关系系统》一书，将系统理论模型引入到劳动关系研究的领域中，用来解释影响劳动关系系统的多种因素及其相互影响。自此，劳动关系系统理论产生并快速发展，逐渐成为劳动关系理论研究的主流方向。

1）劳动关系系统的概念及特点

所谓系统，即由相互作用和相互依赖的若干部分结合而成的、具有特定功能的有机整体，而系统本身又是它所从属的一个更大系统的组成部分。整体性、相关性和动态性是系统的一般特征，其核心思想是系统的整体及系统内外各部分的交流与互动。劳动关系系统（labor relations system）是指现代社会系统中以劳动关系为基本关系所构成的包括劳动关系的内部构成和外部环境因素交流互动的有机整体①。

劳动关系系统是社会大系统中的一个子系统，并且是一个复杂的动态系统。如果社会、经济、法律等每个领域都构成一个基本系统，劳动关系系统就是这些基本系统相互交叉重叠的部分；反过来，社会、经济和法律系统又构成了劳动关系存在的基本外部社会环境和社会条件。劳动关系系统与环境之间是一种相互交换、相互影响、相互制约的辩证关系，劳动关系各主体要素的行为方式以适应环境为目标，而稳定的外部环境则保障了劳动关系的有序运行（劳动关系系统分析框架如图1-4所示）。

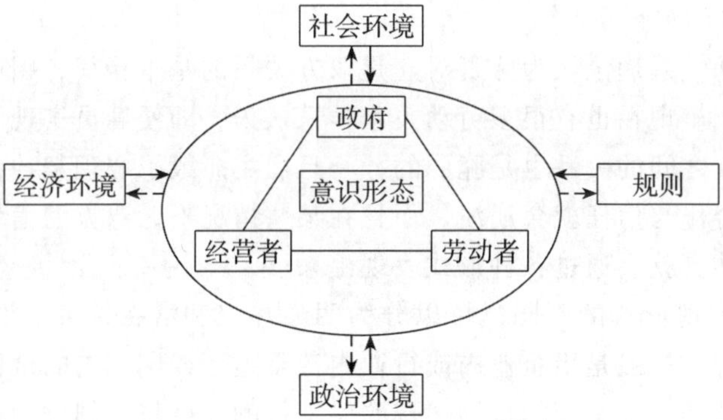

图1-4 劳动关系系统分析框架

资料来源 DUNLOP J. Industrial Relations Systems［M］. New York：Henry Holt，1958.

2）劳动关系系统的运行

劳动关系系统的运行是指劳动关系系统的组织构成、权力分配、关系处理及作用发挥的过程和方式。具体来看，其主要包括两个方面的内容：一是组织结构与相互关系；二是劳动关系处理的规则和程序。从过程上看，劳动关系的运行是指劳动关系形成和存续的动态过程，表现为劳动关系的发生、延续、变更、中止、终止等

① 常凯. 劳动关系学［M］. 北京：中国劳动社会保障出版社，2005.

一系列环节和在这些环节之间劳动者与用人单位相关权利和义务的实现。其运行过程可以划分为三个阶段：第一阶段，劳动关系的构成；第二阶段，劳动标准的确定和实施；第三阶段，劳动争议的处理和解决。从本质上说，劳动关系系统的运行是以人们之间的经济利益关系为调节轴心的，其运行的基本形态为冲突和合作两种。促进劳动关系的良性运行与和谐发展，是劳动关系系统运行的基本目标，也是劳动关系系统运行机制的基本作用。为此，必须建立和完善劳动关系系统的构成、运行和冲突处理机制，通过法律、政策、经济、道德等多项手段协调劳动关系健康发展。

1.2.3 劳动关系运作

1）劳动关系运作的含义

劳动关系运作是指雇主与雇员双方及其代表在处理与劳动相关的经济利益时所持的态度、立场和基本手段等，其基本形式有两种：冲突（conflict）与合作（cooperation）。

合作是指在组织中劳动关系双方共同生产产品或提供服务，并在很大程度上遵守一套既定制度和规则的行为。而冲突则是指劳动关系双方的利益、目标和期望不一致，甚至出现分歧导致矛盾激化，并且各自采取不同的经济斗争手段的行为。作为企业劳动关系运作中的一对矛盾，冲突和合作会交替出现，不是冲突，就是合作。而劳动关系运作的基本方向是合作，但要实现合作，必须避免冲突的发生或实现冲突的解决。

2）劳动关系冲突

传统的劳动关系理论认为劳资对立是双方关系的基本特征，因此冲突也就成为劳动关系的基调。现在也有很多劳动关系学家认为，即便雇员实现了与雇主的信任与合作，其相互之间的关系也是脆弱的，一旦雇主撕毁了心理契约或在行动上损害了雇员利益，合作与信任就会崩溃，而且在某些情况下，双方的信任和合作根本无法实现，这时冲突就会通过各种形式表现出来。

冲突按其表现形式的不同，可以分为明显冲突和潜在冲突。罢工（strike）是明显冲突的一种，一般是指企业内或行业内甚至地区或国家内的全体劳动者或一群劳动者采取的共同停止工作的行为。按照罢工目的，可将其划分为政治罢工和经济罢工。政治罢工主要是劳动者为了争夺政治权力或谋求政治需求而展开的罢工，通常由某些政党参与或组织，有时还会引发社会变革和政权更迭，因此在很多国家被认为是非法的。而经济罢工在当代各国大多被认为是合法的，但其实施也要受到国家严格的法律限制。经济罢工的形式有单一企业罢工、行业或地区的团体罢工、总罢工、同情罢工、间断罢工、交换罢工、巡回罢工和拱手罢工等。

相对于罢工，怠工（sabotage）和抵制（boycott）属于潜在冲突的形式。怠工就是懈怠工作或在工作中怠惰、懒散的意思，是一种缓慢的、温和的冲突形式。劳动者进行怠工，不需要离开自己的工作场所，也不需要停止手头的工作，只是在工作中故意怠惰、懒散，或者浪费企业的原料、破坏企业的设备和劳动工具等，以此来逼迫企业满足自己的要求。抵制则是劳动者对企业产品或服务的拒绝，不仅表现为劳动者自己不购买企业生产的产品或服务，而且表现为通过宣传使社会上其他消费者也拒绝购买企业的产品或服务，致使企业在市场的压力下不得不接受劳动者的要求。

针对雇员的冲突组织形式，企业方面也会采取应对措施，常见的有关闭工厂（lockout）、列入黑名单（black list）和解雇（discard）。关闭工厂算得上是企业的"罢工"，雇主将劳动者停职或解雇，迫使劳动者出于生计的考虑而放弃斗争。列入黑名单和解雇则是雇主对"不安分"的劳动者或工会分子的"特殊待遇"，将其排除在雇员队伍之外以防止麻烦。当然，对于企业的上述做法也有相关的法律法规予以管制，以保证劳动者的合法权益。

3）劳动关系合作

在当代，劳动关系合作是劳动关系双方追求的目标，而要实现合作，就要求双方主体及其代表运用政治、经济和心理等各种力量，采取各种合作措施以促使双方维持良好的关系。这种良好关系会给企业和劳动者都带来有益的结果，对于维持社会的稳定和进步也是十分重要的。因而，世界各国的劳动政策都十分重视合作，西方企业在寻求劳动关系合作的实践中也进行了诸多有益的探索。关于劳动关系合作的形式，目前学术界有不同的表述和归纳，主要形式有员工参与管理、双方协议制度、集体谈判制度和第三方协商制度等。这几种形式将在以后的章节中做详细的说明。

1.3 企业劳动关系管理

1.3.1 企业劳动关系管理的含义

企业的最终目标是通过雇主和雇员双方的共同努力，保证企业生产和经营活动的正常开展并圆满完成企业的生产和经营任务。但是，在企业内如果存在劳资双方的激烈冲突，没有劳动关系的合作，上述目标是不可能实现的。因此，劳动关系的和谐和合作是企业生产经营活动正常开展的前提，而协调劳资矛盾和纠纷进而实现和谐与合作需要企业实施劳动关系管理。所谓企业劳动关系管理，就是指以促进企业经营活动的正常开展为前提、以缓和及调整劳动关系的冲突为基础、以实现劳动关系的合作为目的的一系列组织性和综合性的管理措施和手段。企业劳动关系管理的基本框架如图1-5所示。

1.3.2 企业劳动关系策略

劳动关系策略就是劳动关系主体双方在劳动关系运行过程中所制定和运用的总体行动计划和具体制衡政策。经济全球化的本质是资本的全球化，全球化给我国劳

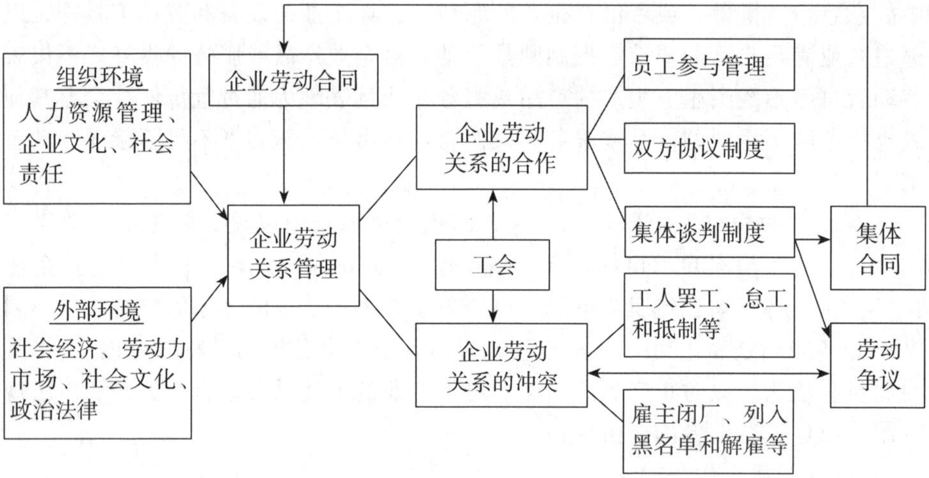

图1-5　企业劳动关系管理的基本框架

资料来源　郭庆松. 企业劳动关系管理［M］. 天津：南开大学出版社，2001.

动关系带来了新的变化，如资本对劳动的雇佣、工会弱化、劳动力市场的歧视、劳动者内部出现阶层分化等，这些变化主要是源于市场性和体制性因素。为此，政府和企业应改革劳动关系协调机制，以应对经济全球化所带来的挑战。

1）劳动关系策略理论

劳动关系策略理论是关于劳动关系具体的矛盾和问题如何处理的具有实用性和操作性的理论分析，主要关注的是微观就业组织或企业工作场所的劳动关系问题。1984年，美国麻省理工学院的托马斯·A.寇肯（Thomas A. Kochan）教授首次将策略选择引入劳动关系，并用策略选择模型分析管理方的决策行为。1986年，寇肯、凯兹和麦克西三人出版了《美国产业关系的转型》一书，根据20世纪七八十年代美国雇主的行为发展出一套综合性与整合性的理论架构——策略选择模式（strategic choice model），以此来探讨美国劳动关系的转型现象，分析美国劳动关系变化的特点①。他们认为，邓洛普的劳动关系系统理论是静态的，虽然它规定了劳动关系行为主体的作用，但在说明劳动关系的动态性时缺乏说服力。因而，他们更关注外部环境变化与劳动关系主体对环境变化的响应，在劳动关系模型中追加了“策略选择”这一动态要素，并指出劳动关系的变化是环境压力与组织响应策略的产物，劳动者、经营者以及政府等劳动关系主体对策略的选择和判断对劳动关系系统的结构有很大影响。

2）劳动关系策略模型

劳动关系策略模型包括三大部分，即外部环境（external environment）、企业层级劳动关系的制度结构（institutional structure of firm-level industrial relations）和表现结果（performance outcomes）（如图1-6所示）。该模型指出，劳动关系过程与演

① KOCHAN T，KATZ H，MCKERSIE R. The Transformation of American Industrial Relation［M］. New York：Basic Books，1986.

变能持续展开，关键是由环境压力与组织响应的互动作用所决定的，这意味着环境因素将影响组织的运作，组织也应对环境的变迁提出应对之道。

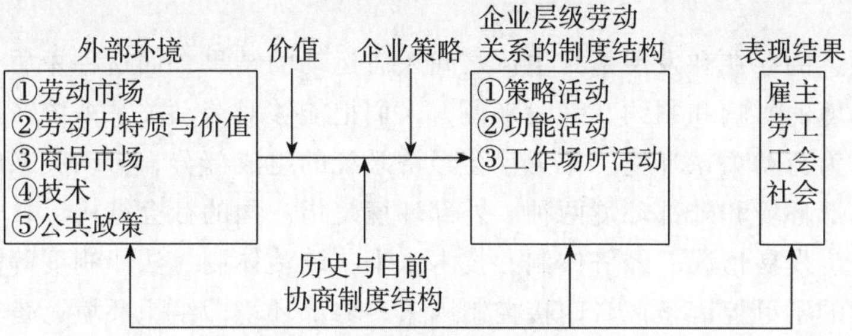

图1-6 劳动关系策略模型

外部环境由劳动市场、劳动力特质与价值、商品市场、技术和公共政策等因素组成，外部环境的变化会影响雇主调整其企业竞争策略，当雇主进行策略调整时又会受到企业组织中主要决策者或企业文化中重要成分（如价值观、心理契约等）的影响或限制。此外，在调整决策时，也会受到企业历史与目前协商制度结构的影响。某企业中原有员工参加工会的比例愈高，其管理者优先采取无工会策略的可能性就愈小。表现结果部分是指雇主在企业层次的活动会影响个别劳动者、督导人员、工会、社会甚至雇主自身。

该模型的核心部分在于企业层面的劳动关系策略选择。企业层级劳动关系的制度结构被分为三个层次：最高层次为策略活动，包括长期战略与政策制定（long-term strategy and policy making）；中间层次为功能活动，包括集体协商与人事制度（collective bargaining and personnel policy）；最低层次为工作场所活动，包括工作场所与个人/组织关系（workplace and individual/organization relationships）。雇主要在这三个层次上对劳动关系做出决策（见表1-1）。

表1-1 企业劳动关系活动的三个层次

层次	雇主	工会	政府
长期战略与政策制定	企业策略 投资策略 人力资源策略	政治策略 代表策略 组织策略	宏观经济与社会政策
集体协商与人事制度	人事制度 协商策略	集体协商策略	劳动法与劳动行政法规
工作场所与个人/组织关系	督导风格 员工参与 工作设计与组织	协约管理 员工参与 工作设计与组织	劳动标准 员工参与与个人权利

资料来源 KOCHAN T，KATZ H，MCKERSIE R. The Transformation of American Industrial Relation［M］. New York：Basic Books，1986.

1.4 劳动关系的组织环境

劳动关系的存在和发展是其主体之间矛盾运动的结果，而这种矛盾运动又受到诸多外部环境的影响和制约。一般来说，人们把能够对劳动关系系统产生影响的各种因素统称为劳动关系环境。作为社会经济系统的组成部分，劳动关系的运行环境可以分为内部环境和外部环境两种。外部环境是指一国的社会结构、社会文化、价值观念、经济发展情况、经济体制、技术水平、政治体制、法律制度等因素，是劳动关系组织的不可控因素或者间接控制因素；内部环境即组织环境，是指劳动关系组织内的组织结构、管理模式、组织文化、员工素质、工作环境等因素，是劳动关系组织的直接可控因素。组织环境中，组织的人力资源管理、心理契约、企业文化及社会责任状况对劳动关系的影响特别受关注。

1.4.1 劳动关系与人力资源管理

1）劳动关系对人力资源管理的制约作用

近年来，人力资源管理作为一种调整劳动关系的方法在企业中得到越来越多的应用。“人力资源管理”（human resource management）这个术语是在20世纪80年代才被广泛使用的，在此之前更为通用的是“人事管理”（personnel management）。美国学者加里·德斯勒（Gary Dessler）认为：“人力资源管理是指为了完成管理工作中涉及的人或人事方面的任务所需要掌握的各种管理方法和方针政策。”[①]在对人力资源管理发展历程进行划分时，第一阶段是企业设立这样一个部门来从事对员工的雇用、解雇、工资和福利计划的管理工作；第二阶段则强调企业在与工会的相互掣肘中对组织的保护；国家反歧视立法则推动人事管理进入到第三阶段；而在把员工作为提高企业竞争优势重要因素的理念下，人事管理进入到了真正的人力资源管理阶段。分权决策、薪酬激励、强化培训、职位评价、沟通渠道的完善等人力资源管理的基本模块，正是在工会竞争压力和政府规制的压力下逐步形成和发展为管理者的基本理念的。

企业的核心竞争力源于企业的人力资源，这是企业人力资源管理的基本逻辑，但其前提条件是劳动关系的和谐。马克思所指出的资本主义制度的痼疾正在于劳资关系的根本对立，并成为社会变革的推动力。第二次世界大战以后，市场经济国家社会制度的稳定性正在于将劳资矛盾制度化为劳资之间的利益分享。从生存工资到谈判工资再到利润分享，经历了从成本工资再到激励薪酬的理念变革，也带来了从劳资对抗到劳资合作的转变。第二次世界大战以后的德国以突出员工参与管理的共决制及国家层面上展开的职工培训措施重新赢得了显赫的经济地位；日本企业则以企业工会制、年功序列制等制度设计构造了其独具特色的企业文化管理模式。无论

① 德斯勒．人力资源管理精要［M］．张炜，译．2版．北京：中国人民大学出版社，2004.

是快速崛起还是持续稳定发展，都是以有效的劳动关系处理机制和和谐的劳动关系运行作为基础条件的。

2）人力资源管理对劳动关系的调节作用

人力资源管理模式的管理基础是一整套组织要素，这些要素包括领导、文化、沟通等“软”要素和人员招聘、工作分析、培训开发、绩效管理、薪酬制度等“硬”要素。这些要素与管理方法相结合，能够保证组织产出和组织稳定。在管理方法上，人力资源管理不注重传统程式化的劳动力转移，它避开了集体管理的方法，将重点放在充分挖掘劳动力个人能力和潜能上。因此，人力资源管理是关于劳动力更加充分使用的方法。

一般来说，不管采取哪种措施，人力资源管理方法调节劳动关系的一般机理都是：通过人力资源管理系统中招聘、培训、职业生涯管理、绩效考核、薪酬管理等功能的实施，使企业与员工在书面契约（如劳动合同、管理制度等）和心理契约（如企业文化等）两个方面达成一致，提高员工的组织承诺，从而提升企业的经营绩效（人力资源管理对劳动关系的调整机理如图1-7所示）。劳动关系协调是这一过程的“派生产品”，而非人力资源管理的最终目标。

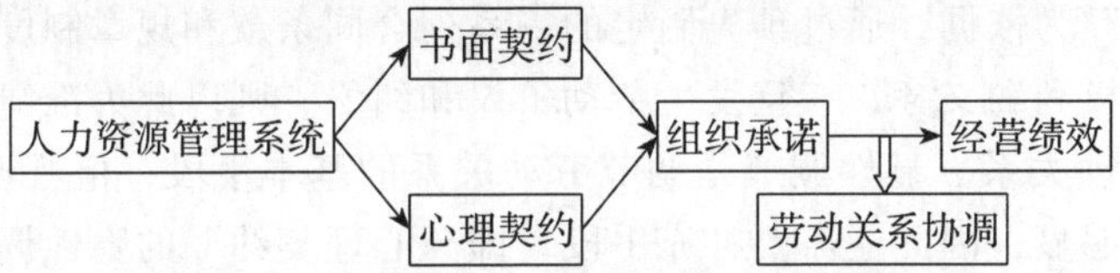

图1-7 人力资源管理对劳动关系的调整机理

资料来源 常凯．劳动关系学［M］．北京：中国财政经济出版社，2005.

1.4.2 劳动关系与心理契约

20世纪50年代至60年代，对现代劳动关系的研究引入了越来越多的社会学元素，社会学家对劳动关系的关注极大地推动了劳动关系研究的发展。一个非常明显的事实是，伴随着劳动关系或劳动契约的建立，劳动者要将自己的劳动力纳入到雇主的生产要素中，听从雇主的管理和支配。但劳动力作为一种特殊商品，具有人身和社会属性，劳动者在提供劳动获取报酬的同时，还要从工作中得到心理和精神上的满足。从这个意义上说，劳动关系比其他任何一种经济关系更多地渗透着非经济的社会、文化及政治关系的特征。基于此，社会学、组织行为学领域的大量研究成果被应用在劳动关系的研究和运作中，特别是关于心理契约的研究中。

1）劳动关系对心理契约的影响作用

最早使用“心理契约”（psychological contract）这一术语的是组织心理学家阿吉里斯（Argyris），他在1960年所著的《理解组织行为》一书中，将心理契约这一术语首先引入管理领域，强调在员工与组织的相互关系中，除正式雇佣契约规定的内容外，还存在着隐含的、非正式的、未公开说明的相互期望，它们同样是决定员工态度和行为的重要因素。简单地说，心理契约就是组织和个人双方对彼此之间付出与回报的一种主观心理约定，其约定的核心成分是双方隐含的、非正式的相互责任。

企业作为契约的联合体，既表现为有形的经济契约，也表现为无形的心理契约。劳动关系一旦成立，员工与企业实际上就同时签订了这两份契约。心理契约界定了每一个员工对企业投入（包括贡献和期望）的条件，员工愿意给予一定的忠诚、创造力作为条件，同时他们对企业也有着经济回报、工作安全、组织支持等期待。企业组织内的劳动关系运行状况对心理契约的影响极大。心理契约包含组织对员工的期望和员工对组织的期望这两个互动的方面，任何一方的期望落空都会造成心理契约的破裂。就员工方面而言，如果对组织的期望没有实现，就会降低工作热情和投入，工作效率和质量都会受到不利影响；从劳动关系方面讲，会造成员工对企业主或管理方的抱怨甚至是敌视，使劳动关系处于紧张状态。为此，心理契约的建立、履行和延续应当得到充分的重视，和谐、良性的劳动关系是心理契约实现的基础，对心理契约有重要影响。

2）心理契约对劳动关系的调节作用

劳动关系的调节可以分为“显性调节”和“隐性调节”。前者以“经济契约”即“劳动合同”为依据，通过预先制定的一系列合同条款和规章制度来明确劳动关系主体双方的权利和义务，一旦发生劳动争议和纠纷，则以此为准绳从制度上修复可能破裂的劳动关系。显性调节是调节劳动关系的基本手段，但其调节过于刚性、成本高、冲突明显，因此还需要补充手段，即“心理契约”的隐性调节。心理契约的隐性调节作用能够从思想和观念上规范劳动关系双方的行为，引导其自愿遵守约定的规章制度，而且一旦出现分歧也易于实现沟通和谅解，从而能够尽快修复出现裂痕的劳动关系。与正式的劳动合同等制度性契约相比，心理契约可以促进企业组织以人际关系为基础实现劳动关系管理的柔性化，进而降低制度性契约的运行成本。

因此，劳动关系既需要“显性调节”，又需要“隐性调节”，经济契约和心理契约必须结合起来才能发挥良好的调节作用。首先，在劳动者和雇主之间应建立起内容明确的经济契约，这是心理契约建立的基础，也为劳动关系构建了一个刚性的、制度性的框架；其次，在形成经济契约的同时，心理契约也应随之确立，并对其实施动态性的管理，为劳动关系注入柔性的调控因子。心理契约作为劳动关系的重要调节机制，已经成为劳动关系管理的重要组成部分。

1.4.3 劳动关系与企业文化

1）劳动关系对企业文化的影响

企业文化是企业长期生产经营活动中自觉形成的，并为广大员工恪守的经营宗旨、价值观念和道德行为准则的综合反映。20世纪80年代初，美国哈佛大学教育研究院的泰伦斯·迪尔教授和麦肯锡咨询公司顾问艾伦·肯尼迪在长期的企业管理研究中积累了丰富的资料。他们在6个月的时间里，集中对80家企业进行了详尽的调查，写成了《企业文化——企业生存的习俗和礼仪》一书。该书在1981年7月出版后就成为最畅销的管理学著作，后又被评为20世纪80年代最有影响的10本管理学专著之一，成为论述企业文化的经典之作。它用丰富的例证指出，杰出而成功的企业都有强有力的企业文化，即为全体员工共同遵守，但往往是自然约定俗成的而非书面的行为规范，并有各种各样用来宣传、强化这些价值观念的仪式和习俗。

劳动关系作为企业内部最重要的社会经济关系之一，对企业文化的形成、发展和推广、延续有着重要的影响。不同类型的劳动关系，如利益冲突型劳动关系、利益协调型劳动关系和利益一致型劳动关系，自然需要不同类型的企业文化与之对应，以实现企业内部各种关系和力量的平衡。同时，作为雇主与雇员经济利益纽带的劳动关系状态及相关制度，本身也是广义企业文化的构成部分，企业文化的特点必然也在劳动关系上有所体现。

2）企业文化对劳动关系的调节作用

企业文化关注的中心，在于对企业中人的因素的管理与激发，虽然其终极目标在于企业价值的顺利实现，但这并不妨碍企业以开发人的潜能为切入点的管理模式为企业带来的巨大张力。当衣、食等最基本的生存需求得到满足时，人们便需要满足交流的需要、给予的需要、被尊重的需要、个人价值实现的需要等。一个人一生中最宝贵、历时最长的期间都是用于职业生涯的，所以，企业的成长与发展需求与个人的成长与发展需求在企业文化这个层面达到了完美的契合。企业文化是一种以人为本的文化，着力于以文化因素去挖掘企业的潜力，尊重和重视人的因素在企业发展中的作用。

企业文化对劳动关系的协调和影响正是通过共同价值观的塑造和群体竞争意识的培养，从而在劳动关系主体双方之间形成心理契约而实现的。其具体表现为：

（1）导向功能。经营哲学决定了企业经营的思维方式和处理问题的法则，共同的价值观念规定了企业的价值取向，使员工对事物的评判达成共识，有着共同的价值目标，企业的领导者和员工为着他们所认定的价值目标去行动。完美的企业文化会从实际出发，以科学的态度去制定企业的发展目标，这种目标一定具有可行性和科学性。企业员工就是在这一目标的指导下从事生产经营活动的。

（2）约束功能。企业文化的约束功能主要是通过完善管理制度和道德规范来实现的。企业制度是企业文化的内容之一。企业制度是企业内部的法规，企业的领导者和企业员工必须遵守和执行，从而形成约束力。道德规范从伦理关系的角度来约束企业领导者和员工的行为。

（3）凝聚功能。企业文化以人为本，尊重人的感情，从而在企业中创造了一种团结友爱、相互信任的和睦氛围，强化了团体意识，使企业员工之间形成强大的凝聚力和向心力。共同的价值观念形成了共同的目标和理想，员工把企业看作一个命运共同体，把本职工作看作实现共同目标的重要组成部分，整个企业步调一致，形成统一的整体。

（4）激励功能。共同的价值观念使每个员工都感到自己存在和行为的价值，自我价值的实现是对人的最高精神需求的一种满足，这种满足必将形成强大的激励。在以人为本的企业文化氛围中，领导者与员工、员工与员工之间互相关心、互相支持，特别是领导者对员工的关心，员工会感到受人尊重，自然会振奋精神，努力工作。另外，企业精神和企业形象对企业员工有着极大的鼓舞作用，特别是企业文化建设取得成功，在社会上产生影响时，企业员工会产生强烈的荣誉感和自豪感，他们会加倍努力，用自己的实际行动去维护企业的荣誉和形象。

（5）调适功能。调适就是调整和适应。企业各部门之间、员工之间，由于各种原因难免会产生一些矛盾，解决这些矛盾需要各自进行自我调节；企业与环境、与顾客、与企业、与国家、与社会之间都会存在不协调、不适应之处，这也需要进行调整和适应。企业哲学和企业道德规范使经营者和普通员工能科学地处理这些矛盾，自觉地约束自己。

1.4.4 劳动关系与企业社会责任

1）企业社会责任承担对劳动关系的促进作用

企业社会责任的思想渊源，最早应追溯到古典政治经济学的代表人物亚当·斯密（Adam Smith）提出的“看不见的手”。传统的经济理论认为，一个社会通过市场能够最好地确定其需要，如果企业能依据自身能力对市场需求予以回应而得到回报，那么对这种回报的着意追求就会给社会带来所需要的一切。因此，市场这只“看不见的手”可将自我利益转化为社会利益，这样企业就尽到了自己的社会责任。实际上，企业作为一个多元社会中的利益群体，面临着非常复杂的社会关系。1963年，美国斯坦福大学的研究小组首先提出了“利益相关者”概念。20世纪80年代，又有人提出了企业利益相关者战略，后来著名经济学家斯蒂格利茨提出了“多重代理理论”，也就是利益相关者理论（stakeholder theory）。学者们认为，企业对利益相关者的利益要求必须做出反应，倘若企业忽视其社会责任，对其利益相关者的合理利益要求不做慎重考虑且尽量满足的话，那么这种企业的长久生存和持续发展就很成问题了。因此，企业的社会责任除为股东追求利润外，还应该考虑相关利益者，即影响和受影响于企业行为的各方相关利益者，其中企业员工是最主要的相关利益者。如何处理与这些相关利益者的关系，尤其是处理好劳动者或员工的利益问题，进而回报社会，既是企业的社会责任，同时又是企业与社会的重要契约。国际社会责任组织（SAI）所确立的企业社会责任概念为：企业社会责任区别于商业责任，是指企业除了对股东负责，即创造财富之外，还必须对社会承担责任，一般包括遵守商业道德、保护劳工权利、保护环境、发展慈善事业、捐赠公益事业、保护弱势群体等。[①]

劳动关系最基本的内容和表现形式就是经济利益关系，它主要涉及就业、薪酬、社会保障、职业安全与卫生等问题，这些问题都直接关系到劳动者的切身利

① 周国银，张少标．SA 8000：2001社会责任国际标准实施指南［M］．深圳：海天出版社，2002.

益，而劳资双方的利益差别又是客观存在的。正是由于诸多利益差异和劳资双方力量对比不均衡导致劳资双方产生纠纷和冲突，由此造成了双方的“零和博弈”。企业的社会责任，实际上也是企业的法律责任，或企业在劳动关系中的义务。重视和加强企业社会责任，将对提高企业影响力和竞争力，推动企业的持续稳定发展带来积极作用。因此，企业履行社会责任不应是被迫的，而应是出于自愿和主动的“互利行为”。在和谐劳动关系的构建中，企业应主动承担相应的社会责任，尊重劳动者的价值和其他各个利益相关者的正当利益，以求建立起长期稳定、和谐双赢，甚至是“多赢”的劳动关系。

2）SA 8000标准

20世纪90年代初，当美国服装制造商Levis在类似监狱一般的工作条件下滥用年轻女工的行为被社会曝光后，引起了公众的极大反响。在社会舆论的压力下，该公司为挽救其社会形象草拟出台了一份公司社会责任守则（也称生产守则），这大概是全球第一份企业社会责任守则。随后，美国不少大型跨国公司纷纷效法，如耐克、沃尔玛、迪士尼等。联合国在1999年提出了企业界的《全球契约》（Global Compact），直接鼓励和促进“企业生产守则运动”的推行。该契约要求跨国公司重视劳工标准、人权和环境保护，以克服全球化进程带来的负面影响，并提出了包括尊重人权、支持结社自由和集体谈判权、禁用童工、反对强迫劳动、消除工作场所歧视以及发展与采用环保科技等关于社会责任的原则和核心内容。SA 8000标准也是在这一背景下应运而生的。

SA 8000标准出台于1997年8月，是全球第一个被称为“社会道德责任”的认证标准，也是全球第一个可用于第三方认证的国际标准，首先在发达国家推行。其内容包括童工、强迫劳动、安全卫生、集体谈判权、歧视、惩罚性措施、工作时间、工资报酬及管理体系9个要素，在工作环境、员工健康、薪酬、工会权利等具体问题上，该标准都设有最低标准和要求。目前，SA 8000已经得到了一些发达国家及工商界尤其是人权组织的认可和支持，并引起国际社会的广泛关注。推行SA 8000可以让广大劳动者分享企业发展的成果，能够有效协调劳资双方的关系，从而实现社会的稳定和经济的全面发展。

1.5 劳动关系的外部环境

劳动关系的外部环境是指一个社会的劳动关系系统所处的社会条件和社会背景，由经济市场环境、社会文化环境和政治法律环境构成（如图1-8所示）。本节所要探讨的是劳动关系外部环境的构成要素及相互关系，以求从整体上把握和揭示劳动关系系统的内在本质和发展规律。

1.5.1 经济市场环境

一个国家的经济，无论是在整体上还是在其中某个部门，都是影响劳动关系的

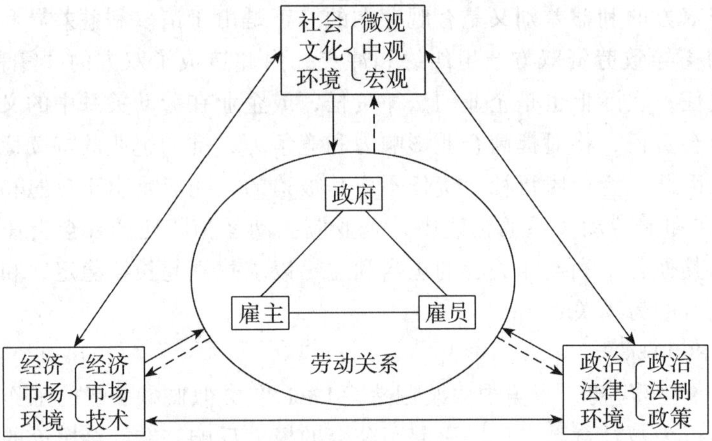

图1-8 劳动关系的外部环境

主要外部环境因素。市场的变化、技术的进步、就业结构和就业方式的变化以及影响财富分配的社会政策的改变，都会通过失业率、工资水平以及就业结构影响劳动关系，而劳动关系的变化又反过来影响市场、技术、工资、就业等经济变量。影响劳动关系的经济市场环境主要包括宏观经济状况、市场状况和技术进步。

1）宏观经济状况

宏观经济状况既包括宏观经济的整体状况（如经济增长和失业率），也包括宏观经济的运行情况（如经济结构和经济体制）。宏观经济环境能够改变劳动关系主体双方力量的对比，从而带来相互之间关系的变化。在经济周期的影响下，组织内部的劳动关系调整也会随着经济的起落而变化。一般来说，经济处于繁荣阶段时，雇员的力量就会强一些，而雇主可能会做出适当的让步；而经济处于低谷阶段时，雇主让步的空间很小，雇员的力量相对较弱，在谈判和冲突中处于不利地位。从过程的角度看，经济环境往往会首先影响雇员的工资福利水平、就业、工作转换以及工人运动和工会的发展，其次影响产品生产、工作岗位设计、工作程序等，最后可能会间接影响劳动关系的整体状况。

2）市场状况

商品市场、资本市场、劳动力市场是市场的三个基本要素。在市场经济条件下，劳动力与其他生产要素的结合必须通过市场才能实现，因此劳动力市场对劳动关系的影响最直接也最重要。劳动力市场环境对劳动关系的影响主要表现在三个方面：第一，劳动力市场数量供求状况；第二，劳动力的质量状况；第三，劳动力市场的结构。就业问题是劳动力市场的核心问题，而就业关系则直接形成劳动关系。以劳动力市场的重要指标——失业率为例，一方面，失业率是由失业人数和失业周期长短决定的，失业人数不同、失业周期长短不同、长期失业人口在失业人口总数中所占比重不同，对劳动关系产生的影响不同；另一方面，导致失业的因素可以从劳动需求和劳动供给两方面考虑，就业岗位的数量、劳动人口增长速度都会影响失业率，而由劳动需求和劳动供给方面原因造成的失业对劳动关系的影响各不相同。

3）技术进步

在劳动关系研究中，技术进步和技术变革一向被视为影响劳动关系发展的重要因素之一。技术进步可能从两个方面影响劳动关系：一方面由于技术对人力的替代造成部分工人失业，同时增加对员工进行培训的需要；另一方面新技术的应用也产生了一些对技术水平要求更高的工作岗位，使得企业对知识型员工的依赖性增强。与此同时，技术进步也引发了工作方式的变化，比如随着信息技术的发展，人们可以在家中通过互联网完成工作而无须和同事们一起在办公室里工作，这会使得员工之间的关系疏远而工会的参与率下降，进而影响劳动关系。

1.5.2 社会文化环境

劳动关系运行发展的另一个重要的影响因素是社会文化环境因素，它可以分为微观、中观、宏观三个层次。

微观社会文化环境，是指劳动者具体工作场所中的社会文化环境，实际上也就是工作群体文化环境，它是在与劳动者密切相关的技术、操作过程、同事关系以及上下级关系等各种要素的共同作用下，对劳动者的价值观、态度和积极性等产生的影响。

中观社会文化环境，是指具体的劳动组织或企业文化环境，主要是组织文化。

宏观社会文化环境是指一个社会特有的社会制度、社会结构、社会习俗和社会规范。

文化由于能够影响人们的思维方式和行为方式，因此会对劳动关系及其管理产生影响。不同的文化传统下，劳动关系的模式也是不同的。如果社会文化外部环境表现为笃信工会的重要性和积极作用，那么政府和企业就会通过制定政策提高工会的密度和影响力。相对于经济、法律环境，文化环境的影响是潜在的、不易察觉的，对于违反社会文化规则的个人和组织，虽然惩罚不像法律那样具有强制性，但其作用不可低估。

1.5.3 政治法律环境

政治法律环境主要指总的政治形势以及立法和司法现状，包括政治制度、党派关系、法律法规以及国家产业关系政策等。政治法律环境对组织来说是不可控的，带有强制性的约束力，组织必须适应这些环境才能生存和发展。

1）政治体制

政治体制一般是指国家的政治权力结构及运行机制。政治体制从基本性质上来看主要有两种：集权与民主。对应于民主化的政治体制，企业劳动关系的性质也具有民主化的倾向；而集权化的政治体制下，企业劳动关系的性质则具有集权的成分，如以德国为代表的利益协调型劳动关系就建立在其政治体制民主，尤其是产业民主基础之上，而以日本为代表的利益一致型劳动关系则对应其政治体制的集权化。

2）法律环境

法律是调整社会关系的行为规范，一个国家的法律制度，尤其是劳动立法，是影响劳动关系的重要环境因素。法律制度以公平、正义为价值取向，规范了劳资双方的权利义务，并以国家强制力保障其实施。市场经济国家在规范劳动关系、保护劳动者权益方面，制定了比较完善的法律体系。例如，我国的《劳动法》就对劳动者的权利义务、用人单位的权利义务、劳动契约的签订和履行、劳动者的工资和劳动保护等内容做了详细规定。《劳动合同法》在《劳动法》的框架下，进一步对劳动合同的订立、履行和变更、解除和终止做了规定，并就集体合同、劳务派遣以及非全日制用工等事项做了特别规定。这两部法律为依法调解社会主义市场经济体制下的劳动关系，明确劳动关系参与方的权利和义务，构建和谐劳动关系制度和机制奠定了法律基础。

3）政策环境

政府各种政策方针，包括货币政策、财政政策、就业政策、教育和培训政策以及其他政策，也会对劳动关系产生影响。货币和财政政策不仅可以通过宏观经济环境影响劳动关系，也可以通过影响资本的价格来影响企业的雇佣决策。教育和培训政策能够提高劳动力的素质和技术水平，最终影响就业岗位、人才数量和结构以及工资和工作条件。而国家的就业政策对劳动力市场及劳动关系的影响则最为直接，它通过对供求状况的调整来改变劳动力市场上双方的力量，以经济激励和惩罚措施来改变双方在劳动关系中的地位和权利。

● 个案分析

2008年3月31日和4月1日，中国东方航空云南有限公司（China Eastern Yunnan Airlines，以下简称“东航云南公司”）从昆明飞往大理、丽江、版纳、芒市、思茅、临沧等地的21个航班到达目的地上空后，乘客被告知无法降落，航班又返回出发地昆明。这就是轰动全国的东航飞行员“集体返航”事件。该事件导致昆明机场部分航班延误，并引发了社会热议。一开始，东航公司的解释是“天气原因”，随后表示集体返航事件有“人为原因”。随后，中国民用航空局（以下简称民航局）组成了专门调查组，对返航的过程、原因进行了深入调查。2008年4月中下旬，民航局就返航事件公布了调查结论，“集体返航”事件有了最终结论和处罚办法。民航局调查组认定，返航事件涉及的21个航班中，因飞机故障原因返航的1班，因天气原因返航的2班；非技术原因故意返航的4班；听到前机返航，处置不当，盲目返航的5班。因译码设备工作不正常，QAR（飞行数据快速存取记录器）无数据或数据错误，无法从技术上判定返航原因的9班。

据此，民航局认为，此次事件主要是东航云南公司少数飞行人员无视旅客权益造成的“一起非技术原因的返航事件”。民航局做出了停止部分航线经营权和罚款150万元人民币两项处罚决定，并要求东航稳定队伍，确保飞行安全；尽快妥善处理好此次返航事件涉及的旅客权益问题；对此次返航事件负有责任的相关领导进行严肃处理。此外，民航局还要求东航云南公司继续就返航事件的非技术原因进行深入调查，依法依规严肃处理有关责任人，并将结果上报。在民航局的处罚中，没有对当事飞行员的处罚，民航局相关负责人表示，对于飞行员处罚的职权不在民航局，飞行员和航空公司是雇佣关系，民航局作为行业管理部门只能处罚航空公司，不能直接插手处理飞行员。东航集团很快表示：此次事件暴露了公司在管理上存在的问题，教训十分深刻，对于此次事件给社会造成的不良影响，给旅客带来的诸多不便，再次表示深深的歉意，对涉及旅客权益的问题将予以妥善处理。

随着2004年民营资本被许可进入民航业，近十多年来，中国民航业发展迅速，随着新进入者的增加，行业对飞行员的需求越来越大，而飞行员的供给数量严重不足。作为人力资本投资量巨大的职业群体，飞行员的培养周期长，我国每年只能培养600至800名飞行员。在这样的背景下，各个航空公司频繁发生飞行员“跳槽”。对于行业的后进入者来说，去国有航空公司高薪挖人是一条捷径，而国有航空公司坚决抵制，发生多起诉讼和仲裁案件。部分国有航空公司为留住飞行员，与之签订了长期合同。民航总局也曾联合五部委发文要求“飞行员辞职必须征得原单位同意”，要赔偿原单位“70万至210万元不等的培训费”，甚至飞行员支付了培训费跳槽也很难。限制飞行员流动的做法引发了一个个辞职“官司”，飞行员也不得不另想办法主张自己的权利，集体“罢飞”成为飞行员手中的一张王牌。据了解，这次东航飞行员“集体返航”事件的原因大致有二：一是飞行员认为薪酬水平低，薪酬构成中固定工资以外的“飞行小时费”在支线航班飞行员和干线航班飞行员之间差异大，支线航班飞行员产生了不公平感；二是对报酬现状不满的部分飞行员欲“跳槽”到薪酬水平更高的民营航空公司，但原公司不放人事档案，飞行员跳槽遇阻，加之企业内部又没有畅通的沟通机制和劳资冲突调适机制，无奈之下一些飞行员采取了“集体返航”这种极端做法。

返航事件是航空公司和飞行员群体之间的劳资冲突的外在表现，反映了社会主义市场经济条件下企业与员工之间的利益差异，也从一个侧面说明了我国民航企业人力资源管理水平的滞后和整个行业劳资冲突调适机制的缺失。建立和谐劳资关系调适机制因此显得更加迫切和必要。

资料来源 ①程延园. 员工关系管理［M］. 2版. 上海：复旦大学出版社，2011.②佚名. 延误、返航、滞留、投诉，为什么又是东航？［EB/OL］.［2019-10-15］. http：//news.sina.com.cn/o/2008-07-27/044214223590s.shtml.③佚名. 航班延误 乘客安排不妥 东航再遇信任危机［EB/OL］.［2019-10-15］. http：//www.ccaonline.cn/news/yq/193336.html.

问题：

1. 飞行员“集体返航”是否属于罢工？为什么？

2. 东航飞行员的“集体返航”事件反映了我国民航业劳动关系管理的哪些问题？

● 本章小结

劳动关系通常是指生产关系中直接与劳动有关的那部分社会关系，或者说是指整个社会关系系统中与劳动过程直接相关的社会关系系统。具体地说，劳动关系是指劳动者与劳动力使用者以及相关组织为实现劳动过程所构成的社会经济关系。狭义上讲，劳动关系主体包括两方：一方是雇员以及以工会为主要形式的雇员团体；另一方是雇主以及雇主协会。广义上讲，劳动关系的主体还包括政府。劳动关系就其构成形态而言，可以分为个别劳动关系、集体劳动关系和社会劳动关系。按照主体之间的力量对比，可以把劳动关系划分为均衡型劳动关系、不均衡型劳动关系和政府主导型劳动关系。

在对劳动关系理论的研究中，西方学者从不同立场和对现象的认识出发，得出了互不相同的结论，形成了具有代表性的五个学派：新古典学派、人事管理学派、正统多元论学派、自由改革主义学派和激进派。劳动关系运作的基本形式有两种：冲突与合作。通过实施劳动关系管理实现劳动关系和谐和合作是企业生产经营活动正常开展的前提。所谓劳动关系管理，就是指以促进企业经营活动的正常开展为前提，以缓和和调整劳动关系的冲突为基础，以实现劳动关系的合作为目的的一系列组织性和综合性的管理措施和手段。

作为社会经济系统的组成部分之一，劳动关系的运行环境可以分为内部环境和外部环境两种。在内部环境及组织环境中，组织的人力资源管理、心理契约、企业文化及社会责任状况对劳动关系的影响特别受关注；外部环境则主要由经济市场环境、社会文化环境和政治法律环境构成。

● 关键概念

劳动关系　个别劳动关系　集体劳动关系　社会劳动关系　劳动关系运作　劳动关系主体　劳动关系冲突　劳动关系合作　劳动关系管理　劳动关系环境　心理契约　企业文化　企业社会责任

● 课堂讨论题

1.结合自己的感受，说说对劳动关系概念的理解。

2.讨论西方劳动关系理论对中国劳动关系理论及实践的借鉴意义。

3.对比人力资源管理与劳动关系在研究目标、内容、职能、方法等方面的异同。

4.联系当前情况，讨论影响中国劳动关系的外部环境因素。

● 复习思考题

1.简述劳动关系的特征。

2.劳动关系管理的基本内容框架是什么？

3.试述人力资源管理对劳动关系的调节机理。

4.对比经济契约和心理契约对劳动关系的调节作用及局限性。

5.分析经济市场环境是如何影响劳动关系的。

● 自测题

1.从广义上讲，劳动关系的主体包括（　　）。

A.雇员　　B.雇主　　C.工会

D.政府　　E.雇主协会

2.劳动关系就其构成形态而言，可以分为（　　）、（　　）和（　　）。

A.个别劳动关系　　B.集体劳动关系

C.社会劳动关系　　D.组织劳动关系

3.“传统型”劳动关系指的是（　　）劳动关系。

A.利益冲突型　　B.利益协调型

C.利益相关型　　D.利益一致型

4.由组织行为学者和人力资源管理专家提出的劳动关系理论学派是（　　）。

A.新古典学派　　B.人事管理学派　　C.正统多元论学派

D.自由改革主义学派　　E.激进派

5.德国是实施（　　）政策最典型的国家。

A.新古典学派　　B.人事管理学派　　C.正统多元论学派

D.自由改革主义学派　　E.激进派

6.由劳动者实施的潜在劳动关系冲突形式为（　　）。

A.罢工　　B.抵制　　C.怠工　　D.解雇

7.劳动关系运作的基本形式有两种：________与________。

8.1997年8月推出的全球第一个被称为“社会道德责任”的认证标准为________。

9.劳动关系的外部环境主要由________、________和________构成。

第2章 /劳动关系的历史演进

引导案例

19世纪70年代劳资冲突异常激烈，这种状况一直延续到20世纪。大萧条导致了严重的失业与工资削减，工会会员数量急剧下降。1875年，美国宾夕法尼亚州东部爆发了长达6个月的煤炭工人罢工，罢工者与企业雇用的警察之间发生了多场公开的冲突。煤炭公司雇用了平克顿国家侦探事务所（该组织在美国劳工史上曾多次协助雇主破坏罢工）的一名侦探，潜入煤炭工人中间。这场罢工直到工人们同意接受20%的工资削减才结束，而且，根据平克顿国家侦探事务所可能虚假的证词，10名煤炭工人被冠以谋杀几名煤矿老板的罪名而被处以绞刑。

这仅仅是个开始。1877年7月，某铁路线上的工人为反对10%的工资削减（在大萧条的早期年份里，这是最多的一次工资削减）而发动了罢工，随后另外两条铁路线上的工人也加入其中。罢工迅速扩展开来，直到全国大部分铁路活动都受到了影响。大批工人停开了火车，毁坏了开关，抢占了车站和火车机车库。200名联邦部队军人被派往西弗吉尼亚州马丁斯堡和发生暴动的其他地方。9人在巴尔的摩的暴动中被枪杀，州民兵部队朝聚集在匹兹堡的人群开枪，射杀了20人，引发了一夜的争斗、大火和破坏，导致500万美元的铁路财产被毁。

这就是闻名的“1877年大暴动”（Great Uprising of 1877）。罢工从铁路工人开始，随后得到了煤矿工人、铁匠以及其他工人的大力协助。得克萨斯州的黑人码头工人和肯塔基州的缝纫工人为争取更高的工资举行了罢工。芝加哥和圣路易斯两个城市的数千名工人关闭了许多工厂，举行了总罢工。州民兵部队和联邦部队被投入使用，强行镇压了示威游行，并恢复了许多地方的秩序。尽管这次暴动分布广、强度大，但结束得跟开始一样快，铁路交通在月底就恢复了正常运行。

1877年大暴动之所以闻名，可能更多地由于它所代表的意义，而不是获得的成果。不计其数的罢工反映了工人对现状的不满，也显示了工人们具有共同关注的问题，并常常被定义为现代美国劳动关系的开端——一个劳资冲突的时代。

资料来源　巴德. 劳动关系：寻求平衡［M］. 于桂兰，等，译. 北京：机械工业出版社，2010.

学习目标

劳动关系是最重要和最复杂的社会关系之一。通过本章的学习，旨在了解西方国家劳动关系的发展历史，对比分析中国企业劳动关系从计划体制向市场体制转型的不同特征，以及当前国有、私营和外资三种所有制企业劳动关系的典型特征，掌握中国当前劳动关系的现状。

2.1　西方国家劳动关系的发展历史

资本主义原始积累阶段可以追溯到15世纪末的地理大发现之后开始的殖民掠

夺以及英国的“羊吃人”的圈地运动，大批劳动者被迫离开土地，依靠劳动力谋生，新型的劳动关系就这样产生和发展起来了。在不同的历史时期，由于资本主义社会经济结构的具体特点不同，决定了在该时期劳动关系的表现方式和内容特征也有所不同。

2.1.1　自由竞争资本主义时期的劳动关系

1）时代背景

18世纪中期兴起的工业革命，是工场手工业发展到机器大生产的一个飞跃，标志着资本主义工业化的开端。机器的使用扩大了企业的生产规模，提高了劳动生产率，推动了生产的发展和社会的进步，同时也为资本家赚取了丰厚的利润。机器取代了手工工具，机器工业取代了手工业作坊，经济制度也随之发生了质的变化。为了榨取更多的剩余价值，资本家对工人采取了最残酷、最原始的剥削方式。

工业革命的直接成果是工厂制度的建立，它是资本主义发展的微观基础。工业革命由于工业技术得到广泛的应用，使得工厂能够进行社会化大生产。在早期的工厂里，工人多数由农民、退伍军人等组成，并且大量使用童工。工人对技术的掌握极不熟练，资本家为了提高工人的效率，派各类监工监视工人，使其像机器一样工作。工头通过罚款、解雇甚至是残酷的鞭打来强制工人服从。这样，工人就视机器为仇敌，认为由于机械化而使其受到非人的待遇，因而工人的第一反抗就是破坏机器。为了制止各种骚乱，英国在1769年制定了法律，但并不能完全杜绝骚乱后患的发生，这对当时的工业发展和生产力造成了严重的破坏。当时资本家的主要兴趣是出售产品，而不关注制定一个良好的制度。①

2）亚当·斯密的管理思想

在自由竞争资本主义时期，各国政府普遍信奉古典主义“自由竞争”理论，亚当·斯密是这一理论的主要代表人物。亚当·斯密是18世纪英国著名的经济学家，整个欧洲的文化传统及其所处时代的哲学思潮是亚当·斯密产生经济伦理思想的理论基础。斯密认为，劳动创造的价值是利润的源泉，工资越低，利润就越高。在斯密管理思想盛行的年代，企业将追求利润最大化作为其经营的唯一目标，通过最残酷、最原始的剥削方式来获取更多的利润。

斯密指出，个人利益与社会利益之所以能够互相调和，是因为在“一切都听其自由”的社会里，有一只“看不见的手”指导着人们去实现他们完全没有放在心上的目的。他说：“他（指每个个人）通常既不打算促进公共的利益，也不知道他自己是在什么程度上促进那种利益……由于他管理产业的目的在于使其生产物的价值能达到最大，他所盘算的也只是他自己的利益。在这种场合，像在其他许多场合一样，他受着一只看不见的手的指导，去尽力达到一个并非他本意想要达到的目的，也并不因为不是出于本意，就对社会有害。他追求自己的利益，往往使他能比在真

① 程延园．劳动关系学［M］．北京：中国劳动社会保障出版社，2005.

正出于本意的情况下更有效地促进社会的利益。”斯密所说的那只“看不见的手”就是资本主义的竞争。斯密认为，竞争是最符合人类自利本性的自然秩序，是社会发展和繁荣的动力，任何人都不要阻止竞争，应当任其自由发展。“自由放任”是斯密最重要的经济政策和发展经济的基本原则。斯密认为，要想增加国民财富，必须做到以下三点：（1）加强分工；（2）增加资本的数量；（3）改善资本的用途。在他看来，资本主义制度依靠自身的力量就能够做到这三点，不需要当时的国家进行干预。如果国家干预经济生活，反而不利于生产的发展和国民财富的增长。

3）劳动关系

虽然工业化使工人的工作效率得以提高，但是工人的生活状况并没有随着经济的发展而改善。相反，雇主为了获得更多的利润，往往通过延长工时、增加劳动强度、压低工人工资等手段来剥削工人。由于过度竞争、贫富分化、商品和货币对劳动者的异化，工人的劳动条件和生活状况都急剧恶化。①此时的劳资矛盾主要表现为尖锐的阶级对抗和激烈的阶级冲突。面对资本的残酷压榨，工人爆发了以破坏机器、烧毁房屋、停工怠工、罢工为主的各种反抗斗争，但大多数以失败告终。工人们从实践中意识到联合的必要性，于是，一些行业中开始出现了最初的工人组织，这就是早期的工会。

面对早期的工人组织，雇主进行了激烈的抵制，政府则用法律对之加以限制。当时资本主义各国的立法都禁止工人结社、罢工和示威，1799年英国颁布的《结社法》和1791年法国颁布的《夏勃里埃法》就是这类法律的典型代表。企业通过延长工时、缩短工人工资、增加劳动强度来追求利润的最大化。政府采取自由放任政策，实际上偏向了雇主一方，纵容雇主随意雇用、使用和解雇工人。

4）劳动关系的特点

由以上劳动关系状况的阐述可见，这一时期资本主义国家的劳动关系特点表现为：

（1）劳资双方形成了两大直接对立的阶级，劳资矛盾多以激烈对抗和冲突的形式表现出来，矛盾焦点主要集中在工资、工时、就业和基本劳动条件的改善上，劳资关系不稳定。

（2）劳工运动总体上处于分散、个别和局部的状态，组织的结合面临着雇主和政府的双重压力，这一时期的工会还不完善。

（3）政府采用自由放任的政策，在对劳资纠纷不干预的背后，立法和政策明显倾向于雇主一方。②

2.1.2 垄断资本主义时期的劳动关系

1）时代背景

19世纪中期到20世纪初期，资本主义国家完成了从自由竞争资本主义向垄断

① 程延园．劳动关系学［M］．北京：中国劳动社会保障出版社，2005.
② 常凯．劳动关系学［M］．北京：中国劳动社会保障出版社，2005.

资本主义的过渡。在这一时期，各主要资本主义国家都已完成了工业革命，生产规模和生产技术有了很大发展，因而竞争加剧，仅仅依靠强制延长工时或单纯扩大生产规模已不能适应这种竞争的环境，唯一的出路是依靠科学。在科学基础上搞新的发明创造，改进机器设备，科学管理企业，大幅度地提高劳动生产率，才有可能在残酷激烈的竞争中求得生存和发展。这一时期自然科学有了突破性的大发展，尤其是电学的发展，更带来了不可估量的影响，这些科技成果很快被运用到生产中去，就发生了第二次工业革命。它使资本主义的经济发展从蒸汽机时代跨入电气化时代，生产效率大幅度地提高了，资产阶级的剥削也从以追求绝对剩余价值为主过渡到了以追求相对剩余价值为主，即主要是以科技手段提高劳动生产率，缩短必要劳动时间。同时，企业管理也日益科学化了，这就使得工人的劳动兴趣较以前有了明显提高。随着科学技术的巨大进步、工业生产的迅速发展，企业的规模越来越大，财富逐步聚集到少数资本家手中，于是垄断组织应运而生。

新技术革命带来了生产工艺组织的变革，流水线代替了传统的工艺手段。在这一阶段，贫富差距不断扩大，社会矛盾日趋尖锐。从19世纪70年代到第一次世界大战爆发的40多年里，主要资本主义国家先后经历了五次世界经济危机的打击，每次经济危机都使资本主义国家的生产急剧下降，大批企业破产，资本贬值，工资削减，失业人数增加，生产力遭到破坏。同时，资本主义制度暴露出越来越多的问题，遭到社会有识之士的不断抨击。政府也认识到，为了稳固政权、巩固统治，就不得不要求雇主方做出让步，同时也要对劳动者的工作保障等方面加以管理。①

2）泰罗的科学管理理论

为了适应生产力发展的需要，当时在美国、法国及德国等一些西方国家都产生了科学管理运动，以泰罗创建的科学管理理论即“泰罗制”最有代表性。泰罗的科学管理理论的核心内容包括：

（1）科学管理的根本目的是谋求最高的工作效率。泰罗认为，最高的工作效率是工厂主和工人共同达到富裕的基础，它能使较高的工资与较低的劳动成本统一起来，从而使工厂主得到较多的利润，使工人得到较高的工资。这样，便可以提高他们扩大再生产的兴趣，促进生产的发展。

（2）用科学的管理方法代替旧的经验管理是达到最高工作效率的重要手段。泰罗认为管理是一门科学。在管理实践中，建立各种明确的规定、条例、标准，使一切科学化、制度化，是提高管理效能的关键。

（3）实施科学管理的核心问题是要求管理人员和工人双方在精神上和思想上来一个彻底变革。通过这种重大的精神变革，可使管理人员和工人双方都把注意力从盈利的分配转到提高盈利水平上来。当他们用友好合作、相互帮助代替对抗和斗争时，他们就能够创造出更多的利润，从而使工人的工资大大提高，使企业主的利润也大大增加，双方没有必要再为盈利的分配而争吵。②

---

① 程延园．劳动关系学［M］．北京：中国劳动社会保障出版社，2005.
② 卢昌崇．管理学［M］．大连：东北财经大学出版社，2006.

泰罗虽然提倡增加工人的工资，但泰罗制其实是资本剥削工人的最巧妙的残酷手段，拉大了双方的贫富差距。

3）劳动关系

在这一期间内，资本主义国家经历了数次的经济危机，大批企业破产，大量工人失业，资本贬值，生产力遭到破坏，社会矛盾日趋尖锐。此时，工会得到了空前的发展。一个名为“劳工骑士团”的工会在1873—1878年大萧条期间幸存下来，成为19世纪80年代中期一段较短时期内美国最有影响力的劳工组织，其成员数量在1886年达到了70万人（15年后该组织退出了历史舞台）。1886年12月，美国劳动工人联合会成立，1905年世界产业工会在美国芝加哥成立。到19世纪末，工会在西欧国家已经相当普遍，目的是为工人谋取更多的利益。

为了稳固政权、巩固统治、掩盖资本主义制度暴露出来的问题，适应公众态度、价值观以及经济形势的变化，当时的政府不得不要求雇主方做出一些让步。同时各国相继通过了有关保护妇女和儿童就业、减少工时、以社会援助的形式发放各种津贴和失业补助的一些法律和条例。1802年英国通过了第一部现代意义上的劳动法——《学徒健康和道德法》，随后出台了工厂法、劳动保护法、劳动保险法、工会法等大量法律条文，相应的劳动行政管理机构也开始出现。1871年英国颁布了世界上第一部工会法，1875年又颁布了《企业主和工人法》，允许工人团体与企业主签订契约和合同，这便是集体协商与集体合同的雏形。1904年新西兰出台了第一部比较规范的《集体合同法》。1932年，《诺里斯-拉瓜迪亚法案》拉开了美国积极鼓励工会活动的新时代的帷幕，它保护每个雇员“不受干涉、限制或强迫”地进行集体谈判的权利，它宣布不可强迫签订“黄狗合同”（资方以雇员不加入工会作为雇佣的一个条件）。①从此，集体谈判制度开始得到国家法律的承认和保护，国家“建议”性干预政策从此取代了放任或压制的国家政策。

4）劳动关系的特点

由以上劳动关系状况的阐述可见，这一时期资本主义国家的劳动关系特点表现为：

（1）劳资矛盾的焦点依然如故，但是激烈程度有所弱化，表现形式出现多元化，集体谈判得到了确认。

（2）工会得到了空前的发展，工人力量壮大，雇主和政府逐渐做出一些让步，从而在一定程度上缓和并改善了劳资矛盾。

（3）政府从自由放任政策向国家干预政策转变，大量改善劳动条件和保护劳动者的法律出台，相应劳动行政管理机构的出现，使劳资关系的调整开始向有序化、法治化方向发展。

---

① 德斯勒．人力资源管理［M］．吴雯芳，等，译．9版．北京：中国人民大学出版社，2005.

2.1.3　两次世界大战之间的劳动关系

1）时代背景

20世纪上半叶，世界经济经历了两次历史上最严重的世界性经济危机，许多企业破产，工人再次失业，劳资双方的关系再度紧张起来。世界大战爆发期间，资本主义国家的经济和政治均陷于动荡之中，生产和贸易均受到了战争的破坏，民族矛盾突出，劳资矛盾相对处于次要地位。第一次世界大战结束以后，世界上出现了第一个社会主义国家——苏维埃俄国，工人阶级成了主要的政治力量，不仅要求改善劳动和生活条件，而且要求参与生产经营和管理。

受俄国社会主义革命和经济危机的影响，各主要资本主义国家相继爆发了以政治要求为目标的较大规模的罢工。面对再次紧张的劳资关系，政府不得不直接干预经济。劳资关系领域在这一阶段的发展则是一个过渡时期，由初期的国家干预向全面制度化、法治化转变。西方各国政府在巨大的社会压力下进一步加强了劳动行政管理工作，完善劳动立法，健全有关机构，改善了劳资关系的许多方面。

2）行为科学理论指导下的管理思想

为了提高工人的效率，新的管理理论诞生了。行为科学理论强调对人的心理活动进行研究，探求使员工提高效率的因素。在行为科学发展中，与组织中劳动者有关的三个最为重要的方面是：工业心理学、霍桑试验和社会系统理论。

工业心理学理论以雨果·芒斯特博格为代表人物，其代表著作是《心理学和工业效率》，研究的目标是通过对人的心理进行研究，寻找在何种条件下才能从个人的工作中获得最多并最令人满意的产出，他希望以此来缩短工时、增加工资和提高"生活水平"，实现企业与员工的双赢。

霍桑试验是20世纪20年代至30年代间，由美国哈佛大学教授乔治·埃尔顿·梅奥及其他研究人员对美国西方电气公司霍桑工厂进行的有关工作条件、社会因素与生产效率之间关系的试验。梅奥等人以霍桑试验的成果为依据，提出了"社会人"的观点，强调金钱并非激发职工工作积极性的唯一动力，新的激励重点必须放在社会、心理方面，以使人们之间更好地合作并提高效率，同时还提出企业存在"非正式组织"，管理者应充分利用非正式组织的作用。

社会系统理论的代表人物是切斯特·巴纳德，他将管理工作纳入一个社会系统之中，并认为高级管理人员的任务就是在正式组织内尽力维护好一个协作系统。

3）劳动关系

经济危机时期，为了缓解失业，政府加强了对劳动力市场的宏观干涉。在美国的"罗斯福新政"中，罗斯福政府颁布了《全国工业复兴法》。该法律规定：工人有组织工会、参加自己选择的任何工会和通过自己的代表同资方签订集体合同的权利，还规定了最低工资和最高工时等。政府还通过执行公共工程计划吸收失业者就业。与此同时，社会保障制度开始出现，它成了缓和劳资关系的一道社会安全网。1935年，罗斯福政府通过了《社会保障法》，标志着现代社会保障制度从社会保险制度向综合性社会保障制度的转变。

为了进一步促进经济复苏，各国依据新的行为科学管理思想，开展了以工人参与企业管理为主要内容的产业民主化运动。此时，“三方原则”开始出现，其最初的形式是：由政府的劳动部门安排雇主和工人代表或工会代表参加会议，共同讨论一些双方都关心的问题。经过发展，逐步演变成政府在制定产业政策时，主动征求双方的意见，政府参与调整双方关系，使双方的矛盾能够控制在一定范围内。三方合作的方式在当时主要有两种：一是在政府的主持和法律约束下，以集体方式处理劳资关系；二是雇主组织和工人（工会）组织共同参与劳动法的拟定和实施。

1904年，新西兰的集体谈判立法出现，从此以后，第一种三方合作的方式——集体谈判和集体协议制度逐渐在各国兴起。在集体谈判制度中，管理方与劳动者集体按照事先规定的程序通过讨价还价来共同决定工资和其他工作条件，而政府在谈判过程中作为第三方，除了帮助制定程序和规则之外，还担负着调解和仲裁双方纠纷以及提供其他服务的责任。第二种合作的方式是，在制定劳动法的过程中，政府从原来只听取雇主方的意见转变为邀请雇主和工人代表共同参与协商。[①]三方格局的萌芽开始出现。一些国家还成立了由三方参加的机构，如劳资协议会等。

4）劳动关系的特点

这一阶段西方国家劳动关系的状况可以反映出其劳动关系的以下特点：

（1）两次世界大战、经济危机和工业革命极大地影响着这一阶段的劳动关系，使劳资矛盾在缓解和激化之间反复震荡，从客观上促进了劳动关系的发展。

（2）国家的劳动行政管理工作获得了空前的发展，成为政府宏观调节劳资关系的主要手段，劳动保障得到了进一步发展。

（3）行为科学理论的发展使管理者从“社会人”的角度而非“经济人”的角度来激励员工，提高了员工的工作效率。

（4）产业民主化、集体谈判制度和三方协商机制丰富了协调劳资关系的方式。

2.1.4 第二次世界大战以后的劳动关系

1）时代背景

第二次世界大战结束至20世纪八九十年代期间，发生了第三次科技革命，计算机的发明和应用、自动控制领域的突飞猛进、科学技术的蓬勃发展，使劳资关系走向成熟，劳资关系从法律规范到制度机制都日趋健全和完善，劳资关系的总态势是缓和中有对抗，对抗中求合作。

第二次世界大战以后，世界范围的人民革命高潮对西方各国政府形成了一股巨大的社会压力。为了维持国内产业和平，消除潜在的革命情绪，西方工业化国家采取了一系列措施。与此同时，随着国家垄断资本主义的发展，政府进一步加强了对劳资关系、对劳动力再生产的全面干预，并形成了一整套规范化、制度化的法律体

---

① 程延园．劳动关系学［M］．北京：中国劳动社会保障出版社，2005.

系和调整机制。以英国为首的“福利国家”的出现，意味着社会保障制度的完善及福利水平的提高，这在某种程度上保证了相当时期的社会稳定。[①]

2）现代管理理论的思想

在科技进步和企业组织变化的背景下，原有的管理理念已不再适应企业的需要，许多学者和管理专家都从各自不同的角度以及通过不同的方法对现代管理问题进行了研究，相继出现了许多管理理论和新学派，这些理论和学派在历史渊源和内容上相互影响和联系，形成了盘根错节、争相竞荣的局面，被美国著名管理学家哈罗德·孔茨称为“管理理论的丛林”。在1980年发表的《再论管理理论的丛林》一文中，孔茨指出管理理论已经发展为11个学派，分别是：管理过程学派、社会系统学派、决策理论学派、系统管理学派、社会技术系统学派、经验主义学派、管理科学学派、经理角色学派、人际关系学派、群体行为学派和权变理论学派。其中经验主义学派、经理角色学派和权变理论学派是三个比较重要的学派。[②]

首先是经验主义学派，又称案例学派，其代表人物是管理学大师彼得·德鲁克。这一学派的中心思想是强调管理的艺术性。他认为古典管理理论和行为科学都不能完全适应企业发展的实际需要，有关企业管理的科学应该从企业管理的实际出发，以大企业的管理经验为主要研究对象，加以概括和理论化，向企业管理人员提供实际的建议，而且还提出了目标管理的思想。

其次是以加拿大管理学家明茨伯格为代表的经理角色学派。在经理角色方面，这一学派认为经理一般都担任三类十种角色，源于经理的正式权力和地位。经理的三类十种角色包括：第一类是人际关系方面的角色，包括挂名首脑、领导者和联络者；第二类是作为组织信息的神经中枢的角色，包括信息接收者、信息传播者和发言人；第三类是决策方面的角色，包括企业家、故障排除者、资源分配者以及负责谈判的经理。该学派认为，经理提高工作效率的方法是：与下属共享信息，有意识地克服工作的表面性和处理好对组织施加影响的各种力量的关系，这些力量为：股东、学者、政府、工会、公众、职工等。

最后是权变理论学派，其代表人物是约翰·莫尔斯和杰伊·洛西。权变管理就是依据环境自变量和管理思想及管理技术的因变量之间的函数关系来确定一种最有效的管理方式。这种函数可以理解为“如果-就要”的关系，即“如果”某种环境存在或发生，“就要”采用某种管理思想。这种新学派的出现不仅反映了新的经济、技术环境下管理思想的变革，也反映了对原有的上一个比较特殊的历史时期的管理思想与传统的管理思想的某种整合。

3）劳动关系

第二次世界大战后世界范围的人民革命高潮，对西方各国政府形成了巨大的社会压力。现代社会保障制度于20世纪四五十年代进入了成熟阶段，英国、瑞典等福利国家的出现意味着社会保障制度的完善及福利水平的提高。当然也不排除在某

---

① 常凯．劳动关系学［M］．北京：中国劳动社会保障出版社，2005．
② 卢昌崇．管理学［M］．大连：东北财经大学出版社，2006．

些国家、某些历史时期劳资矛盾激化，引发出一些大规模的劳资冲突，如1968年法国的“五月风暴”，20世纪80年代英国煤矿工人大罢工等。

与第二次世界大战以前相比，这一阶段的劳动关系主要体现在三方原则的广泛推广和集体谈判制度的进一步完善。在这一时期，西方国家形成了一整套规范化、制度化的法律体系和调整机制。在美国，1947年通过了《劳资关系法》，对工会的权力进行了规范和限制。1955年劳联和产联合二为一，合并后的劳联-产联的运作效率更高，并对内部各工会之间的冲突进行调整，使之控制在非暴力合法化的范围以内。1959年，《兰德勒姆-格里芬法案》出台，其目的是保护工会会员免遭工会违法行为的伤害。此外，它还规定了工会会员在工会办事机构候选人提名方面的某些权利，并且肯定了工会会员起诉工会的权利，并保证未经正当程序不得对会员施以罚款或停职。①

争取民主参与权也成为第二次世界大战以后劳资关系中的一项新的重要内容。工会参与权不仅体现在企业的生产经营领域，而且涉及国家劳动立法和有关社会政策的制定。第二次世界大战以后，三方原则（又称“三方机制”）成为市场经济国家产业关系的基本格局和主要运作机制。在劳资关系领域，政府的作用是规范劳资双方的行为，平衡双方的实力。劳资双方的矛盾和问题更多地由当事者双方依法解决。②

4）劳动关系的特点

归纳起来，这一时期劳动关系的状况呈现出许多新的特征：

（1）这一时期的劳资关系时而紧张，时而缓和，总的趋势是向缓和、合作方向发展。

（2）政府调整劳资关系的法律法规逐步完善，社会保障制度随着经济的发展不断成熟。

（3）三方原则和集体谈判制度进一步完善。

2.2 中国企业劳动关系的转型

中国企业劳动关系的转型是伴随着中国经济体制的转型而进行的。在中国社会从计划经济向市场经济转变的过程中，劳动关系的形态和调整模式也随之发生了根本性的变化，同时企业的劳动用工制度也发生了深刻的变革，呈现出多样性和复杂性的特征。

2.2.1 计划经济体制下的劳动关系

1）计划经济体制下劳动关系的建立

从1949年中华人民共和国成立到改革开放之前，中国一直实行高度集中的计

① 德斯勒．人力资源管理［M］．吴雯芳，等，译．9版．北京：中国人民大学出版社，2005.
② 常凯．劳动关系学［M］．北京：中国劳动社会保障出版社，2005.

划经济管理体制。与之相适应，劳动关系的建立也受到经济体制和社会制度的严格制约，呈现出浓厚的计划经济色彩。中国的劳动用工模式僵化，国家采用全国统一招收的办法，通过统包统配的方式使劳动者和用人单位建立固定工制的劳动关系。国家为每个人安排就业单位、限定就业地域等。①

1950年6月，政务院规定企业需要雇用员工须向劳动介绍所申请，由劳动介绍所统一介绍。1952年7月，政务院第146次政务会议通过了《中央人民政府政务院关于劳动就业问题的决定》，提出了劳动力的统一介绍要逐步向统一调配过渡的政策，一切私营企业对于因实行生产改变、合理地提高劳动效率而多余出来的职工，均应采取包下来的政策，且由原单位发给原工资，不得解雇。1956年，国家把公私合营企业的职工也全部包下来，所有包分配的人员都成为用人单位的固定职工，不许随便辞退。到1956年，全国职工中的固定工已占到职工总数的91%。1957年4月，国务院在《关于劳动力调剂工作中的几个问题的通知》中规定，各单位对于多余的正式职工和学员，应积极设法安置，如果没有做好安置工作，不得裁减。到1971年，企业大量的临时工、合同工也都转为全民所有制固定工。固定工制度的确立，意味着中国出现劳动力能进不能出的“终身制”劳动关系的现象。

2）劳动关系的特点

中国计划经济体制下的劳动关系从中华人民共和国成立一直持续到20世纪80年代中后期。这一阶段的劳动关系表现出如下特点：

（1）劳动关系类型单一化。这一时期只有一种单一的公有制经济劳动关系，这种公有制经济劳动关系主要表现为用人单位的经济性质为全民所有制和集体所有制，劳动者也都是全民所有制职工，其他非公有制经济劳动关系一般不存在，从其劳动关系的存续来看，短期性、季节性、临时性劳动关系所占的比例很小。

（2）劳动关系隶属国家的依附性。在劳动关系中，企业是国家的企业，职工是国家的职工，劳动者和劳动力的使用者没有独立的主体身份，全体劳动者都是国家的主人，都是生产资料的占有者。虽然企业经营管理人员和职工之间存在追求利益方式的差异，但这种差异远小于党和国家的利益与企业管理者以及工人利益的一致性。由于工人阶级是领导阶级，在企业中具有主人翁地位，表现为劳动者就业通常采取由国家统包统配的固定工终身就业制度；工资分配实行平均主义“大锅饭”式的工资制；社会保障采取国家和企业包起来的各项劳动保险和企业集体福利制度。

（3）劳动关系运行行政化。在计划经济时期，用人单位和劳动者建立劳动关系是通过政府的行政指令来实现的，劳动关系的构成、运行以及处理的依据、原则和方式主要是行政命令和行政手段。劳动关系一旦建立，没有政府的行政指令，终身保持不变，直至职工退休。企业人员严格限制流动，劳动关系一方的劳动者身份不可转换。如果需要，也是由国家用行政方式进行调配。

（4）劳动关系内容具有国家计划性。劳动关系各个方面都由国家统一计划、统

① 程延园．劳动关系学［M］．北京：中国劳动社会保障出版社，2005.

一部署、统一实施，用人单位无权自行招用劳动力，而要由国家下达用工指标，在指标内招工；劳动者无权自己选择职业，而要由国家统一分配安置就业。劳动关系建立后，工资分配、保险福利等，都是国家统一制定政策，统一进行调整。用人单位的主要任务是协调和监督劳动者以完成政府下达的生产计划而非经营决策。在这样的情况下，劳动者在形式上与企业建立的劳动关系，实际上是与国家之间的关系，所以计划经济时期的劳动者被称为“国家职工”。[①]

2.2.2 经济转型时期的劳动关系

1）经济转型期的改革

1978年党的十一届三中全会拉开了改革开放的序幕，中国进入了一个由计划经济向社会主义市场经济过渡的经济转型期。在这一转型发展进程中，下列三大因素对劳动关系的变化产生了重要影响：经济所有制结构的调整，特别是国有经济产权制度的改革和现代企业制度的建立；劳动用工制度改革和劳动力市场的发育；企业分配制度的改革。

改革开放之初，中国的经济所有制结构仍然是“一大二公”，国有经济占垄断地位，国有企业效率低下，以增强企业活力为中心的经济体制改革在全国展开。20世纪80年代实施企业法，实行厂长经理承包经营责任制，国有企业经营者的权利地位在改革进程中不断得到加强。到90年代进一步扩大企业经营自主权，企业改组实行公司制，赋予经营者法人财产权，极大地激发了经营者的热情。1997年中共十五大报告明确非公有制经济是中国社会主义市场经济的重要组成部分。从此，发展非国有经济，创造一个以公有制为主体、多种经济成分并存的竞争环境，成为中国经济转型的又一特色。改革开放以来，私营、外资等各种类型的非国有经济逐渐得到了国家的支持和政策的保护，已经成为社会主义市场经济的重要组成部分，成为促进社会生产力发展的重要力量。

从1978年到1986年年末，企业改革的基本思路是扩权让利，一直由政府严格控制的用工权被列入了权力下放的范围。从1987年到1990年年末，企业改革的目标是改革企业内部的固定工制度。1987年7月国务院发布了《国营企业实行劳动合同制暂行规定》、《国营企业招用工人暂行规定》和《国营企业辞退违纪职工暂行规定》。企业拥有招收工人，依法确立、变更、终止或解除与职工劳动关系的自主权。中央要求各省份试行全员劳动合同制，范围要包括企业干部和工人，这标志着固定工制度的结束。

从1993年到1995年，改革的重点放在建立现代企业制度上。劳动用工的改革以培育和发展劳动力市场为中心，废除统包统配的就业政策，形成劳动者自主择业、企业自主用人的用工制度，逐步打破城乡之间、地区之间劳动力流动的限制。1995年1月1日开始实施的《劳动法》规定地方各级人民政府应采取相应措施，发

① 赵瑞红. 劳动关系［M］. 北京：科学出版社，2006.

展多种类型的职业介绍机构，提供就业服务。这清楚地表明了劳动者要通过劳动力市场配置劳动力资源，实现就业。《劳动法》还明确规定“建立劳动关系必须订立劳动合同”，不仅要与新招聘的工人签订劳动合同，还要与原来的固定工人签订劳动合同。据统计，到1995年年底，全国已有80%以上的职工与用人单位订立了劳动合同。

改革开放以来，特别是经济体制改革的重点由农村转到城市后，工资改革被正式提到议程上来。劳动部于1990年提出“国家宏观调控、分级分类管理、企业自主分配”的目标模式。1995年出台的《劳动法》赋予了企业分配的自主权，弱化了国家对企业工资分配的控制。《劳动法》规定“社会保险基金按照保险类型确定资金来源，逐步实行社会统筹。用人单位和劳动者必须依法参加社会保险，缴纳社会保险费”。同时，《劳动法》对劳动争议的处理程序和范围以及集体合同制度都做了明确的规定。伴随着改革开放的成果，一部分人先富了起来，这时的工资分配制度改革的目标是“坚持以按劳分配为主体，多种分配方式并存，体现效率优先，兼顾公平”。随着经济全球一体化的到来，中国的贫富差距越来越大，政府在深化体制改革、促进经济转型的同时，又加上了一个“保持社会稳定，发展和谐社会”的目标，这一目标对劳动关系的形成也产生了诸多影响。政府对各类企业劳动关系的干预主要考虑的是社会的稳定。

2）劳动关系的特点

中国实行改革开放后，劳动关系在逐渐向社会主义市场经济进行转型过程中反映出以下特点：

（1）市场化劳动关系逐步占主导地位。伴随国有企业的改革，国有企业劳动关系由过去以政治利益为基础、以行政控制为手段的利益一体化劳动关系，逐渐转变为以经济利益为基础、市场调节为手段的利益协调劳动关系。大批国有企业的职工下岗和失业后，先后进入了市场化就业的领域；国有企业民营化后，企业对原来的劳动关系进行了调整，逐步解除、终止或变更原来的劳动合同，签订新的劳动合同，使职工由国家职工变为企业员工。在非公有制领域，本来就是典型的市场化劳动关系，主要表现在劳动力资源的配置完全由市场来决定，劳动关系双方是典型的劳资关系，不存在干部和工人的固定身份。从统计数据看，非公有制部门的就业人数大大超过了国有企业和公有部门，成为我国的就业主体，这表明市场化的劳动关系在数量上已经占主导地位。①

（2）劳动关系的法律法规不健全。在计划经济条件下，劳动关系几乎全部采用行政管理方式来调整，主要是通过政策来执行。随着劳动法制建设的发展，按照市场经济的要求，劳动关系逐步转向依法调整。多种所有制格局及公有制企业的改制改组使得当前的劳动关系变得极为复杂。有关劳务派遣、劳务输出的劳动关系也急需通过立法、执法等加以完善和调整。另外，国家需要制定相应的法律来保护社会

① 徐伟，王仲孝．经济转型期企业劳动关系运行特点及趋势［J］．商业时代，2006（10）．

"弱势群体"的合法权益。弱势群体也叫社会脆弱群体，是最能感受到现代社会经济利益和社会权力分配不公平、社会结构不合理的群体。一般把弱势群体分为两类：生理性弱势群体和社会性弱势群体。前者沦为弱势群体，有着明显的生理原因，如年龄、疾病等；后者则基本上是社会原因造成的，如下岗、失业、受歧视和排斥等。从我国弱势群体的整体情况看，主体是社会性弱势群体。

（3）劳动关系紧张程度加剧。市场经济的发展，利益关系的多元化，各方面利益关系变化较大，必然在企业中得到明显的反映。伴随着改革开放的逐步深入，利益分配的细化促使利益主体日益觉醒，产生了越来越频繁的利益纠纷，到1992年，改革开放进程加快，劳动力大量流动，滋生了新的生产关系，劳动争议的数量开始回升。从此，劳动争议进入了一个快速增长、复杂多变的时期，1993年劳动争议数同比增长51%，1994年劳动争议数同比增长54%，1995年是《劳动法》执行的第一年，劳动争议数同比增长73%，其中，涉及职工达12.25万人，如果算上未立案的劳动争议，则人数更多。劳动争议总的动向是集体劳动争议增多、外商投资企业和私营企业等非公有制企业的劳动争议增多、实行合同制的劳动争议增多、劳动争议日益显著化和劳动争议的处理难度增大。自2005年5月取消劳动关系争议调解与仲裁收费以来，劳动争议的数量短时间内急剧上升，随后一直呈稳步上升、渐趋平缓的态势。

2.2.3 市场经济体制下劳动关系的新发展

1）市场经济体制下的劳动关系

党的十一届三中全会以来，随着我国经济体制尤其是劳动制度改革的不断深化，劳动力市场得到培育和发展，劳动关系调整与监察工作取得了明显进展。1994年7月5日，第八届全国人民代表大会常务委员会第八次会议通过了《劳动法》，开展了劳动关系调整与监察立法工作，制定了一批以《劳动法》为基本依据的国家及地方有关法规规章。通过法律的规范，到1996年，全国劳动合同制度基本建立，城镇企业职工劳动合同签订率高达95%，有10 500万名企业职工与所在单位签订了劳动合同，另外，还有近1 000万乡镇企业职工与所在单位签订了劳动合同，同时，集体合同制度也取得了新的进展，报送劳动部门审核备案的集体合同达2.7万份。此外，劳动者流动人数、比例、频率明显增多和提高。据统计，东部经济相对发达城市的职工流动率有的达10%以上，1995年至1996年，全国有500万名职工分流安置和再就业，这表明劳动者的自主选择权和企业的自主用工权明显增强并予以实际运用。

随着法律的健全，劳动争议案件增长速度也有所放缓。从1995年到2004年，全国劳动争议案件的年增长率逐年下降，截至2004年，劳动争议案件只比上年增长15.2%，而劳动者当事人人数呈现负增长。这说明健全的法律法规对于缓解劳资双方的矛盾起着重要的作用。

2）“十二五”时期劳动关系的新发展

劳动关系是生产关系的重要组成部分，是最基本、最重要的社会关系之一。“十二五”时期，党中央、国务院将构建和谐劳动关系放在更加重要的位置，党的十八大和十八届三中、四中、五中全会对构建和谐劳动关系提出了一系列明确要求。党中央、国务院印发了《关于构建和谐劳动关系的意见》，为做好构建和谐劳动关系工作提供了基本法律依据。

“十二五”时期劳动关系的新发展主要表现在：

（1）劳动关系法治化水平不断提高。“十二五”时期，我国十分注重依法构建和谐劳动关系。劳动关系领域立法工作不断加强，修订了《劳动合同法》，重点对劳务派遣进行了规范，审议通过《中华人民共和国刑法修正案（八）》，增设拒不支付劳动报酬罪。出台了《女职工劳动保护特别规定》《劳务派遣行政许可实施办法》《劳务派遣暂行规定》等一系列配套规章和政策性文件，各地也出台了大量的地方性法规、规章，劳动关系法律体系逐步完善。

（2）劳动关系协调机制逐步健全。“十二五”时期，我国注重探索创新适合中国国情的劳动关系协调机制，在全国部署开展小企业劳动合同制度实施专项行动、农民工劳动合同签订“春暖行动”，劳动合同签订率不断提高。据人社部社区直报调查，截至2014年年底，人社部社区直报劳动合同签订率为88.2%。推进集体合同制度，实施彩虹计划和攻坚计划，逐步扩大集体合同覆盖范围。截至2014年年底，全国经人力资源和社会保障部门审核备案的集体合同170万份，覆盖职工1.6亿人。

（3）企业工资收入分配制度改革进一步深化。“十二五”时期，注重发挥市场规律在工资分配中的决定作用，进一步健全政府对工资分配的宏观调控体制机制和政策体系。积极稳妥推进工资集体协商工作，建立健全企业职工工资正常增长机制。深化国有企业负责人薪酬制度改革，开展国有企业工资内外收入监督检查。稳慎调整最低工资标准，2011年至2014年，全国平均月最低工资标准年均增长13.2%，截止到2019年，月最低工资标准最高的是深圳的2 200元，小时最低工资标准最高的是北京的24元。多数省份每年发布企业工资指导线，部分地区探索发布行业工资指导线。

（4）劳动关系突出矛盾基本得到妥善解决。“十二五”时期，注重加强源头治理，标本兼治，有效预防和化解劳动关系矛盾。全面治理拖欠农民工工资工作取得积极进展。健全工资支付保障长效机制，在建筑行业普遍建立了工资保证金制度，一些地区还建立了应急周转金制度，每年定期在“两节”时期集中开展专项整治，农民工工资拖欠问题得到有效遏制。依法规范劳务派遣用工。全面实行劳务派遣行政许可制度，开展规范劳务派遣用工专项行动，指导督促劳务派遣用工超比例的用工单位科学制定、实施、调整用工方案，被派遣劳动者合法权益得到有效维护。加强对经济结构调整过程中劳动关系处理的指导规范。密切关注企业生产经营状况，加强对企业用工情况的动态监测，加强对涉及淘汰落后产能、转型升级、兼并重组企业的事前指导、事中监督和事后检查，劳动关系处理工作得到有效规范。

3）劳动关系的发展趋势

在社会主义市场经济体制逐步建立的过程中，中国的劳动关系经历了由行政化的劳动关系向市场化的劳动关系的转变。劳动关系正体现出以下总体发展趋势：

（1）劳动关系主体利益明晰化。随着现代企业制度的建立健全，企业成为相对独立的经营实体，就劳动关系双方主体来讲，劳动者和雇主是两个相互独立的利益群体，双方由于各自不同的利益而存在着明确的利益矛盾等。双方只有通过合作才能达到共赢，不会出现在计划经济时期大家吃“大锅饭”造成企业效率低下的问题。

（2）劳动关系的形成合同化。在市场经济条件下，以劳动合同的形式建立劳动关系，明确双方的权利和义务，规范和约束劳动关系主体双方的劳动行为，实现劳动过程中的管理，将成为各类劳动关系管理普遍采用的一种有效形式。劳动关系形成的合同化包含两层意思：一是用人单位和劳动者建立劳动关系，通过签订劳动合同的方式来实现。劳动合同既是发生劳动关系的凭证，又是规范和约束劳动行为的依据。二是在劳动关系内部，由工会代表职工与用人单位就劳动关系中的一些标准或其他事项签订集体合同。通过签订集体合同的方式维护劳动关系主体的权益。①

（3）劳动关系的市场化。随着改革进程的深入，由市场配置劳动力资源渐渐取代了国家统包统配的行政管理制度，劳动关系也从行政化向市场化转变。劳动关系的处理权利将主要由劳动关系主体双方按照市场规则运用市场机制自行决定。劳动关系的建立、变更、终止及劳动关系存续期间的各项事务、各个环节，都通过市场机制来调控。

（4）劳动关系的法治化。随着各种法律法规的出台，劳动关系在构成、运行、处理等方面将全部实行法治化。在劳动关系运行的各个环节上，将会形成有法可依、有法必依、执法必严、违法必究的法治环境。

（5）劳动关系的国际化。劳动关系国际化，也被称为“劳资关系的全球化”或“超国家化的工业关系”，②它是指在经济全球化的背景下，劳动关系在主体结构、劳动标准、调整方式等方面，已经突破民族、国家的界限，开始出现国际化的趋势，即劳动关系的存在和调整已经不仅是一个国家的内部事务，而是涉及国家之间、国家与国际组织之间以及国际组织之间关系的复杂事务。随着经济全球一体化时代的到来，外国企业纷纷在中国投资建厂，大量外企涌向中国，劳动关系也发生了相应的变化。这种涉外劳动关系的发展以及经济全球化的进程，要求中国劳动关系的运作符合国际通行的“游戏规则”和公认的国际劳工标准和惯例。

2.2.4 国有企业的劳动关系

1）国有企业劳动关系的发展

随着非公有制经济的发展壮大，大量民营经济迅速崛起，外资企业大举涌入，

① 赵瑞红．劳动关系［M］．北京：科学出版社，2006.

② 贝克，哈贝马斯，等．全球化与政治［M］．王学东，等，译．北京：中央编译出版社，2000.

市场竞争日益激烈，市场竞争的范围日益扩大，竞争的程度日趋白热化，国有企业的效率低下和人员冗繁造成大批国有企业破产、停产、半停产或陷入严重困难，大批国有职工下岗失业。国有企业存在的深层次矛盾和问题突出地表现出来，国有企业改革势在必行。

中央依此情况实行“抓大放小”和“有进有退”的方针对国有企业进行重大调整：将大批国有小企业通过出售、转让、改造为股份合作制等多种方式实现民营化；对国有大中型企业实行股份制改造，在这些企业中建立“政企分离、产权清晰、责权明确、管理科学”的现代企业制度。同时，劳动关系也发生了相应的变化，由过去的固定工制度到一些国有企业员工下岗、失业，发生了翻天覆地的变化。据统计，1995—2002年间，国有企业累计下岗职工人数达到3 000万人以上，国有企业员工总数从7 500万人减为3 383万人。国有工业企业从1997年的74 388家减少到2002年的42 696家，5年减少了3万多家。目前，80%以上的国有小企业已实现了民营化，经济发达的沿海地区对国有中型企业的改制也基本完成。

同时，国有企业实施了一系列的变革，使经营者的地位和权利均得到加强和扩大。从实施厂长负责制到扩大企业经营自主权，企业改组公司制；从实行年薪制和股份期权到实行经理人收购或“持大股”；[①]从经营者和劳动者仅仅是劳动权益的差别到双方具有不同产权权益的等级差别，劳资双方在生产资料所有权问题上泾渭分明，企业与职工、经营者与劳动者在根本利益一致的基础上，将逐渐形成主体明晰、地位对等、平等竞争、利益多元的新型劳动关系。在经营者权利扩大的同时，政府对劳动用工等权力的下放使企业的自主经营权也得到了加强，使经营者可以根据生产的需要招用职工或依法解雇职工。此外，政府要求国有企业在新招的工人中推行劳动合同，合同期满后企业可以根据需要与员工续签或终止合同，范围包括企业干部和工人，这标志着固定工制度的终结。

政府为配合国有企业的市场化改革，对国有企业的工资和社会保障等制度也进行了市场化和制度化改革，打破了原有的刚性的工资分配和养老金保障。与绩效挂钩的岗位技能工资和社会保障制度取代了原有的工资机制和福利制度。在政府权力下放后，企业可以在不超出政府规定的工资总额范围内，自主制定企业的工资分配制度。同时，政府一直在尝试按市场经济原则建立养老保险、失业保险、医疗保险、工伤保险和生育保险制度，并建立了城市最低生活保障制度。这一时期社会保障制度改革对于平衡企业负担、促进企业公平竞争和劳动力合理流动起到了积极的作用。从2003年开始的主辅分离、辅业改制的国有企业结构调整和改制进程旨在完成职工身份向市场化雇佣转化和债权债务处理等深化改革的任务。随着合同制的完善和企业自主权利的增强，劳动者大量下岗失业，其工资福利和职业保障程度下降，代表职工利益的工会为职工争取了相当多的利益，但是劳动争议和群体性事件时有发生。主人翁身份仍然被肯定的职工更多地把维护自身权益的希望寄托在政府

---

① 程延园．劳动关系学［M］．北京：中国劳动社会保障出版社，2005.

身上，通过上访、请愿等方式要求政府官员出面处理。

2）国有企业劳动关系存在的问题

国有企业的改革在股份制改造、工资分配和社会保险等方面取得了一系列的成果，但是仍存在以下一些问题：

（1）在实行“抓大放小”政策过程中，国有小企业通过多种方式改制成民营企业，不少国有中小企业陷入严重困难境地，企业财务危机加重，人员负担沉重，企业很难找到下家来出售或转让，造成一些资产状况还可以的企业在拖欠中变成了资不抵债的企业，政府在无法退出资本的前提下不得不供养职工和企业，付出了高昂的代价。在转制企业赔偿职工补偿金的过程中，效益不好的企业无法支付这笔费用，效益好的企业出现“分光吃尽”的倾向，支付员工高达七八万元的补偿金，造成国有资产的浪费。另外，一些企业只进行了产权制度的改革，没有使职工的劳动关系和身份进行转变，结果使改制后的企业在处理劳动合同时遇到了许多麻烦，陷入复杂的人事纠葛中。

（2）国有企业经营者享受法定的法人财产权，他们在企业的劳动用工和工资分配等方面拥有更大的自主权，与劳动者的权力和利益差别逐渐扩大，随着高层管理者收入的增加，国有企业经营者与劳动者的贫富差距逐渐拉大，影响社会的稳定。国家采取了“工资分配在不失效率的基础上兼顾公平”的政策来缓解这方面的压力，虽然国家采取的政策起到了一定的效果，但是这种情况还是存在而且还很严重。

（3）与其他所有制相比，国有企业的劳动关系管理较为规范，国有企业工会由于具有行政化色彩的传统，在经营者与职工之间发挥沟通和协调作用来缓解劳动纠纷。此外，工会还替经营者处理大量繁杂的行政事务，为经营者分忧解难，所以说，国有企业的工会主要是出于维持企业内部的稳定性来发挥其代表和维护职工利益的作用的。另外，国有企业的改革虽已进入攻坚阶段，但改制程序还不是非常健全，企业方的权力很大且有机会通过各种方式架空或越过职代会，使职工无法参与改制过程，大量不规范操作严重侵害了职工利益。

（4）在国有企业的改革进程中，工资集体协商机制也开始被引入，但是从国有企业劳动关系的运行来看，集体协商和集体合同制度还难以发挥协调劳动关系和维护职工权益的作用，大部分的国有企业存在着集体谈判和集体合同严重流于形式的现象，集中于劳动报酬和保险福利的劳动争议大幅增长，涉及劳动者的人数也不断上升，一些具有重大争议的矛盾不仅涉及企业，而且涉及政府，加之集体争议处理渠道不畅，进一步加剧了劳动关系和社会的不稳定。

2.2.5 私营企业的劳动关系

1）私营企业劳动关系的发展

《关于划分企业登记注册类型的规定》第九条界定：私营企业是指“由自然人投资设立或由自然人控股，以雇佣劳动为基础的营利性经济组织，包括按照《中华人民共和国公司法》（以下简称《公司法》）、《中华人民共和国合伙企业法》、《中华人民共和国私营企业暂行条例》规定登记注册的私营有限责任公司、私营股份有限公司、私营合伙企业和私营独资企业”。20世纪80年代，私营企业的发展主要是发挥在国民经济中的“拾遗补缺”和扩大就业的作用。自党的十五大明确了非公有制的重要作用，私营企业无论在数量上还是在规模上都取得了飞速发展。编者在2011—2012年中国民营经济发展形势分析会上获悉，截至2011年第三季度，全国登记注册的私营企业超过900万家，同比增长14.9%，提供新增就业岗位800多万个。据介绍，民营经济中仅私营企业2011年前9个月就提供新增就业岗位800多万个。按个体户新增户数计算，以创业带动就业的人数达200多万人，充分展示了私营企业扩大就业的功能。私营企业已经成为国民经济的重要组成部分，私营企业主亦成为中国社会阶层结构的重要组成部分。

在发展过程中，私营企业的劳动关系有两种类型。一类是“原生型”私营企业的劳动关系，主要是由劳动者特别是大量农民通过劳动致富、积累资本而形成的劳资关系。此种类型的劳动关系带有浓厚的家庭化色彩，劳动关系规范化程度较低，尤其是地处农村的小型私营企业，多数雇主是农民出身，管理的家族化色彩更加浓重。私营企业劳动关系及其运行的制度化、法治化和组织化还不是很规范。另一类是“转制型”私营企业的劳动关系。转制型私营企业的劳动关系源于20世纪90年代国有经济产权制度改革，鼓励私营承包、租赁、兼并、购买公有制企业；鼓励私营企业与公有经济合资、合营，并允许私人控股等。转制使公有制企业的劳动关系“转制”为以私有制为基础的劳资关系。这种转制而来的私营企业的管理体制本身就存在着行政化严重的问题，改制后或多或少加入了家庭化色彩，因此，劳动关系规范化程度较低。

首先，私营企业的劳动关系是一种受约束的雇佣劳动关系，雇主是劳动力的支配者和使用者，是资本的受益者，而劳动者的所得基本上限于劳动力的价值，这是私营企业劳动关系的本质。同时，私营企业的劳动关系也受社会主义政治制度和法律的控制和制约。但是中国正处于工业化和现代化的进程中，占主导地位的生产要素是资本，政府往往采取比较宽松的政策。其次，中国劳动力市场处于供大于求的状态，这一走向将在较长的时期内有利于雇主。最后，雇主拥有大量的“社会资源”，许多私营企业的雇主原来都是国有企业的领导，社会关系比较多，经济地位也比较高，因此，私营企业的劳动关系是以雇主为主导的劳动关系。

2）私营企业劳动关系的现状

（1）私营企业主占有生产资料，整个生产、交换、分配过程完全由企业主支配，私营企业主在努力追求利润最大化的过程中，有时候无法顾及他人利益和社会利益。私营企业主成员来源复杂，有农民，也有文化程度比较高的人。此外，随着私营企业主经济实力的增强，其社会政治地位也在提高，政治参与欲望强烈，对社会政治活动反应十分积极。

（2）私营企业中的劳动者大部分由农民构成，他们文化水平很低，自我意识和自我组织能力相对低下，而且缺乏劳动法方面的知识，维护自身权利的意识不足。此外，私营企业劳动者的流动频率非常高，过快的流动频率使得劳动者很难熟练地掌握专门的技能，也不利于工会的组织工作。

（3）一些私营企业不遵守劳动法的有关规定，在许多方面做得不够规范，在各类企业劳动合同签订率的比较中，私营企业的劳动合同签订率最低。2003年全国职工队伍状况抽样调查结果显示，私营企业劳动合同签订率只有30.5%。此外，私营部门的劳动合同质量不高也是不争的事实。一些文化程度低的雇工找人代签劳动合同的问题严重，一些企业签订的多为短期合同。数据显示：企业中有11.9%的雇工签订了一至两年的合同，只有34.6%的雇工签订了两年以上的合同。从总体上看，私营企业劳动合同的签订流于形式。

（4）很多私营企业的雇工未得到法律规定的加班加点工资，延长工作时间的现象相当普遍；企业分配不公并拖欠工资，劳动安全卫生问题十分严重，工伤事故频频发生，雇工的劳动环境得不到保证，从事有毒有害作业的现象极为普遍；企业的社会保障也严重滞后，国家统计局发布的数据显示：2011年城镇私营单位就业人员年平均工资为24 556元，扣除物价因素同比实际增长12.3%。分四大区域看，城镇私营单位就业人员年平均工资由高到低依次是东部、西部、东北和中部，分别为26 800元、22 313元、22 020元和20 677元；同比名义增长率从高到低依次为中部19.9%、西部19.7%、东北18.8%、东部18.0%。

2.2.6 外资企业的劳动关系

1）外资企业劳动关系的发展

为了促进中国经济的发展，吸引外资成了中国对外开放政策的重要组成部分，截至2008年第三季度，中国共有外商投资企业42.46万户。从地域来看，外资企业起初主要集中在珠江三角洲和长江三角洲两个区域。随着中国加入WTO以及中国经济对外开放力度的加大，越来越多的外资企业在中国投资。目前，来华投资的国家和地区超过了190个，全球最大的500家跨国公司中已有近450家在华投资，其中30多家设立了地区总部。外资企业包括中外合资经营企业、中外合作经营企业和外商独资企业。外商独资企业具有纯粹的资本主义性质，但作为主体的中外合资经营企业和中外合作经营企业，既有国有经济或集体经济参与投资，又有国外资本参与投资。企业中的生产资料一部分归外商投资者所有，属于私有制，另一部分则属于公有制，因此，外资企业劳动关系的性质既不同于传统的国有企业和城镇集体企业，也不同于私营企业，而是一种特殊的雇佣劳动关系。

随着全球环境日益被关注，一些比较严重的问题如自然资源的枯竭、全球变暖、污染（空气、水和土地）、工业事故以及有毒废弃物等问题日益突出，越来越多的外企承担了社会责任。由于注重社会责任的承担，外资企业的劳动关系冲突有所缓和。公司的责任除了为股东追求利润外，还要考虑相关群体的利益，员工利益是公司社会责任中最直接和最主要的内容。近年来，中国一些外资企业也加入社会责任活动中，这在一定程度上促进了外资企业劳动关系的规范和协调。

20世纪80年代以来，中国陆续颁布了一系列法律、法规来规范外资企业的劳动关系，初步形成了调整外资企业劳动关系的法律体系，其中包括《中外合资经营企业法》《中外合作经营企业法》《外资企业法》等部门法，以及《中外合资经营企业法实施条例》《国务院关于鼓励外商投资的规定》《中外合资经营企业劳动管理规定》《中外合资经营企业劳动管理规定实施办法》《关于外商投资企业用人自主权和职工工资、保险福利费用的规定》，这一系列相关法律、法规为劳动关系的处理提供了相应的保障。

2）外资企业劳动关系存在的问题

虽然外资企业的劳动关系有法律规范，外资企业为中国提供了大量的就业岗位，并提供给雇员优厚的待遇，但是还存在一些严重的问题：

（1）许多地区和政府官员为了保证自己的业绩，在吸引外商投资上开出了相当优惠的条件，一些地方政府期望以低廉的劳动力价格吸引外资，便更加严密地控制劳工成本和劳动关系，甚至不惜牺牲职工工资和保险福利，对广大职工在权益保护方面的呼声置若罔闻，每当发生劳资纠纷时，一些领导怕“吓跑”外商，常常以“不要影响投资环境，保护地方经济增长”为理由，任由外商损害职工利益的事件发生，导致经济与社会发展相互脱节，贫富分化，劳动关系愈加动荡不安。

（2）外商投资企业的工资制度包括计件工资制和计时工资制，劳动密集型企业多数都实行计件工资制，技术密集型企业多数实行计时工资制。大多数从事简单劳动的职工赞成实行计件工资制，从事复杂劳动的职工赞成实行计时和职务工资制。由于劳动密集型企业主要是通过劳动者的低成本劳动在竞争中获胜，资本家赚取利润的多少直接与劳动者的收入和福利的份额有关，因此，实行计件工资制的企业劳动关系较不稳定。近10多年来，外商投资最多的深圳市劳动、信访、工会等部门处理的劳资纠纷90%与工资有关。

（3）相当多的企业缺少必要的安全和卫生等劳动保护措施。部分外商将一些国外已明令禁止的对人体有严重危害的生产工艺和化学品转嫁到我国，一些外资企业投产时没有通风排毒和使用防护用品，致使职业病丛生，工业伤亡事故频发，严重危害了职工的身体健康。

（4）许多外企为了逃避给雇员缴纳社会保险，减少企业的用工成本，违反《劳动法》的有关规定，通过与雇员签订短期合同甚至不签订劳动合同来达到其目的，严重损害了广大职工的利益。另外，许多外企职工不重视工会的力量，因为外企为雇员提供了优厚的工资待遇，目前，外资企业中已建立工会的有16万个以上，仅占全部外资企业的约33%。某些企业的工会仅仅流于形式，部分组建工会的企业，资方也常常在经费与工作时间上加以限制，在观念上与工会对立，一些出面维护职工合法权益的工会干部受到资方歧视、报复，甚至被解雇。我国出台了《中华人民共和国工会法》（以下简称《工会法》）对外资企业加以限制。

2.3 当前中国劳动关系的现状

劳动关系是当今最基本的社会关系之一，只有建立稳定、和谐的劳动关系，才能实现社会的和谐，保证经济社会的可持续发展。目前，中国的市场化劳动关系已形成并逐步占据主导地位，劳动关系在很多方面都发生了巨大的变化。其中，主要表现在劳动合同的签订、工会、工资收入及最低工资标准、社会保障、劳动争议等方面。

2.3.1 劳动合同的签订方面

随着国民经济又好又快的发展，中央政府实施了积极的就业政策，为新增就业岗位提供了坚实的基础。人力资源和社会保障部发布的数据显示：2012年中国前三季度国内生产总值同比增长7.7%。2011年全年城镇新增就业人员1 221万人，有553万城镇失业人员实现了再就业，就业困难人员就业180万人，年末城镇登记失业人数为922万人，城镇登记失业率为4.1%。

2011年我国实现城镇新增就业1 221万人，这是在2010年我国经济增速有所放缓的情况下取得的成绩，主要是因为经济增长的支撑作用仍然非常重要，各项积极的就业政策确实发挥了非常显著的作用，就业服务有所加强。但是，2012年就业形势依然严峻。一是就业的总量矛盾和结构性矛盾依然非常突出。2012年城镇需就业的劳动力达2 500万人，比“十一五”时期的年均数多100万人，其中高校毕业生规模达到680万人，是21世纪初的6倍多。另外，结构性矛盾更加突出，就业难和招工难并存的现象更加趋于常态化，而且有从沿海向内地蔓延的趋势。二是经济形势的不确定性对就业影响加大。

2018年全年城镇新增就业1 361万人，同比增加10万人。2019年前10个月，全国城镇新增就业1 193万人，提前实现了2019年全年城镇新增就业1 100万人以上的目标。2018年10月，全国城镇调查失业率为5.1%，比上月下降0.1个百分点。

人力资源和社会保障部新闻发言人卢爱红2020年1月14日在人社部2019年第四季度新闻发布会上表示，2019年，就业形势保持总体稳定，全年城镇新增就业1 352万人，年末城镇登记失业率3.62%。城镇失业人员再就业546万人，就业困难人员实现就业179万人。

当前我国劳动关系总体稳定，但仍然存在劳动合同签订率低、劳动力工资水平低、企业用工不规范、侵犯劳动者利益等方面的问题，特别是有的地方经济发展速度很快，企业利润和效益也不断提高，但企业职工工资增长缓慢甚至没有增长，拖欠工资的现象也时有发生。随着《劳动合同法》的实施，全国全面实行劳动合同制度，劳动合同签订率呈上升趋势，劳动合同短期化现象有明显改善，劳动关系越来越稳定。

2015年3月21日，中共中央、国务院印发《关于构建和谐劳动关系的意见》，阐述了构建和谐劳动关系的重大意义，提出了构建和谐劳动关系的指导思想、工作原则和目标任务，强调以人为本、依法构建、共建共享、改革创新的总原则，并明确了构建和谐劳动关系的具体任务。其中的各项任务互相衔接，具有系统化的特点，比如，提出法律、体制、制度、机制和能力的建设，党委领导、政府负责、社会协同、企业和职工参与、法治保障的工作体制，以及源头治理、动态管理、应急处置相结合的工作机制，实现劳动用工更加规范，职工工资合理增长，劳动条件不断改善，职工安全健康得到切实保障，社会保险全面覆盖，人文关怀日益加强，有效预防和化解劳动关系矛盾，建立规范有序、公正合理、互利共赢、和谐稳定的劳动关系。此外，该意见还特别提出了员工的取得劳动报酬权利、休息休假权利、安全卫生保护权利、享受社会保险和接受职业技能培训权利的具体要求，并重申了劳动合同、集体协商和集体合同、三方机制、企业民主管理等制度层面的规范和要求。《关于构建和谐劳动关系的意见》是进入21世纪以来关于劳动关系的一份最全面、最到位的文件，为新时期和谐劳动关系的建设提供了工作指针。

2.3.2　工会方面

全国总工会十七届一次执委会议上的报告显示，现阶段，全国工会会员总数3.0亿人，其中农民工会员1.4亿人，基层工会组织280.9万个，覆盖单位655.1万个。改革结出的累累硕果，正让中国工会——这个世界上最大的工会组织越来越充满活力。另外，非公有制企业是各级工会推动建会工作的重点。全总有关部门统计，截至2012年6月底，非公有制企业法人建会343.53万家，建会率为82.73%，发展会员9 929.01万人，职工入会率为72.95%。近年来，以农民工为重点对象，大力加强工会的组建工作，取得了突破性的进展。过半农民工已经加入了工会组织，农民工会员达到了6 197万人，农民工的入会率达到了51%。

另外，推动企业建立工资集体协商机制成为各地工会的首要之举。比如，宁夏回族自治区总工会与自治区劳动和社会保障厅、经委、国资委、工商联和私营企业协会等六部门联合下发《关于推进企业工资集体协商的实施意见》，要求企业全面建立和推行职工工资集体协商、签订工资专项协议制度，要求建制率达到40%，覆盖职工达到60%。

福建省总工会不仅召开了全省工会工资集体协商工作推进会，而且推动省劳动关系三方下发实施意见，对工资协商目标任务进行分解，明确提出2008年年底全省已建工会企业的工资集体协商建制率达50%，职工覆盖率达60%。

在南京，市总工会积极探索在事业单位开展工资集体协商工作，明确了不同类型单位的协商重点，如全额拨款单位重点协商奖金、津贴和福利，差额拨款单位协商自主确定的活工资部分，自收自支的纯经营性单位则将工资和奖金、津贴、福利等放在一起协商，使职工收入分配更公平合理。

2.3.3 工资收入及最低工资标准方面

随着中国经济的发展，工人的薪酬也得到了提高。中国职工工资总额和职工平均工资连续5年实现两位数增长，并分别超过同期国内生产总值、人均国内生产总值的增速。国家统计局发布的2011年宏观数据显示，全年城镇居民人均总收入为23 979元。其中，城镇居民人均可支配收入为21 810元，同比名义增长14.1%，扣除价格因素，同比实际增长8.4%。在城镇居民人均总收入中，工资性收入同比名义增长12.4%，转移性收入同比增长12.1%，经营净收入同比增长29.0%，财产性收入同比增长24.7%。农村居民人均纯收入为6 977元，同比名义增长17.9%，扣除价格因素，同比实际增长11.4%。其中，工资性收入同比名义增长21.9%，家庭经营收入同比增长13.7%，财产性收入同比增长13.0%，转移性收入同比增长24.4%。全年城乡居民收入比为3.13：1（以农村居民人均纯收入为1计，2010年该比值为3.23：1）。全年农民工总量为25 278万人，同比增长1 055万人，同比增长4.4%；其中本地农民工9 415万人，外出农民工15 863万人。外出农民工月均收入2 049元，同比增长21.2%。

另外，中国近几年不断调整最低工资标准，从根本上保障了低收入劳动者的利益。因为各地的经济发展状况不同，所以各地最低工资标准各不相同，如自2011年起北京市最低工资标准提高到每小时不低于7.2元、每月不低于1 260元；上海市从2011年起最低工资标准调整为1 450元/月，非全日制小时最低工资标准为12.5元/小时；广州市也从2011年起除花都区、番禺区、从化区、增城区外，企业职工最低工资标准调整为1 300元/月，小时最低工资标准调整为7.47元/小时；非全日制职工小时最低工资标准调整为12.5元/小时。花都区、番禺区、从化区、增城区企业职工最低工资标准调整为1 100元/月，小时最低工资标准调整为6.32元/小时；非全日制职工小时最低工资标准调整为10.5元/小时。

2.3.4 社会保障方面

社会保障体系是指社会保障各个有机组成部分所构成的相互联系、相辅相成的总体，包括社会保险、社会救助、社会福利、优抚安置和社会互助、个人储蓄积累保障。社会保障体系是社会的“安全网”，它对社会稳定、社会发展有着重要的意义，同时对建设和谐的劳动关系发挥着至关重要的作用。党的十七大报告中指出：要以社会保险、社会救助、社会福利为基础，以基本养老、基本医疗、最低生活保障制度为重点，以慈善事业、商业保险为补充，加快完善社会保障体系；促进企业、机关、事业单位基本养老保险制度改革，探索建立农村养老保险制度和全面推进城镇职工基本医疗保险、城镇居民基本医疗保险、新型农村合作医疗制度建设。

社会保障工作在相应政策的指导下取得了一系列显著的成果。首先，各项社会保险覆盖范围继续扩大，基金收入持续增长。到2011年，基本养老、基本医疗、失业、工伤和生育保险参保人数分别达到28 391万人、47 343万人、14 317万人、

17 696万人和13 892万人，分别比2010年年底增加2 684万人、4 080万人、941万人、1 535万人和1 556万人。

其次，社会保险制度建设加快推进。时任国务院总理温家宝在2008年政府工作报告中指出，要重点扩大农民工、非公有制经济组织从业人员、城镇灵活就业人员参加社会保险。农民工参加工伤保险“平安计划”和参加医疗保险工作稳步推进，2008年3月底，参加工伤保险和医疗保险的农民工分别为4 088万人和3 361万人。此外，国家继续推进扩大做实个人账户试点工作，加快推进省级统筹步伐。城镇居民基本医疗保险试点新增229个城市，制度框架和运行机制进一步完善。东部地区扩大失业保险基金支出范围试点工作有序推进，工伤预防和康复试点工作顺利开展，农村养老保险和被征地农民社会保障工作稳步推进。

最后，社保基金监管工作进一步加强，督促各地整改审计和社会保险费征缴情况专项检查发现的问题，社会保险基金专项治理工作被列为全国纠风工作重点，企业年金监督工作进一步加强。

2.3.5 劳动争议方面

随着《劳动合同法》的实施，劳动争议案件数量有所增加，2008年4月1日，人力资源和社会保障部透露，1—2月，中国劳动争议案件数量急剧增长，与上年同期相比，各地劳动争议仲裁机构立案数量的增幅普遍在50%以上，有的地方甚至达到了5倍。其主要原因是《劳动合同法》对我国劳动合同制度和劳动争议处理制度做出了重大改革，《劳动合同法》中对劳动合同的签订、履行、变更、解除以及终止做出了全面的规定，着重强调了保护劳动者的合法权益。所以，以往用人单位为了降低成本而采取的一些做法在该法的约束下暴露出诸多漏洞和瑕疵，劳资双方矛盾的凸显导致了劳动争议案件的激增。

另外，随着《中华人民共和国劳动争议调解仲裁法》于2008年5月1日施行，申请劳动争议仲裁实行免费受理，申诉仲裁的时效由2个月延长到1年，劳动争议处理期限也由60日缩短为45日，劳动争议案件势必迅猛增长，并且职工自我维权意识不断提高。以上原因都导致劳动争议案件数量激增。2008年第一季度珠三角地区劳动争议案井喷，东莞市人民法院新受理劳动争议案件3 559件，同比增长132.6%；深圳市人民法院受理此类案件4 347件，同比增长126.4%；广州市人民法院受理此类案件2 280件，同比增长92.4%；同时，深圳市劳动人事争议仲裁院受理的劳动争议仲裁案件也较上年同期增长277%，劳动争议的内容主要集中在劳动合同、劳动报酬和社会保险三个方面。应该看到，劳动争议数量激增只是一个短暂的过程，随着法律越来越规范，未来劳动争议的数量将会有所降低。

● **个案分析**

B公司为一家直销企业，2014年1月从商务部取得了直销经营牌照，获准从事直销经营。王某于2014年6月正式成为B公司的直销员，与B公司签订了《直销代理协议》，期限为两年，工作内容是为B公司提供客户资料，王某自行安排时间发展客户，客户购买产品并支付货款后，王某的报酬计算方式以所发展客户购买公司产品金额的5%计提（无底薪），工作期间也未参加社会保险。2015年2月，王某因业绩不佳，被B公司取消了代理资格后，向劳动人事争议仲裁委员会提出仲裁申请，要求B公司向其支付经济补偿金人民币8 000余元。B公司以双方为民事代理关系为由，请求驳回王某请求。

该案经开庭审理后，仲裁委员会认定申请人与被申请人不属于劳动关系，驳回了申请人的仲裁请求。但在诉讼阶段，一审法院认为双方劳动关系成立，被告B公司须向王某支付经济补偿金，该案目前仍在二审中。

资料来源　唐虚谷. 探究新时期劳动法律关系认定的困境——以两起典型案例为视角［J］. 中国劳动，2015（23）。

问题：

1.本案例中B公司是否存在违法行为？

2.从本案例中可以看出我国法律在直销经营劳动用工方面有哪些欠缺？

● 本章小结

西方国家劳动关系的发展历史是按照西方国家资本主义发展阶段来进行划分的，包括自由竞争资本主义时期的劳动关系、垄断资本主义时期的劳动关系、两次世界大战之间的劳动关系和第二次世界大战以后的劳动关系。本章第一节详细介绍了在各个发展阶段、各时期劳资关系的状况、理论指导基础和运行的法律环境。

中国从计划经济体制向市场经济体制转变的过程中，其劳动关系也发生了根本性的变化，本章第二节介绍了不同体制下劳动关系的特征，对经济转型期中国劳动关系的主要特征，即劳动关系的市场化、法治化和国际化进行了概括和分析，并介绍了中国国有、私营和外资三种所有制企业劳动关系的典型特征。

本章最后一节介绍了当前中国劳动关系的现状，包括就业、劳动合同的签订、工会、工资收入及最低工资标准、社会保障和劳动争议等现状，并介绍了当前劳动关系运行的法律体系。

● 关键概念

经济转型　计划经济体制下的劳动关系特点　经济转型时期的劳动关系特点　国有企业的劳动关系　私营企业的劳动关系　外资企业的劳动关系　当前中国的劳动关系现状

● 课堂讨论题

1.回顾劳动关系发展的历史，你能总结出哪些规律？

2.讨论中国未来劳动关系发展的趋势。

● 复习思考题

1.简述西方国家劳资关系发展演变的历史阶段。

2.简述向市场经济转型过程中中国劳动关系的主要特征。

3.市场经济体制下劳动关系主要有哪些特点?

4.简述国有企业劳动关系的性质、特点和现状。

5.试述中国私营企业劳动关系的特点、存在的问题和解决措施。

● 自测题

1.中国计划经济时期劳动关系的特征是（　　）。

A.单一化　　B.依附性　　C.行政化

D.全球化　　E.市场化

2.市场经济体制下劳动关系发展的趋势是（　　）。

A.劳动关系主体利益明晰化　　B.劳动关系的市场化

C.劳动关系的法治化　　D.劳动关系的国际化

3.简述自由垄断时期劳动关系的特征。

4.简述标准劳动关系模式与非标准劳动关系模式的区别。

5.论述中国当前劳动关系的现状。

● 补充阅读资料

美国工会运动简史

美国工会运动的历史是一个扩张与收缩交替的过程。早在1790年，熟练的手工艺工人（制鞋工人、裁缝、印刷工等）就组织了同业工会。他们提出了最低工资要求，并组织了“巡视委员会”走访每家店铺，以确保没有任何工会会员接受最低工资标准以下的工资，工会会员人数一直呈增长态势，直到1837年左右发生大萧条才导致工会会员人数下降。随着美国进入工业革命时期，工会会员人数又开始增长。1869年，一群裁缝集会并成立了劳工骑士团，到1885年，劳工骑士团已拥有10万名成员。1886年，由于其组织的铁路罢工取得了胜利，其成员人数增至70万人。随后由于其过分关注社会改革，劳工骑士团的成员数量锐减，1893年，劳工骑士团解散。

1886年，塞缪尔·冈帕斯创立了美国劳工联合会。它主要由熟练工人组成，并且与劳工骑士团不同，它专注于为自己的会员谋求实在的经济利益。劳工骑士团通过阶级斗争来改变社会形态，从而为其成员谋取比较大的利益。而冈帕斯则力图通过提高成员的工资和改善工作条件来实现同样的目标。直到第一次世界大战之后，美国劳工联合会都发展得很快，那时它的成员已逾550万人。

20世纪20年代是美国工会运动停滞和下降时期。这种停滞和下降趋势是众多因素影响的结果，包括战后萧条，制造商重新抵制工会，塞缪尔·冈帕斯的去世以及20世纪20年代的表面繁荣。1929年后期，由于大萧条，成千上万的工人失去了工作。到1933年，工会会员人数下降到300万人以下。

20世纪30年代中期，工会会员人数又开始增长。作为新政的一部分，美国制定了《全国工业复兴法》，这使得劳工更容易组织起来。其他联邦法律、经济繁荣以及第二次世界大战也促使工会会员人数迅速增加。到20世纪70年代，工会会员人数达到了顶峰，大约有2 100万人。此后，工会会员人数又开始下降，下降到今天的大约1 600万人。

资料来源　德斯勒.人力资源管理［M］.吴雯芳，等，译.9版.北京：中国人民大学出版社，2005.

第3章 /劳动者和工会

引导案例

中铁十八局打造“互联网+”工会工作新模式

“蓝信”了解工会资讯、“玫瑰之约俱乐部”联谊群、工会主席接访电子信箱……中铁十八局工会改变传统工作模式，打造“互联网+”工会，激发工作新活力。职工有需要，可以随时随地上网找工会。

集团公司工会的“互联网+”工作模式，基于该单位为建筑施工企业，职工分散在全国乃至海外工作的特点，发挥互联网在工会工作中的优化和集成作用，将互联网的创新成果融于职工宣教、民主管理、困难帮扶等各方面工作中，提升工作创新力和影响力，形成以互联网为基础设施和实现工具的工会工作新形态，实现了“基层工会建设落实年”的目标。

经过1年多的运作，目前集团公司“互联网+”工会初具雏形。2014年，集团公司工会开通“蓝信”平台《工会视窗》专栏，让职工“一机在手，工会信息全有”，实现了客户端式消息传播；集团公司工会牵头、各单位女工委主任审核成立了集团内联谊组织——“玫瑰之约俱乐部”，并由职工红娘牵线搭桥，为流动分散工作的青年职工提供真实可靠的相亲环境；继开通维权热线后，2014年又设立了各单位工会主席电子信箱，实现了职工“零距离”合理维权反映诉求；探索利用QQ群将“走访座谈阵地”转移到网上，解决了走访职工难的问题，5家基层单位由女工委主任主持开通了女职工QQ群。

如今，在中铁十八局提起“互联网+”工会，许多职工都赞不绝口。截至目前，集团公司“蓝信”刊发了80多期报道，成为一线职工感受工会温暖的“掌中宝”；2014年5对青年职工通过“玫瑰之约俱乐部”相知相爱喜结良缘；女职工QQ群通过姐妹谈心等方式为10余位女职工解决了婆媳关系等问题。

资料来源　王洪宇. 中铁十八局打造“互联网+”工会工作新模式 [J]. 工会信息，2015（22）.

学习目标

劳动者和工会作为劳动关系的主体之一，与雇主和政府共同组成了劳动关系的三方体系。学习完本章后，应该掌握劳动者和工会的基本概念、类型，我国工会的性质和定位以及修改后的《工会法》的重要特征；熟悉劳动者和工会的法定权利与义务以及工会的社会责任；了解劳动者在劳动关系中的地位、转型期的我国工会的特征以及建立现代工会的要求。

3.1 劳动者

劳动关系学以现代社会中劳动关系的环境、主体、运行协调、矛盾处理作为基本研究内容，因而在研究劳动关系时必须对主体一方的劳动者有一个明确的界定，这是研究劳动关系的基础。

3.1.1 劳动者的概念

研究劳动者首先需要明确劳动者的概念，或者说究竟谁是劳动者，这个问题是劳动关系研究的理论和现实前提。不同学科由于其研究的视角不同，对于劳动者的概念也有不同的界定。

1）不同学科对劳动者的定义

（1）劳动社会学视角下的劳动者。劳动社会学是一门用社会学理论体系和方法对劳动者的社会劳动活动的结构、功能及其运行规律进行研究的分支社会学。其对劳动者的定义是，“具有一定劳动能力、遵循一定劳动规范、占据一定劳动岗位、参与实际劳动过程的人”。简而言之，凡是参与实际的社会生产劳动过程的人都可以被称为劳动者。按照这种理解，工人、农民、经营管理者、商业人员以及各类知识分子都是劳动者，从事国家和社会管理的各级官员也可以说是劳动者，甚至那些同时进行企业经营和管理的企业主也可以被看成劳动者。因为他们所从事的工作均是社会生产劳动过程的一个具体构成部分，所以在社会学意义上劳动者的含义最为宽泛。

（2）劳动经济学视角下的劳动者。劳动经济学视角下的劳动者是从劳动者在现代经济关系中的地位及特点的角度予以界定的。所谓现代劳动经济关系，是指区别于前资本主义劳动形态的、以商品生产为目的的、市场经济条件下的劳动关系。在这一劳动关系中劳动者的基本特点为：拥有并可以自行支配自己的劳动力，即劳动者是劳动力的所有者；不占有生产资料因而只得受雇于他人，以实现与生产资料结合的生产过程；在生产过程中处于被管理和被支配的地位；经济收入主要是作为劳动报酬的工资收入。因而，在劳动经济学中劳动者的定义一般为受雇于个人、公司或机构，使用雇主提供的劳动工具或设备，在工作中执行上级的指令，由雇主付给劳动工资的工作人员。在这里，劳动者一般是指雇佣劳动者或工资劳动者，所以农民、个体生产者、自由职业者、官吏、企业主，以及代表资产所有者并对其负责的企业管理人员都不属于劳动经济学意义上的劳动者。[①]

（3）劳动法视角下的劳动者，即劳动法意义上的职工，它仅指具有劳动权利能力和劳动行为能力，并且已依法参与劳动法律关系的公民。从许多国家的劳动法所规定的职工定义和范围来看，职工的概念一般包括四层含义：职工是被录用（雇用）的人员；职工是在用人单位（雇主）管理下从事劳动的人员；职工是以工资为劳动收入的人员；法定的某种或某几种人员不属于职工，如国家公务人员、军人、农民、家庭佣人、企业经理等，分别在一些国家被劳动法列于职工范围之外。因此，职工可定义为，由用人单位所录用（雇用）并在用人单位管理下从事劳动以获取工资收入的法定范围内的劳动者。除了劳动法意义上的职工以外，我国的广义劳

① 常凯. 劳动关系 · 劳动者 · 劳权 [M]. 北京：中国劳动出版社，1995.

动者还包括非劳动法意义上的职工。他们尽管不是劳动法律主体，但其某些权利和义务仍由劳动法所规定，可以依法参与劳动法律关系，在一定范围内是劳动行政法律关系的劳动行政相对人，并且还同某些劳动服务主体有一定的法律关系，因而也是作为劳动法主体的劳动者。

2）劳动关系研究中的劳动者

在劳动关系的研究中，劳动者的定义必须体现和反映现代产业中的劳动关系特征，因而，劳动关系中的劳动者这一概念包含以下几个方面的内容：第一，劳动者具有劳动权利能力和劳动行为能力，即劳动者处于法定就业年龄，具有就业能力。第二，劳动关系是以市场经济的社会化大生产为背景的、以雇佣劳动为特征的劳动关系，劳动者受雇于他人，在他人指令或指挥下从事各类生产劳动，而且是在劳动合同制约下的受雇，这是一种基于契约的义务，是从属关系。第三，劳动者能够获得劳动工资，并且劳动工资是其基本的收入来源。第四，劳动者是具有独立身份的自然人，不是法人。①

因此，我国劳动关系中的劳动者应界定为：现代产业社会的劳动关系中受雇于他人，以劳动工资收入为基本生活来源的体力或脑力工作者。在通俗的意义上，劳动关系中的劳动者即人们平常所说的蓝领工人和白领工人。在这里一般不包括农民、个体劳动者、企业的经营者、管理者以及政府官员。

3.1.2 劳动者的类型

随着时代的发展，劳动者队伍的数量及构成一直在不断变化。劳动者受教育水平不断提高、知识存量不断增加、劳动参与率不断下降等，也导致了不断有新的劳动者类型出现。因而，区分劳动者的不同类型对于认识劳动关系特点和实施劳动关系管理必不可少。

1）从个别劳动角度对劳动者进行分类

所谓个别劳动，是指在现实生活中每一位劳动者所直接从事的某项生产活动。从这一角度对劳动者又可以按照两个不同的标准进行划分。

（1）劳动者按劳动对象及提供劳动成果的标准来进行划分，可以分为：一是物质生产劳动者（包括工人等）；二是精神生产劳动者（包括科技工作者、理论工作者、教育工作者、文艺工作者等）；三是参与物质、精神生产组织活动的经营管理者；四是为物质、精神生产提供配套服务的专业服务劳动者（包括商业餐饮从业人员、金融保险从业人员、咨询中介从业人员、社会服务从业人员、医务人员等）。

（2）劳动者按劳动类型标准来进行划分，可分为体力型劳动者、文化型劳动者、科技知识型劳动者等，或是像国外所流行的“白领”和“蓝领”，以及近年来所衍生出来的“金领”“灰领”“粉领”等。

所谓“白领”，是指素质较高，有知识、有文化的技术人员或管理人员；“蓝

---

① 赵瑞红．劳动关系［M］．北京：科学出版社，2007.

领”是指有一定的劳动技能，利用劳动技能直接操作生产工具、生产产品或提供劳务的工人。“灰领”则是指介于“白领”和“蓝领”之间，具有较高的知识层次、较强的创新能力，并掌握了熟练技能的新兴技能人才，既具有良好的理论素养，又能付诸实践的复合型、实用型人才。“粉领”最先见于《时代》周刊，也源于美国，传统上粉色代表女性，所以，“粉领”是指教育、文书、售货等行业的女性雇员。女性在这些行业的雇员总数中，常常占很高的比例。而“金领”阶层一般是指具有良好的教育背景，在其所从事行业有所建树的职业精英人士。一般大公司的CEO、名律师、名经纪人、名医等，都可以归为“金领”人士。

通常来说，“灰领”、“白领”和“蓝领”构成了职业人群中三个不同的群体。但是，他们并不处于同一条直线上，而“灰领”也不是“蓝领”向“白领”的过渡阶层，更不是两者的平均值，三者是一个等边三角形的三个顶点，没有高低之分（如图3-1所示）。“灰领”具有“蓝领”和“白领”的共同特征，是一个有独立的智能结构、职业特征的人才类型。

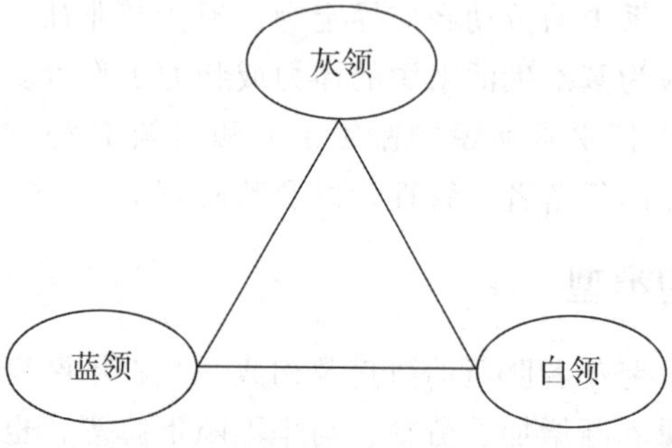

图3-1　蓝领、白领和灰领三者之间的关系示意图

2）从社会阶层角度对劳动者进行分类

当前中国处于社会转型期，不但社会经济得以快速发展，社会阶层也在发生结构性的改变。新的社会阶层迅速出现，使原来的“两个阶级一个阶层”（工人阶级、农民阶级和知识分子阶层）的社会结构变成了十大阶层，所以有必要将劳动关系层面上的问题上升到社会层面，将劳动关系中的劳动者作为一个阶层——劳动者阶层来研究。

中国社会科学院重大研究课题之一的“当代中国社会结构变迁研究”，把当今我国的群体划分为十个阶层：国家与社会管理者阶层；经理人员阶层；私营企业主阶层；专业技术人员阶层；办事人员阶层；个体工商户阶层；商业服务业员工阶层；产业工人阶层；农业劳动者阶层；城乡无业、失业和半失业人员阶层。各社会阶层及地位高低等级排列，是依据其对三种资源的拥有量和其所拥有资源的重要程度来决定的（我国社会等级与社会阶层如图3-2所示）。在这三种资源中，组织资源是最具有决定性意义的资源，因为党和政府组织控制着整个社会中最重要的和最大量的资源；经济资源自20世纪80年代以来变得越来越重要，但它在当代中国社会中的作用并不像在资本主义社会中那样至关重要，相反，现有的社会制度和意识形态都在抑制其影响力的增长；文化（技术）资源的重要性则在近十年来上升很快，它在决定人们社会阶层位置时的重要性并不亚于经济资源。

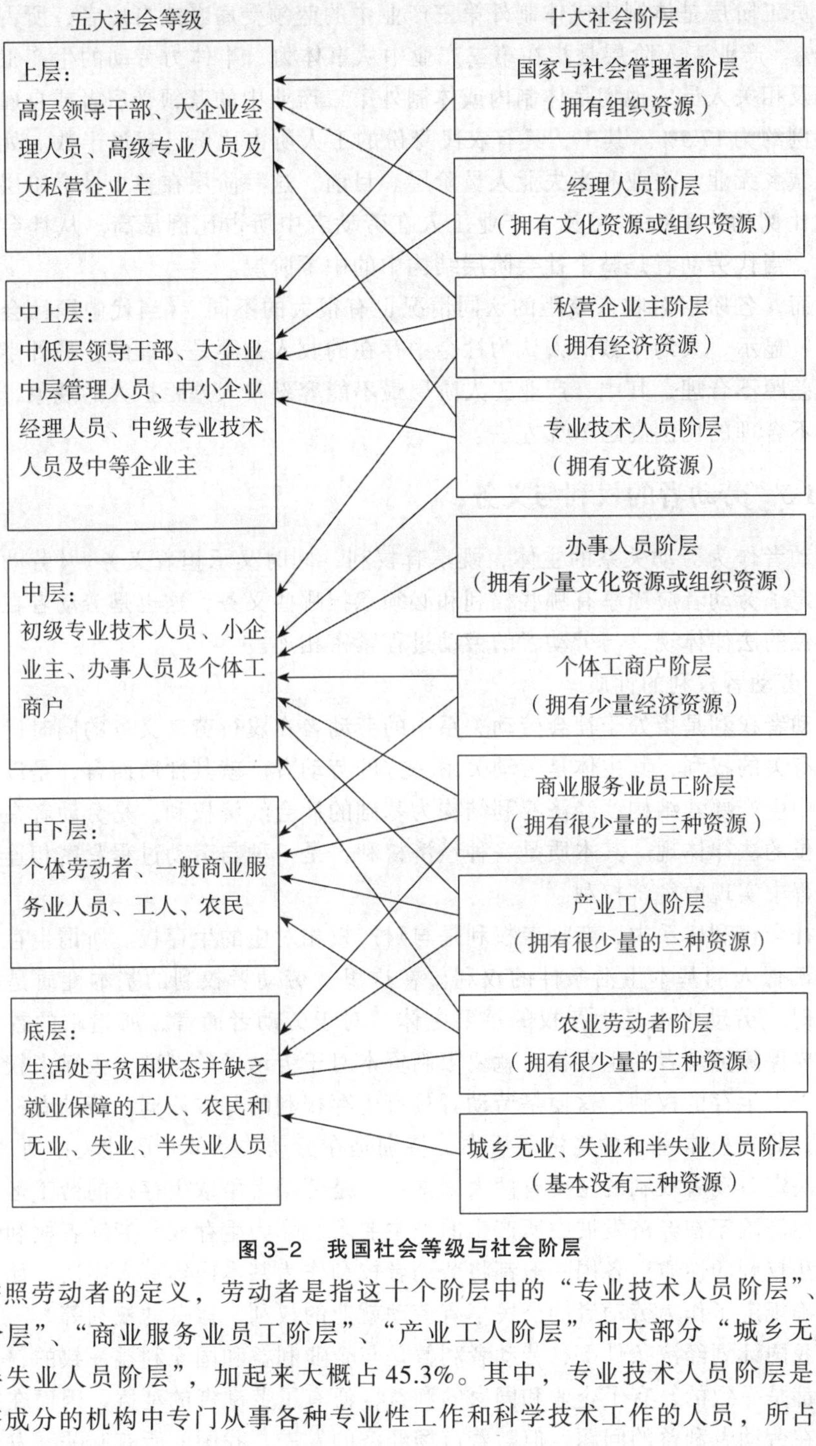

图3-2　我国社会等级与社会阶层

按照劳动者的定义，劳动者是指这十个阶层中的“专业技术人员阶层”、“办事人员阶层”、“商业服务业员工阶层”、“产业工人阶层”和大部分“城乡无业、失业和半失业人员阶层”，加起来大概占45.3%。其中，专业技术人员阶层是指在各种经济成分的机构中专门从事各种专业性工作和科学技术工作的人员，所占的比例为4.6%。办事人员阶层主要由党政机关中的中低层公务员、各种所有制企事业单位中的基层管理人员和非专业性文职人员等组成，所占的比例大约为7.2%。商业服务业员工阶层是体制内或体制外第三产业中的蓝领受雇者或自雇者，所占比例约为11.2%。产业工人阶层是指在第二产业中从事体力、半体力劳动的生产工人、建筑工人及相关人员，他们是体制内或体制外第二产业中的蓝领受雇者或自雇者，所占的比例约为17.5%。其中，具有农民身份的工人所占比例已超过半数。处于最底层的是城乡无业、失业和半失业人员阶层。目前，这一阶层在整个社会阶层结构中所占的比例约为4.8%。可见，产业工人在劳动者中所占比例最高。从社会阶层角度来看，当代劳动者是整个社会阶层结构中的中下阶层。

然而，各阶层对收入差距的认同情况也有很大的不同。《当代中国社会阶层研究报告》显示，大约半数的人认为社会中存在的收入差距是合理的，另外半数人认为收入差距不合理，其中，产业工人阶层最不能容忍收入差距扩大的现象，认为收入差距不合理的比例高达70%左右。

3.1.3 劳动者的权利与义务

劳动者作为劳动关系的主体，既享有权利，同时又承担着义务。《劳动法》中明确规定了劳动者应当享有哪些权利和必须承担哪些义务，这也是劳动者在劳动关系中地位的法律体现，与劳动者的劳动过程紧密相连。

1）劳动者权利的性质

劳动者权利是指处于社会劳动关系中的劳动者在履行劳动义务的同时所享有的与劳动有关的权利，其主体是劳动关系一方的劳动者。就其性质而言，是以现代产业关系中生产要素结构、经济权利结构为基础的社会经济权利，是劳动者在劳动关系中地位的法律体现。其本质是一种经济权利，是一种与劳动过程紧密相连的、在劳动过程中实现的经济权利。

在社会权利体系中，劳动者权利是与财产权相对应的生存权。所谓生存权，是指关于确保人的基本生活条件的权利。在这里，劳动者权利的基本性质是追求生存，同时，劳动者也是生存权的重要主体。对于劳动者而言，所追求的首先是生存，而要保障劳动者的生存权，就要限制资本对于劳动者的剥削。天赋人权，首先应该赋予人生存的权利，这便是劳动者具有生存权利的基本依据。劳动者权利作为生存权，是在资本主义的经济矛盾中，特别是在劳动关系的矛盾冲突中所产生的。影响和决定劳动者权利的主要有两大因素：一是劳动者争取生存权的劳工运动，二是市场经济国家在经济发展中所产生的民主要求。作为生存权，劳动者权利一般都具有宪法权利的性质。各国一般都将劳动者权利作为基本内容写入宪法，如我国宪法即明确规定了作为劳动者的公民享有劳动就业的权利、休息的权利等。

在我国计划经济条件下，劳动者利益是与企业利益和国家利益一致的，全社会的利益都是一致的，有了企业和国家的利益，便有了劳动者的利益，因而在社会中并不存在劳动者利益的问题。但随着市场经济的发展，我国的所有制关系发生了重大变化，非公有制经济成为国民经济的重要组成部分，而且，随着中国加入世贸组织，国际资本也大举进入我国，劳动关系的市场化和国际化使得劳资矛盾逐步凸显。在财产权和生存权日益分离的情况下，强调以生存权为其本质特征的劳动者权利，对于中国的改革和发展有着直接的意义。

2）劳动者权利的内容

随着市场经济和现代产业关系的发展，劳动者权利的外延不断扩大，劳动者权利已经发展为以劳动权利为基础的，包括经济、政治、社会、文化等内容的广泛的社会权利。在现代劳动法律体系中，劳动者的权利已经形成了一个权利体系或权利束。根据这些权利的性质和行使方式的不同，劳动者权利可以分为两大类，即劳动者个人的权利和劳动者集体的权利。

（1）个别劳权。劳动者个人的权利，又称为个别劳权，即与劳动者利益直接相关的由劳动者个人享有并只能由其个人行使的权利。根据法律规定，我国劳动者所享有的个别劳权，主要有平等就业和择业权、取得劳动报酬权、休息休假权、获得劳动安全卫生保护权、接受职业技能培训权、享受社会保险和福利权、提请劳动争议处理权以及法律规定的其他权利。

①平等就业和择业权。劳动就业是指处于法定劳动年龄范围内，具有劳动能力和就业愿望的公民，参加国民经济中某个部门的社会劳动，从而获得劳动报酬或劳动收入作为其主要收入来源的状况。

②取得劳动报酬权。劳动报酬是指劳动者依法履行劳动义务后从用人单位取得的全部工资收入，包括基础工资、奖金、津贴、补贴和加班工资等。该权利具体包括：劳动报酬取得权、劳动报酬保障权、劳动报酬分配参与权和劳动报酬支配权。

③休息休假权。休息又称休息时间，是指法定的劳动者免于履行劳动给付义务而自由支配的时间，也是劳动者恢复和增强劳动能力的必要时间。

④获得劳动安全卫生保护权。劳动安全卫生保护是指对劳动者在劳动过程中的安全和健康的保护，主要包括劳动者获得符合劳动安全卫生标准的劳动条件和接受劳动安全卫生知识教育的权利；拒绝用人单位提出的违章作业要求，并在劳动过程中遇有严重危及生命安全的危险时采取紧急避险措施的权利；要求定期健康检查以及职业病患者要求及时治疗并调离原岗位的权利等。

⑤接受职业技能培训权。职业技能培训是指根据社会职业的需求和劳动者从业的意愿及条件，按照一定的标准，对劳动者进行旨在培养和提高其职业技能的教育训练活动，主要包括劳动者利用用人单位提供的职业培训条件和参加用人单位组织的职业培训的权利；要求经过职业培训提高劳动能力，并按照工作能力安排工作和给予待遇的权利等。

⑥享受社会保险和福利权。劳动者享受社会保险和福利的权利，主要包括劳动者要求用人单位按照法律、法规规定缴纳社会保险费的权利；在劳动能力丧失或失业期间要求社会保险经办机构和用人单位支付社会保险待遇的权利；享有社会公共福利设施和本单位集体福利设施以及要求用人单位支付规定和约定的福利津贴的权

利等。

⑦提请劳动争议处理权。劳动者提请劳动争议处理的权利，主要包括劳动者在发生劳动争议时申请调解、仲裁和提起诉讼的权利；在合法权益受到侵害时请求有关国家机关、工会组织依法给予保护的权利等。

⑧法律规定的其他权利，是指劳动者享有参加和组织工会的权利；享有参加民主管理的权利和参加劳动竞赛的权利；享有提出合理化建议的权利；享有从事科学研究、技术革新和发明创造的权利；享有依法解除劳动合同的权利；对用人单位管理人员违章指挥和强令冒险作业有拒绝执行的权利；对危害生命安全和身体健康的行为有批评、举报和控告的权利等。

（2）集体劳权。劳动者的集体权利又称为集体劳权，是由劳动者集体享有并通过工会来具体行使的权利。相对于个别劳权而言，集体劳权在维护劳动者权益和平衡劳动关系过程中的作用更为重要。因为个别劳动者无法与企业来平衡劳动关系，劳动者也无法凭借个人的力量来实现和保障自己的权利，工人只有组织起来才能形成与雇主相抗衡的社会力量。集体劳权正是工人作为组织力量的权利形态，行使集体劳权是为了实现个别劳权，集体劳权又是实现个别劳权的基础和保证，因此，集体劳权又被称为劳动基本权。

根据我国法律的规定，我国劳动者所享有的集体劳权包括参加和组织工会的权利、集体协商和集体谈判的权利、民主参与和民主管理的权利。在这些权利中，组织工会是前提的和基础的权利。集体谈判权是劳动者集体权利的中心权利，是在市场经济条件下，劳动者争取自己权利的手段和方式。而民主参与和民主管理这一权利，则是劳动者集体享有的更高阶段和更高形式的权利。

①团结权。团结权又称劳动结社权或劳工组织权，一般指劳动者为实现维持或改善劳动条件的基本目的而结成暂时或永久的团体，并使其运作的权利，具体是指劳动者组织工会并参加其活动的权利。团结权有广义和狭义之分。狭义的团结权是指劳动者组织和参加工会并保证工会自主运行的权利。广义的团结权则是指劳动者运用组织的力量对抗雇主以维护自身利益的权利，广义的团结权与集体劳权同义，此处所指为狭义的团结权。

《中华人民共和国宪法》没有直接规定劳动者的团结权，而是在第三十五条中笼统地规定了公民的结社权，我国劳动法和工会法具体确认了劳动者的团结权。团结权具有一定的政治色彩，它的实现程度受制于一定的政治因素。

②集体谈判权。集体谈判权又称为团体交涉权，我国则称为集体协商权，是指劳动者集体为保障自己的利益，通过工会或其代表与雇主就劳动条件和就业条件进行协商谈判，并签订集体合同的权利。集体谈判权是集体劳权中运用最广泛的一种权利。集体谈判权的功能是为劳动者群体争取到优于国家劳动基准的劳动条件和待遇。它可以凭借劳动者自身的力量来改善劳动者群体的劳动境况，实现通过团体一致行动的自我救济。

集体谈判与集体合同有着密切的关系，集体合同是集体谈判的一种法律后果，但并不是唯一的法律后果。当集体谈判陷入僵局，导致谈判破裂时，往往会引起罢工、闭厂等后果。但集体谈判是以签订集体合同为其直接目的的，所以，有关集体谈判的法律制度又被称为集体谈判和集体合同制度。

③集体争议权。集体争议权或称集体行动权，是指劳资关系双方为在劳动关系中实现自己的主张和要求，依法采用罢工或闭厂等阻碍企业正常运营的手段集体对抗的权利。所谓“集体行动”，也就是指劳动者为了迫使雇主接受自己提出的劳动条件而采取的一些比较激烈的斗争手段，如罢工、怠工、占领工厂、设置纠察线等行为。对劳动者一方而言，集体行动的最主要的形式就是罢工。集体行动权在一定意义上就等于罢工权。

我国法律对于罢工权没有做出规定，既没有明确规定工人和工会享有罢工权，也没有规定禁止罢工。

④民主参与权。民主参与权是指劳动者参与企业和社会管理的权利。参与权是对管理权的一种分享，更注重劳资双方的共同利益和劳资合作。对劳动管理权的介入和分享是企业民主参与权的基础和重点。劳动者的宏观参与，通常是通过工会参与制定劳工立法活动，参与政府社会经济政策的制定和咨询，参加有关社会保险机构或经济、政策咨询机构的活动等形式来实现的。

3）劳动者义务的内容

劳动者在享有上述权利的同时，也要承担相应的义务。《劳动法》对劳动者的义务也做出了明确规定，具体包括：

（1）完成劳动任务的义务。劳动关系产生的目的在于实现劳动过程，而劳动过程的实现以劳动者从事实际劳动和完成工作任务为中心。完成劳动任务，也就是完成劳动合同约定的工作量，这是劳动者最基本的义务，其内容主要包括两个方面：一是要求劳动者必须以约定或规定从事实际劳动，即对劳动义务在形式上的要求；二是要求劳动者必须完成工作任务，即对劳动义务在内容上的要求。

（2）提高职业技能的义务。提高职业技能是指劳动者负有的不断提高劳动能力、业务知识水平，以促进劳动者职业技能不断提高的义务。提高职业技能作为劳动者义务，既是对用人单位的劳动义务，也是对国家和社会应尽的义务。这项义务要求劳动者在学习和实践中不断接受新的业务知识，提高业务能力和操作技能，改进生产工艺，提高产品质量。

（3）执行劳动安全卫生规程的义务。劳动安全卫生规程是劳动安全法律制度的组成部分，是保障劳动者在职业劳动中的生命和身体健康的劳动保护制度。执行劳动安全卫生规程不仅是用人单位应履行的法定义务，也是劳动者应承担的义务。劳动者要提高自身的劳动安全卫生意识，减少、避免由于违章作业而造成的伤亡事故和职业病的发生，保护自身的生命安全和身体健康。

（4）遵守劳动纪律和职业道德的义务。劳动纪律和职业道德是相互联系的，二者都是对劳动者的约束和限制，但二者也有区别。对于劳动者而言，劳动纪律来自外部约束，而职业道德则源于内部自律。劳动过程的顺利实现离不开一定的秩序和规则，同样，也离不开职业道德对劳动者潜移默化的影响和作用。

此外，根据《劳动法》的规定，劳动者还应履行法律规定的其他义务。比如，保密义务，即劳动者负有不泄漏用人单位在生产、制造或经营上的技术秘密、经济秘密和商业秘密等义务。

3.1.4 劳动者地位

在由计划经济体制向市场经济体制全面转变的过程中，我国的劳动关系正在经历着最深刻的历史性变革，由此而引发的劳动关系问题，成为国家、企业乃至整个社会关注的焦点。劳动者在劳动关系中的地位问题不容回避地被提出来了。

1）“劳动者地位”的界定

所谓劳动者地位，是指在一定的社会经济条件下，处于一定的劳动关系之中并受其制约和决定的、以劳动者权益保障为主要内容的、劳动者自身利益的实现程度。它包含以下几层含义：

劳动者地位的界定，就其客观性而言，是处于一定劳动关系之中的劳动者的现实利益关系在理论上的深刻反映；就其现实性而言，是以劳动者享有的劳动权利为具体内容，通过对其劳动权利的切实保障得以确立。

劳动者地位的确立，一方面是以劳动者在劳动关系中作为独立的利益主体身份为前提的，不具备这个身份，就等于不具备确立劳动者地位的前提条件；另一方面是劳动关系内在利益差别与矛盾的产物，其地位的高低，首先取决于劳动关系双方力量的对比及其内在矛盾相互作用的结果。

因而，劳动者地位不能被理解为某一固定的位置，而应将其理解为一种现实的利益关系。它既是劳动关系内部的利益一致、差别和矛盾的反映，又是判断劳动关系和谐与否的客观标志。

从劳动者地位的界定及其所蕴含的上述含义中可以明确，劳动者地位的实质是劳动者利益的实现程度，它是以劳动者的劳动权益及其保障作为实际内容的，并以其是否实现、在多大程度上得到实现，作为衡量劳动者地位高低的客观标准。

2）劳动者地位的构成

劳动者地位作为关系范畴，可以从宏观的角度来把握，将劳动者的地位相应地划分为劳动者的经济地位、政治地位、社会地位和法律地位。其中，劳动者的经济地位是基础，它制约和决定着劳动者的政治地位、社会地位和法律地位，同时，它在一定程度上受后三者的反作用。

（1）劳动者的经济地位。劳动者的经济地位是指劳动者在经济关系中，特别是在劳动关系中的作用、影响以及所获得的经济收益，它的实现程度主要在于其劳权的实现程度。其中劳动者的劳动就业权、劳动报酬权，以及社会保险权这三项权益的实现程度直接关系到劳动者经济地位的实现程度。就我国目前的情况来讲，劳动就业权对劳动者经济地位的影响主要体现在企业用人制度的改革与劳动者实现就业及择业自主权益的矛盾。劳动报酬权对劳动者经济地位的影响，主要是通过劳动工资、奖金及其他实物的支付形式实现的。社会保险权实质上是劳动者所享有的、维持基本生存条件的被帮助权益。

(2) 劳动者的政治地位。劳动者的政治地位主要是通过参加对国家和社会事务的管理，充分行使当家做主的民主权利得以体现的。我国是工人阶级领导的、以工农联盟为基础的人民民主专政的社会主义国家，劳动者是国家的主人，具有参与国家及社会事务管理的民主权利，通过人民代表大会及政治协商会议充分行使自己的政治权利。改革开放以来，劳动者的政治地位没有改变，仍然作为国家和社会的主人。但是，由于体制转型引起劳动关系的变化，劳动者的经济利益关系的变化必然反映到其政治利益的实现上。因此，实现劳动者的经济利益是保证其政治利益得以实现的基本前提。

(3) 劳动者的社会地位。劳动者的社会地位是同其职业声望密切相关的，并受自身的经济地位的制约和影响，通过劳动者的社会声望而得以体现。一般说来，劳动者的经济地位决定其职业声望，当劳动者的经济利益得不到有效保障的时候，也会导致劳动者社会地位的下降。如今，被称为“工薪阶层”的劳动者及其职业，既是一种经济地位的象征，又是一种社会地位的标志。此外，社会舆论及大众传播媒介的功能也会对劳动者的社会地位产生重大影响。

3）我国社会主义市场经济条件下的劳动者地位

改革开放以来，随着社会主义市场经济改革的逐步深入，原有计划经济体制下形成的单一公有制正转变为以公有制为主体、多种所有制经济共同发展的所有制形式。于是，劳动者的地位也在发生变革。

(1) 社会主义市场经济条件下公有制经济中劳动者的地位。在市场经济活动中，国家不再直接占有和经营生产资料，也不直接管理和经营国有企业，而改革成为国家所有、分级管理、授权经营的国有资产管理、监督、运营体系。在这一体系中，国务院代表国家统一行使国有资产所有权，中央和地方政府分级管理国有资产，与此同时，授权大型企业、企业集团和控股公司经营国有资产，而国有企业或国有公司则直接使用国有资产从事经营活动。

这样，社会主义市场经济条件下国有企业实行的出资人代表制和劳动合同制，使劳动者与生产资料已经发生了事实上的分离，劳动者与国有企业的劳动关系被定格为一种契约关系。劳动者与国有企业之所以形成这种契约关系，除了生产资料为国家所有，且各类出资者代表直接占有、经营、使用生产资料这个重要条件外，还有一个重要因素就是，在社会主义初级阶段，劳动力还是商品，还是劳动者所直接拥有的唯一“财产”。

正是在这两个客观经济条件下，劳动者的地位具有了双重性：从社会主义生产资料公有制来说，劳动者作为一个整体是生产资料的主人，是国有企业的主人翁。从劳动过程来说，劳动者是其劳动力的所有者，在生产过程中只是一个生产要素，在企业生产中发挥生产要素的作用。这就是劳动者个人在企业中的现实地位。

此外，国有企业经济效益的高低对劳动者地位的实现具有一定的制约作用。一般来说，经济效益好的企业，企业劳动关系相对比较融洽，劳动者的经济收入和其他合法权益也相对地能够得到保障；经济效益差的企业，尤其是连年亏损、濒临破产的企业，劳动者的收入减少，有的甚至发不出工资，这些企业中的劳动关系往往比较紧张，劳动者最基本的劳动报酬得不到保障，其他权益更无法实现。

（2）市场经济条件下非公有制经济中劳动者的地位。市场经济条件下的非公有制经济自改革开放以来发展非常迅速，而国有经济增长相对缓慢，且受到市场经济的冲击。非公有制经济的高增长填补了公有制经济的低发展，减轻了就业压力，缓解了资金和技术的矛盾，推动了社会经济的繁荣。因此，对非公有制经济中的劳动者的地位应该有一个正确的认识。

劳动者个体所有制经济是一种劳动者与生产资料所有者相结合的小私有形式，不存在剥削关系与劳动者和生产资料所有者之间经济利益的对立关系，因而在一定条件下与公有制关系是相容并存的。由于个体劳动者所从事的生产经营活动的直接目的是为满足其自身的经济利益和生存发展的需要，因而他们在社会主义经济中居从属地位，起补充作用。所以，劳动者只能居从属的“客人”的地位。劳动者个体所有制经济有时还会对社会主义公有制经济造成某种程度的损害，国家可通过法律手段和政策手段来引导个体劳动者从事正当的生产经营活动，制止各种非法的或不正当的行为，鼓励并加以扶持，使其不断发展。

私营经济是一种生产资料和生产成果归私人所有，存在着雇佣劳动和剥削关系的私有经济。从本质上说，它是资本主义的经济成分，其生产经营的目的就是追求利润的最大化。它的存在和发展对社会主义经济的运行、社会生活及上层建筑等方面会产生一定的消极影响。但它又不同于一般的资本主义经济，它是在社会主义公有制经济占主体、人民民主专政的社会主义国家已经建立的前提下存在和发展起来的经济成分。因此，它必然要受到社会主义国家法令和政策的制约，同时也受到国家法律和政策的保护。这是因为，私营经济的发展促进了社会生产力的发展，弥补了公有制的不足，减轻了社会就业压力，搞活了市场流通，增加了财政收入。从这个意义上说，我国现阶段私营经济的存在和适度发展是很有必要的，它不仅不会导致资本主义，而且有利于社会主义经济的发展。

外资企业是纯资本主义性质的经济成分，它作为我国实行改革开放政策的产物、对外经济联系的一个“窗口”，给我们带来了科学的管理方法和现代化的生产技术。但其存在和发展的活动范围则要受到社会主义国家的规范和控制，一切生产经营活动都应在我国法律允许的范围内进行。实践证明，鼓励其存在和适度发展，不仅不会削弱和动摇我国的社会主义制度，反而能够有力地促进社会主义生产力的发展，加快我国经济与世界经济的接轨。

综上所述，在非公有制经济条件下从事生产的劳动者（个体劳动者除外），他们的劳动是由于被剥夺了生产资料而出卖给雇佣者的，仅以工资的形式从雇主那里领取生存的消费品，他们与生产资料的所有者是被剥削与剥削的关系。所以，他们在经济上不可能处于主人翁地位，在整个社会经济中也只能拥有“客人”地位，起补充作用。说他们是社会的主人（包括个体劳动者和雇主），一是从劳动者“整体”意义上说的。他们都是在社会主义制度下从事各种性质不同的劳动，是社会主义的一个部分，各个部分的总和也就构成了整体。这种就劳动者“整体”而言的主人翁地位不是虚假的，而是真实的。二是从社会主义公有制的有益补充角度而言的，在政治上确定其主人地位，以政治协商制度和企业职工代表大会制度来体现，这是社会主义制度所界定的。三是从法律上确保劳动者的平等权利，表明不同身份的劳动者都有权参与社会建设和国家管理，劳动者的权利和义务受到法律的保护。在社会主义市场经济条件下，国家要为各种所有制经济平等参与竞争创造条件，对各类企业一视同仁。

总之，在非公有制经济中，不管是雇主还是雇工，他们作为一个社会群体来说，虽然“客人”的身份已经明确，但我们不应该歧视他们，而应该把他们当作主人看待。他们是改革开放的既得利益者，又是先富起来的部分，他们在社会主义物质文明方面做出了贡献，在扶贫帮困活动中尽到了“主人”的责任。他们对社会主义的全面发展起到了非常重要的作用，理应得到国家的承认和社会的认可。

4）实现劳动者地位的主体条件和客观途径

劳动者合法权益的保障不仅取决于国家制定的有关法律、法规和政策，以及劳动关系内部的协调机制和社会保障机制，而且在一定程度上受劳动者自身主体条件的制约。

（1）实现劳动者地位的主体条件

劳动者的主体条件分为两个层面：一个层面是劳动者的“地位”观念，即劳动者所处的地位状况在主观上的自觉反映。转制过程中劳动关系的变化，使劳动者“地位”意识具有三个特点：第一，危机感。企业用工制度与管理体制的改革，不仅打破了“铁饭碗”，而且打破了劳动者对企业的过分依赖，进而引发了劳动者的危机感。第二，失落感，即在一些劳动者中间存在的“主人翁失落感”。这是一种社会心理现象，是新旧体制转换中，劳动者矛盾心态的深刻反映。但是，这并不意味着劳动者对自身的完全否定，也不意味着劳动者主体意识的丧失。相反，从积极的意义上看，它实质上是劳动者对变革中的劳动关系及自身现实地位状况重新认识、对自我价值重新确认的过程。第三，自主性，主要表现为维护权益意识的形成，这是劳动者“地位”意识的核心内容和主导方面，是劳动者主体意识觉醒的重要体现。另一个层面是劳动者的素质。这是实现劳动者地位最重要的主体条件，劳动者的素质具体包括：①身体素质，这是劳动者整体素质的自然条件和物质基础；②思想政治素质，这是劳动者素质的“灵魂”；③科学文化素质及专业技能，这是劳动者素质的智能因素，主要是指劳动者对科学文化的掌握程度、劳动技能的熟练程度以及继续社会化程度。这三方面相互联系、相互依存、相互制约、相互影响，共同决定了劳动者素质的水平。

（2）实现劳动者地位的客观途径

首先，要在全社会大造舆论，宣传劳动者在改革开放中的历史地位和主力军作用，树立劳动者全新的社会形象，不断提高劳动者的社会地位。

其次，企业在深化改革、进行现代企业制度改造过程中，要坚持民主管理，实行职工代表大会制度，支持劳动者积极参与民主管理，充分发挥主人翁精神。

再次，以贯彻实施《劳动法》为契机，加强对《劳动法》实施中所遇到问题的研究，不断完善实施办法，将对劳动者劳动权益的保障纳入法治化轨道；同时，还要加强与劳动者权益保障密切相关的有关法律、法规的贯彻落实工作。

最后，工会作为工人阶级的群众组织，肩负着维护劳动者的合法权益和根本利益的重要任务。其工作重点应放在坚持和改进民主管理工作，保障劳动者所享有的民主参与权利上；工会要代表劳动者参加集体谈判，维护劳动者的经济利益；当劳动者的合法权益受到侵害时，工会应义不容辞地代表和维护劳动者的切身利益，参与劳动争议的协调与解决；工会要代表劳动者利益，积极参与有关法律、法规的制定，加强源头维护的力度。

劳动者地位问题，本质上是一个社会经济利益问题，同时也是一个包括经济、政治、文化、法律、心理及社会因素在内的十分复杂的现实问题。受此制约，劳动者地位的实现，不仅受国家改革开放大局的影响，同时，也受到来自经济、政治、文化、心理、法律及社会等各种因素的影响和劳动者主体条件的约束，以及企业改革进程的影响，由此决定了转型期劳动者地位的实现必然是一个不断发展变化的过程。随着改革开放的不断深化、法律制度的健全，劳动关系将趋于规范化，劳动者的合法权益将得到有效保障。

3.2 工会概述

工会以一种独特的社会组织形式出现在人类历史舞台上，它同其他任何社会组织一样，在特定的社会历史条件下产生和发展。工会组织由劳动者自发自愿结合而成，通过集体谈判维持及改善劳动条件与生活状况，并保障劳动者本身权益以及整个社会利益。

3.2.1 工会的概念

在工会及工人运动的发展史上，工会是市场经济体制下劳动关系矛盾运行的产物，因为其特定的背景，常常被赋予不同的含义。

研究工人运动的历史学家西德尼·韦布（Sidney Webb）与比阿特丽斯·韦布（Beatrice Webb）对工会的早期定义为：那些挣工资的人为了维持或改善他们的工作条件而建立的一种持续的联系。所谓持续的联系，意味着一种长久的状态。而艾伦·弗兰德斯（Allan Flanders）认为：工会所一直坚持的基本社会目标就是参与工作的管理，但参与本身并不是最终目的，它只是提供了一种使员工能够在更大程度上控制他们工作与生活的手段。

从法律层面上，各个国家对工会也给出了不同的定义。英国在1992年制定的

《工会和劳资关系（统一）法》中把工会定义为：一个拥有全部或部分员工的，并以管理员工与雇主或雇主联合会之间的关系为主要目标的组织。法律更进一步要求对这些组织进行认证，然后才允许这些组织成为工会。我国2001年修正后的《工会法》明确指出："工会是职工自愿结合的工人阶级的群众组织。中华全国总工会及其各工会组织代表职工的利益，依法维护职工的合法权益。"维护职工合法权益是工会的基本职责。

综上所述，工会是由雇员自愿结合而成的，主要通过集体谈判方式代表雇员在工作场所以及在整个社会中的利益。对工会概念的理解主要应把握以下四点：

第一，工会是劳动关系矛盾冲突的产物。一无所有的劳动者为了与资本的力量相抗衡而组织起来，于是就形成了工会。因此，工会的存在就是为了平衡劳动关系双方的力量，协调双方的关系，并使劳动关系冲突的解决走向制度化。

第二，工会是由雇员自愿结合而成的。劳动者可以自主地建立或选择某个工会作为自己的代表。

第三，工会以维护雇员的利益以及整个社会的利益为主要职能。其首要职能便是为会员谋求工资、就业、劳动保护等利益，同时通过集体谈判、民主参与管理等途径促进劳动者的民主权利，实现民主政治利益。

第四，工会以集体谈判为实现形式。集体谈判是工会谋取雇员利益的基本手段，是劳动者一方集体劳动关系的核心运行机制。

3.2.2 工会的类型

由于各国对工会的目标、性质、职能都有不同的定义，因此，也存在着不同的工会类型，大致可以从以下两个角度进行划分：

1）以工会运动的目标为划分标准

不同的追求表明工会有着不同的价值目标，根据工会运动的目标可具体将工会分为经济主义工会、福利主义工会、政治主义工会和社会整合主义工会。

（1）经济主义工会。它在认可现有的社会制度合理性的基础上，以通过集体谈判维持及改善劳动条件与生活状况为主要目标，实现会员经济利益的最大化。

（2）福利主义工会。它不仅关注会员的经济利益与劳动权益，而且关注更广泛的社会、经济与政治问题。

（3）政治主义工会。它强调阶级革命和政治斗争，认为工会运动是以阶级冲突和社会动员为特点的激进民主运动或者共产主义工会运动。

（4）社会整合主义工会。它从社会功能主义和有机功能主义出发，以对抗社会主义的阶级敌对主义观点，强调工会应当成为追求逐步工业民主化的机构，以增进社会福利和社会凝聚力。

2）以工会组织结构形式为划分标准

工会的组织结构是指工会组织构成以及组建的形式和原则。根据不同的工会组织结构，可以将工会划分为四种类型。

（1）职业工会。它是将具有某种特殊技能、从事某种特殊职业的所有雇员组织起来的工会，而不考虑这些雇员所处的行业。这样就出现了一个企业中可以有几个不同的职业工会，或一个职业工会中包括不同企业的工人的现象。

（2）企业工会。它是依企业原则形成的工会，以企业为单位将企业内所有的会员都组织在一个工会内，并且，它享有组织和活动的完全自主权。

（3）行业工会。它是将某一特定行业中从事工作的所有工人都组织起来的工会，而不考虑这些雇员的技术、技能以及所从事的职业。

（4）总工会。它是在职业工会或行业工会的基础上经过合并逐渐形成的，其组织原则就是对会员募集不加任何限制，既不考虑职业因素，也不考虑行业因素，从而体现了对职业工会和行业工会分化现象的一种修正。

中国工会实行产业和地方相结合的组织和领导原则。同一企业、事业、机关单位中的会员，组织在一个工会基层组织中；同一行业或性质相近的几个行业，根据需要建立全国或地方产业工会组织。省、自治区、直辖市、自治州、市、县建立地方总工会，全国成立统一的中华全国总工会。

3.2.3 工会的产生与发展

工人运动发展到经济斗争阶段，工会就应运而生。正如恩格斯所说："工人一开始就不能没有一个强有力的组织，这个组织有明确的章程，并把全权交给它的专职人员和委员会。"

1）工会的产生

工会是社会化大生产发展到一定阶段的产物，工会的产生是工人作为一个阶级意识觉醒的必然结果。随着资本主义制度的确立，工人阶级作为一个独立的阶级登上了历史的舞台。一方面，无产阶级完全丧失了赖以生存的生产资料，必须靠赚取工资维持自己和全家的生活。另一方面，资本家对财富有无止境的占有欲，尽可能延长劳动时间，提高劳动强度，压低劳动者工资。于是，劳动者必须同资本家进行斗争，以便争取到合理的工作条件和公平的待遇。但是，由于劳动者个人的力量是微小的，只有组织起来，通过集体的力量才能与资本家抗衡。而工会正是在这一背景下产生的。因此，工人阶级是工会产生的阶级基础和社会基础。

2）工会的发展

工会的发展大致经历了四个阶段，由于不同时期的社会经济政治环境存在着巨大差别，工会的目标也存在明显的差异。

（1）萌芽时期。这一时期，劳资对立十分尖锐，劳动者常常采取捣毁机器、焚烧厂房、殴打老板等原始方式来对抗资本家的残酷剥削。尽管早期的工会活动体现了劳动者的初步觉醒，但是这仅仅是一种自发性的、局限于采用原始方式的经济斗争，并没有很好地改变劳动者的处境，对社会进步的影响不大。

（2）多元化发展时期。随着产业范围的扩大、工业化的进一步发展，19世纪50年代后，在地方性职业工会的基础上开始建立全国性职业工会。在这一时期，迫于劳工组织的巨大压力，更多的雇主开始与工会进行谈判并签订劳资协议。到了19世纪80年代，工会开始谋求政治上的支持来保证工会会员的权益，于是旨在保护劳工的相关法律不断出现，工会的法律地位不断提高。此外，这一时期另一个重要的工会运动就是马克思主义的阶级革命工会思想和国际性工人联合的“三大国际”的形成与发展，其在历史上对工人运动产生了重要的影响。

（3）制度化时期。1935年美国《瓦格纳法案》的颁布，标志着工会制度进入成熟制度化的新阶段。在这一时期，工会被定位于劳动力市场的合法经济主体，以工会为主建立集体谈判制度、民主参与制度，并且“三方机制”普遍推行，现代劳动关系的框架基本形成。

（4）全球化时期。一方面，经济全球化使资本可以自由流动，降低了劳工通过自由结社对抗资本的能力。另一方面，随着全球化失业的加剧，工会不得不以牺牲其他利益为代价来保证就业。这就使得“强资本，弱劳工”的格局更加明显。面对这样的形势，工会积极改变自己的策略，在维护职工利益的同时，也开始关心国家和企业的经济状况，把发展经济和提高产品的国际竞争力作为工会的重要任务。

3）工会在产生和发展中的特点

工会在其产生和发展过程中，表现出了其明显的特点：

（1）劳动和资本的根本对立、工资和利润的直接对抗，决定了工人阶级必然展开经济斗争。工会就是工人阶级反对资产阶级的经济斗争的必然产物。早期的斗争表现为捣毁机器、破坏厂房，这对于启发工人们的觉悟、推动工人运动起到了一定作用，但不利于社会生产力的发展，工人们也受到了资产阶级政府的镇压和资本家的报复。随着斗争的发展，工人们逐渐认识到联合起来进行斗争的必要性。斗争的胜负主要取决于工人阶级和资产阶级的力量对比。这使得工人阶级迫切需要一个组织来积聚力量，这就是工会产生的条件和历史背景。

（2）工会的产生使工人阶级逐渐成为一股强大的阶级力量，使工人同资本家的斗争有了可靠的组织保障，资本家再也不敢任意降低工人工资、增加工时了，以避免工会组织工人举行罢工，带来更大的损失。

（3）资本主义社会竞争激烈，工人们为了求得一份工作，失业工人和在岗工人之间、在岗工人和在岗工人之间、男工和女工之间、成年工和童工之间相互竞争，资本家从中渔利，甚至以低工资、多工时雇用女工和童工。正如马克思所说，工会的产生是为了“消灭工人之间的竞争，以便同心协力同资本家竞争”。

（4）工会的产生为工人阶级提供了同资产阶级斗争的组织武器，成为工人阶级学习战斗的学校，工会教育和团结广大工人阶级与资产阶级展开有组织、有计划、有目的的斗争。

（5）工会的发展使得工人阶级的反抗活动从经济斗争迈上政治斗争的舞台。经济斗争一方面限制了资本家的剥削，维护了工人阶级的利益，另一方面也使工人阶级受到鼓舞和锻炼，提高了阶级觉悟。工人阶级谋求解放，必然要从经济斗争发展到政治斗争，并将两者结合起来。在工会组织工人阶级进行政治斗争的基础上，又产生了马克思主义和工人阶级政党。在马克思主义政党的领导下，工人运动就从自发阶段上升为自觉阶段。工会不仅为维护工人群众的切身利益而斗争，而且组织工人群众为实现工人阶级伟大的历史使命——解放全人类而斗争。

3.2.4 工会的职能

工会本身有多重追求，在谋求工会会员经济利益的同时，还要兼顾民主实现和社会整体利益的提升，因此，工会通常具有以下四个主要职能：

（1）经济职能，即工会通过优化组合工资水平与就业人数达到效用最大化，实现企业和雇员经济利益的平衡。工会不可能无限制地提高会员的工资水平，因为在劳动力需求不变的条件下，工资水平越高，企业雇用的人数越少。因此，工会在谋求提高会员工资的同时，还会考虑由此产生的伴随的失业效应。因此，工会的一个重要的经济职能就是实现工资与就业人数的最优组合。

（2）整合职能，即促进员工发挥才能，实现高绩效管理。之所以说工会有助于员工发挥其才能，是因为工会鼓励雇员参与组织的各项决策，并且，集体谈判制度为会员提供了直接与管理方进行谈判的机会。此外，工会的整合职能还体现在它是实现高绩效管理的重要渠道。这是因为，一方面，工会的内部申诉与协商机制有助于化解劳资冲突；另一方面，工会作为管理方与雇员之间的沟通渠道，有助于管理方实施人力资源管理计划。

（3）民主职能，即工会将民主原则引入劳动关系，为雇员提供各种参与企业乃至社会政策制定的机会。工会的民主职能主要表现为：工会可以为会员提供准法律代表，通过建立申诉或仲裁程序对劳动争议做出裁决，以确保雇员的合法权利；代表雇员与雇主进行集体谈判；平衡和协调不同派系成员之间的相互竞争，甚至相互冲突。

（4）社会民主职能。社会民主职能主要体现在三个方面：一是主张集体谈判不应只是为了提高会员的工资水平，还应该通过集体谈判提高工人阶级的整体工资水平，并改善他们的就业条件；二是通过修改法律来增强集体谈判的力量，通过经济与社会改革减少社会不公正的现象，保护弱势群体；三是工会积极参与社会公益事业，与妇女组织、环保组织以及教会都保持密切联系。

3.3 我国的工会制度

随着社会主义市场经济的逐步建立和完善、企业改制工作不断深化，我国的劳动关系也发生了深刻变化，市场化的劳动关系基本形成并占据了主导地位，多样性的劳资纠纷日渐突出并造成社会影响，工会维权工作也面临着新的挑战和新的要求。因此，正确认识和处理好新形势下的劳动关系，建立新型的工会制度，是构建和谐劳动关系的重要一环。

3.3.1 我国工会的性质

我国的工会是具有中国特色的社会主义工会，它具有丰富的本质内涵，并随着实践的发展不断得到丰富和完善。只有准确把握中国特色社会主义工会的本质内涵，才能坚持正确的工作方向，增强走中国特色社会主义工会发展道路的坚定性和自觉性，为维护和协调和谐劳动关系发挥应有的作用。

修改后的《工会法》对工会的性质之界定仍然沿用原来的《工会法》第二条的内容："工会是职工自愿结合的工人阶级的群众组织。"这说明工会具有阶级性、自愿性和群众性的特点。同时，依据《劳动法》、《工会法》和《中国工会章程》的规定，工会还具有独立性和永续性的特点。

第一，阶级性。所谓阶级性，是指工会是工人阶级的组织。参加工会的必须是以工资收入为主要生活来源的体力劳动者和脑力劳动者，即被用人单位招用的劳动者。新《工会法》将工会修正为是"职工"自愿结成的群众组织，而不再认定组成工会的主体是"工人阶级"。但是，工会虽然是社会团体，但并非一般的群众组织。因为工会是由"职工"组成的，而"职工"又构成了"工人阶级"，并且"职工"作为一个整体肩负着维护"工人阶级"领导的国家政权的历史使命，所以工会仍然是工人阶级的组织。工会的阶级性是各国工会共有的特点。而且，我国的工会自觉接受中国共产党的领导。

第二，自愿性。职工参加或组织工会完全是自愿的，任何组织和个人不得阻挠和限制，也不能强迫他们参加和组织工会。工会的生命和活力来源于会员的自愿，从实际情况来看，职工一般均愿意参加工会。但由于工会组织发展的工作做得不够好以及某些单位阻挠组织工会等原因，在一些单位职工自愿加入工会的比例还不是很高。

第三，群众性。所谓群众性，就是指工会是由职工群众结成的组织。工会的群众性是工会在工人阶级内部组织中所具有的特性。与工人阶级其他组织相比，工会最突出的特点就在于它的群众性。工会的群众性体现在三个方面：(1) 会员的广泛性体现了工会的群众性。只要是工人阶级的一分子，不管其民族、种族、性别、职业、宗教信仰、受教育程度如何，都有组织工会和加入工会的权利。(2) 组织和参加工会是职工自愿的，职工的意愿是组织工会或参加工会的前提条件，除此之外没有别的附加条件。(3) 工会主要根据大多数会员的意见和要求开展工作，会员的利益和要求是工会工作的出发点。

第四，独立性。工会之所以能够在平衡社会各阶层力量、维护工人合法权益、缓解劳资矛盾等方面发挥不可替代的作用，关键在于其独立的运作机制。按照《工会法》的要求，在坚持党领导的原则下，工会的运作应当独立于企业的管理、独立于地方行政权力，以客观地维护职工合法权益。而对于这一改革方向，工会组织尚需在经费来源自主化、基层工会直选等方面予以落实。

第五，永续性。中国工会不是暂时性组织，而是永久性组织。基层工会所在的企业终止或者所在的事业单位、机关被撤销，该工会组织相应撤销；它的经费财产由上级工会处置；会员的会籍可以继续保留。中国工会作为一个整体，它是永久存在的组织。

正确认识工会组织的性质，首先，有助于处理好工会与中国共产党的关系，使工会作为党和群众之间纽带和桥梁的作用发挥得更好；其次，有助于工会明确自己的社会地位，从而更好地履行其社会责任。

3.3.2 我国工会在劳动关系中的定位

明确工会在劳动关系中所扮演的角色，有利于界定工会在劳动关系中的职责范围，更好地发挥工会在调整劳动关系中的作用，促进劳动关系的和谐稳定。无论从劳动者的代表与权益的维护，还是从组织劳动者参与企业管理和监督执法等方面看，我国工会都担当着重要角色。

（1）工会是劳动关系中劳动者的代表。工会作为劳动关系中的劳方代表，是劳动关系主体的必然要求。劳动关系的特定主体一方是用人单位，另一方是劳动者。用人单位是劳动力的使用者，劳动者是劳动力的提供者，二者是平等的主体，各有各的代表。在市场经济条件下，由于我国劳动力供大于求，作为劳动力需求方的用人单位处于相对强势地位，而作为劳动力供方的劳动者则处于相对弱势地位，这就需要工会组织来代表他们的利益。工会作为劳动关系中劳方的代表，是有法律依据的，是符合国际惯例的。从法律上看，《劳动法》规定："工会代表和维护劳动者的合法权益，依法独立自主地开展活动。"《工会法》也明确规定："中华全国总工会及其各工会组织代表职工的利益，依法维护职工的合法权益。"按照国际惯例，市场经济国家处理劳动关系的基本原则是三方原则，即由政府、雇主和劳工三方通过协商来解决劳动关系问题，其中劳工一方的代表就是工会。

（2）工会是劳动者合法权益的维护者。维护劳动者的合法权益是工会的天职，是实现劳动关系内容的基本保障。劳动关系实质上是一种利益关系。劳动关系的内容就是双方主体所享有的权利和承担的义务。为了保障劳动者权利的实现，用人单位应当依法建立和完善规章制度，提供种种必要的条件。而工会作为劳方的代表，应当以维护劳动者合法权益为己任，积极争取劳动者各项权利的实现。广大职工参加和组织工会的目的，就是要工会代表和维护他们的合法权益。因此，维护劳动者合法权益是工会的基本职责，是工会安身立命、存在和发展的基础，也是社会和历史的必然要求。

（3）工会是职工参与管理的组织者。在社会主义市场经济条件下，劳动者与用人单位之间形成的劳动关系不同于资本主义条件下的雇佣劳动关系，作为劳动关系主体的劳动者，是国家和社会的主人，他们与用人单位之间不是简单的劳动力买卖关系。劳动者对用人单位的重大决策、生产经营管理和与劳动者切身利益相关的事项，依法享有民主管理、民主参与、民主监督的权利。《劳动法》对这一权利作了明确规定："劳动者依照法律规定，通过职工大会、职工代表大会或其他形式，参与民主管理或者就保护劳动者合法权利和用人单位进行协商。”而工会组织的群众性、民主性的特点，决定了劳动者民主管理、民主参与和民主监督的大量活动需要由工会来具体组织和落实。

（4）工会是集体谈判的当事者。集体谈判是市场经济条件下协调劳动关系、维护职工劳动权益的重要途径和手段，它有利于实现劳动关系双方利益的平衡。集体谈判的当事者是用人单位（雇主或雇主组织）和工会（或职工代表）。工会代表职工一方参加集体谈判是工会的一项重要职责，也是工会的基本权利。在集体谈判中，工会应充分提取职工的意见和要求，广泛搜集各种信息资料，坚持原则，运用技巧，为职工争取尽可能多的利益，并将谈判的结果以集体合同的形式固定下来，同时还要加强监督检查工作，保证集体合同的履行。由于集体谈判是一项新的工作，上级工会要加强对基层工会集体谈判的帮助和指导，使集体谈判取得预期的效果。

（5）工会是劳动争议处理的参与者。劳动争议是劳动关系发生矛盾的表现，直接反映了劳动关系双方当事人之间的利益冲突。劳动争议如果不能及时妥善解决，不仅会损害当事人的合法权益，还可能导致矛盾激化，引发突发性事件，影响社会安定团结。我国工会的性质和职能决定了工会在劳动争议处理过程中有着非常重要的作用。参与劳动争议处理也是工会协调劳动关系、维护职工合法权益的重要体现。具体来说，工会在处理劳动争议中的作用主要是：参与劳动争议协商，主持劳动争议调解，参加劳动争议仲裁，支持职工依法提起诉讼，为职工提供法律咨询服务，同时还要努力做好劳动争议预防工作。

（6）工会是劳动法律执行情况的监督者。《劳动法》是调整劳动关系、保护劳动者合法权益的法律，它能否得到贯彻实施，关系到劳动关系的稳定和职工合法权益的维护。为了保证《劳动法》切实得到贯彻实施，必须加强对劳动法律、法规实施情况的监督检查。其中工会对劳动法律实施情况的监督是我国劳动法律监督体系的重要组成部分。工会与劳动生产第一线的职工群众保持着最密切的联系，最了解情况，最有发言权，也最富有同一切侵权现象作斗争的实践经验。而且，职工群众是执行《劳动法》的受益者，也是违反《劳动法》的受害者，所以，他们最关心《劳动法》的贯彻实施。在市场经济条件下，工会的监督作用越来越重要。工会应按照《工会法》和《劳动法》所赋予的职权，加强对劳动法律、法规执行情况的监督，一旦发现用人单位违反劳动法律、法规，工会应当与用人单位进行交涉，要求用人单位采取措施予以改正。用人单位拒不改正的，工会可以请求当地人民政府依法做出处理；工会要支持职工依法举报、控告用人单位违反劳动法律、法规的行为；工会还要利用媒体进行舆论监督，形成贯彻实施《劳动法》的舆论氛围。

3.3.3 我国工会的法定权利和义务

工会是职工自愿结合的工人阶级的群众组织，是职工利益的代言人，工会的这种身份，使得工会所享受的种种权利，对职工群众而言却是一种义务。工会依法进行的社会行为是权利和义务的统一。从权利与义务的特点来看，如果说权利是一种具有选择性的行为空间的话，那么义务则是一种不具有选择性的“必为”。因此，工会的权利和义务具有一致性的特点。但是，要理解工会的权利和义务的内容，首先应该理清工会同政府和企业之间的复杂关系。

《中国工会章程》把工会与政府的关系表述为：“中国工会维护工人阶级领导的、以工农联盟为基础的人民民主专政的社会主义国家政权，协助人民政府开展工作，在政府行使国家行政权力的过程中，发挥民主参与和社会监督作用。”一方面，这一规定表明了工会和政府在根本利益上的一致性，即工会应当支持自己的政府，政府也要保护工会，支持和扩大工会代表职工参政议政和对政府工作的民主参与和社会监督；另一方面，工会不隶属于政府，是一个群众性的社团组织，在法律上双方是平等的法律主体，二者相互支持、相互合作。

工会和企业之间的关系是多重的。首先，企业法人是工会法人存在的基础。没有企业的建立，该企业的工会也没有建立和存在的必要性。其次，企业和工会具有不同的利益目的。在市场经济条件下，职工对于企业来讲，处于弱势的地位。不平等的地位造成了企业对职工利益侵犯的可能性，而工会的作用就是增强职工作为一个整体的力量，更好地维护职工的利益。同时，工会的存在不但有利于职工，而且也使企业和职工可以处于良性互动的关系之中，所以最终也有利于企业的发展。最后，在财产关系上，企业法人与企业工会法人财产相互独立，无论在来源上、属性上还是在使用和管理上都不相同。企业不能挪用、侵占工会经费和财产。

1）工会对用人单位的权利和义务

工会对用人单位的权利主要有以下三个方面的内容：（1）代表职工利益和反映职工要求的权利。工会可以代表职工方与用人单位就签订集体合同进行谈判；工会也可以就有关职工切身利益的事项提出建议，同单位协商处理。（2）监督用人单位遵守劳动法的权利。用人单位违反劳动法，侵犯职工合法权益，工会有权要求其及时改正，或要求有关部门进行处理，或相互协商解决；用人单位在做出开除、除名职工的决定时，应事先将理由通知工会，若处分决定违反劳动法规定和劳动合同，工会有权要求重新研究处理；工会发现企业行政方面违章指挥、强令工人冒险作业，或者生产过程中发现有明显重大事故隐患和职业危害的，有权提出解决的建议。（3）要求提供保障的权利。工会有权要求用人单位为工会办公和开展活动提供经费和必要的物质条件；按规定为工会工作人员支付工资等各项物质待遇；支持工会依法开展工作。

工会对用人单位应履行的义务主要有：（1）帮助、指导职工与单位签订劳动合同。（2）参加企业的劳动争议调解工作。（3）在企业发生停工、怠工事件时，会同企业行政方面或有关方面，协商解决职工提出的合理要求，尽快恢复正常生产秩序。（4）协助单位办好集体福利事业，做好工资待遇、劳动保护和劳动保险工作。（5）会同单位组织开展业余文化、技术学习和职工培训，提高职工的文化、业务素质，组织职工开展文娱、体育活动。

2）工会对政府的权利和义务

工会对政府的权利主要包括以下内容：（1）县级以上各级政府制订国民经济和社会发展计划，省会、自治区首府所在市和国务院批准的较大的市以上的政府研究起草法规、规章，对涉及职工利益的重大问题，应当听取同级工会的意见。（2）县级以上各级政府及其有关部门在研究制定工资、物价以及劳动保护、劳动保险等重大政策、措施时，应当有同级工会参与研究，听取工会意见。（3）地方劳动争议仲裁组织应当有同级工会代表参加。（4）工会有权参加职工伤亡事故和其他严重危害职工健康问题的调查，并向有关部门提出处理意见，有权要求追究有关部门领导和有关责任人员的责任。（5）各级政府应当为工会办公和开展活动提供必要的物质条件。（6）各级政府应当保护工会的合法权益不受侵犯。

工会对政府的义务，主要是协助政府开展工作，动员、教育、组织职工贯彻执行政府的政策、规章，完成政府提出的各项任务。

3.3.4 工会的社会责任

当今社会是一个讲究社会成员与社会组织的社会责任的社会，为了社会运行的有序和有效，社会关系的公平和正义，和谐社会的构建既是政府的责任、企业的责任，也是每一个社会公民的责任。目前，人们对社会责任的理解分两个层次，即狭义的社会责任和广义的社会责任。狭义的社会责任是指明确的社会分工范围内的角色职责，这种职责不仅有伦理道德的要求，而且有制度和法律的规范。广义的社会责任是指在明确的角色职责之外，应对整个社会系统中的利益相关者承担的社会责任，这种责任没有制度和法律的明确规范，目前还只能靠对社会伦理道德的提倡来加以约束。

我国工会作为中国近现代社会的产物，是适应社会时代的要求而产生和发展起来的。时代的变迁要求工会这种社会组织形态不断反思自身在整个社会体系中的位置——是什么、干什么、扮演什么角色、对谁承担和履行什么样的社会责任。

我国工会的性质决定了它是广大工薪劳动者的利益代言人和维护者。在我国社会主义市场经济条件下，工会履行社会责任的核心内涵，就是维护职工合法权益，促进社会和谐稳定。劳动关系是最基本的社会关系，协调劳动关系、维护职工合法权益是工会的基本职责，也是工会所必须承担的社会责任。工会的这种社会责任决定了工会的职能定位必须由传统的偏重于教育、建议转到通过协商、监督、参与等形式调解劳动关系利益主体之间的关系上来。

工会的社会责任可以区分为法律责任和道德责任。

法律责任是对应于工会权利的工会义务，如工会在享有代替工薪劳动者表达权利的同时，还要履行维护工薪劳动者合法权益的义务。这个义务就是工会对工薪劳动者的法律责任。如不履行，就属于法律上的失责。道德责任有时是要与法律责任共同承担的，有时是要单独承担的，如工会对工薪劳动者的社会责任，除《工会法》所要求的法律职责之外，还要承担由社会公众所评价的道义责任。

近些年来，经济社会发展不协调、劳动关系不平衡、劳动者合法权益受到严重侵害的事件屡有发生。人们在关注这些问题的同时，也在关注工会在平衡劳动关系、监督制约企业侵犯劳动者合法权益方面所应承担的社会责任。因此，工会履行社会责任可以从以下几个方面选择切入点：第一，工会要在宏观层面上参与国家和地方相关立法和政策的制定，通过联席会和其他形式，建立劳、资、政三方协商机制；第二，在劳动关系运行中，建立集体协商和集体合同制度以及职工民主管理、民主监督制度，维护职工的经济权益和民主权利；第三，在微观层面，通过送温暖、法律援助等形式，建立对困难职工进行帮扶救助的机制，把工会的维权职能落实到最基层、最底层。

应该指出的是，工会履行社会责任的主要障碍是工会依附于企业资产所有者，使工会干部在履行社会责任和维护职工利益之间产生难以调解的矛盾。工会要想更好地履行社会责任，除了要加强和改进自身的组织机制、运行机制和活动方式以外，还必须在干部管理体制上进行创新和突破，否则，工会履行社会责任就是一句空话。

3.3.5 我国工会的转型

随着我国社会主义市场经济的建立和市场化改革的进一步深化，以及多种所有制经济的不断发展与壮大，经济关系发生了深刻变化，劳动关系变得日益复杂，用人单位和劳动者之间的利益冲突日益显性化，作为弱者的劳动者的合法权益时常被侵犯。工会正逐渐转化为与市场经济体制相适应、有独立法律地位、独立于企事业单位的社会团体，它利用团体的力量同企业进行集体交涉，维护劳动者的合法权益。

所谓工会的转型，是指在由计划经济体制向社会主义市场经济体制转换过程中，我国工会的运行模式由行政化向市场化的转变。

1）我国工会转型的历史必然性

21世纪是我国基本实现社会主义现代化的阶段，也是实现中华民族伟大复兴的历史阶段。社会经济结构和文化价值的巨大变化，使得我国社会生活的各个方面发生了重大转变。随着改革开放的不断深化，工会工作的前提和基础发生了根本性的变化，社会经济和政治等领域对工会工作提出了新的要求，职工队伍的新变化也迫切要求工会进行转型，因而，建立适合时代发展要求和广大职工愿望的现代工会是历史的必然。

在计划经济体制下形成的传统工会运行机制，在政治上以绝对服从为前提，强调一切服从政治运动。工会组织机构和行政管理部门是相对应的，形成了自上而下的垂直领导管理制度。工会干部的委任和调派，带有浓厚的官本位色彩，工会工作形成了政治性、行政性和唯上性的特点。然而，工会在新时期的现代化建设中仍带有浓厚的旧痕迹，虽然指导思想已转变，但是，工会的地位、职能和作用等各个领域仍然陷于困难境地。

一是传统工会的旧模式已无法适应新形势。传统工会是以计划经济体制的要求为基础，自上而下、机关行政化的活动管理模式，具有浓厚的对上负责的依附性和封闭性。在广大职工要求工会有更大的自主性、民主性、文化性、多样性和经济性等一系列要求方面，显得十分滞后和不力。

二是传统工会无法发挥出在现代化建设中应有的独特作用。从工会整体上看，工会的团结作用、教育作用和吸引作用不能充分发挥，工会的吸引力和凝聚力弱化，不能广泛地调动广大职工的积极性，不能有效地维护职工的合法权益，不能壮大自己的事业和阵地，反而出现萎缩现象，工会实际地位在下降，社会影响面在缩小。从职工主体上看，职工的主人翁意识和集体主义观念未得到广泛唤起和增强，职工群众中的先进事迹未能形成精神动力，科学文化要求得不到满足，职工的精神生活仍然贫乏，致使落后观念和行为仍然普遍存在，有的甚至还信奉歪理邪教，职工的职业道德水平不高。

三是工会自身的矛盾一直未能克服。其具体表现为：工会理论和社会实践要求之间的差距；理想价值目标和实现程度的反差；工会管理模式和实际活动的差距；思想观念和市场经济体制改革要求的脱节；工会的工作方式和具体任务的不适应；工会职能和实施操作的不和谐；工会干部素质和工会工作的不适应等。其中最核心的矛盾则是工会现有的模式和现代化发展过程中广大职工实际需求之间的矛盾，它直接制约着工会的价值作用和社会影响，直接关系到工会组织的生命力和前途，关系到工会的发展方向。

因此，传统工会的运行机制已经无法适应现有的社会主义市场经济体制的要求，工会转型是工会适应社会经济的变化所做的自我调适。

2）现代工会的特征

现代工会相对于传统工会而言，是对传统工会的继承和发展。现代工会和传统工会在基本特征上是一致的，即具有鲜明的阶级性和党性，具有全局性要求和群众性要求。但在具体特征上有明显的区别，现代工会更具有现代特色，具体表现为以下几个方面：

（1）自主性。工会在党的领导下，依法独立自主地开展工作，根据改革开放的实际情况和广大职工的实际要求，在贯彻党的基本路线和各项改革方针政策时能够创造性地发挥工会自己独特的社会作用。具体活动和工作不必请示汇报，从传统工会的被动性、行政化的束缚中解放出来。

（2）民主性。工会恢复自己的本来面目，按照广大职工的意愿开展各项适合于自己的活动，民主参与和民主集中，自我管理和自我教育，团结互助，更鲜明地体现了群众观点和群众路线，从而摆脱了传统工会的机关化和集中性的弊病。

（3）法治性。以《劳动法》和《工会法》为基础，工会严格依法办事。在其内部依据各种规章制度和规定进行运作，有效地防止了传统工会的人治性和主观随意性。

（4）知识性。工会在现代化建设中更加重视知识和人才的作用，强调以职工为本的原则，突出人的文化技术素质要求，实行“知识工人”工程，使工会工作形成信息化和科学性的格局，突破传统工会的封闭性和低层性的状况。

（5）多样性。这是指工会的工作领域、工作方式、组织形式、活动内容及相关的具体工作更加丰富和广泛。

（6）基础性。现代工会更突出和强调基层工会的重要作用，尤其是企业工会工作的开展，更加强调上级工会为下级工会和基层工会服务，努力把基层工会搞活，成为职工之家，从而使工会组织更加壮大，纠正了传统工会的唯上性缺陷。

（7）经济性。工会工作的重点是大力发展生产力，以经济建设和现代化发展为核心，从工会工作的方针到维护职工权益的具体内容，经济利益是第一位的，突破了传统工会以政治性活动为主的观念。

由此可见，在以高科技为核心的市场经济信息化和全球化推动的改革开放过程中，在以民主化和法治化为人文价值取向的社会环境里，现代工会的运行机制集中表现为：突出基层工会组织的活力，实施自上而下的服务管理体系，建立以保障基层工会的发展需要为核心的考核评估标准，建立上下双向的沟通渠道，调整组织、人事等机构的服务职能。以自身民主化为基础的活动方式多样化，以社会效益作用为取向的文化性、开放性的社会沟通交往形象，显现工人阶级的先进性和当代职工的风采。

3）建立现代工会的要求

要实现工会转型，建立现代工会，并非一件简单的事情。把时代的需求转化为主观的动力和觉悟，需要理顺各种内外关系，逐步建立各种制度。因而，在建设现代工会的过程中，必须牢牢把握一些最基本的要求：

（1）新时期工会转型，构建现代工会首要的是科学定位。一是现代工会的思想理论必须以马克思列宁主义、毛泽东思想、邓小平理论、“三个代表”重要思想、科学发展观、习近平新时代中国特色社会主义思想为指导，来认识新时期的社会现状，把握现在和未来、改革和现代化、工会生存和发展等诸多根本性的大问题。二是在价值目标的实现方面，必须以党和国家的大政方针为指导，突出现代化的发展要求是工人阶级和广大职工的根本选择。工会工作的任务目标都是由此而产生的，应自觉摆正位置。三是独立自主地开展活动，并以劳动关系的协调稳定作为自主活动的生存基础。在面临众多复杂的社会关系矛盾时，劳动关系的定位是最基础和最重要的大事，代表和维护最广大职工在劳动关系中的合法权益是现代工会的基础。四是有关工会的社会作用方面，它不仅受社会政治环境和自身性质的影响，而且直接受职能和运行机制的影响，因而必须区分基本职能和具体职能的关系，在具体工作中把握新、旧职能的关系，必须调整传统工会的运行机制，全面实施自身改革工程。现代工会只有在理论指导、价值目标、劳动关系、职能和运行机制等方面进行科学定位，在新时期的转型过程中才能抵御其他社会不利因素的干扰和影响，走向工会发展历程中的新辉煌。

（2）以改革创新为动力，克服困难，迎难而上。目前，我国正处于体制转轨时期，工会内部和外部环境仍存在着不少阻力，由于改革的政策措施不配套，侵犯职工合法权益的事件不断发生。经济结构的调整造成了职工下岗人数多的问题，使得不少职工得不到应有的劳动保护和社会保障。公有制企业的工会组织在减少，民主管理流于形式，工会经费收缴困难，工会阵地萎缩，同时由于工会自身存在着行政化倾向，一些基层工会干部的素质不高，因而，工会的社会作用不理想，导致了工会实际地位的下降。这就要求工会必须加大改革创新力度，摆脱困难，提出新思路、新理论、新的管理和运作模式、新的制度规则和新的工作方法。

(3) 发挥优势，抓住重点。工会应该不断拓展和利用自身的优势：党和政府历来十分关心和重视工会工作；旨在保护职工合法权益的法律、法规不断增多，特别是《工会法》的重新修订颁布，为工会工作者提供了坚强后盾和法律武器；工人阶级的职工队伍日益壮大；工会具有一定的财力和事业阵地，工人阶级的主力军作用和地位在两个文明建设中不断扩大，所有这一切都为工会转型、建立现代工会提供了坚实的基础和良好的环境。

工会必须抓住机遇，坚持“发展就是硬道理”的原则，突出重点，在三个方面进行拓展：一是团结和动员广大职工群众为深化改革、促进发展、维护稳定，为实现党和政府提出的经济发展目标建功立业，努力提高产品质量和降低成本，积极推进科技进步和管理现代化。二是突出维护职能，不断完善劳动关系协调机制、民主管理制度和分配制度，积极参与和推进社会保障体系的建设，关心职工生活，密切联系群众，拓宽送温暖工作的渠道，积极参与维护职工合法权益的法律、法规的制定。三是加强工会自身建设。从管理机构到工作制度方面，进一步按“三个代表”的要求，不断改进工作思路和工作方法，不断提高工会干部的素质，不断拓宽工作领域，尽快地组建新经济组织和私企中的工会组织，充分体现工会的凝聚力和社会作用。

(4) 积极推进“素质工程”，实现工会转型。在以社会主义市场经济体制改革为核心的现代化新形势下，实现工会转型的主体，即广大职工和工会干部也必须从根本上提高素质和技能，才能最终实现现代工会的伟大历史使命。由于受初级阶段的历史限制，广大职工的自主意识、依法维权的观念和知识文化水平仍然比较低下，与激烈的市场就业形势和知识经济时期的高文化、高技术和高素质的生产要求仍然存在着较大的差距。现代化的大文化教育根本上是以人的素质和技能提高为前提的，广大职工必须迅速地从“单位人”“经济人”向“社会人”“文化人”转变。工会只有把握素质工程的要求，并把它提升到实现工会转型和实现自己历史使命的战略高度，才能自觉推进“素质工程”。

同时，广大工会干部在承担工会转型的历史重任之际，也必须适应现代化发展的要求，尽快摆脱传统工会遗留下来的旧痕迹，从社会责任和工会转型的要求出发，从思想理论、文化专业知识和现代化方法技能的高标准出发，培养和造就一大批“复合型”高素质的工会干部队伍。“复合型”的工会干部必须是理论水平高、专业知识丰富、密切联系基层和广大职工、具有现代化技能方法和献身于工会事业精神的优秀人才。实施“素质工程”既是现实的要求，也是实现工会转型和建立现代工会的迫切需求，这不是理论推导，而是实践逻辑的必然。

社会现代化发展新情况以及广大职工群众对于美好生活的向往和对劳动环境劳动条件的新要求是工会转型的客观前提，也是建设现代工会的内涵要素，这是我们建立现代工会的最大实际，工会必须在社会转型过程中实现自己历史发展的飞跃。

（5）探索“互联网+”工会工作模式。“互联网+”行动是国家战略。中共中央印发的《关于加强和改进党的群团工作的意见》提出，包括工会在内的群团组织要进一步提高网上工作水平，打造网上网下相互促进、有机融合的群团工作新格局。工会要主动适应互联网时代的新媒体信息传播方式，加快工会网络建设，建立云端平台，用互联网来完善工会的生态圈，通过网络使工会内部各级组织与机构互联互通，把亿万职工“连接”在一起，挖掘“工会大数据”，共享信息资源和财富。在万物互联、共享共赢的时代，组织动员职工是中国工会的优势，创新“互联网+”工会工作模式已成为不可阻挡的时代潮流，重构“互联网+”工会业务流程势在必行。

3.3.6 新《工会法》的特征

1992年4月3日，由第七届全国人民代表大会第五次会议审议通过的《工会法》颁布实施以来，在维护职工合法权益方面发挥了巨大作用，但1992年《工会法》制定时国家经济结构是较为稳定单一的，实施于市场经济逐渐形成发展时期，面对经济结构大调整，面对多种所有制经济成分并存的局面，表现出了极大的不适应性。特别是中国现已成为世界贸易组织的正式成员，如何在“入世”后的市场化进程中在涉及职工切身利益的就业、工资等方面切实维护职工的权益，新形势对原有的《工会法》提出了新的要求，而新《工会法》正是顺应市场经济形势而修改的。

2001年10月27日，第九届全国人民代表大会常务委员会第二十四次会议对第七届全国人民代表大会第五次会议审议通过的《工会法》进行了修正。修正后的《工会法》的颁布实施，是我国民主与法制建设中的一件大事。它进一步强化了工会的职能作用，加大了工会组织代表和维护职工合法权益的力度，为加强各级工会组织和工会干部队伍建设提供了保障，把我国工会工作推向了新阶段。

新《工会法》的修改涉及40余条，内容更加丰富和全面，法律条款进一步完善，权利义务更加明确统一，法律的刚性和可操作性大大增强，与1992年的《工会法》相比，内容上有很多重要改动，呈现出许多重要特征：

第一，突出了工会的维护职能。1992年的《工会法》总则中将工会工作的四项职能，即建设职能、参与职能、教育职能和维护职能并列，重点不突出。然而，在市场经济条件下，利益主体多元化，劳动者处于弱势地位，在经济变革和体制改革中，职工的利益极易受到侵犯，迫切需要工会代表和维护职工的具体利益。新《工会法》把维护职工的合法权益作为工会的基本职能，这就便于工会适应时代的发展，名正言顺地履行维护职能。

第二，确定了两大机制。职工代表大会制度和集体合同制度是工会维权的两大机制，这两大机制也是近几年来工会维权行之有效的方式。本次修改中规定了工会签订集体合同，上级工会应当给予支持和帮助，并规定了企业违反集体合同时工会应通过什么途径去解决。新《工会法》还规定了国有企业职工代表大会是企业实行民主管理的基本形式，是职工行使民主管理权力的机构，依法律规定行使职权。新《工会法》从立法的角度确定了两大机制的作用。

第三，建立了三方机制。新《工会法》第三十四条规定：各级人民政府劳动行政部门应当会同同级工会和企业方面的代表，建立劳动关系的三方机制，共同研究解决劳动关系方面的重大问题。三方协商机制使工会能够有效地参与劳动关系宏观决策，是市场经济条件下国家处理劳动关系的基本格局和制度，是社会经济政策制定和实施中的一个重要程序。建立三方协商机制能够积极协调劳动关系，稳定职工队伍，体现出职工主人翁地位和促进社会稳定。新《工会法》为这个机制的构成与实施提供了法律保证。

第四，增加了“法律责任”一章。针对在现实生活中不断发生的侵犯工会合法权益以及打击报复工会干部的行为，新《工会法》在第六章增加了有关法律责任的规定，其内容主要包括：（1）对工会合法权益受侵犯的法律救济规定；（2）对依法行使职权的工会干部打击报复行为的处罚规定；（3）对职工因参加工会活动而被解除劳动合同以及妨碍工会依法行使职权的行为的处罚规定；（4）对阻挠工会或职工依法组建或参加工会的行为增加了处罚规定。这一章的增设，为《工会法》的实施提供了法律保障，有了制裁措施，任何侵犯工会合法权益或打击报复工会干部的违法行为都将受到法律的追究，消除了工会工作人员的后顾之忧。

第五，增加了对新工会的保障性规定。在新建企业建工会是当前工会工作的重中之重，而在非公有制企业建工会是难中之难。新《工会法》在第十一条第二款增加规定：“上级工会可以派员帮助和指导企业职工组建工会，任何单位和个人不得阻挠。”同时对阻挠职工依法参加工会和阻挠上级工会帮助、指导职工筹建工会的行为在《工会法》第五十条规定了应依法追究其法律责任。在非公有制企业组建工会，是协调劳资关系的需要，凡是符合法律规定条件的企业不论是何种所有制都应当建立工会组织，这不仅不会制约非公有制经济的发展，反而会因劳资关系的不断改善进一步促进生产力的发展。

第六，保障了工会干部的合法权益。新《工会法》明确规定：“基层工会可以是以自己的名义承担民事责任的法人，工会主席、副主席任期未满时，不得随意调动其工作，必须召开会员大会或会员代表大会讨论，过半数通过，才能罢免。”这从法律上防止了企业看工会干部不顺眼，随意解除、罢免他们的现象的出现，为工会干部解放思想、放下包袱、更好地做好维权工作提供了一把法律上的“保护伞”。

综上所述，市场经济的本质就是法治经济，法律作为市场经济的调节器，对经济的发展起着保障和调控的作用。《工会法》的修改适应了中国经济利益和劳动关系变化的要求，可以预见其将对中国新型劳动关系的形成产生积极的影响。但同时也应当看到，中国"入世"后，经济进入全球一体化，法律也会逐渐被纳入全世界的法治轨道，目前新《工会法》虽弥补了原有《工会法》的许多不足，但从总体上来说中国的工会和劳动立法与世界先进水平相比尚有差距。另外，在强调工会借助法律来维护职工合法权益的同时，还应加强工会的制度建设，双管齐下，这样才能使工会在维护职工合法权益、促进经济发展与维护社会稳定中发挥应有的作用。

● 个案分析

"工会主席"不能任由企业摆布

在大多数人眼中，工会主席是给别人维权的，但是近年来，工会主席权利被侵犯的情况时有发生，如影响全国的原北京三环相模新技术有限公司工会主席唐晓冬，在为职工维权后遭遇非难的案件；沃尔玛南昌店工会主席高海涛因参加全国总工会邀请的泉州会议被记以旷工并罚款200元的案件等。

曾经有记者问唐晓冬："如果再给你一次机会，你还会当这个工会主席吗?"唐晓冬回答："不会，太难了。"高海涛则讲述了自己工作中遇到的来自企业行政部门的巨大阻力。

两案都引发了大家对工会主席处境的关注，但基层工会主席因种种说不清道不明的原因被解职或辞退的事还是时有发生。

基层工会的职能之一就是帮助职工维护合法权益，让工会主席在"摄像头"下办公，不仅将工会主席本人置于尴尬境地，也直接影响了工会工作的开展。企业将职工反映问题、申诉权益直接暴露于行政监控之下，职工的合法权益又如何得到尊重和维护?

工会主席忍辱负重不能成为常态，工会正常开展工作的权利更不能任由企业侵害。

资料来源　田杰."工会主席"不能任由企业摆布［N］.工人日报，2012-12-01.

问题：

1.结合本案例，说说现阶段我国工会面临的难题是什么。

2.谈谈《工会法》在强调工会维权职能的同时，应如何维护工会干部的合法权益。

● 本章小结

劳动关系中的劳动者是指现代产业社会的劳动关系中受雇于他人以劳动工资收入为基本的生活来源的体力或脑力工作者。按劳动对象及提供劳动成果的标准，可以将劳动者划分为物质生产劳动者、精神生产劳动者、参与物质和精神生产组织活动的经营管理者以及为物质和精神生产提供配套服务的劳动者。按劳动类型标准可将其划分为体力型劳动者、文化型劳动者、科技知识型劳动者等，或是像国外所流行的将劳动者分为"蓝领"和"白领"，以及近年来所衍生出来的"金领""灰领"

"粉领"等。然而，从社会阶层角度来看，当代劳动者处于整个社会阶层结构中的中下阶层。

劳动者权利是劳动法律规定的劳动者在履行劳动义务时所享有的与劳动相关的权利，根据劳动者权利内容以及实现方式的不同，可以分为个体劳权和集体劳权。劳动者有完成劳动任务，提高职业技能，执行劳动安全卫生规程，遵守劳动纪律和职业道德的义务。

劳动者地位作为关系范畴，可以从宏观的角度来把握，将其相应地划分为劳动者的经济地位、政治地位、社会地位和法律地位。其中，劳动者的经济地位是基础，它制约和决定劳动者的政治地位、社会地位和法律地位，同时，它在一定程度上受后三者的反作用。

工会是市场经济体制下劳动关系矛盾运行的产物。由于各国对工会的目标、性质、职能都有不同的定义，因此，也存在着不同的工会类型。

中国工会是职工自愿结合的工人阶级的群众组织，是劳动关系中劳动者的代表，是劳动者合法权益的维护者，是职工参与管理的组织者，是集体谈判的当事者，是劳动争议处理的参与者，也是劳动法律执行情况的监督者。中国的工会不仅具有法定的权利和义务，同时也必须承担相应的社会责任。

在建设社会主义市场经济体制的过程中，中国工会也面临着从行政化向市场化转型的历史任务，必须建设具有自主性、民主性、法治性、知识性、多样性、基础性以及经济性特征的现代工会，真正促进社会经济和谐发展。

由于新形势、新情况、新问题的出现，迫切需要根据新形势需要，认真总结实践经验，对《工会法》进行修改。而新《工会法》正是在新时代条件下修订的，它体现了依法治会的大趋势。这次修改的内容主要涉及：新工会的组建、对企业职工和工会干部合法权益的保护、工会经费的收缴和对侵犯工会合法权益的制裁，其中心内容主要是提出和强调了工会在维护职工合法权益方面的基本职能，体现了与时俱进的特点。

● 关键概念

劳动者　社会阶层　劳动者权利　个别劳权　集体劳权　劳动者义务　劳动者地位　工会　职业工会　产业工会　工会的组织结构　工会转型

● 课堂讨论题

1.结合自己的感受，说说对劳动者和工会的概念的理解。

2.讨论在中国社会主义市场经济条件下如何确立劳动者地位。

3.结合相关法律知识，谈谈你对中国工会的性质及工会在劳动关系中的定位的理解。

4.说说中国工会在当前都承担哪些社会责任。

5.联系中国工会的当前情况，讨论建立现代工会的基本要求。

● 复习思考题

1.简述劳动者的权利和义务。

2.试述中国社会主义市场经济条件下劳动者地位的界定及构成。

3.简述工会的分类。

4.简述工会的职能。

5.简述工会的权利和义务。

● 自测题

1.按劳动对象及提供劳动成果的标准可以将劳动者划分为（ ）。

A.物质生产劳动者

B.精神生产劳动者

C.参与物质、精神生产组织活动的经营管理者

D.为物质、精神生产提供配套服务的专业服务劳动者

2.以下不属于集体劳权的是（ ）。

A.团结权　　B.集体谈判权　　C.集体争议权

D.休息休假权　　E.民主参与权

3.在劳动者地位中处于基础地位，制约其他三种的是（ ）。

A.经济地位　　B.政治地位　　C.社会地位　　D.法律地位

4.在劳资双方发生集体争议时，以下不属于劳动者的斗争手段的是（ ）。

A.罢工　　B.怠工　　C.占领工厂　　D.闭厂

5.劳动者地位问题，本质上是一个（ ）问题。

A.政治利益　　B.社会经济利益　　C.文化利益　　D.心理利益

6.（ ）的颁布，标志着工会制度进入成熟制度化的新阶段。

A.《工会法》　　B.《劳动法》

C.《瓦格纳法案》　　D.《夏勃里埃法》

7.按工会运动的目标可以将工会划分为：________、________、________与________。

8.按工会组织结构的形式可以将工会划分为：________、________、________与________。

9.工会通常具有________、________、________与________四个主要职能。

第4章 /雇主与雇主组织

引导案例

2018年10月9日，北京大学社会调查研究中心和智联招聘联合发布“2018中国年度最佳雇主”百强榜单。榜单评选报告显示，理想雇主的首要特征是尊重员工。

“当下的人才最看重的是企业是否尊重员工以及能否获得成长。”智联招聘CEO郭盛在发布百强榜单时这样强调。他介绍，2018中国年度最佳雇主评选活动共收到有效报名企业30 854家，同比增加了76%；中小型企业的报名数量较上年增加了7%，以期通过雇主品牌建设弥补规模上的短板。本次评选以雇主形象、雇主文化、薪酬福利、工作环境、组织管理和培训发展为关键指标，由人力资源评审团、企业雇员、学术专家和媒体人士进行综合投票打分决定。

从本年度百强榜单入选企业类型来看，生产/加工/制造业行业占比28%，成为最大赢家，其中汽车、家电等制造企业为主要阵营，成为榜单的主角。其次是IT/通信/电子/互联网行业，占比24%。毫不意外的是，2018年的百强企业34%为外商独资、75%位于一线城市、65%规模在万人以上，呈现出“强者恒强”的局面，但也从一个侧面反映出强者制胜的原因在于通过重视雇佣关系，对人才资源得以高效运营。

企业具备优秀的雇主品牌后，还需将雇主品牌传播出去，影响更多的潜在员工，以此在人才市场打造优秀雇主品牌口碑，获得更多人才的青睐。中国年度最佳雇主组委会邀请外部求职者提名心目中的最佳雇主，通过分析发现，百强雇主被提名的次数是其他企业的9.5倍。这意味着，百强获奖企业在雇主品牌建设方面获得内部员工肯定的同时，对外也获得潜在人才的高度认可，这也从侧面反映出企业在人才吸引力方面的表现突出。

近年来，随着中国人口红利的消失，人才成为经济发展的重要着力点，同时也是提升企业竞争力的主要来源。“伴随企业用人成本提升，招人难、留人更难依然是企业面临的痛点。”郭盛说，“打造优秀的企业雇主品牌，不仅能够帮助企业吸引更多的优秀人才，更能够促进企业在招聘中从被动变为主动，同时还能帮助企业巩固内部关系，最终达到留住人才的目的。”

资料来源　佚名.理想雇主首要特征是什么，中国年度最佳雇主百强榜单告诉你［EB/OL］.［2019-10-20］. https：//www.sohu.com/a/258601616_162758.

学习目标

雇主及雇主组织是构成劳动关系的双方之一，也是在劳动关系建立过程中处于主导地位的一方。雇主及雇主组织的管理模式会对劳动关系产生巨大的影响。学习完本章后，应该掌握雇主及雇主组织的基本概念、权利、义务以及在劳动关系中的作用；了解国际雇主组织，并且能结合中国实际着重熟悉中国雇主组织；掌握在我国劳动关系发展过程中中国雇主组织所处的地位及作用；理解和掌握不同的雇主管理模式对劳动关系的影响以及雇主管理模式的新形式。

4.1 雇主及雇主组织概述

4.1.1 雇主

关于雇主的概念，学术界尚未统一。从自然语角度、政治经济学角度乃至法学角度都对这一概念进行过阐述，尽管略有区别，但其核心内容基本相同。总的来说，雇主一词是用来表示某些个人或群体特定的社会分工、地位和职能的。同时作为劳动关系的双方当事人，雇主和雇员都有特定的权利和义务，并且这种权利和义务是对等的，一方的权利就是另一方的义务。

1）雇主的含义

各个国家对雇主的含义规定有所不同。美国《劳工法》规定：“‘雇主’包括与雇员有关的直接或间接地代表雇主利益的人并包括公共机构，但是不包括任何劳工组织（它作为雇主时除外）或该劳工组织中的职员或代理人。”加拿大法律规定：“‘雇主’表示任何一个雇用一个或更多职工的人。”西班牙《劳动者宪章》规定：“一切责任人或法人，或者财产集团雇用第一条款中涉及的人，或者从某一合法的劳动服务公司为另一用户企业雇用服务人员的，均为雇主。”日本《劳动基准法》规定：“本法所称雇主，系指企业主、企业经理人或代表企业主处理企业中有关工人事宜的人。”韩国《劳动标准法》规定：“本法中‘雇主’一词是指企事业业主，或负责企事业管理的人，或在与工人有关的事宜上为企事业业主效力或代表企事业的其他人。”国际劳工组织的许多公约更简洁地规定：“雇主”一词，除另有歧义外，包括任何公共当局、个人、公司或协会。该组织的许多论著和文章在对“雇主”进一步解释时强调，“雇主”不一定就是企业主，不论在市场经济、计划经济还是部分社会化经济条件下，雇主是指雇用或解雇工人的人。①

中国的雇主概念经历了从无到有、不断变化的过程，而且其内涵与国外有很大不同。在计划经济条件下，中国没有“雇主”这样的概念。但是在中华人民共和国成立初期到“三大改造”完成之前，由于经济发展的需要，中国曾允许私营经济的存在和发展，因此存在依托于私营经济的雇主，其合法地位也通过宪法或临时宪法中对私营经济的规定而得到间接的承认。1954年中华人民共和国颁布的第一部《宪法》，对雇主阶层存在的合法性仍然持肯定态度，但是对于其存在的合理性则已经有了否定的倾向。于是，在“三大改造”完成后，雇主阶层就暂时性地在中国内地消失了。党的十一届三中全会后，随着中国社会主义市场经济体制的建立和发展，中国经济成分逐步实现多元化，非国有企业得到较快发展，一些私营企业、乡镇企业和外资企业都出现了大量的雇佣关系，很多国有企业有了自主用工的权利，并通过订立集体合同、劳动合同来规范企业和员工之间的用工关系。特别是20世

① 常凯．劳动关系学［M］．北京：中国劳动社会保障出版社，2005.

纪90年代初，劳动合同制开始在中国逐步引入，并从国有企业向非国有企业全面推进，雇主和雇员概念在中国被逐步引用，并得到社会认可。最高人民法院1992年发布的《关于适用〈中华人民共和国民事诉讼法〉若干问题的意见》第四十五条规定："个体工商户、农村承包经营户、合伙组织雇用的人员在进行雇用合同规定的生产经营活动中造成他人损害的，其雇主是当事人。"这里的雇主，虽然界定的范围极其狭窄，但可表明中国关于劳动力使用者的法律表述，正在逐步和国际劳动立法接轨。由此可见，中国雇主的含义包括三个方面：①雇主是经营者；②雇主所属的单位是企业，包括企业化管理的事业单位，这种界定是以中国有关法律、法规为依据的；③雇主范围包括各种所有制企业。总之，我国对于"雇主"的认识是符合我国建立和完善社会主义市场经济的客观事实的，也是我国应对经济全球化以及与国际接轨的必然选择。

在《劳动法》中，对劳动力使用者用"用人单位"这一概念进行表述，无疑是计划经济时期劳动关系在劳动法学中的体现，同时也反映了中国劳动关系尚处在转变过程中的现实状况。中国法学界和劳动社会学界对雇主的外延（范围）包含哪些社会成员存在较大争议。中国的《劳动法》并非按照雇佣关系的一般规律进行法律规制，没有在法律上确立雇主的客观存在，取而代之的是"用人单位"的制度约束。根据《劳动法》和有关劳动法规的规定，用人单位包括：①企业，包括各种所有制性质、各种组织形式的企业；②个体经济组织，仅限于个体工商户；③国家机关，在这里既包括国家的权力机关也包括国家的行政机关；④事业组织，包括文化、教育、卫生、科研等各种非营利性单位；⑤社会团体，包括各个行业的协会、学会、联合会、研究会、基金会、商会等民间组织。但是一般还是认为"雇主"应指私人企业、三资企业等私有用工企业。

综合以上可以看出，雇主是指在具体劳动关系中与劳动者相对应的另一方。如果说劳动关系作为劳动者与生产资料结合的具体形式，那么，雇主在劳动关系中即是生产资料的代表。据此，劳动关系中的雇主可以界定为，在现代劳动关系中，代表资方从事管理和处理事务，并向雇员支付工作报酬的法人和自然人。

2）雇主的权利和义务

雇主的权利和义务有广义和狭义之分，广义的雇主权利与义务是指雇主在其生产经营活动中与各类社会主体（包括国家机关、社会团体以及公民个人）形成的法律关系中包含的权利和义务。而狭义的雇主权利与义务，是指劳动法律关系中的雇主相对于雇员而言的权利和义务。

对于雇主权利和义务的内容，各国一般不采取法定主义原则，而主要以当事人之间的约定作为构建雇主权利和义务的基础。雇主和雇员作为劳动关系双方的当事人，其权利与义务是对等的，一方的权利就是另一方的义务，反之亦然。但是从立法实践来看，雇主在劳动关系中处于相对弱势地位。从我国的实践来看，我国现行《劳动法》仅仅表述了一种事实存在的状态，技术较粗糙，体制尚残缺，它所要规范的内容同其本身有着较大出入，在当前没有更有效的法律文件时，宜以当事主体之间的约定来设置各自的权利和义务，同时加以权利的宏观调控。

(1) 雇主的权利。

雇主的权利出自对生产资料的占有权，也是为妥善处理与工会和工人的关系，维护自身利益和保证生产顺利进行所必需的权利。各国劳动法律都没有关于雇主权利的明确规定，但在理论和实践上，雇主的权利可以理解为下面几点：

①招工决定权。

招工决定权是指雇主可以根据生产经营的需要，按照国家规定自行确定机构设置和人员编制，自行招收、招聘雇员，通过考核，择优录取，包括自主决定招工的时间、条件、方式、数量以及用工形式等。这是雇主实现自身利益、保证生产顺利进行所必需的权利，是雇主为了维护其自身利益在法律和实践中所享有的一项基本权利。

②规划指挥权。

雇主是生产资料的所有者，有权规划指挥劳务过程，分配管理劳动过程中的一切资源的应用（包括雇员的人身，即劳动力资源），并可以整体或个体对雇员工作实行监督，消除雇员的“恶劣工作”行为，最大程度地保证劳务计划顺利完成，维护己方的利益。同时，雇主在劳动过程中相应地享有要求劳动者保质保量完成劳动任务的权利、要求劳动者提高职业技能的权利、要求劳动者认真执行劳动安全卫生规程的权利、要求劳动者严格遵守劳动纪律和职业道德的权利。对于以作为或不作为方式破坏劳务工作、造成损害的，可以以违约或侵权为由，请求行政或法律救济，这是雇主权利的重要体现。

③物资分配权和惩罚权。

雇主拥有设立工资数额、奖金、股权分配及其他物质待遇的主动权，决定报酬给付机制，有权发放弹性工资；雇主还拥有根据自身条件和发展需要，提供法定义务外的其他福利的权利。而惩罚权是雇主谋求企业生存、提高生产率和维持企业秩序的重要手段。对于雇主所使用的惩罚措施，各国法律都有明确规定。例如，新的《劳动合同法》第三十九条规定：劳动者在试用期间被证明不符合录用条件的；严重违反用人单位的规章制度的；严重失职，营私舞弊，给用人单位造成重大损害的；劳动者同时与其他用人单位建立劳动关系，对完成本单位的工作任务造成严重影响，或者经用人单位提出，拒不改正的，用人单位可以解除劳动合同。

④闭厂权[①]。

闭厂权是雇主拥有的一项有争议的权利。对应于工会所享有的集体争议权，闭厂权是雇主对抗劳动者罢工的唯一具有实效的手段。虽然这一权利在大多数国家的法律中没有明确规定，但是法律上也没有禁止，因此在实际上已经被许多国家普遍接受。雇主所享有的这项权利的法理根据是劳资对等的平衡理念。由于雇主不得以罢工为理由解雇正当罢工的工人，所以只得以闭厂为手段来对抗工人的罢工。

---

① 常凯. 劳动关系学 [M]. 北京：中国劳动社会保障出版社，2005.

⑤其他法律规定的权利。

雇主还拥有很多符合法律规定的其他权利。比如，决定劳动法律关系存续方面的权利，当法定、约定的事实或条件出现时，雇主有权解除雇佣合同，终止雇佣法律关系；雇主对于经过试用或者培训仍不合格的人员、因生产技术条件发生变化而富余的人员，可以辞退；对于违反劳动规章制度、造成一定后果的雇员，可以根据情节轻重，给予不同的处分，直至开除。

（2）雇主的义务。

劳动者所享有的一系列权利都构成雇主所应承担的义务的内容，所以，可以从劳动者所享有的个别劳权和集体劳权两个角度来理解雇主的义务。

①劳动者的个别劳权方面。

第一，雇主有依法平等雇用劳动者的义务。法律要求雇主在履行雇佣合同时，应该按照合同要求，全面而适当地履行义务。雇主作为劳动力使用者，要根据生产需要、经营特点和经济效益，平等择优地雇用劳动者，不得因种族、肤色、性别、宗教、政治观点、民族血统和社会出身而区别、排斥，否则有损于在就业和职业上的机会均等和待遇平等。

第二，雇主有为劳动者的劳动提供报酬的义务。新的《劳动合同法》第三十条规定：用人单位应当按照劳动合同约定和国家规定，向劳动者及时足额支付劳动报酬。劳动报酬是劳动者在劳动关系中享有的基本的和核心的权利，劳动者为了获得劳动报酬才与雇主缔结劳动关系，也是劳动者与雇主建立劳动关系的直接目的。因此，作为雇用劳动者的代价，雇主必须支付工资报酬。这种交付，并不是雇主的“恩惠”，而是一种债的结果，是劳动力市场的等价交换中雇主必须履行的义务。

第三，雇主应该科学合理地使用劳动者进行工作。体现在劳动合同履行阶段，雇主应根据雇员的年龄、性别、智力、能力和工作本身的特点来安排劳务进程和用人计划，尽量做到人尽其能，发挥最大效益。《劳动法》规定，雇主应按照法定的工作时间安排本企业的生产，保证劳动者有充分的时间休息和休假，不得随意延长工作时间，确实需要延长的，要依法办事，保障劳动者享有的休息休假权利。

第四，职业培训是劳动者为提高个人技能所必需的培训，也是社会生产过程中的客观要求。各国法律都十分强调政府、雇主和社会机构在职业培训中的作用，有些国家更明确规定雇主在提供职业培训方面的义务。《劳动法》规定：企业要建立健全本企业的职业培训制度，有计划、有目标地使全体劳动者接受职业技术培训，提高劳动者的职业技能。

第五，保证劳动者的安全与健康是雇主应尽的基本义务。新的《劳动合同法》第三十二条规定：劳动者对危害生命安全和身体健康的劳动条件，有权对用人单位提出批评、检举和控告。保证劳动者安全与健康既是劳动者的基本权利，也是雇主维持正常生产和提高劳动生产率的必要条件。因此，雇主应依法向劳动者提供符合国家规定的安全卫生条件和各种劳动保护措施，严格执行国家规定的劳动卫生规程，做好伤亡事故和职业病的预防和处理工作，依靠技术进步，改善劳动条件，减轻职业危害，保障劳动者在劳动过程中的生命安全和身体健康。

第六，社会保险是关系到劳动者基本生活能否得到保障，社会能否发展和稳定的一项基本制度。社会保险的内容和范围在各国略有不同，但基本上都涵盖生、老、病、死、残等方面，并且一般由国家、雇主和职工合理分摊。对于雇主而言，缴纳社会保险费是其直接的义务，因为劳动者是直接向企业提供劳动。《劳动法》规定：雇主要依法缴纳各种社会保险费，为劳动者提供各种社会保险待遇，并在发展生产的基础上，提高职工福利待遇和福利水平，保障劳动者享有社会保险和福利权利。

②劳动者的集体劳权方面。

第一，雇主不得支配、介入工会，主要是指雇主不得控制或干涉工会组织的成立或活动。雇主对工会的控制和干涉包括阻挠工会的成立、公开或暗中指派自己的亲信出面组织"工会"、操纵工会选举、限制工会活动范围和方式、通过对工会提供经费或其他物质支持而达到控制工会的目的。

第二，雇主不得拒绝集体谈判，主要表现为雇主对集体谈判不作为。《劳动法》和《工会法》对集体协商都进行了规定，在原劳动和社会保障部颁布的规定中提到"另一方接到协商意向书后，应于20日内予以书面答复，并与提出方共同进行工资集体协商"（详见劳动和社会保障部发布的《工资集体协商试行办法》）。

第三，民主参与，是职工参与企业的资本构成、参与企业管理决策、参与企业利润分配的一种形式，也是增强企业民主、科学管理，激励员工积极性，形成企业与职工利益共同体的有效途径，还是经济、社会和文化进步的重要标志。中国以职工代表大会为主要形式的民主参与方式在立法和实践中一直受到高度重视，但在市场经济条件下，探索和建立新型的民主参与形式和途径，不仅是政府和工会的一项重要工作，也是雇主为尊重和保障工人各项权利、提高企业竞争力而应承担的一项义务。

第四，雇主对国家应履行的义务主要是：必须执行劳动法规、劳动政策和劳动标准，接受国家劳动计划的指导，服从劳动行政部门和其他有关国家机关的管理和监督。雇主对工会的义务主要是：必须支持工会依法开展各项活动，与工会签订集体合同并履行集体合同所规定的义务，接受工会的监督。

4.1.2 雇主组织

随着社会经济的发展，在雇主阶层逐渐扩大的同时，雇员阶层也渐渐要求获得更多的权利，成立了工会组织，与雇主之间的关系逐步激化。为了平衡与工会之间的力量对比，对抗工会对资方的冲击，西方很多国家纷纷成立了雇主组织。雇主组织的目标是，在社会和劳动领域代表、维护雇主利益，促进企业的自主发展。

1）雇主组织的含义

雇主组织是指由雇主依法组成的，旨在代表、维护雇主利益，并努力调整雇主与雇员以及雇主与工会之间关系的团体组织。其目的是通过一定的组织形式，使单个雇主形成一种群体力量，在产业和社会层面通过这种群体优势同工会组织抗衡，最终促进并维护每个雇主成员的利益。

国外的雇主组织多数是以协会的形式存在的，有两种主要的协会组织：行业协会和雇主协会。行业协会是由经济利益而结成的组织演变而成的，多数欧洲国家称这种组织为“经济组织”，这种行业协会主要负责行业规范、税收政策、本行业营销定价与技术革新等事务，并不处理劳动关系。通常所说的雇主组织是指另外一种雇主协会。这种雇主协会是由劳资关系而结成的组织演变而来的，被称为“社会组织”，主要负责处理劳资关系各个方面的事务，其中与工会协商劳资关系是主要工作。而大部分的雇主组织既具有雇主协会的功能，又兼具行业协会的功能；既处理劳动关系，也负责本行业的生产事务。

2）雇主组织的产生与发展

在西方，雇主组织是随着工会组织的不断发展壮大而建立和发展的。早期的雇主组织是一些自发性的“俱乐部”或“行会”，一般称为“贸易协会”，其主要关注的是贸易和关税之类的问题。后来工会运动空前高涨，工会成员不断增加，许多国家的社会立法日益稳定，为了平衡与工会之间的力量对比，对抗工会对资方的冲击，西方很多国家纷纷成立了雇主组织。

第一次世界大战以后，西方国家普遍面临经济危机。这时，雇主组织在发展经济方面起到了积极的作用。雇主组织在与工会的斗争中也取得了很多经验，使雇主组织内部和外部环境发生了有利变化，特别是雇主组织在与工会的协商、合作方面取得了很大的成效。在此期间，劳资双方之间的集体谈判走上了正轨，许多级别的劳资关系法规和社会立法也是在这段时间完成的。

第二次世界大战中及后来一段时间内，许多西方国家的雇主组织得到了稳定的发展，尤其是20世纪六七十年代，各国普遍加强了政府在劳资关系和经济生活中的作用。在这种情况下，政府更希望与具有权威性的中央一级的雇主组织打交道，这极大地提高了全国性雇主组织作为雇主发言人的地位，同时也要求各级雇主组织为其成员提供更多的、范围更广的服务，了解、掌握企业的需求，以便更好、更有效地处理与政府和工会的关系。

20世纪后期开始，各国雇主组织又有了新的发展，即雇主组织不仅开展协调劳动关系等社会性事务和活动，而且也逐步开始关注经济事务，并在国家的政治、经济和社会生活中逐步发挥更重要的作用。

3）雇主组织的特征

尽管各国雇主组织的形式不尽相同，但是一般来说，雇主组织都具有以下特征：

（1）雇主组织必须由一定数量的雇主所组成，并具有相当的代表性，但是对于雇主组织组成成员的数量，各国的规定存在区别。

（2）雇主组织必须由雇主自愿加入。

（3）雇主组织具有法人资格，是独立于雇主之外的主体，并实行独立核算，依靠为雇主服务取得服务性收入。

（4）雇主组织机构主要为会员大会和理事会，前者决定重大事项，后者处理日常事务。

（5）雇主组织的活动宗旨是维护所代表的雇主在劳动关系中的利益，不得有政治目的。

（6）雇主组织不得从事反工会活动，不得制造困难阻止雇员加入工会或参加工会活动，不得干涉工会事务，不得破坏工会组织的罢工，不得拒绝按规定程序与工会进行集体谈判或阻碍集体谈判的正常进行。

（7）雇主组织负有协调劳资关系的法定职责。

（8）雇主组织会员有缴纳会费的义务。

（9）雇主组织内部组织机构及其活动方式可以自行确定。

4）雇主组织的类型

按照分类标准的不同，雇主组织有不同的分类方法。雇主组织的层级不同决定了雇主组织的规模和主要职责任务不同；经济发展水平的不同决定了雇主需求的不同，因此雇主组织的角色和作用也就各不相同。

（1）按照雇主组织的层级，可以分为以下几种：

①行业协会，即由某一行业组成的单一的全国性行业协会。在很多国家，将这种组织视为“经济”组织，因为这种行业协会不处理劳动关系，而主要负责行业规范、税务政策、产品标准化等事宜。但在其他一些国家，行业协会作为地区和国家级雇主组织的中间环节，直接参与劳资谈判，确定行业性的集体协议框架。

②地区协会，即由某一地区的多种企业组成的地区性协会，代表该地区雇主的共同利益。这种协会一般与全国性雇主协会一样负责处理劳动关系等涉及雇主利益的事宜。

③国家级雇主协会，即由全国行业和地区雇主协会组成的国家级雇主组织。它主要负责处理劳资关系各个方面的事务，包括工会的管理、劳工政策、参与劳动立法、行政管理和仲裁，与工会协商劳资关系是其主要工作。

（2）按照国家经济发展水平，雇主组织可以分为以下几种：

①发展中国家的雇主组织。发展中国家的经济正处于上升阶段，大量的新企业诞生和资金进入都为经济增长提供了充沛的资源，因而企业生存的压力相对于发达国家要小，但是发展中国家的雇主组织建立时间都不长，要取得雇主信任、发展足够的区域会员从而使雇主组织在国家或地区内具有较强的代表性是一项重要的工作。对于一个建立时间不长的雇主组织来说，只有有了足够多的会员，才能有会费支持，并通过一些收费性服务和赞助，维持正常运转。另外，发展中国家的雇主组织要建立起一个较有影响的反映雇主声音的渠道，使政府能够听到雇主的声音，认识到雇主声音的重要性也是这些国家的雇主组织要优先考虑的问题。

②经济转型国家的雇主组织。这些国家的私有经济发展历史不长，雇主组织中的私营企业会员较少，所能提供的服务也相对较少，同时这些国家中的工会力量较

弱，政府干预较多，因此如何适应市场经济发展，及时转变观念，吸引更多的非公有制企业加入雇主组织并能够提供持久、有效的服务是这些国家的雇主组织需要解决的问题。

③发达国家的雇主组织。这些国家的就业关系变化快，集体谈判方式多样化，雇主组织所提供的传统服务已经不能适应企业发展的需要。企业频繁的兼并和相互融资，使得很多雇主组织之间的服务范围和内容重叠，竞争激烈。如何降低成本、提高工作成效是这些国家的雇主组织所面临的挑战。

5）雇主组织的作用

雇主组织作用的发挥是由其成员的需求所决定的，而雇主的需求则取决于一国的经济形势以及企业的发展方向和目标。随着经济全球化的发展以及商业竞争环境的日益激烈，雇主组织在协调劳动关系方面发挥着越来越重要的作用，其主要的作用可以表现在以下几个方面：

（1）协调劳动关系。协调劳动关系的目的是通过和谐、稳定的社会关系促进经济发展。劳动关系反映社会中的利益结构，强调此系统的主要参与者，即工人、雇主和国家的利益关系，并通过合作的方式进行协商和谈判。当劳资双方对全国性或地区性集体协议的解释出现分歧，而企业的内部申诉体制又无法解决这些问题时，雇主组织可以采取调解和仲裁的方式来解决这些问题。另外，劳动关系政策通过建立公正、公平、稳定的条件，来促进经济发展。劳动关系政策也是在劳工和管理层之间获取一种平衡，是建立和保护一个多元化的社会所必需的。

（2）参与法律政策制定和修订。雇主组织的另一个重要作用是参与立法和政策的制定和修订，尤其是与劳动关系相关的法律的制定和修订。这主要体现在国家级雇主组织中，尽管有时候它也发生在行业领域中。雇主组织在立法和政策制定中发挥作用，一般是通过在有关立法机构中吸收雇主组织代表参加来实现的。因为很多国家的立法和政策制定都要依靠雇主组织和工会组织的力量，也有的国家雇主组织是通过扮演游说角色来影响政府在立法和政策制定中的立场的。

（3）为雇主提供相关服务。一般雇主组织的成立是为了面对日益增长的工会的挑战，处理与劳资关系相关的问题，雇主组织有义务为会员提供有关处理劳动关系事宜的一般性帮助和建议。但是近年来，随着经济的发展以及一些其他新情况的出现，雇主组织为会员提供其他方面的服务也日益成为雇主组织的重要作用之一，而且提供服务的范围已经或正在从传统的劳资关系服务等向多种形式的服务扩展，如培训、人力资源管理等领域。

（4）督促企业关注社会责任。企业承担社会责任越来越受到社会的关注，这项工作也是很多国家雇主组织发挥作用的领域。社会责任不仅要求雇主以合理的价格为消费者提供优质产品，还要求雇主在遵守社会道德和遵循职业规划的基础上谋求利润，对社会负责。雇主组织要呼吁企业界以自主的行为，尊重商业道德，按照劳工标准和环境方面的相关国际原则，通过有社会责任感的企业作表率，倡议全球的企业积极承担社会责任，坚持可持续发展的理念，推动建立一个自由、平等、繁荣的新世界。由此企业的社会责任也越来越受到社会的关注，这项工作也就成为很多国家雇主组织发挥作用的领域。

4.1.3 国际雇主组织

国际雇主组织是国际上在社会和劳动领域代表雇主利益的唯一民间组织，目的是在国际场合捍卫雇主利益，保证国际劳工和社会政策有利于企业的生存，并为企业发展和就业营造有利氛围。

1）国际雇主组织的起源与发展

国际雇主组织成立于1920年，是目前各国国家级雇主组织组成的在社会和劳动领域代表雇主利益的国际组织。国际雇主组织在联合国享有甲级咨商地位，在国际劳工组织中是享有完全地位的唯一雇主组织。国际劳工组织所有雇主方面的活动都由国际雇主组织统筹和协调，包括国际劳工局理事会的选举。该组织现有包括非洲、美洲、亚洲、欧洲四个区的会员151个，均为世界各国国家级的雇主联合会或其他形式的雇主组织。

国际雇主组织随着各国雇主组织的发展而发展。在西方国家，雇主组织由于在促进雇主之间的相互协商与合作，推进行业标准规范化、加强劳资关系和人事管理方面的服务，参与社会和劳动立法，共同管理雇主有关事务等方面发挥了重要作用，获得了稳定发展。但是在20世纪初期，西方国家普遍面临经济困难，雇主组织积极与工会组织开展劳动关系的协调工作，对发展各国经济也起到了积极的作用。为了更好地发挥各国雇主组织的作用，在各国雇主组织之间建立和保持永久的联系，共同协商和讨论社会和经济发展问题，需要建立一个国际性的雇主组织来协调各国雇主组织共同参与国际事务，联合各国雇主组织共同应对不断强大的国际工会运动和不断增强的国际竞争压力，特别是在国际劳工组织成立后，各国雇主组织需要在国际劳工重大问题上协商和统一立场和观点，在国际上代表雇主组织来协调与工会的关系。为此，欧洲15个国家的雇主组织在伦敦发起成立了国际雇主组织。

随着国际劳工组织地位的提高和影响的扩大，国际雇主组织在国际劳工组织中的作用也越来越大。在国际上协调各国雇主组织的立场，共同维护各国雇主的共同利益；参与国际劳工组织活动，作为三方协商机制的一方，代表雇主组织及雇主参与有关活动；与国际工会组织协调、合作，就共同关心的劳工等问题，特别是在立法、政策和信息上加强交流与合作；与各国政府建立积极的良好关系，为各国雇主组织的建立和开展活动创造良好的条件；指导各国雇主组织开展维护雇主利益的活动，使雇主组织成为雇主利益的代言人。

2）国际雇主组织的职责（引自《国际雇主组织章程》）

国际雇主组织的目标是“在会员之间建立并保持永久性联系，从而使他们了解社会问题的进展情况，促使大家共同思考这些问题以及由此产生的经济和其他方面的影响”。其职责主要有：

（1）维护雇主利益。国际雇主组织是唯一代表雇主利益的国际组织。因此，它的首要任务是在国际上维护雇主利益，包括在国际劳工组织内部维护雇主利益，确保国际社会政策不损害企业的生存和发展条件，而且在制定国际社会政策过程中，要尽可能地提出有利于雇主的方案，以维护各国雇主和雇主组织的整体利益。同时，国际雇主组织也积极努力地与各国政府建立良好的关系，为各国雇主组织的建立以及活动的开展创造良好的条件。

（2）帮助雇主提高自身能力。国际雇主组织通过影响国际劳工组织的政策和制定技术合作项目，使国际法律、法规不会限制企业的建立和经营，并通过制定积极的政策和措施促进企业提高竞争力，包括提高劳动力的素质和能力，促进企业管理水平的提升等。

（3）加强雇主之间的交流与合作。各个国家雇主组织的建设和发展需要学习其他国家先进的经验，特别是有关的政策、机制和制度方面，需要交流信息，总结经验，更好地为雇主服务。因此，加强各个国家雇主组织的联系和交流具有重要的意义。此外，通过各国雇主及雇主组织之间的交流，还可以促进各个企业之间的友好往来和经贸合作，推动企业的优势互补，提高企业的经营效益。

（4）完善各个国家级雇主组织。目前各国和各地区的雇主组织发展很不平衡，特别是广大发展中国家和受战争影响的国家以及市场经济体制还没有真正建立和完善的国家，雇主组织的建立、发展还有大量的工作要做。帮助这些国家和地区建立和加强国家（地区）级雇主组织是国际雇主组织目前的重要任务，特别是在发展中国家和向市场经济积极转轨的国家，以保证企业呼声能在国家和国际层面得到响应。

（5）与国际工会组织就共同关心的劳工等方面问题，开展协商和合作，维护各自代表主体的利益。作为三方机制的一方，国际雇主组织也在国际劳工大会、国际劳工组织理事会会议和所有其他与国际劳工组织有关的会议中担任雇主方秘书。这样有利于在有关劳动关系方面的争议问题上，与国际劳工组织建立良好的对话机制，并可以通过集体谈判等方式开展协商和对话，使雇主组织以及雇主的利益得到很好的维护。

3）国际雇主组织的主要活动

国际雇主组织经常参与一些国际论坛的讨论，既有联合国人权事务高级专员办事处组织的论坛、欧洲议会召集的论坛，也有关于全球协议的探讨。对于雇主与国际劳工组织提出的目标追求，国际雇主组织也做出了相应的回应。比如，1999年国际劳工组织主席报告提出国际劳工组织的基本目标是保证所有场合中男性与女性的“体面劳动”，这就是国际雇主组织2000年开展工作的指导思想。与此相应，国际雇主组织发表了题为《体面劳动——如何操作：雇主观点》的声明，以便让雇主清楚这些概念，并采取相应的行动与国际劳工组织通力合作。国际雇主组织积极与会员就有关问题进行协商和探讨，并积极参加了数个国际论坛。国际雇主组织还在与非洲会员在非洲发展新伙伴关系、非正式经济、企业家身份等方面开展了相关活动。

4）加入国际雇主组织的基本条件及程序

按照《国际雇主组织章程》的规定，加入国际雇主组织应该具备以下几项基本条件：

（1）成员必须由雇主和雇主组织构成，内部不能有工会组织。因为国际雇主组织是代表和维护雇主和雇主组织利益的组织，是为雇主和雇主组织服务的，因此，它必须由雇主和雇主组织构成。特别是其内部不能有工会组织，因为雇主组织是与工会组织相对立的组织，它的出发点和立场与工会组织有着本质的区别，甚至是背道而驰的，因此，不能有工会组织加入。

（2）成员必须代表和捍卫自主企业的原则。所有加入国际雇主组织的成员要代表和捍卫自主企业的利益，要以维护企业利益为工作目标和出发点，并通过具体的行动加以实施，这是加入国际雇主组织的基本条件。

（3）成员必须是自由、独立和自愿地加入组织，不受政府和任何外部机构的任何形式的控制和干涉。也就是说，国际雇主组织的成员必须是自主、独立的组织，其成立和运作不受任何外部机构的控制和限制，特别是不受政府有关部门的控制和限制，这也是加入国际雇主组织的基本条件。

（4）一般加入国际雇主组织的国家必须是国际劳工组织的成员国。如果某个想加入国际雇主组织的雇主联合会不符合此项条件，则必须由2/3与会者通过，并经过总理事会决定后可以接纳为会员。

加入国际雇主组织的程序是：所有入会成员的申请及其附件先提交给执行委员会，由执行委员会在随后的会议上报告给总理事会。总理事会的决定将是最终决定，而且无须为其决定陈述理由。但是执行委员会可以在总理事会决定前接纳申请者为临时会员。国际雇主组织可以和其他雇主组织建立联系，其联系的条件和决定由执行委员会向总理事会提出建议，由总理事会做出决定。

4.2 中国雇主组织

4.2.1 中国雇主组织概述

1）中国雇主组织的发展现状

随着中国改革开放和市场经济体制的逐步确立，中国的雇主阶层也经历了从萌芽到初步形成，再到发展壮大的过程，并逐步建立了雇主组织。与市场经济国家相比，中国雇主组织的职能定位和运作方式与其还有很大的差距。

与中国工会组织实行的一元化原则不同，中国雇主组织实行的是多元化。由于历史和体制方面的原因，中国目前存在众多的代表不同所有制企业和企业经营者的组织。从成立时间上看，绝大部分中国雇主组织是随着中国改革开放的进程而形成和发展壮大的。从隶属关系上看，中国雇主组织分别隶属于相关的政府主管部门，有些则是行政管理机构或附属机构的延伸。从组织体系上看，其都隶属于当地政府部门，与其所对应的上级组织是接受业务指导的关系。从性质和职能上看，都以维护企业、企业家（雇主）的合法权益，促进企业、企业家（雇主）守法、自律，发挥桥梁纽带作用，协调企业与政府、企业与企业、企业与社会经营者和劳动者的关系为宗旨，以提供培训、咨询、信息、新闻出版等服务为活动范围。这种状况很难适应社会主义市场经济体制的要求。

总体来说，中国的雇主组织还处于刚刚起步且没有规范的阶段。在性质、职能、与政府的关系等问题上没有理清，其发挥的作用极其有限，很难适应社会主义市场经济的要求。鉴于中国雇主组织的目前状况，一个重要的任务是制定有关雇主组织的法律规定，使雇主组织的成立和活动规范化和法治化，其中尤其需要明确雇主组织是代表和维护雇主利益的组织，其主要任务是协调劳动关系。另外，在我国工会组织一元化的情况下，雇主组织多元化无疑会导致雇主组织力量的分散化，造成雇主组织在整合雇主阶层利益时的困难，从而使其在与工会组织对话时表现出力量与声音上的不对等。由于我国工会组织的一元化模式短期内不会改变，市场经济的要求又不允许雇主组织的发展重走一元化的老路，因此目前最现实的发展途径是促进中国雇主组织的多元一体化，即允许雇主利益在基层集中时先形成多元化代表，然后这些代表组织又通过有效的整合机制形成统一的雇主联盟，同时由联盟中的一个最成熟、最有力量的代表组织担任雇主联盟的领导核心，对外以正式的雇主组织身份参加活动，代表和维护整个雇主联盟乃至雇主阶层的利益，促进雇主组织的一体化建设，提高雇主组织的话语能力。[①]

2）中国雇主组织的类型

中国雇主组织就代表中国企业和经营者利益的组织的性质和活动的特点而言，目前有综合性的全国企业团体、地方性的总商会、产业性的各类行业协会以及其他各类非公有制企业的雇主组织和各地由雇主自发成立的非正式雇主组织。

（1）综合性的全国企业团体。这种类型的组织主要有目前被普遍认为是中国雇主组织代表的中国企业联合会/中国企业家协会（两会合署办公，简称“中国企联”）。其分别由1979年成立的中国企业管理协会和1984年成立的中国厂长经理研究会更名而来，最初代表的是国有企业或国有企业的厂长、经理。随着改革开放的深入发展和中国社会主义市场经济体制的逐步建立，中国企联开始担负起雇主组织的一些职能。2003年6月，中国企联被国际雇主组织吸收为中国唯一的雇主组织。

（2）地方性的总商会。近年来，总商会在各地有了很大发展，这些商会一般是工商业界企业、团体及个人自愿组织的民间商会联合会，旨在团结工商业界、维护会员的合法权益，为企业服务，为社会稳定、改革开放、经济繁荣服务，为维护中国特色社会主义服务。在大力推进协调劳动关系三方机制过程中，中国企联所属的各地企联已经意识到其自身在人员配置、组织体系和所代表行业方面的不足，因此联合总商会等其他企业团体组成雇主工作委员会，共同参与当地协调劳动关系三方

---

① 程延园．劳动关系学［M］．北京：中国劳动社会保障出版社，2005.

机制工作。目前全国已有十多个省市的总商会与企业联合会一起参与劳动关系的协调工作。

（3）产业性的各类行业协会。行业协会在中国已经形成网络体系较为完整的企业组织。目前国资委管理的行业协会达300余家，包括国资委直管协会和代管协会。这些协会的主要任务是维护行业利益、搞好行业自律、配合政府宏观调控和协助行业应对国家竞争等。

（4）其他各类非公有制企业的雇主组织和各地由雇主自发成立的非正式雇主组织。随着非公有制经济近年来实力的增强，非公有制企业的雇主组织在经济关系中也日益活跃，这些组织的活动侧重于政治影响和社会影响，而非作为劳动关系一方的雇主代表，来处理与政府和工会的关系。另外，在非公有制经济发达的地区，许多雇主为在与政府对话和处理劳资关系事务中共同行动，自发成立了许多民间的雇主组织，只不过这些组织一般没有正式的章程和组织机构。

3）中国雇主组织的现存问题及发展策略

由于中国特有的政治体制，中国的雇主组织在发展中还存在着一些亟待解决的问题：

（1）雇主组织法律地位不够明确。中国尽管已经建立了三方协商机制，但并没有在相关法律中明确三方机制的法律地位，使三方机制缺乏应有的权威和影响力。相关的法律中更没有关于雇主组织的规定，这就使得中国的雇主组织的代表性没有得到社会的普遍认可。

（2）中国的雇主组织独立性不强。与劳动者的组织——工会在中国的发展所存在的问题一样，中国的雇主组织也存在独立性不够、严重行政化的问题。雇主组织的成立和运作无不带有行政的色彩，雇主组织在实际的运作过程中成为事实上政府的一个部门，因此在实际工作过程中，更多地去执行和贯彻政府的决策和意图，而忽略了自身的职能。

（3）中国的雇主组织在维护企业和企业家的合法权益的职能方面与国外的雇主组织相比还存在差距。中国雇主组织的游说能力还有待提高。由于中国现行的雇主组织仍然在很大程度上是行政机关的附属，所以对于各种侵害企业和企业家的行为，尤其是来自行政机关的侵害行为，维护企业和企业家合法权益的力度往往不够。雇主组织的一个重要职能就是积极配合和参与各种经济和劳动法律法规及相关政策的制定工作。对雇主组织来说，要更好地参与政策的制定，反映企业的意见，就必须提高游说的能力。

（4）中国雇主组织还没有广泛地参与国际活动。中国的雇主组织目前参与国际活动还不够，还没有成为国际劳工组织的雇主理事。中国的雇主组织与各国雇主组织的联系以及在国际劳工组织中发挥作用方面还不够。国际劳工组织、国际雇主组织以及其他国际组织开展了很多有针对性的培训和技术项目支持，这些培训和支持已成为很多国家雇主组织的竞争优势。扩大国家交流与合作，积极参与国际组织的培训与项目不仅有利于扩大雇主组织的影响力，也为企业提供了一个学习和吸收经验的国际平台，从而推动企业的发展。

针对中国雇主组织存在的以上问题，雇主组织的进一步发展还需要从以下方面进行完善：

（1）增强中国雇主组织的独立性。目前中国的雇主组织受行政管理的影响还比较大，组织行为主要是以国家政府机关的行政指令和任务指派为中心的。这样的一种行政本位的运作模式淡化了雇主组织本身应负有的职责。要使中国的雇主组织真正发挥作用，行政机关需要放松对雇主组织的行政管制，增强雇主组织的独立性。雇主组织通过收费和不收费的方式向会员提供各种服务，包括培训会员增强对当前企业的发展趋势、人力资源管理、立法状况以及经济环境的敏感性等。

（2）进一步加强维护企业和企业家合法权益的职能。雇主组织的主要职能是维护企业和企业家的合法权益。而中国雇主组织的健康和良性发展，须进一步加强维护企业和企业家合法权益的职能。首先，从体制上要理顺与政府的关系，政府在雇主组织的具体行为方面要全面退出，而只保留宏观管理的职能，增强雇主组织的独立性。其次，雇主组织要加强维护企业和企业家合法权益的意识，调整自己的工作重点。

对雇主组织来说，要更好地参与政策的制定，反映企业的意见，进一步加强维护企业和企业家合法权益的职能，就必须提高游说的能力。一是明确自己的立场，寻找倾听企业呼声的渠道，比如建立与企业间的联系，及时了解它们的诉求。二是要明确通过哪些途径可以了解政府在相关政策制定过程中的动态。三是要积极制订游说计划，要根据企业的诉求和相关政策的内容，对参与政策制定的有关人员、部门、组织和机构有针对性地确定一个游说计划。四是雇主组织还可以利用理事会成员、大企业的领导人、经济学家、资深记者、政治家和国外知名的专家在社会和政府中的影响力。

（3）中国的雇主组织需要更加积极地参与国际活动，提高国际影响力。中国企业联合会是中国国家层面上的雇主组织，并作为中国雇主组织的唯一代表，正式被接受为国际雇主组织的成员，参与国际劳工组织和国际雇主组织的有关活动。中国雇主组织在还没有成为国际劳工组织雇主理事的前提下，应与其他国家的雇主组织进一步加强联系。中国企业联合会应积极参与国际劳工组织的许多技术性、专业性工作，争取早日成为国际劳工组织雇主理事，在国际舞台上发挥更大的作用。同时中国企业联合会要加强同亚太、欧美等国家和地区雇主组织的交往和联系，互相交流信息，相互学习，相互借鉴，并推动企业界的交往和贸易往来，为中国企业的发展营造一个良好的环境。

（4）中国的雇主组织还应该加强自身的组织建设，改善内部治理结构，加强同各地方雇主组织的联系。中国的一些地方雇主组织在自身建设方面还有欠缺，需要从设立雇主工作专门机构、派专人负责雇主工作等方面予以加强。针对地方雇主组织还不完善的现状，要充分发挥中国企业联合会的领导作用，加强同地方雇主组织的联系，帮助地方雇主组织改进工作。

针对一些雇主组织内部治理结构还不够完善的问题，需要从建立健全制度方面来改进。具体来说，应该做好以下几个方面的工作：第一，制定完善的章程和制度。一个独立的雇主组织要有较为完善的章程和制度，对组织的宗旨和任务、近期和长期目标、服务对象、服务内容、市场发展以及参与社会对话等内容做出规定。第二，制定年度会议和临时会议制度。雇主组织应当有年度会议和针对专门问题的临时会议制度，通过雇主组织年度会议选举产生理事会，对组织的年度计划进行审议，明确和完善组织职能。同时，还可以就某些重大事项或专门问题召集临时会议。第三，建立健全财务体系。会费管理是雇主组织可持续发展的关键，良好的会费管理和使用体系可以保证雇主组织吸引更多的新会员，创造更多的盈利机会。同时，雇主组织还要建立合法、合理的财务结构，财务状况要定期向理事会报告。

4.2.2 中国企业联合会

中国企业联合会是企业、企业经营者的联合组织，由企业界和有关经济、科研、新闻工作者以及有关企业工作者团体组成。中国企联是中国企业界最具代表性的社团组织，也是唯一代表中国雇主组织参加世界劳工大会的社团组织。

1）中国企业联合会简介

中国企业联合会是经国务院批准成立、民政部注册登记、具有法人资格的全国性社会团体。中国企业联合会的前身为1979年3月成立的中国企业管理协会。1999年4月24日，经国务院领导同意，国家经贸委审批，民政部核准，更名为中国企业联合会。2008年，中国企联拥有直属企业会员近4 500家，联系会员企业54.5万家，已经形成了覆盖全国的组织网络体系。

从成立至今，中国企业联合会坚持以为企业和企业家服务为宗旨，积极推动企业改革和管理现代化，培养企业家队伍和经营管理人才；坚持以雇主工作为立会之本，开展以维权、自律、服务为主要内容的各项工作；坚持贯彻自立、自治、自养的方针，不断扩大协会组织基础、改进会员结构、拓宽服务领域、增强内部活力和竞争能力，逐步完成了从管理协会向企业和企业家联合组织的转变，发展成为代表企业和企业家利益的企业联合组织，成为中国的雇主组织。

2）中国企业联合会的特征

从中国目前的劳动关系实践来看，中国企业联合会具有以下特征：

(1) 中国企业联合会是企业代表。中国企业联合会是中国各种不同类型企业的代表，这是雇主组织最重要的特征之一。中国企业联合会组成单位包括36个全国性行业企业协会，各省、自治区、直辖市和220个中心城市都建立了企联组织。

(2) 中国企业联合会是社团法人。中国企联是经中华人民共和国民政部核准注册登记的全国性社团法人，是独立于政府、自主从事各项活动的国家级雇主（企业代表）组织，其分支组织分布于各省（自治区、直辖市）、各行业、各工业城市和县区。

(3) 中国企业联合会的经费来源。中国企业联合会经费不依靠财政，是靠为会员服务收取服务费用。

（4）中国企业联合会的机构组成。中国企业联合会的组织机构与国外雇主组织惯例相一致，都是由会员大会和理事会、常务理事会组成。

（5）中国企业联合会的活动宗旨。中国企业联合会的活动宗旨是维护所代表企业在劳资关系中的利益，代表企业参与劳动关系协调。中国于1983年恢复在国际劳工组织的活动以来，中国企业联合会作为中国雇主组织的代表，与人力资源和社会保障部、中华全国总工会组成三方机制，参与国际劳工组织的所有活动，承担具体工作。

3）中国企业联合会的职能目标及任务

中国企业联合会雇主工作部在中国企业联合会雇主工作委员会的工作规则中规定了中国企业联合会的工作目标和工作任务。其工作目标包括：提高企业经营者和雇主组织在与政府、工会共同制定有关企业的法律、政策和国际劳工标准时的参与程度；帮助企业经营者预测中国市场情况并进行决策；帮助企业经营者和雇主组织熟悉国家劳动政策和法律、法规；协助国有、集体、私营、合资、独资等不同所有制企业解决有关劳动关系、人力资源等方面的问题，突出企业在经济和社会发展中的重要地位，使企业具有竞争力和可持续发展的能力。

其工作任务主要体现在以下几个方面：围绕维权、自律、服务等方面的功能开展工作。维护企业、企业家（雇主）的合法权益，代表企业、企业家（雇主）协调劳动关系；指导各地区、各行业企业联合会、企业家协会建立健全“三方机制”和参加劳动关系协调工作。作为国际雇主组织的中国唯一代表，积极参加国际劳工组织和国际雇主组织的有关活动，发展与其他国家雇主组织及国际机构的交流与合作。反映企业、企业家（雇主）的意见和要求，为国家制定与企业相关的法律、法规和政策提供建议，承担国家及其有关部门委托的工作。引导企业、企业家（雇主）遵纪守法，规范自身行为，维护市场经济秩序；提倡诚信经营，积极承担社会责任，自觉维护企业员工的合法权益。开展企业改革和现代企业管理的理论研究，总结推广先进的企业管理经验，促进企业体制创新、管理创新、技术创新，增强企业的市场竞争能力。为企业、企业家（雇主）提供培训、咨询、信息、新闻出版等服务，组织开展评价企业的活动，宣传、表彰优秀企业和优秀企业家（雇主）。开展与国外、境外企业和企业团体的交流与合作，组织企业和有关企业团体开展与国外、境外企业及有关组织间的交流与合作。指导与协调各地区、各行业企业联合会、企业家协会工作，健全组织体系，促进相互合作，发挥联合优势。按照自立、自治、自养的发展方向，加强工作机构自身的思想建设、组织建设、业务建设和作风建设，不断提高工作人员的素质，更好地为企业、企业家（雇主）服务。①

4）中国企业联合会在企业劳动关系中的作用

中国企业联合会在劳动关系三方机制建设、雇主工作、调查研究、职工培训、

① 中国企联雇主工作部：《中国企业联合会雇主工作委员会——工作规则》。

企业咨询、信息服务、报刊出版、企业评论、国际交流和企业家健康等方面积极实践，发挥了重要的作用，具体表现在：

（1）代表雇主参与国家劳动关系三方协商。中国企业联合会代表企业、企业家（雇主）参加由中华人民共和国人力资源和社会保障部、中华全国总工会和该会组成的国家协调劳动关系三方会议，以期建立规范、稳定、和谐的劳动关系，并且按照国家协调劳动关系三方会议的总体部署，中国企业联合会还与以上两个部门联合制定下发并实施了《关于建立劳动关系三方协调机制的指导意见》。目前，全国省一级三方机制已经普遍建立，多数省、自治区、直辖市逐步将三方机制向市、县延伸。

（2）配合并参与国家各种劳动法律、法规制定。中国企业联合会积极配合和参与包括就业在内的各种劳动法律、法规及相关政策的制定工作，在《中华人民共和国劳动法》《中华人民共和国工会法》《中华人民共和国行政许可法》等法律、法规和政策制定过程中代表企业组织提出了意见。同时，中国企业联合会还参与贯彻执行《中华人民共和国中小企业促进法》，积极推动中小企业发展，特别是劳动密集型中小企业的发展。

（3）为企业提供法律培训、咨询信息等服务。中国企业联合会为企业提供的服务主要内容包括：研究、培训、咨询、新闻出版、管理现代化以及国际交流等，通过开展企业竞争力评价、推广企业管理创新经验等，提升企业经营管理水平，促进企业发展，为扩大就业和再就业创造条件。中国企业联合会还通过各种培训班、电视讲座、函授讲座等教学形式培训企业中高级管理人员，还主办了《中国企业报》《企业高层管理者参考》等报刊。中国企业联合会还努力营造中国企业家成长的良好环境，提高企业家和职工队伍素质，以不断适应经济社会发展的要求，使劳动者既能稳定现岗工作，又能在失业后尽快实现再就业。

（4）积极开展国际交流，推动企业参与“全球协议”。2003年，中国企业联合会被国际雇主组织接纳为正式会员，代表中国雇主参与国际雇主组织的所有活动。这是中国企业联合会推动企业支持、参与“全球协议”，积极承担社会责任的表现。为了加强国际交流，拓宽雇主中外交流渠道，中国企业联合会加强了与国际有影响的社团组织和经济组织、雇主组织的往来。从1983年开始，中国企业联合会每年都有一位副会长代表中国企业组织同政府、工会代表一起赴日内瓦参加国际劳工大会，并多次派团出访亚太国家雇主组织，出席国际研讨会。中国企业联合会还成立了中国企业联合会广告主工作委员会，为保护我国广告主的权益，推动我国广告事业同国际接轨做好了准备。

4.3 雇主管理模式

4.3.1 雇主管理模式的基本类型

雇主管理模式是雇主对待雇员和处理某些问题的一种原则，是雇主的行动指南。雇主的管理模式会对劳动关系产生影响，反过来也会受到劳动关系的制约。对雇主管理模式类型的划分，可以从不同的层面来进行。

按雇主内部信息沟通命令传达方式和管理者与劳动者地位关系可以把雇主管理模式分为：

（1）权威命令型，即高层管理者具有绝对的权威，他们直接向下传达信息、发布命令、分配工作任务，并且亲自监督，经常武断地做出奖惩决定。

（2）教练指导型，即管理者处于上级指导地位，自上而下地传达信息，并且允许下级在一定程度上发表自己的看法和建议，但是管理者仅仅将这些看法和建议作为参考。管理者根据雇员是否遵守企业的制度与规程监督、奖惩雇员，劳动者严格按照订立的制度与规则行事，具有明确的工作角色。

（3）平等授权型，即管理者与劳动者处于平等的地位，内部信息上传下达，交流沟通十分通畅，管理者积极了解下级的意见要求，并尽量满足。在决策过程中，劳动者被赋予高度的自主权，允许参与管理决策，这样充分调动了劳动者积极性，管理者以工作绩效作为监督、奖惩的依据。

按雇主价值取向和管理者对雇员的监控程度及管理方式把雇主管理模式分为：

（1）剥削监视型，即管理者不关心劳动者的需求，其目标是以最低的工资换取最大量的工人劳动；管理者对劳动者实行严格的监视控制，下属没有任何参与决策的机会，只能察言观色，奉命行事。

（2）宽容协商型，即管理者意识到劳动者的某些需求是法律认可的，从而提供合理的报酬与就业条件；管理者对劳动者给予一定程度的信任，在某些问题上会征求下级的意见和看法，与其进行协商解决，也下放一定的决策权，但对政策性的控制绝不放松。

（3）自由参与型。采用这种方式的管理者对劳动者在一切事务上都抱有充分的信心和信赖，他们总是征求下级的看法和意见并设法采用，所有的政策都是在管理者的鼓励和协作下由群体讨论而决定的。分配工作时，管理者会考虑每个劳动者的个人能力、兴趣和爱好，对每个人的工作不是安排得特别具体，个人有很大的工作自由、较多的选择性与灵活性。对雇员的管理主要是运用个人的威信，而不是强制命令使人服从。

基于以上两种分类，可以把雇主管理模式进行多种组合，其中监视/指令管理模式、协商/指导管理模式和参与/授权管理模式是三种较为典型的雇主管理模式。

4.3.2　监视/指令管理模式

监视/指令管理模式是由权威命令型管理模式和剥削监视型管理模式结合而来的。这种管理模式起源于19世纪末期的“压迫运动”，体现了新古典主义主张的成本最小化思想。类似于这种管理模式的政策在零售、餐饮、纺织、服装等具有高度竞争性的行业中仍然存在，在雇用非熟练工人的小企业中也较为常见。

在这种管理模式下，雇主的行为表现和对待工会的劳动关系策略如下：

1）行为表现

（1）强制劳动。这种管理方式具有强制性，管理者在制定管理制度时，只会考虑到以怎样的方法强迫雇员进行劳动，不允许雇员有任何偷懒、缺勤或抵制行为。管理制度是强制性的“硬”要求，严格规定雇员在日常工作中应该做什么、不该做什么，甚至对雇员完成某项工作的动作都有要求。这种程序化的管理制度完全没有对雇员的关心，只是一味地以提高生产效率为目的，雇员迫于自身利益的考虑也只能服从这种强制制度。

（2）裁决专断。这种管理方式在裁决时具有专断性，管理者可以根据个人的偏爱某些雇员，惩罚决定往往直接在工作现场做出而不经过正式程序。

（3）监督严格。这种管理方式下管理者对下属的信任程度很低，只给予他们有限的决定权，以独裁的方式进行管理，同时实施严格的规程，进行严格的监督。

所以，在这种模式下，雇员对企业的忠诚，尤其是那些不受管理者偏爱的雇员对企业的忠诚主要是因为他们无法找到其他工作。

2）劳动关系策略

（1）抵制工会。在这种管理模式下，管理方具有强烈的反工会思想，管理方总是不遗余力地将工会排除在本企业组织之外，通过规避甚至是违反法律来阻止工会的建立。一旦工会成立，管理方总是想方设法削弱或暗中破坏工会组织。

管理方抵制工会时所使用的主要手段有技术变革、灵活的就业安排、集体谈判中采取强硬立场和破坏罢工、停工和迁厂。这几种手段的本意并非削弱工会力量、针对工会组织，但都可以被反工会化企业作为反对工会的一种手段。技术变革会降低工作所需的一般技能要求和特殊技能要求。这样，一旦工会组织罢工，管理者很容易在劳动力市场上找到替代工人。而且，技术变革还可以使管理方在订立集体协议时降低平均工资水平与工资增长幅度。雇主会采用灵活的就业安排形式，这种就业安排形式包括：外购、转包、雇用兼职工或临时工。外购是公司将原来可以自行制造的部件改向外国或国内不承认工会的供货商采购，而转包是指将原来可以由本企业雇员完成的任务转包给其他企业。外购和转包都会导致某车间或整个分厂的关闭，从而彻底消除集体谈判中代表工人的一方。兼职工与临时工一般都不是工会成员，也不会支持工会，当工会发动罢工时，管理方通过兼职工或临时工，能更有效地削弱工会罢工的影响力。对雇主而言，最有效的反工会策略是关闭工会化企业，重新建立一个“非工会化”的企业。通常，管理方将新厂址设在农村未开发地区，相对于城市发达地区，农村企业工会化的可能性较小。但是为了消灭工会而关闭企业是非法行为，所以，雇主通常采取措施，实施行动，使工会化企业严重亏损而被迫关闭。

（2）雇主会通过破坏罢工或者雇用替代工人等手段以在集体谈判中站稳立场。管理方在集体谈判中经常会采取强硬的手段，拒绝做出实质性的让步，以此来削弱工会组织的力量。如果工会发动罢工，管理方仍旧会实施强硬路线，雇用替代工人以代替罢工工人。一旦成功破坏罢工，管理方便会发动“撤销工会承认的选举结果”，即由工人投票撤销工会的代表资格。

4.3.3　协商/指导管理模式

协商/指导管理模式是由教练指导型管理模式和宽容协商型管理模式结合而来的。这种管理模式产生于20世纪20年代，但是直到第二次世界大战结束，随着企业规模的不断扩大，资本密集型技术被普遍采用，工业力量不断壮大，这种管理模式才被钢铁、汽车、橡胶与铁路运输等行业所采用。

在这种管理模式下，雇主的行为表现和对待工会的劳动关系策略如下：

1）行为表现

（1）指导工作。管理者对下属的工作进行指导，即由管理者定义角色，指定下属或团队做什么事、在何处做、做到什么程度，强调工作过程中职能的专业化，设置独立的人事与劳动关系部门负责处理原先由直线管理人员承担的相关职责。

（2）协商辅助。管理者与下属之间采取双向或多向的沟通、倾听、辅导、澄清和激励等措施进行交流互动，指管理者与下属共同决策，管理者给下属以大致说明，并与下属一同开展工作，注意倾听下属的意见与感受，激励下属积极参与管理工作。

（3）认同宽容。雇员对企业有某种程度的忠诚感，这种忠诚并不是源于强制措施，而是源于员工对企业的认同。通过制定明确的规则与程序，使雇员与基层管理者之间的职权关系变得非人格化，管理者按照客观标准行使职权。

这种管理模式强调管理过程中的职能专业化，要求设置独立的人事与劳动关系部门负责处理原先由直线管理人员承担的相关职责。管理者通过界定职位，建立职位阶梯，发展企业的内部劳动力市场，新雇员可以从低职位开始，随着经验与资历的积累，慢慢地沿着职位阶梯往上爬。

2）劳动关系策略

（1）承认工会合法。这种管理模式承认工人参加工会组织的合法权利。一方面，雇员可以找工会作为自己利益的代言人，通过工会与雇主进行集体谈判来维护自己的利益；另一方面，工会的存在使劳资双方的沟通更畅通，企业内部申诉体制的建立可以防止直接管理人员滥用职权。

（2）对雇员支付高工资、福利。在这种管理模式下，雇主为了调动雇员的工作积极性，必须支付更高的工资与福利待遇给雇员。这样做，虽然会使企业增加成本，但是雇主可以想办法将这部分成本转嫁给消费者。因而，适度增加雇员的工资与福利不会对企业造成很大的影响。

这种管理模式是一种约束制度。从雇员来看，管理制度就是一只无形的手，约束他们的行为，若有违反便会受到处罚；另一方面，员工对这种约束制度并不是特别抵触，制度中也有对人际关系的关注和对劳动环境的改善。从管理者的角度而言，管理制度对员工的约束不能过紧，否则会如强制制度那样压榨雇员，使雇员心存不满。

4.3.4 参与/授权管理模式

参与/授权管理模式是由平等授权型管理模式和自由参与型管理模式结合而来的。在这种管理模式下，管理方通过加强与雇员的沟通，给他们更多自主权，有助于提高企业的凝聚力。这种管理模式会产生一种对雇员与雇主双方都有利的双赢结果：企业的利润增加，雇员的工资水平相应提高。这种管理模式起源于福利资本主义与家长制度管理，包括雇员年金计划、公司住房计划、公司与工会、建议机制、利润分享计划，以及其他提高员工忠诚度与献身精神、防止企业反工会化的策略。在实践中，石油提炼、核能、国防以及计算机等行业，由于产品质量对企业成败起着决定性的作用，从而雇员拥有强大的岗位力量，因此，这种管理模式被普遍采用。

在这种管理模式下，雇主的行为表现和对待工会的劳动关系策略为：

1）行为表现

（1）自我管理。管理者在充分相信下属的前提下，给予员工充分的自主权和决定权，允许员工自定工作进度并在不断的自我修正和自我评估过程中完成一项完整的工作任务，对结果自我负责，以增强员工的独立性和责任感，增强员工的独立创造性和思考能力，雇员对企业及其成功有强烈的责任心。

（2）员工参与决策。管理者为员工提供自我训练的机会，为所有雇员提供参与可能影响他们利益的决策制定的机会，协助管理者集思广益，做出明智决策，帮助企业提高绩效和生产力，采纳新的工作方法来适应新技术的发展，利用所有雇员的知识和实际技能。通过员工参与组织的管理决策，改善人际关系，发挥员工的聪明才智，充分实现自我价值，同时达到提高组织效率、增加组织效益的目标。

（3）工作安排灵活自主。此管理模式给予雇员更多的决定权，提供富于变化的而不是高度专业化的工作，使员工具有广泛的技能。例如，管理方采用职务再设计的方式来满足雇员更高的需求，这包括：职务扩大化、职务轮换、职务丰富化和自主性工作团队。自我管理的工作团队拥有更大的自主权，一旦确定了要完成的目标，自我管理的工作团队有权决定工作分派、工间休息和质量检验方法等，甚至可以挑选自己的成员，并让成员相互评价工作成绩，其结果是团队主管职位变得很不重要，有时甚至会被取消。

2）劳动关系策略

在对待工会的措施方面，这种管理模式改变了劳资双方的“你我对立”的关系，通过雇员广泛参与管理实践，融洽了劳资双方的关系，劳资双方不再是两个对立的实体，工人工作会更有效。因为如果雇员能够进行一定程度的自我管理，那么，监督者与雇员之间的界限会变得模糊。这样，雇员在工作中参与得越多，工作就完成得越好。劳资双方以更加积极的态度看待集体谈判，在集体协议失效以前，劳资双方就开始共同协商订立新协议，集体谈判不再是双方对立的过程。因此，与其说劳资双方在进行谈判，不如说他们在为共同订立集体协议而相互合作。

4.3.5　雇主管理模式的新发展

为了适应变革和应对日益激烈的竞争环境，维护稳定的劳资关系，雇主采用了很多新的管理方法，雇主管理的模式也在经历着重大的变化。雇主和雇员之间的对抗明显减少，取而代之的是合作。为了增强合作的气氛，雇主发明了很多方式方法，其中最早的是工作生活质量计划，它起源于20世纪60年代出现的以人为本的管理哲学。更新潮的还有各种形式的“雇员参与计划”等。

1）工作生活质量计划

“工作生活质量”是由路易斯·戴维斯教授在1972年提出来的。1973年，工作生活质量被用在克莱斯勒、福特、通用等几家汽车公司与汽车工会联合会所签订的合同中。米歇尔·麦考比一直在多个产业中支持工作生活质量计划的发展，他把工作生活质量定义为“从科学管理下的官僚主义产业模式向灵活的、广泛参与的团队模式转变的一种工具”。他认为，工作生活质量计划无论是对管理市场先导型工作还是对管理技术先导型工作，或是对保护雇员的尊严和权利，都是一种有效的方式。①

工作生活质量计划由五大部分组成：一是工作的重新设计，包括工作扩大化、工作丰富化、工作轮换和自由工作团队。二是报酬的重新调整，包括对劳动力薪水的调整、对知识的回报和对单位生产率的分享。三是时间的重新安排，包括弹性工作时间、压缩工作周和工作分享。四是绩效的开发，包括积极的后援、解决问题的质量圈、中级计划和健康的重新设计。五是管理回顾，包括信息共享、程序上的变化和培训。

工作扩大化的思想来自产业工程师，即通过扩展一项工作包括的任务和职责，并降低工作循环重复的频率，扩大工作范围，提高工作的多样性。

工作丰富化是指工作中赋予员工更多的责任、自主权和控制权，即通过提高工作深度，将组织纵向的工作职能合并成一个职位，垂直地增加工作内容，让员工拥有更大的自主权和更高程度的自我管理。它允许员工自定工作进度，并在不断的自我修正和自我评价过程中完成一项完整的工作任务，以增强员工的独立性和责任感。

工作轮换，这一工作设计方法使员工的工作活动多样化，从而避免产生厌倦感。工作轮换，通常是指横向轮换，即水平方向上的工作多样化，让员工先后承担不同的但是在内容上很相似的工作。横向轮换可以有计划地通过制定、实施培训规划，让员工在一个岗位上工作两三个月，然后再换到另一个岗位，以此作为培训手段。

自由工作团队具有以下特征：团队对一项相对完整的工作负责；团队成员都具

---

① 常凯. 劳动关系学［M］. 北京：中国劳动社会保障出版社，2005.

有多种与任务相关的技能；团队以全体一致的决策方式决定工作方法，安排工作进度，以及为团队成员分配不同的工作任务；团队绩效作为一个整体，是确定报酬和反馈的依据。

2）雇员参与计划

雇员参与管理是指组织内部雇员有权参与与其工作有关的决策，即由员工或其代表与资方代表在某一共同之利害关系领域内，来共同决定企业策略和制度的行为，其目的是促进劳资和谐与企业发展。

“雇员参与计划”（Employee Participation Program）这一术语首次出现在1979年福特公司和汽车工会联合会之间签订的一份协议中，标志着管理思想发展到了一个新的阶段。它认为，雇员在工作中参与得越多，他们的工作就完成得越好。雇员参与计划的指导思想是，如果劳资双方不再是两个对立的实体，那么工人工作会更有效。因为如果雇员能够进行一定程度的自我管理，那么，监督者和雇员之间的界限就将变得更为模糊。雇主尝试了很多不同的雇员参与方式，主要包括质量小组、劳资联合委员会、员工持股计划、主要在欧洲国家实行的共同管理计划以及职工代表大会制度等。

质量小组是雇员的团体或委员会，他们在工作日之前进行聚会，讨论生产问题并找出解决办法。质量小组是工人参与质量改进和提高生产率的一个非常重要的手段。质量小组是由美国的管理理论家提出来的，但是它在美国长期遭到忽视，却被日本的制造商采用，并取得很好的效果。在日本的竞争压力下，美国现在也开始利用质量小组。质量小组所讨论的问题包括工作设计、任务分配、工作进度、产品质量、生产成本、生产率、安全卫生、员工士气等各种生产问题。一般而言，管理层对建议方案的实施与否保留最终决定权。实施质量小组计划，其目的是给予雇员更多运用他们经验和知识的空间，改善雇主与雇员的关系，培养雇员对企业的责任心。雇员对管理者和团队领导不了解的工作问题了解更多，通过参加质量小组计划，雇员能够在提供建议与解决问题的过程中获得心理满足，这有助于增进劳资双方的沟通，因而它是雇员参与管理、提高企业生产率的一个重要手段。

劳资联合委员会由工会代表与管理方代表共同组成，双方人数相等。最常见的劳资联合委员会是根据法律要求成立的企业安全卫生委员会。劳资联合委员会还被用于处理一些特殊问题，如引进新技术、员工培训与开发、制定奖惩条例、提高企业生产率。近年来，劳资联合委员会最关心的两个问题是如何提高企业生产率和如何营造和谐的劳动关系。从理论上讲，建立劳资联合委员会使雇员有机会参与决策而不是被动地接受管理，这种双赢结果有助于培养雇员的奉献精神。

员工持股计划是经济民主的一种形式。在现代大型股份制企业中，员工持股已经非常普遍。员工持股计划可以使公司减少被敌意收购的可能，这也是员工持股计划快速发展的动力。员工持股制度的普遍推行，使员工利益与企业利益融为一体，员工与企业间的经济利益是相互关联的，员工对未来企业前途充满信心，企业获得超常发展，员工也从持股中得到巨大利益。目前我国也有很多企业实施了员工持股计划。

共同管理计划也叫共同磋商，是最常见的一种参与方式，本质上是使雇主和雇员集聚在磋商委员会讨论并决定影响他们共同或各自利益事务的一种形式。共同管理是指资方为协调与雇员的关系而在制定决策之前，先征求雇员的意见或态度，但不需要征得雇员或其代表同意的决策程序。共同管理并不是权利分享，雇员并不会参与策略性政策的制定。共同管理提供了一种机制，它使管理者能将影响雇员利益的提议传达给雇员，并使雇员能够表达他们对这些改变的想法，对工作的组织方式(如弹性安排)、工作条件、人事政策、卫生和安全等提出自己的意见。

职工代表大会制度即企业民主管理制度，是我国国有企业实行企业民主的最基本形式，是员工行使民主管理权利的机构，它由民主选举的员工代表组成。职工代表大会制度对保障员工权益，充分发挥员工的积极性和主动性，提高劳动生产率，建立和谐的劳动关系，稳定社会秩序具有重大意义。

● 个案分析

任正非：拆掉人力资源部！

托马斯·斯图沃特曾在《财富》上发表文章，声称“炸掉你的人力资源部”，拉里·查兰也在《哈佛商业评论》上发表题为“分割人力资源部”的文章。是因为人力资源部在雇主的眼里只是一个“花钱”的部门，不能产生经济效益吗？还是有着更深层次的策略考虑？

在中国，首先“忍不了”HR的是华为，2018年，任正非签发了总裁办第62号文件《关于人力资源组织运作优化的讲话——任正非与总干部部及人力资源部相关主管的沟通纪要》。如果用一句话总结这份文件，那就是：人力资源部被拆分了。华为将原来的人力资源部权限一分为二，成立新的总干部部。

拆分后，人力资源部和总干部部职责分工见表4-1。

表4-1　人力资源部和总干部部职责分工

项目	人力资源部	总干部部
关键词	建议、执行、监管、支撑	选拔、绩效、薪酬、股权
部门职责	负责规则的建议、执行和监管，考核支撑、员工招聘、全员学习与发展等人力资源专业支撑工作	要重点管好后备干部的选拔、培养、考核、弹劾、配股、调薪、奖金评定等日常人力资源管理操作

如果按照传统把人力资源工作分成选育用留几个模块的话，你会发现只有“选”的工作还属于人力资源部，绝大部分“育用留”的工作都归属于总干部部，人力资源部已经完全定性为“支撑”部门，管规则，但没有立制度权力（除了出差补助之类的小事情HR可以自主决定）。说白了，HR就是执行机构，重服务，而不是管理；活不是变少了，而是变得更基础了。

任正非对于HR的不满，从2018年年初的员工关系变革工作进展汇报上就表示出来了：HR如果不懂业务，就不会识别哪些是优秀干部，也不会判断谁好谁坏，就只会通过增加流程节点来追求完美。在这次组织优化会议上，任正非再次强调：我调查了一些基层HR，基本上不主动学主航道业务，工作时间、业余时间也不下战场，用主观意识管控行使权力，而不是服务。

华为拆分人力资源部的原因也在这：部分HR不懂业务。对于不懂业务的HR，华为的做法不是干掉你，而是干掉你的权力。不懂业务，也不愿意主动学习业务，不光华为，应该是99%的企业HR的通病。每天拘泥于固定化的工作，久而久之形成了自己的舒适圈，日复一日，重复工作。

这种“稳定的安逸”，恰恰是HR的问题。通过分拆后的模式，促使HR人员做出改变，使HR不再只从事后勤行政和日常人事管理，而是给业务助攻，让其转变职能，为企业创造价值。

华为的这次分拆实践是一次雇主主动发起的人力资源管理模式变革，不是要削弱HR的职能，而是促进HR发挥更大价值，成为员工的支持者和企业的战略伙伴。

资料来源　佚名：任正非：拆掉人力资源部［EB/OL］.［2019-10-22］，https：//m.sohu.com/a/251802896_100017015.

问题：

1.如果你是雇主，你认为怎样才能让企业的人力资源管理部门成为企业的战略伙伴，而不仅仅是人事管理专业的职能部门？

2.“炸掉”人力资源部后，人力资源管理职能应如何融入直线经理和职能经理的工作职责中？

● 本章小结

在现代劳动关系中，雇主是指代表资方管理和处理事务，并向雇员支付工作报酬的法人和自然人。雇主的权利和义务有广义和狭义两种理解，广义的雇主权利与义务是指雇主在其生产经营活动中与各类社会主体，包括国家机关、社会团体以及公民个人形成的法律关系中包含的权利和义务。而狭义的雇主权利与义务，是指劳动法律关系中的雇主相对于雇员而言的权利和义务。雇主的权利出自对生产资料的占有权，也是为妥善处理与工会和工人的关系、维护自身利益和保证生产顺利进行所必需的权利；劳动者所享有的一系列权利都构成雇主所应承担的义务的内容，所以，可以从劳动者所享有的个别劳权和集体劳权两个角度来理解雇主的义务。

雇主组织是指由雇主依法组成的，旨在代表、维护雇主利益，并努力调整雇主与雇员以及雇主与工会之间关系的团体组织。其目的是通过一定的组织形式，使单个雇主形成一种群体力量，在产业和社会层面通过这种群体优势同工会组织抗衡，最终促进并维护每个雇主成员的具体利益。随着经济全球化的发展以及商业竞争的日益激烈，雇主组织在协调劳动关系方面发挥了越来越重要的作用，其主要的作用表现在以下几个方面：协调劳动关系、参与法律政策的制定和修订、为雇主提供相关服务、督促企业关注社会责任。国际雇主组织是国际上在社会和劳动领域代表雇主利益的唯一民间组织，目的是在国际场合，尤其是在国际劳工组织中促进和捍卫雇主利益，保证国际劳工和社会政策有利于企业的生存，并为企业发展和创造就业营造有利氛围。

中国企业联合会是企业、企业经营者的联合组织，由企业界和有关经济、科研、新闻工作者以及有关企业工作者团体组成。中国企业联合会是中国企业界最具代表性的社团组织，也是唯一代表中国雇主组织参加世界劳工大会的社团组织。中国企业联合会在协调劳动关系三方机制建设、雇主工作、调查研究、职工培训、企业咨询、信息服务、报刊出版、企业评论、国际交流和企业家健康等方面积极实践，发挥了重要的作用。

雇主管理模式是雇主对待雇员和处理某些问题的一种原则，是雇主的行动指南。雇主的管理模式会对劳动关系产生影响，反过来也会受到劳动关系的制约。可以分别从雇主内部信息沟通命令传达方式和管理者与劳动者地位关系角度以及管理者价值取向、监控程度和管理者对劳动者管理方式角度对雇主管理模式进行分析。

为了适应变革和应对日益激烈的竞争环境，维护稳定的劳资关系，雇主采用了很多新的管理方法，雇主管理的模式也在经历着重大的变化，出现了工作生活质量计划、雇员参与计划等。

● 关键概念

雇主　雇主组织　雇主权利　雇主义务　国际雇主组织　中国企业联合会　雇主管理模式　监视/指令管理模式　协商/指导管理模式　参与/授权管理模式　工作生活质量计划　雇员参与计划

● 课堂讨论题

1.结合我国相关法律、法规，说说你对中国雇主权利和义务的理解。

2.讨论中国企业联合会在中国劳动关系发展建设过程中的作用。

3.联系当前情况，讨论中国雇主组织应该怎样向世界各国雇主组织学习。

● 复习思考题

1.简述雇主的权利和义务。

2.按照国际雇主组织章程的规定，加入国际雇主组织的成员应该具备哪些基本条件？

3.中国雇主组织的进一步发展需要如何完善？

4.中国目前雇主管理模式有哪些新形式？

● 自测题

1.雇主组织的主要作用表现在（　　）。

A.协调劳动关系　　　　B.参与法律政策的制定和修订

C.为雇主提供相关服务　　D.督促企业关注社会责任

2.在劳动者的集体劳权方面，雇主应尽的义务包括（　　）。

A.物资分配权和惩罚权　　B.不得拒绝集体谈判

C.实现民主参与　　D.不得限制、控制工会

3.从中国目前的劳动关系实践来看，中国企业联合会具有的特征主要体现在（　　）。

A.是企业代表

B.是社团法人

C.靠为会员服务收取服务费用

D.是由会员大会和理事会、常务理事会组成的

4.参与/授权管理模式下雇主的行为表现包括（　　）。

A.员工参与决策　　B.领导独自做出决策

C.自我管理　　D.工作安排灵活自主

5.按雇主价值取向与管理者对雇员的监控程度和管理方式可以把雇主管理模式分为（　　）。

A.剥削监视型　　B.宽容协商型

C.教练指导型　　D.自由参与型

6.________是中国企业界最具代表性的社团组织，也是唯一代表中国雇主组织参加世界劳工大会的社团组织。

7.列举两个西方国家的新的雇主管理模式：________、________。

第5章 /政　府

引导案例

2013年9月3日，微软宣布收购诺基亚的设备与服务部门。因修改员工手册等争议，2013年11月19日，一名诺基亚东莞工厂的员工在微博上爆料称，诺基亚东莞制造工厂的员工认为诺基亚出售手机业务的过程中未能给员工合理的经济补偿，约有百名员工参与了抗议停工活动。该部分员工存在在厂区范围内静坐、拉标语、喊口号和围堵诺基亚东莞分公司车辆出入等行为。11月22日，213名参与集体停工工人因"违反企业规章制度"被相继解雇。后东莞市政府介入调解，双方达成协议：工厂将向坚持工作的员工（包括恢复生产的员工）发放1 000元的额外奖励。截至11月25日，工人们基本恢复生产。停工事件结束后，员工申请仲裁要求恢复劳动关系，历经仲裁、一审、二审，最终东莞市中级人民法院驳回了停工员工的诉请。

这起群体性劳动争议案件在相关部门和法院的共同努力下得以化解，没有转化成更大的社会纠纷，其意义值得肯定。在当今劳动力流动正在发生较大变化的情况下，剖析这起案件会让我们得到一些规律性的启示：对于涉众的劳动争议案件，政府应该如何进行调解以平衡劳动关系当事双方地位和资源的不平等，防范矛盾极端化，实现社会、用人单位和劳动者的共赢；对于潜在的群体性侵权行为，相关部门应该如何应对。此外，政府应该怎么做才能有效预防群体性劳动争议案件的发生？

资料来源　佚名. 东莞诺基亚罢工事件与企业并购中的劳工问题［EB/OL］.［2019-10-25］. http://blog.sina.com.cn/s/blog_4d8d48790101hivd.html.

学习目标

作为公共权力的主体，政府在社会生活、经济生活中扮演着重要的角色。在劳动关系领域，政府如何定位，直接决定着社会价值和社会资源在劳资之间的分配，决定着劳动关系双方力量的对比以及劳动关系的运行机制。学习完本章后，应该能够阐明政府的概念、本质、职能以及在劳动关系中扮演的角色；掌握我国劳动法律的功能与主要内容；了解不同劳动关系学派的政府介入模式和我国政府的劳动关系实践。

5.1　政府及其在劳动关系中的职能与角色

5.1.1　政府的概念与本质

1）政府的概念

什么是政府？《辞海》的解释是："政府，即国家行政机关，国家机构的组成部分。”[①]《布莱克韦尔政治学百科全书》认为，就其作为秩序化统治的一种条件而言，政府是国家的权威性表现形式。其正式的功能包括制定法律、执行和贯彻法律、解释和应用法律，这些功能在广义上对应立法、行政和司法功能。[②]可以这样认为：政府是整个国家统治和管理以及为公民服务的机关，政府是国家主权的管理者和行使者。就广义而言，政府是指行使国家权力的所有机构，包括立法、行政、司法机关等；就狭义而言，政府仅指国家行政机关。劳动领域中的政府，其概念应定义为广义的政府，因为在劳动领域中起作用的不只是国家行政机关，立法、司法等机关也起着非常重要的作用。

2）政府的本质

政府作为国家权力的组织体现，其本质是由国家的本质决定的。马克思主义经典理论认为，国家是实行阶级统治的社会公共组织。其中有两个层次的含义：第一，国家是实行阶级统治的组织。正如恩格斯指出的那样，国家无非是一个阶级镇压另一个阶级的机器。第二，国家必须履行特定的管理职能。政治统治是以执行某种社会职能为基础的，并且政治统治只有在它执行了这种社会职能时才能持续下去。可见，国家权力是一种不同于原始社会公共权力的特殊的公共权力，政府正是执掌这一权力的国家机关，从而使政府权力也具有两重性：一方面，它是一种阶级权力，体现了统治阶级的意志和利益；另一方面，它又是一种社会公共权力，扮演着超然于社会各阶级、阶层、集团之上的公共利益代表者的角色，去管理国家的政治、社会和经济生活，通过控制社会矛盾、缓和社会矛盾，保证社会的持续、平稳发展。

认清了政府阶级性与公共性的双重本质，就使我们对劳动关系领域的政府定位能有一个清晰的认识。在劳动关系领域，首先，政府要代表统治阶级的意志和利益，这可以从各国政府在制定相关法律时所体现的基本利益倾向和立法原则中得到证明。其次，政府权力作为超越劳资双方的公共权力，又要综合和代表双方的利益、缓和双方的矛盾，通过提供制度和规则，把双方的行为限定在法律和制度的框架内，把劳资冲突控制在既有的社会秩序范围之内，保证社会经济的稳定性和持续性。

5.1.2 政府的职能

对政府职能定位问题的提出最早可以追溯到200多年前的亚当·斯密。他竭力鼓吹“经济自由主义”思想，反对国家干预社会经济活动，将政府在社会经济活动中的地位和作用定义为“守夜人”。第二次世界大战以前，凯恩斯认识到单纯的市场经济会产生“市场失灵”，强调需要用“看得见的手”去纠正“市场失灵”，提出“国家干预主义”的思想。第二次世界大战后，萨缪尔森折中了斯密和凯恩斯的观点，提出：“对于一个健康运行的经济来说，市场和政府这两个部分都是必不可少

① 辞海编辑委员会. 辞海［M］. 上海：上海辞书出版社，1999.
② 米勒，波格丹诺.布莱克韦尔政治学百科全书［M］. 邓正来，译. 北京：中国政法大学出版社，2002.

的。现代经济的运作如果没有市场或政府，就像一个孤掌难鸣的经济。”“政府的经济职能是什么呢？其职能在于提高效率、增进平等和促进宏观经济的增长与稳定。”

那么，在市场经济条件下，政府到底应“管什么”呢？也就是说如何准确划分市场力量和政府力量的作用范围呢？一个总的要求是，凡是“政府不该管、可管可不管”的事情，都应交给市场去做。总体而言，在市场竞争条件下，政府的职能主要是在遵守市场规律的前提下，通过创建一系列制度来规范市场、稳定市场和引导市场发展，并通过提供必要的公共产品的形式来弥补市场供应的不足，政府不一定成为产品的直接生产者或提供者。

可见政府职能的定位实质上就是如何准确、合理地界定和划分政府和市场在经济运行中扮演的角色，以保证经济活动的高效运转。其宗旨是政府和市场要做到各就其位、各司其职、各行其权、各得其利、各担其险，找到适合自己的位置。但是，必须看到，政府是适应社会公共需要而产生的，在不同经济条件下、不同社会环境中以及不同公共需要产生时，政府职能的定位理所当然应该是不一样的，因而，政府的职能定位具有动态性，其定位以及管理方式需要进行战略性调整。从总体上说，政府应该成为宏观经济的调节者、公共产品的提供者、良好市场环境的营造者和培育者、市场规则的制定者、市场机制的监督者、公平竞争的维持者、国家安全的维护者。其实质就是要使政治职能实现从人治到法治、经济职能实现从计划走向市场、社会管理职能实现从管制到建立服务和伙伴关系。为此，政府职能定位要实现“5个转变”，即实现政府从市场竞争主体向市场监管主体的转变，实现从管制型政府向服务型政府的转变，实现政府从直接行政干预到以间接调控为主的转变，实现政府从依靠内部政策办事向依法行政的转变，实现由行政主导型政府向市场主导型政府的转变。

5.1.3 政府对劳动关系的干预

1）在西方国家

劳资关系随着资本主义的产生而产生，在工场手工业时期，手工业者曾面临恶劣的工作处境和劳动待遇。随着工业革命的开始，工人的处境进一步恶化，他们变成了机器的附庸，并面临大批失业的危险。在劳动关系中，资方处于绝对优势，他们可以大量雇用童工、女工，尽量压低工人的工资。对此，工人从捣毁机器、厂房开始，到组织罢工、成立工会，采取了他们可以采取的一切手段与资本家斗争。而此时的资本主义国家在“自由竞争”“契约自由”的口号下，采取自由放任、限制政府干预的政策。古典自由主义的代表亚当·斯密等人主张由市场机制这一“看不见的手”去引导经济活动，政府要少干预或不干预，放纵资本的剥削，不采取任何措施保护工人的权益，对工人运动进行残酷的抵制和镇压。这一时期，西方资本主义国家的劳资关系处于激烈对抗、不可调和的状态。19世纪欧洲社会一系列的不断演进的政治冲突和社会动荡，正是这种不可调和的劳资关系的产物。一直到20世纪30年代以前，各市场经济国家的政府都信奉古典自由主义的理论。在劳动关系领域，本着自由放任精神，让劳资双方在契约自由的引导下自愿结成雇佣关系。

工人阶级不断进行的反抗资本家剥削与压迫的斗争，迫使资本主义国家对劳资关系的态度和看法不得不发生某些转变。同时，资本主义生产规模的扩大和生产社会化程度的提高，需要有稳定的劳资关系和社会环境来保证生产的正常进行，资本家对工人再也不可能完全采取早期资本主义的那种野蛮的管理方式了。加之从19世纪后期起，西方资本主义国家的政治民主化程度提高了，公民某些政治权利和某些经济权利得到国家法律的认可，资本主义国家的劳动关系政策开始发生变化，从过去放任自流转向积极干预，以调节劳资关系为主要内容的产业关系政策开始出现并向制度化、法治化方向发展。到19世纪末期，西方主要资本主义国家相继完成了产业革命，规范劳动关系的一系列法律法规相继出台。例如，英国1906年颁布《劳资纠纷法》，德国1908年颁布《帝国结社法》等。调整劳动关系、处理劳资矛盾的机制逐步建立，劳动关系逐步进入有序状态。

随着自由资本主义向垄断资本主义的过渡，市场经济本身所固有的一系列弊端如失业、贫富差距过大、周期性经济危机日益严重，特别是1929年爆发的经济危机，使市场经济国家的公共政策走向发生了巨大的变化，新兴的凯恩斯主义认为应该放弃自由放任主义，实行国家对经济生活的全面干预，希望通过政府这只“看得见的手”去弥补市场缺陷和纠正市场失灵。表现在劳动关系领域，就是以实现充分就业、社会公平和经济的持续增长作为政府的主要目标，为此建立了完备的社会保障体系及完善的法律框架，推动劳资双方建立合作伙伴关系。西方各国纷纷调整了自己的劳动政策，尤其是第二次世界大战以后，随着各国经济的飞速发展，各国政府相继实行了支持充分就业、发展“福利国家”的政策，并以第三种力量的角色积极介入劳资关系领域，如英国保守党政府就曾建立了由劳方、资方和政府三方代表组成的全国经济发展理事会；德国政府虽不直接干预集体谈判，却通过1949年颁布的基本法（相当于宪法）和法院系统对劳资双方的关系实行严格规范。这些做法都对劳资关系的稳定起了重要作用。

20世纪70年代以后，西方市场经济国家出现了“滞胀”现象。人们认识到，如同市场缺陷、市场会失灵一样，政府的干预也有缺陷，也同样会失灵，并且政府失灵的代价更大。新自由主义思潮由此兴起，主张调整政府与社会、政府与市场的关系，限制政府职能，充分发挥市场机制的调节作用。

2）在中国

在计划经济体制下，中国政府几乎是所有经济活动的“主宰者”，政府既是行政管理者和经济活动的调控者，又是全民所有制企业的资产所有者与经营者，劳动关系表现为政府和职工的关系。政府在劳动关系中扮演者双重角色，既是规则的制定者，又是劳动关系中的一方——所有权的代表。政府通过行政手段直接决定政府、企业和职工之间的利益分配。企业和职工并不是独立的利益主体，政府、企业和职工之间是行政隶属关系。

随着社会主义市场经济的建立，在劳动关系领域就是要让市场成为配置劳动力资源的主要力量，要让劳资双方通过充分竞争，在自愿、平等的基础上形成劳动关系。政府应回归其原有的超越各种利益之上的社会公共权力的地位。政府不再凭借资产所有权、不再通过层层隶属的行政机构对企业的经营活动进行行政控制，而是作为经济的宏观调控者，通过市场中介间接地贯彻社会偏好，为企业创造平等竞争的市场环境和运行环境，为管理者与劳动者在企业中的有效合作提供保证并创造有利条件。中国政府正从原先的通过行政控制手段管理劳动关系双方的管理者，转向主要依靠法律的、经济的手段来规范劳动关系双方行为的调控者。

5.1.4 政府在劳动关系中的角色

从前面的内容可以看出，政府在劳动关系中充当着特殊的角色，不同的角色有助于政府去实现其应该承担的特殊责任，政府在劳动关系中的角色不是对劳动关系进行干预的问题，而是干预的程度和干预的领域问题。

英国利物浦大学教授罗恩·比恩（Ron Bean）在《比较产业关系》一书中指出，政府在劳动关系中主要扮演五种角色：政府扮演第三方管理者角色，为劳资双方提供互动架构与一般性规范；政府扮演法律制定者的角色，通过立法规定工资、工时、安全和卫生的最低标准；如果出现劳动争议，政府提供调解和仲裁服务；政府是公共部门的雇主；政府还是收入调节者。

中国台湾学者林大钧先生认为，美国联邦政府是促进劳资合作的催化剂或鞭策者，是劳动争议的调解人、仲裁者或受害方支持者，是劳动法律的制定者和执行者，在劳动关系中扮演一个不可或缺的角色。

国内学者常凯结合劳动关系在中国的特殊实践，认为政府在劳动关系中扮演着四种角色：规制者、监督者、损害控制者、调解和仲裁者。①根据上述相关文献，政府在劳动关系中的角色可以总结为：

1）劳动者基本权利的保护者

政府的第一个角色是保护者或管制者。政府通过立法机关制定法律，介入和影响劳动关系。政府的角色在于制定劳动政策并推进其实施。政府制定的政策与法律不仅反映了劳资双方施加的压力，而且反映了公共舆论以及劳资力量对比的变化。政府是否颁布劳动保护立法以及该法律保护的程度，直接反映了政府是否维持劳动力市场的社会正义，并反映了政府对劳动关系的基本理念，如公平与公正、权利与职权、个人主义与集体主义等问题的基本价值判断。例如，最低工资立法是劳动力市场中最能体现社会正义的政策，法律通过强制确定最低工资标准等条款来保证每个雇员得到与其劳动相适应的报酬，保证雇员获得“维持生活工资”水平以上的工资，消除极端贫困。劳动保护立法的内容包括反对性别歧视、公平报酬、安全与卫生、职业教育、冗员与解雇等许多方面，它确定了劳动关系的调整框架，为保护劳动者的基本权益提供了各项制度和规范。同时，政府还要监察劳动标准以及劳动安

① 常凯．劳动关系学［M］．北京：中国劳动社会保障出版社，2005.

全与卫生制度的执行，劳动监察是政府的第一个角色衍生出的重要任务。

2）集体谈判与雇员参与的促进者

政府的第二个角色是促进者。根据不同的经济、社会问题，政府应采取不同的方针、政策和行动，为管理方和工会之间开展集体谈判创造宏观环境，积极促进双方自行谈判与对话，促使其在遵循劳动法基本规则和基本劳动标准基础上发展适合其特点的劳动条件。多数国家的劳动法律都规定了集体谈判的主体资格、谈判机构、谈判双方的责任、谈判的程序和内容、集体协议的签订和约束力。规定工会享有罢工的权利，而且如果工会采取合法的产业行动将免除法律诉讼。这里，政府的角色首先体现为确定合法产业行动的边界范围以及工会采取产业行动的程序性规定；其次，政府保护工会罢工权的重要体现是政府是否保护罢工雇员免遭解雇。政府是以促进者，而不是直接干预者的角色，推动集体谈判的开展以及雇员参与，分红和员工持股也是工业民主的重要手段。

3）劳动争议的调停者

政府的第三个角色是劳动争议的调停者，有时也是调解者或仲裁者。存在劳动争议是工业社会的必然现象，政府必须建立一套迅速而有效的劳动争议处理制度。为了维持良好的劳动关系，政府通常作为中立的第三方提供调解和仲裁服务。通常，管理方会认为政府干预会影响企业的经营自主权，削弱企业竞争力；而工会则希望政府作为公平的第三方积极干预劳动关系。因此，在劳动关系中，如果管理方的力量占优势，则政府将以自愿原则提供调解和仲裁服务；相反，如果工会的力量占优势，则政府将采取强制性调解和仲裁措施，以此来平衡劳资双方的利益冲突。

理想的政府应该作为中立的仲裁者，为劳动关系营造一个公平的外部环境，使劳资双方能够平等地通过协商或谈判来解决内在冲突，使产业冲突减小到最低程度。对一些涉及国计民生的公用事业部门（如天然气、电力、饮用水与污水处理、医疗机构、学校、交通等特殊部门）的工会罢工问题，政府会特别关注。这些部门的工会举行罢工，将对经济和社会生活的正常运转构成严重威胁，甚至导致社会瘫痪。因此，政府一般限制这些工会的罢工权，通过仲裁方式解决产业冲突。例如，美国许多州都禁止公共部门工会举行罢工，而实行强制仲裁程序；加拿大与意大利政府虽然没有完全剥夺这些工会的罢工权，但要求这些工会在罢工期间保证提供最基本的服务，以此来减轻罢工对经济和社会生活造成的影响。

4）就业保障与人力资源的规划者

政府的第四个角色是规划者，为全体劳动者建立一套就业保障体系。这个体系包括三大支柱：职业培训、就业服务和失业保险。在当今自由化、国际化和竞争日趋激烈的社会，政府应该在教育培训、研究开发、人力资源规划等领域进行整体设计，提供更多、更有力的支持，以增强企业的国际竞争力。政府的角色在于保持劳动关系稳定、促进劳资合作和实现经济繁荣。

5）公共部门的雇佣者

政府的第五个角色是公共部门的雇佣者。公共部门的雇员包括政府与地方公务人员，在一些国家还包括公用事业部门的雇员，其规模和人数在各国不尽相同，但都占相当比重。政府作为公共部门的雇主，应该提供合法、合理的劳动条件，以模范雇主的身份参与和影响劳动关系，使之成为私营部门劳动关系的“样本”。

上述政府所扮演的5种角色称为“5P”理论（见表5-1），实际上是西方市场经济发达国家劳动关系实践的产物。政府在扮演这5种角色时，作为保护者和规划者，应该积极而主动地完成任务；作为促进者和调停者，应该采取中立和不干预的态度；至于政府作为雇佣者的角色，必须真正成为民营企业家的表率，合法化、企业化和民主化是基本要素。[①]

表5-1　　政府在劳动关系中的5种角色——“5P”理论

编号	角色名称	主要业务内容	政府应采取的态度
1	保护者	1.劳动合同 2.劳动标准 3.劳工保险 4.劳工福利 5.劳工教育 6.劳动安全与卫生 7.劳动监察	积极、主动
2	促进者	1.工会组织 2.集体谈判 3.雇员参与 4.分红入股	中立、不干预
3	调停者	劳动争议处理	中立、不干预
4	规划者	1.职业培训 2.就业服务 3.失业保险 4.人力资源规划	积极、主动
5	雇佣者	公共事业	合法化、企业化、民主化

资料来源　程延园．劳动关系学［M］．北京：中国劳动社会保障出版社，2005.

政府正从转型中的劳动关系中逐渐淡出，但并不意味着政府不能干预劳动关系或在劳动关系中已无所作为，而是要求政府重新确定自己在劳动关系中的角色定位，从原先的通过行政控制手段管理劳动关系双方主体的管理者角色，转向主要依靠法律、经济手段来规范劳动关系双方行为的调控者角色。这种角色的转换与重新定位，有利于政府保护劳动者的合法权益，比如劳动报酬的实现、劳动保险的缴纳、劳动标准的贯彻、劳动条件的改善等，也有利于政府有效监督有关劳动法律法

① 程延园．政府在劳动关系中的角色思考［N］．中国劳动保障报，2002-12-10.

规在企业中的落实与实施，促进劳动关系双方进行平等的谈判以实现各自的利益均衡，为员工积极参与企业管理和分享利润提供必要的保障，更有利于政府作为独立的、公正公平的第三方参与劳动争议的处置与协调，缓解劳动关系双方的冲突和矛盾，积极推进双方的合作，为企业的员工培训、员工就业和人力资源的规划提供必要的支持与服务，从而促进企业劳动关系的稳定，推动社会经济健康发展。

5.2 劳动法——规范劳动关系的法律

5.2.1 劳动法的概念与功能

世界各国立法界和法学界根据自己的社会背景对劳动法进行了不尽一致的界定，但“世界各国均视劳动法为保护劳动者合法权益和调整劳动关系的法律规范”。[①]《现代劳动关系辞典》对“劳动法”的解释为：①泛指调整劳动关系的各种法律规范；②特指劳动法典；③指研究劳动法的科学或课程的名称。在一般情况下，劳动法是指国家所有劳动法规的总和。

现代意义中的劳动法，是在工业社会发展到一定阶段，国家为维护和保障劳动者的利益而制定的调整劳动关系的法律。虽然各国根据自己的社会背景制定的劳动法不尽相同，如德国劳动立法强调保障劳动者权利、美国劳动立法重视协调劳动关系、日本劳动立法侧重劳动标准，但世界各国劳动关系方面的法律均具有以下三个主要功能：

（1）保护劳动关系双方的自愿安排，如劳动合同、集体合同制度。

（2）解决纠纷。劳动法不仅赋予劳动者享有劳动权和保障权，而且还规定了保证这些权利实现的司法机制，这是民主法治的基本要求。

（3）确定基本劳动标准，如最低工资、最低就业年龄、工作时间和休息休假、安全卫生标准等。

在中国，劳动法实际包括两个概念，即狭义劳动法和广义劳动法。狭义劳动法仅仅指1994年颁布的《中华人民共和国劳动法》。广义劳动法则是指所有涉及劳动关系的法律法规和制度，即国家制定或者认可的、以国家强制力保证实施的、调整劳动关系以及与劳动关系密切相关的其他社会关系的法律规范的总和。[②]

5.2.2 我国劳动法的主要内容

1994年7月5日第八届全国人大常委会第八次会议通过、1995年1月1日起施行的《劳动法》，是中华人民共和国成立以来第一部专门保障劳动者合法权益的基本法律，它填补了中国劳动法制建设的空白。作为劳动基本法，《劳动法》以保护劳动者的合法权益为立法宗旨，确立了工时、休息休假、工资、劳动安全与卫生、

① 杨燕绥. 劳动与社会保障立法国际比较研究［M］. 北京：中国劳动社会保障出版社，2001.
② 贾俊玲. 劳动法与社会保障法［M］. 北京：中国劳动社会保障出版社，2005.

女职工和未成年职工特殊保护等各项劳动标准，使劳动者的休息休假权、劳动报酬权、劳动安全与卫生保护权、女职工和未成年职工的特殊保护权的保障有了法律依据。《劳动法》中有关基本劳动标准的规定主要包括以下内容：

1）工资

（1）工资的概念。工资是指用人单位按照法律法规的规定和集体合同与劳动合同的约定，依据劳动者提供的劳动数量和质量以货币形式直接支付给本单位劳动者的劳动报酬，一般包括计时工资、计件工资、奖金、津贴和补贴、延长工作时间的工资报酬以及特殊情况下支付的工资等，它是劳动者及其家庭成员生活费用的主要来源，支付工资是雇主与雇员劳动义务相对应的一项重要义务。

法律链接5-1　　工资与收入

劳动者的工资与收入是既有联系又有区别的两个概念。

工资指的是用人单位支付给本单位劳动者的货币报酬；收入是指用人单位在法律允许的范围内支付给本单位劳动者的各种形式的报酬，包括货币报酬和实物报酬。

1995年8月原劳动部发布的《关于贯彻执行〈中华人民共和国劳动法〉若干问题的意见》第五十三条规定，劳动者的以下收入不属于工资范围：①单位支付给劳动者个人的社会保险福利费用，如丧葬抚恤救济费、生活困难补助费、计划生育补贴等；②劳动保护方面的费用，如用人单位提供或支付给劳动者的工作服、解毒剂、清凉饮料费用等；③按规定未列入工资总额的各种劳动报酬及其他劳动收入，如根据国家规定发放的创造发明奖、国家星火奖、自然科学奖、合理化建议和技术改进奖等，以及稿费、讲课费、翻译费等。

（2）工资分配的基本原则。工资分配的基本原则，是由法律确认的贯穿于工资法律制度的基本准则。按照《劳动法》的规定，我国的工资分配原则体现在以下几个方面：

①按劳分配、同工同酬的原则。按劳分配，是指按照劳动者提供劳动的数量和质量来确定劳动者应当获得的工资额；同工同酬，是指用人单位对于从事相同工作、付出等量劳动且取得相同劳动成绩的劳动者，应支付同等的劳动报酬。根据该原则的要求，劳动者工资收入的高低只取决于劳动者提供的劳动数量和质量，劳动者提供了相同的劳动数量和质量就应当获得同样的工资收入，除了劳动数量和质量之外，工资不能因为劳动者的性别、年龄、种族、民族、宗教信仰等的不同而存在差别。

②工资水平在经济发展的基础上逐步提高的原则。工资水平是指在某一个时期、一定地域范围内劳动者平均工资的高低。这一原则的基本含义是，劳动者工资水平必须建立在经济发展的基础上，而且在劳动生产率提高之后，又必须提高工资水平。经济的发展会促进工资水平的提高，但工资水平的提高不能超越经济发展水平。

③宏观调控原则。宏观调控原则，是指国家在宏观上对工资分配进行干预，以消除工资分配中的不合理因素的原则。实行工资总量的宏观调控，要使消费基金的增长与生产基金的增长相协调，消费与生产的比例关系趋于合理。建立最低工资保障制度，确定劳动者的最低工资水平，保护劳动者的基本生活需要；建立工资税收制度，对过高的工资收入进行控制，避免贫富悬殊和两极分化。

④民主协商原则。工资应当由雇员和雇主平等地协商决定。当事人协商确定工资标准，是工资支付的一般原则。工资集体协商是与市场经济相适应的工资决定和制衡机制，在工资问题上实行平等协商，可以使最敏感的问题由“模糊”变为公开，员工的意见通过工会与企业协商，及时得到沟通，矛盾得以化解。我国将把工资集体协商机制的政策通过法律化确定下来，职工工资形成和增长将由企业和工会双方协商确定。

(3) 特殊情况下的工资支付。特殊情况下的工资支付，是指依据法律规定或根据集体合同与劳动合同的约定，在非正常情况下用人单位对本单位劳动者的工资支付。

①加班加点工资。《劳动法》第四十四条规定：“有下列情形之一的，用人单位应当按照下列标准支付高于劳动者正常工作时间工资的工资报酬：(一) 安排劳动者延长工作时间的，支付不低于工资的百分之一百五十的工资报酬；(二) 休息日安排劳动者工作又不能安排补休的，支付不低于工资的百分之二百的工资报酬；(三) 法定休假日安排劳动者工作的，支付不低于工资的百分之三百的工资报酬。”

②休假期间的工资。《劳动法》第四十五条规定：“劳动者连续工作一年以上的，享受带薪年休假。”《劳动法》第五十一条规定：“劳动者在法定休假日和婚丧假期间以及依法参加社会活动期间，用人单位应当依法支付工资。”

③依法参加社会活动期间的工资。劳动者在法定工作时间内依法参加社会活动期间，用人单位应视其提供了正常劳动而支付工资。这些社会活动包括：A.依法行使选举权或被选举权；B.当选代表出席乡（镇）、区以上政府、党派、工会、青年团、妇女联合会等组织召开的会议；C.出任人民法庭证明人；D.出席劳动模范、先进工作者大会；E.《工会法》规定的不脱产工会基层委员会委员因工会活动而占用的生产或工作时间；F.其他依法参加的社会活动。

④停工、停产期间的工资。根据《工资支付暂行规定》，非因劳动者原因造成单位停工、停产在一个工资支付周期内的，用人单位应当按劳动合同规定的标准支付劳动者工资。超过一个工资支付周期的，若劳动者提供了正常劳动，则支付给劳动者的劳动报酬不得低于当地的最低工资标准；若劳动者没有提供正常劳动，应按国家有关规定办理。

⑤用人单位破产时的工资。根据《工资支付暂行规定》，用人单位依法破产时，劳动者有权获得其工资。在破产清偿中，用人单位应按《中华人民共和国企业破产法》规定的清偿顺序，在优先清偿破产费用和共益债务后，首先支付欠付单位劳动者的工资。

(4) 最低工资法律制度。

①最低工资的法律含义。最低工资是指劳动者在法定工作时间或依法签订的劳动合同约定的工作时间内提供了正常劳动，用人单位依法应支付的最低劳动报酬。最低工资是为了保障劳动者的最低收入而制定的，是国家介入劳动合同关系的重要形式。根据国家有关规定，下列各项不得作为最低工资的组成部分：加班加点工

资；中班、夜班、高温、低温、井下、有毒有害等特殊工作环境、条件下的津贴；国家法律、法规、政策规定的劳动保险、福利待遇等。

最低工资立法是国家制定的关于最低工资标准的法律。国家通过立法制定最低工资标准，确保用人单位支付给劳动者的工资不低于最低工资标准。最低工资立法的目的在于保证劳动者的最低收入，使其得以维持生活、改善劳动条件，有利于安定工人生活，提高劳动力素质，确保企业公平竞争，同时有助于社会经济发展。最低工资立法本身具有救济、援助最低工资收入者的重要作用，同时对确保社会公正也十分必要。《劳动法》第四十八条明确规定：国家实行最低工资保障制度，用人单位支付劳动者的工资不得低于当地最低工资标准。这从法律上保证了劳动者享有的最低工资保障权的实现。最低工资立法已成为世界通行的做法。

②最低工资标准的确定和发布。最低工资标准是指单位劳动时间的最低工资数额。《劳动法》第四十八条规定："最低工资的具体标准由省、自治区、直辖市人民政府规定，报国务院备案。"也就是说，我国不实行全国统一的最低工资标准，允许各地根据其具体情况来确定最低工资标准。最低工资标准一般按月确定，也可以按周、日、小时确定，各种单位时间的最低工资标准可以互相转换。《劳动法》第四十九条规定：确定和调整最低工资标准应综合考虑下列因素：A.劳动者本人及平均赡养人口的最低生活费用；B.社会平均工资水平；C.劳动生产率；D.就业状况；E.地区之间经济发展水平的差异。一般来说，最低工资标准应高于社会救济金和失业保险金标准，低于当地社会平均工资水平。

省、自治区、直辖市人民政府劳动行政主管部门将确定的最低工资标准及其依据、详细说明和最低工资范围报国务院劳动行政主管部门备案。国务院劳动行政主管部门在收到备案后，应召集全国总工会、全国企业家协会共同研究。如其报送的最低工资率及其适用范围不妥，有权提出变更意见，并在15天之内以书面形式给予回复。省、自治区、直辖市人民政府劳动行政主管部门在25天之内未收到国务院劳动行政主管部门提出变更意见的，或接到变更意见对原确定的最低工资率及其适用范围做出修订后，应当将本地区最低工资率及其适用范围报省、自治区、直辖市人民政府批准，并且在获得批准后7日内发布。省、自治区、直辖市最低工资率及其适用范围应当在当地政府公报和至少一种全地区性的报纸上发布。

最低工资标准发布实施后，当最低工资标准制定时参考的各种因素（如当地最低生活费用、职工平均工资、劳动生产率、城镇就业状况和经济发展水平等）发生变化，或本地区职工生活费用价格指数累计变动较大时，应当适时调整。

③最低工资标准的效力。最低工资是法定的最低报酬。企业支付给劳动者的工资不得低于其适用的最低工资率。实行计件工资或提成工资等工资形式的企业，必须进行合理的折算，其相应的折算率不得低于按时、日、周、月确定的最低工资率。当事人在劳动合同中约定的劳动报酬低于最低工资额时，其工资部分应视为无效。其无效部分应改按法定的最低工资标准执行。

④违反最低工资标准的法律责任。最低工资标准一经确认、发布，即具有法律

效力。违反最低工资标准规定，应当承担相应的法律责任。根据《企业最低工资规定》，违反最低工资制度的法律责任主要有：

A.确定最低工资标准违法的法律责任。省、自治区、直辖市人民政府劳动行政主管部门确定最低工资标准违反法律规定的，由国务院劳动行政主管部门责令其限期改正。

B.支付最低工资违法的法律责任。企业支付给劳动者的工资低于最低工资标准的，由当地政府劳动行政部门责令其限期改正，逾期未改正的，对用人单位和责任人给予经济处罚。

C.拖欠最低工资的法律责任。企业拖欠劳动者最低工资的，由当地政府劳动行政主管部门责令其限期补发所欠工资，并视其欠付工资时间的长短向劳动者支付赔偿金。欠付1个月以内的向劳动者支付所欠工资的20%的赔偿金；欠付3个月以内的向劳动者支付所欠工资的50%的赔偿金；欠付3个月以上的向劳动者支付所欠工资的100%的赔偿金；拒发所欠工资和赔偿金的，对企业和责任人给予经济处罚。对处罚不服的，当事人可以申请行政复议，对复议不服的，可以向人民法院提起行政诉讼。

（5）工资的法律保障。为了保障劳动者按时足额地领取工资，我国劳动法主要从两方面加以规定：一方面是明确了工资支付规则，要求劳动使用者必须按照一定的规则发放；另一方面是规定了扣发工资的限制，禁止劳动使用者克扣或无故拖欠劳动者的工资。

①工资支付办法。根据《劳动法》及《工资支付暂行规定》，用人单位支付工资必须按照以下方式执行：A.工资应当以法定货币支付，不得以实物和有价证券替代货币支付。B.用人单位应当将工资支付给职工本人，但当职工本人因故不能领取工资时，可由其亲属或委托他人代领，用人单位可委托银行代发工资。用人单位必须书面记录支付工资的数额、时间、领取者姓名，并保存两年以上备查。C.法定和约定应当支付给职工的工资项目和工资额，必须全部支付，不得克扣。因此，我国规定，用人单位在支付工资时应当向职工提供一份其个人的工资清单。D.工资必须在用人单位与职工约定的日期支付。如遇节假日或休息日，应提前在最近的工作日支付；工资至少每月支付一次，实行周、日、小时工资制的可按周、日、小时支付；对完成一次性临时劳动或者某项具体工作的职工，用人单位应按协议在完成劳动后即行支付；劳动关系终止时，用人单位应在终止劳动关系时一次性付清工资；凡拖欠工资的，应当按拖欠日期和拖欠工资额向职工赔偿损失。E.劳动者与用人单位依法解除或终止劳动合同时，用人单位应一次性付清劳动者工资。F.用人单位依法破产时，应将劳动者的工资按法定清偿顺序支付。

②禁止非法扣除和无故拖欠劳动者工资。依照《劳动法》第五十条以及原劳动部《工资支付暂行规定》的规定，劳动使用者不得克扣或无故拖欠劳动者的工资。克扣工资是不按照约定的工资数额履行劳动合同，拖欠工资则是不按照劳动合同约定的时间履行义务，这两种情况都属于违反劳动合同的行为。对此，有关劳动法

律、法规作了如下限制性规定：

第一，对代扣工资的限制。《工资支付暂行规定》中指出，用人单位不得克扣劳动者工资。有下列情况之一的，用人单位可以代扣劳动者工资：A.用人单位代扣代缴个人所得税；B.用人单位代扣代缴应由劳动者个人负担的各项社会保险费用；C.法院判决、裁定中要求代扣的抚养费、赡养费；D.法律、法规规定从劳动者工资中扣除的其他费用。

第二，扣除数额的限制。如果由于劳动者本人的原因给用人单位造成经济损失，用人单位可按照劳动合同的约定要求其赔偿经济损失。经济损失的赔偿，可从劳动者本人的工资中扣除，但每月扣除的部分不得超过劳动者当月工资的20%，若扣除后的剩余工资部分低于当地最低工资标准，则按最低工资标准支付。

（6）工资保障的监督。任何法律制度都有监督的组成部分，依照法律规定，职工群体、各级工会组织、各级劳动行政部门有权对用人单位工资支付的情况进行监督。

用人单位应根据法律、法规、规章的规定，通过职工大会、职工代表大会或者其他形式协商制定内部的工资支付制度，并告知本单位全体劳动者，主动接受群众监督。

劳动行政部门要监督国家工资法规的正确实施，监督、检查工资待遇的执行情况。

工会组织要监督企业行政部门切实执行国家工资法规的规定。

人民银行要加强对工资基金的管理工作，监督企业执行工资基金使用计划和通知开户银行办理工资基金转移手续。

2）工作时间与休息休假

（1）工作时间立法。

工作时间是指劳动者根据国家的法律规定，在一个昼夜或一周之内从事本职工作的时间。法律规定的一昼夜内从事工作的小时数总和称为工作日；一周内从事工作的工作日总和称为工作周。作为法律范畴，工作时间既包括劳动者实际完成工作的时间，也包括劳动者从事生产或工作所必需的准备和结束的时间、从事连续性有害健康的工作的间歇时间、工艺中断时间、女职工哺乳未满1周岁婴儿的哺乳时间以及因公外出等法律规定限度内消耗的其他时间。工作时间可以依小时、日、周、月、季和年来计算，用人单位必须按照规定支付劳动者的劳动报酬。

工作时间的规定是工作场所的重要规则，也是现代劳动立法率先规范的领域。1919年国际劳工组织大会通过了第1号国际劳工公约《工时公约》，1921年通过了第14号国际劳工公约《工业企业中实行每周休息公约》，1935年又通过了第47号国际劳工公约《每周休息公约》。我国《劳动法》及有关法规规定，劳动者每日工作不超过8小时，每周工作不超过40小时，实行国际统一标准。

（2）工作时间法规。

①标准工作时间。标准工作时间是指根据法律规定正常情况下的工作时间，分

为标准工作日和标准工作周。标准工作时间是确定非标准工作时间的基础，非标准工作时间的确定都要以标准工作时间为依据。

法律通常规定标准工作时间的最高限度。国家机关、事业单位实行统一的工作时间，星期六和星期天为周休息日。企业和不能实行统一工作时间的事业单位，可以根据实际情况灵活安排周休息日。

②缩短工作时间。缩短工作时间是指法定特殊条件或特殊情况下少于标准工作时间长度的工作时间。在特殊条件下从事劳动和有特殊情况，需要在每周工作40小时的基础上再适当缩短工作时间的，应在保证完成生产和工作任务的前提下，根据《劳动法》第三十六条的规定，由企业根据实际情况决定。

③不定时工作时间。不定时工作时间又称为不定时工作制，是指根据法律规定在特殊条件下实行的，每日无固定工作时间，是适用于因生产特点、工作特殊需要或职责范围的关系，无法按标准工作时间衡量或需要机动作业的劳动者的一种工作时间安排。对于实行不定时工作制的劳动者，不受《劳动法》关于日延长工作时间标准和月延长工作时间标准的限制，但用人单位应根据《劳动法》的规定，在保障职工身体健康并充分听取职工意见的基础上，采用集中工作、集中休息、轮休调休、弹性工作时间等适当方式确保职工的休息休假权利和生产、工作任务的完成。

④综合计算工作时间。综合计算工作时间是指分别以周、月、季、年等为周期，综合计算工作时间，但其平均日工作时间和平均周工作时间应与法定标准工作时间基本相同。对于那些在市场竞争中由于外界因素的影响，生产任务不均衡的企业的部分劳动者，经劳动行政部门严格审批后，可以参照综合计算工作时间的方法实施，但是用人单位同样应根据《劳动法》有关规定，在保障职工身体健康并充分听取职工意见的基础上，采用集中工作、集中休息、轮休调休、弹性工作时间等适当方式，确保职工的休息休假权利和生产、工作任务的完成。

⑤计件工作时间。《劳动法》第三十七条规定：“对实行计件工作的劳动者，用人单位应当根据本法第三十六条规定的工时制度合理确定其劳动定额和计件报酬标准。”虽然这一规定表面上是通过确定劳动者的劳动数量（计件）来计算劳动报酬，但是实际上也规定了劳动者的劳动时间，即以劳动定额来计算工作时间。实行计件工作时间，劳动者的劳动定额要根据标准工时制度来合理确定。

（3）休息休假。

①休息休假的概念。休息休假指的是劳动者在国家规定的法定工作时间以外自行支配的时间。《中华人民共和国宪法》（以下简称《宪法》）第四十三条规定，“中华人民共和国劳动者有休息的权利”“国家发展劳动者休息和休养的设施，规定职工的工作时间和休假制度”。

②休息休假的种类。根据《劳动法》及相关法规规定，劳动者的休息时间主要有：A.工作日内的间歇时间，即1个工作日内给予劳动者休息和用膳的时间，通常劳动者在连续工作4小时后应安排一次休息，其中用膳的休息时间一般不得少于半

小时。B.连续2个工作日之间的休息时间，即前一个工作日结束后至后一个工作日开始前的休息时间。C.公休日，即周休息日，是劳动者工作1个工作周后的休息时间。《劳动法》第三十八条规定："用人单位应当保证劳动者每周至少休息1日。"根据《国务院关于职工工作时间的规定》，一般情况下星期六和星期日为周休息日，用人单位也可以根据本单位的实际情况，灵活安排确定本单位的周休息日。D.法定节假日，即国家法律统一规定的用以开展庆祝、纪念活动的休息时间。根据2007年12月14日《国务院关于修改〈全国年节及纪念日放假办法〉的决定》，自2008年1月1日起，全体公民放假的节日从之前的10天增加到11天，其中，"五一"国际劳动节从放假3天减为1天，新增清明节、端午节、中秋节各放假1天，春节放假3天不变，但调整为从农历除夕开始计假。新年（元旦）仍放假1天，国庆节仍放假3天。妇女节、青年节、儿童节、中国人民解放军建军纪念日为部分公民放假的节日及纪念日。少数民族习惯的节日，由各少数民族聚居地区的地方人民政府按照各民族习惯规定放假日期。全体公民放假的假日，如果适逢星期六、星期日，应当在工作日补假。部分公民放假的假日，如果适逢星期六、星期日，则不补假。E.年休假，即法律规定的劳动者工作满一定年限后，每年享有的保留工作带薪连续休假。《劳动法》第四十五条规定："国家实行带薪年休假制度。劳动者连续工作一年以上的，享有带薪年休假，具体办法由国务院规定。"经国务院通过并于2008年1月1日起实施的《职工带薪年休假条例》（以下简称《条例》）对职工年休假做了具体规定："职工累计工作已满1年不满10年的，年休假5天，满10年不满20年的年休假10天，已满20年的年休假15天。国家法定休假日、休息日不计入年休假的假期。职工在年休假期间享受与正常工作期间相同的工资收入。"《条例》还指出，年休假在1个年度内可以集中安排，也可以分段安排，一般不跨年度安排。单位因生产、工作特点确有必要跨年度安排职工年休假的，可以跨一个年度安排。对职工应休未休的年休假天数，单位应当按照该职工日工资收入的300%支付年休假工资报酬。F.探亲假，即劳动者享有的探望与自己分居两地的配偶和父母的休息时间。探望配偶的，每年给予一方探亲假一次，假期30天。未婚职工探望父母的，原则上每年给假1次，假期20天；两年探亲1次的，假期45天；已婚职工探望父母的，每4年给假1次，假期20天。G.其他假期，如生育、节育、工伤、职业病、婚丧假等。

法律链接5-2 **职工带薪年休假条例**

（2007年12月14日　中华人民共和国国务院令第514号）（部分）

第四条　职工有下列情形之一的，不享受当年的年休假：

（一）职工依法享受寒暑假，其休假天数多于年休假天数的；

（二）职工请事假累计20天以上且单位按照规定不扣工资的；

（三）累计工作满1年不满10年的职工，请病假累计2个月以上的；

（四）累计工作满10年不满20年的职工，请病假累计3个月以上的；

（五）累计工作满20年以上的职工，请病假累计4个月以上的。

（4）延长工作时间。

①延长工作时间的概念。延长工作时间是指根据法律的规定，在标准工作时间之外延长劳动者的工作时间。其一般可以分为两种情况：加班和加点。加班是指劳动者根据用人单位的要求在休息日和节假日进行工作；加点是指劳动者根据用人单位的要求在一个标准工作日之外延长工作时间。用人单位不得违反法律规定延长劳动者的工作时间。

②限制延长工作时间的规定。根据《劳动法》的规定，用人单位由于生产经营需要，经与工会和劳动者协商后可以延长劳动时间，一般每日不得超过1小时；因特殊原因需要延长工作时间的，在保障劳动者身体健康的条件下延长时间每日不得超过3小时，但每月不得超过36小时。

延长工作时间需要符合以下条件：A.生产经营需要。生产经营需要是指来料加工、商业企业在旺季完成收割、运输、加工农副产品紧急任务等情况。B.用人单位要与工会和劳动者进行协商。协商是用人单位延长工作时间的必经程序（特殊情况下延长工作时间的除外）。协商后，企业可以在劳动法限定的延长工作时数内决定延长工作时间，对企业违反法律、法规强迫劳动者延长工时的，劳动者有权拒绝。

③特殊情况下延长工作时间的规定。根据法律规定，出现以下情况时，延长工作时间可以不受法律规定的延长工作时间的长度限制：A.发生自然灾害、事故或其他原因，威胁劳动者生命健康和财产安全，需要紧急处理的。B.生产设备、交通运输线路、公共设施发生故障，影响生产和公众利益，必须及时抢修的。C.法律、法规规定的其他情形，主要指：在法定节日和公休假日内不能间断，必须连续生产、运输或者营业的；必须利用法定节日或公休假日的停产期内进行设备检修、保养的；为完成国防紧急任务的；为完成国家下达的其他紧急生产任务的。

④延长工作时间的劳动报酬。《劳动法》规定，“安排劳动者延长工作时间的，支付不低于工资的百分之一百五十的工资报酬”“休息日安排劳动者工作又不能安排补休的，支付不低于工资的百分之二百的工资报酬”“法定节假日安排劳动者工作的，支付不低于工资的百分之三百的工资报酬”。

休息日安排劳动者加班工作的，应先按同等时间安排其补休，不能安排补休的应按法律规定支付劳动者延长工作时间的工资报酬；法定节假日安排劳动者加班工作的，应按规定支付劳动者延长工时的报酬，一般不安排补休。

法律链接5-3　　　　职工全年月平均工作时间和工资折算

由于全体公民的节日假期由原来的10天增设为11天，劳动和社会保障部《关于职工全年月平均工作时间和工资折算问题的通知》（劳社部〔2008〕3号）将职工全年月平均制度工作天数和工资折算办法分别调整如下：

一、制度工作时间的计算

年工作日：365天-104天（休息日）-11天（法定节假日）=250天

季工作日：250天÷4个季度=62.5天/季

月工作日：250天÷12个月=20.83天/月

工作小时数的计算：以月、季、年的工作日乘以每日的8小时。

二、日工资、小时工资的计算

按照《劳动法》第五十一条的规定，法定节假日用人单位应当依法支付工资，即折算日工资、小时工资时不剔除国家规定的11天法定节假日。据此，日工资、小时工资的折算办法为：

日工资：月工资收入÷月计薪天数

小时工资：月工资收入÷（月计薪天数×8小时）

月计薪天数=（365天-104天）÷12个月=21.75天

3）女职工的特殊劳动保护

女职工特殊劳动保护是指根据女职工的生理特点和抚育子女的需要，对其在劳动过程中的安全和健康依法予以特别保护的法律制度。国际劳工组织先后制定了对女职工进行特殊保护的公约和建议书，如1919年第4号建议书、1921年第13号公约、1935年第45号公约等。我国也制定了一系列关于女职工特殊保护的法律、法规，如1992年4月全国人大通过的《中华人民共和国妇女权益保障法》（以下简称《妇女权益保障法》）、1988年7月国务院发布的《女职工劳动保护规定》、1990年劳动部颁布的《女职工禁忌劳动范围的规定》以及1980年批准的联合国《消除对妇女一切形式歧视公约》等。其主要内容包括：

（1）就业权利的保障。我国劳动法律规定，妇女享有同男子平等的就业权利。凡适合妇女从事劳动的工作，不得以性别为由拒绝录用妇女或提高对妇女的录用标准；不得以结婚、怀孕、产假、哺乳等为由辞退女职工或者单方面解除劳动合同；男女同工同酬，同等劳动应领取同等报酬，不得因女工怀孕、生育、哺乳而降低其基本工资。女职工生育期间，享受法律规定的产假和医疗待遇。

（2）女职工禁忌劳动范围。《劳动法》第五十九条规定："禁止安排女职工从事矿山井下、国家规定的第四级体力劳动强度的劳动和其他禁忌从事的劳动。"《女职工禁忌劳动范围的规定》明确了女职工禁忌从事以下范围的劳动：①矿山井下作业；②森林业伐木、归楞及流放作业；③《体力劳动强度分级》标准中第四级体力劳动强度的作业；④建筑业脚手架的组装和拆除作业，以及电力、电信行业的高处架线作业；⑤连续负重每次超过20千克，间断负重每次超过25千克的作业。

（3）女职工"四期"保护。针对女职工生理机能的变化，劳动法律、法规对女职工经期、孕期、产期和哺乳期规定了特殊保护。①经期保护：不得安排女职工在经期从事高处、低温、冷水作业和国家规定的第三级体力劳动强度的劳动。②孕期保护：不得安排女职工在怀孕期间从事国家规定的第三级体力劳动强度的劳动和孕期禁忌从事的劳动。对怀孕7个月以上的女职工，不得安排其延长工作时间和夜班劳动。③产期保护：女职工生育享受不少于90天的产假，难产的增加产假15天，多胞胎生育的，每多生育1个婴儿，增加产假15天。女职工怀孕流产的，也应给予一定时间的产假。④哺乳期保护：不得安排女职工在哺乳未满1周岁的婴儿期间从事国家规定的第三级体力劳动强度的劳动和哺乳期禁忌从事的其他劳动，不得安排其延长工作时间和夜班劳动。对有不满1周岁婴儿的女职工，其所在单位应当在每班劳动时间内给予两次哺乳（含人工喂养）时间，每次30分钟。女职工每班劳动时间内的两次哺乳时间可以合并使用，哺乳时间和往返途中的时间算作劳动时间。

（4）保护设施和保健措施。女职工较多的单位，应当逐步建立卫生室、哺乳室、托儿所等。女职工保健的内容应该包括月经期保健、婚前保健、孕前保健、孕期保健、产后保健、哺乳期保健、更年期保健等。女职工保健以预防为主，注意女性生理和职业特点，认真执行国家有关法规。

4）未成年工的特殊劳动保护

未成年工，指年满16周岁未满18周岁的劳动者。对未成年工，国际劳工公约最早是根据不同行业的就业年龄分别制定标准，涉及的公约有近20个。1984年，中国政府批准了国际劳工组织《确定准许使用儿童于工业工作的最低年龄公约》。我国劳动法律对未成年工的特殊保护做了专门规定，主要内容包括：

（1）最低就业年龄的规定。禁止用人单位招用未满16周岁的未成年人，文艺、体育和特种工艺单位需招收未满16周岁的未成年人的，须依法履行审批手续，并保障其接受义务教育的权利。禁止任何单位使用童工或为未满16周岁的少年、儿童介绍工作。

（2）未成年工在劳动过程中的保护。未成年工的特殊保护是针对未成年工处于生长发育期的特点，以及接受义务教育的需要，采取的特殊劳动保护措施。《劳动法》第六十四条和六十五条对此做出了原则性的规定，“不得安排未成年工从事矿山井下、有毒有害、国家规定的四级体力劳动强度的劳动和其他禁忌从事的劳动”“用人单位应当对未成年工定期进行健康检查”。

（3）未成年工定期健康检查制度。用人单位应按下列要求对未成年工定期进行健康检查：安排工作岗位之前；工作满一年；年满十八周岁，距前一次的体检时间已超过半年。

未成年工的健康检查应按《未成年工健康检查表》列出的项目进行。用人单位应根据未成年工的健康检查结果安排其从事适合的劳动，对不能胜任原劳动岗位的，应根据医务部门的证明，予以减轻劳动量或安排其他劳动。

（4）未成年工使用和特殊保护登记。用人单位招用未成年工，除符合一般用工要求外，还须向所在地的县级以上劳动行政部门办理登记。劳动行政部门根据“未成年工健康体检表”“未成年工登记表”核发“未成年工登记证”，未成年工须持“未成年工登记证”上岗。未成年工的体检和登记由用人单位统一办理和承担费用。

5）劳动安全与卫生

针对劳动过程中的不安全和不卫生因素，劳动法规定了劳动者有获得劳动安全和卫生保护的权利，以保障劳动者在劳动过程中的安全和健康。国际劳工公约和建议书中涉及劳动安全与卫生内容的占一半左右。《劳动法》对劳动安全与卫生做了专章规定。此外，还有一系列与《劳动法》相匹配的劳动安全与卫生法规和安全与卫生的国家标准，如国务院1991年发布的《企业员工伤亡事故报告和处理规定》，

1992年全国人大通过的《矿山安全法》等。其主要内容有：

（1）劳动安全与卫生管理法规。为保障劳动者在劳动过程中的安全和健康，用人单位应根据国家有关规定，结合本单位实际制定有关劳动安全与卫生管理的制度。《劳动法》第五十二条规定："用人单位必须建立、健全劳动安全卫生制度，严格执行国家劳动安全卫生规程和标准，对劳动者进行劳动安全卫生教育，防止劳动过程中的事故，减少职业危害。"其内容包括：企业管理者、职能部门、技术人员和职工的安全生产责任制；安全技术措施计划制度；安全生产教育制度，用人单位必须对劳动者进行安全卫生教育，从事特殊作业的劳动者必须经过专业培训并取得特种作业资格；安全生产检查制度；安全卫生监察制度；伤亡事故报告和处理制度。

法律链接5-4　　"三同时"制度

《中华人民共和国安全生产法》第二十八条规定：生产经营单位新建、改建、扩建工程项目的安全设施，必须与主体工程同时设计、同时施工、同时投入生产和使用。安全生产设施投资应当纳入建设项目概算。

劳动安全设施主要包括安全技术方面的设施、劳动卫生方面的设施和生产辅助性设施。

（2）劳动安全技术规程。劳动安全技术规程，是为防止和消除生产过程中的伤亡事故，保障劳动者生命安全和减轻繁重体力劳动强度，维护生产设备安全运行的法律规范。《劳动法》第五十三条规定："劳动安全卫生设施必须符合国家规定的标准。新建、扩建、改建工程的劳动安全卫生设施必须与主体工程同时设计、同时施工、同时投入生产和使用。"劳动安全技术规程的内容主要包括：①技术措施，如机器设备、电气设备、动力锅炉的装置，厂房、矿山和道路建筑的安全技术措施；②组织措施，即安全技术管理机构的设置、人员的配置和训练，以及工作计划和制度。

（3）劳动卫生规程。劳动卫生规程，是关于防止有毒有害物质的危害和防止职业病发生所应采取的各种防护措施的规章制度，包括各种行业生产卫生、医疗预防、健康检查等技术和组织管理措施的规定。职业危害主要有：生产过程中的危害，如高温、噪音、粉尘、不正常的气压等；生产管理中的危害，如过长的工作时间和过强的体力劳动等；生产场所中的危害，如通风、取暖和照明等不达标。

（4）伤亡事故报告和处理制度。伤亡事故报告和处理制度是对劳动者在劳动过程中发生的伤亡事故进行统计、报告、调查、分析和处理的制度。《劳动法》第五十七条规定："国家建立伤亡事故和职业病统计报告和处理制度。县级以上各级人民政府劳动行政部门、有关部门和用人单位应当依法对劳动者在劳动过程当中发生的伤亡事故和劳动者的职业病情况进行统计、报告和处理。"

（5）劳动者的权利和义务。劳动者在劳动过程中必须遵守安全操作规程。劳动者对用人单位管理人员违章指挥、强令冒险作业，有权拒绝执行；对危害生命安全和身体健康的行为，有权提出批评、检举和控告。用人单位必须为劳动者提供符合国家规定的劳动安全卫生条件和必要的劳动防护用品，对从事有职业危害作业的劳动者应当定期进行体检。

5.2.3 劳动法体系

劳动法起源于法定劳动基准的立法，之后受到世界上各种不同社会制度国家的重视，逐渐发展为调整劳动关系的各种法律规范。劳动法体系是指一国的全部劳动法律规范按一定标准分类组合形成的具有一定结构的有机整体。[①]

1）劳动法体系的结构

对劳动法体系中各项劳动法律规范可以从多种角度进行分类：

按照劳动法律规范的内容，劳动法体系的结构如下：①劳动管理法；②劳动就业法；③劳动关系协调法，包括劳动合同、集体协商、集体合同有关规定；④劳动标准法，包括工资法、工时休假法、职业安全卫生法、女工和未成年工特殊保障法、职业训练与职业资格标准法、职工奖惩规则；⑤社会保险法；⑥劳动争议处理法；⑦劳动监察监督法；⑧工会的法律保障。[②]

按照劳动法律规范的基本职能，劳动法体系的结构如下：①劳动标准法；②劳动关系法；③劳动保障法；④劳动行政法。其具体结构如图5-1所示。

- 劳动法体系
  - 劳动标准法
    - 工资法
    - 工作时间和休假法
    - 职业安全与卫生法
    - 特殊群体的劳动保护法
  - 劳动关系法
    - 劳动合同法
    - 集体合同法
    - 工会和雇主组织法
    - 劳动争议处理法
  - 劳动保障法
    - 就业法
    - 职业介绍与培训法
    - 社会保险法
  - 劳动行政法
    - 劳动行政法
    - 劳动监察监督法

图5-1　劳动法体系结构图

按照劳动法律规范的性质，劳动法体系由劳动实体法、劳动关系法、劳动监察法构成。依据劳动法律规范针对的时间区间，劳动法体系由劳动关系建立前的法律调整、劳动关系运行中的法律制度、劳动关系结束后的法律调整等构成。劳动法律规范的分类标准还可以是效力层次及制定主体、针对的职业（行业）等。

2）中国现行劳动法体系

中国劳动法体系以《劳动法》为龙头，包括一系列单行法律和规范。

（1）中国劳动法体系的概况。我国全部劳动法律规范以《宪法》中有关劳动问

---

① 常凯. 劳动关系学［M］. 北京：中国劳动社会保障出版社，2005.

② 贾俊玲. 劳动法学［M］. 北京：北京大学出版社，2003.

题的规定为立法基础，按制定机关及法律效力包括以下层次：①全国人大制定的劳动基本法，即《劳动法》；②全国人大常委会制定的劳动法律，如《劳动合同法》、《工会法》、《中华人民共和国职业病防治法》（以下简称《职业病防治法》）、《中华人民共和国安全生产法》（以下简称《安全生产法》）、《中华人民共和国就业促进法》（以下简称《就业促进法》）、《中华人民共和国劳动争议调解仲裁法》（以下简称《劳动争议调解仲裁法》）等，在这里必须要提的是2007年6月29日第十届全国人民代表大会常务委员会第二十八次会议、2007年8月30日第二十九次会议、2007年12月29日第三十一次会议分别通过的《劳动合同法》、《就业促进法》与《劳动争议调解仲裁法》，它们是我国劳动法律体系建设进程中的三座里程碑，是维护劳动者合法权益的"利剑"，对于构建和谐稳定的劳动关系意义重大。③国务院制定的劳动行政法规，主要有《中华人民共和国女职工劳动保护规定》（以下简称《女职工劳动保护规定》）、《中华人民共和国禁止使用童工规定》（以下简称《禁止使用童工规定》）、《中华人民共和国失业保险条例》（以下简称《失业保险条例》）、《中华人民共和国工伤保险条例》（以下简称《工伤保险条例》）、《中华人民共和国企业劳动争议处理条例》（以下简称《企业劳动争议处理条例》）、《中华人民共和国劳动保障监察条例》（以下简称《劳动保障监察条例》）等。④国务院有关部、委员会制定的劳动规章。劳动和社会保障部（现人力资源和社会保障部）颁布的配套规章主要有《集体合同规定》《违反和解除劳动合同的经济补偿办法》《违反〈劳动法〉有关劳动合同规定的赔偿办法》《企业最低工资规定》等。⑤省级人民代表大会及其常务委员会制定的地方性劳动法规及地方性劳动规章。⑥司法解释，如最高人民法院于2001年发布的《关于审理劳动争议案件有关问题的司法解释》。此外，还有经我国批准的国际劳工公约。迄今为止，我国已批准了24个国际劳工组织通过的国际劳工公约，如《消除就业和职业歧视公约》《准予就业最低年龄公约》《同工同酬公约》等。我国劳动法体系已初步建立，其中以《劳动法》和其他法律为主体，行政法规、部门规章、地方性法规和地方政府规章、司法解释和国际公约等为辅助。

按照劳动法律规范的性质，我国劳动法体系包括以下三方面：①劳动实体法，由劳动法律、劳动法规和劳动规章构成。②劳动争议处理程序法。③劳动监察法。

按照劳动法律规范的内容，我国劳动法体系包括以下四个方面：①劳动标准法，如劳动合同法、工资法、工作时间条例、劳动安全卫生法、女职工和未成年工劳动保护条例、职工福利待遇条例等。②劳动关系法，如工会法、劳动争议处理法。③劳动保障法，如劳动就业法、社会保险法等。④劳动监察法。[①]

（2）中国劳动法体系的意义。首先，它打破了以前劳动关系的行政调整模式和按照用人单位所有制性质管理劳动关系的模式，确立了市场经济下劳动关系调整的基本模式，有力地推动了经济体制改革和市场经济的发展；其次，它明确了劳动者

① 苑茜，等. 现代劳动关系辞典［M］. 北京：中国劳动社会保障出版社，2000.

享有平等就业权、自主择业权、劳动报酬权、休息休假权、劳动安全卫生保护权、职业培训权、社会保险权、提请劳动争议处理的权利等，完善了劳动权利保障与救济制度，从而使劳动权这一基本人权具有了实在内容和法律保障，维护了劳动者的合法权益；最后，它明确了劳动关系双方的权利和义务，有利于减少纠纷，维护稳定、和谐的劳动关系，从而为构建和谐社会提供了重要保证。

（3）中国劳动法体系构建和实施中存在的主要问题。我国劳动立法存在的主要问题包括：①劳动立法位阶较低。在我国的劳动立法中，最高国家权力机关制定的劳动法律较少，劳动立法多数以行政法规和部门规章为主，位阶较低，法律效力不强。在司法实践中，处理劳动争议的法律依据，严格地说只有法律和行政法规，部门规章只作参考。劳动立法的位阶较低，也是社会上对劳动法尊重不够的原因之一。②立法不统一，法律、法规之间有冲突。劳动立法中有大量的地方性法规和规章，不同地方性法规和规章对同样问题却有不同的规定。③法律制度不够完整、内容不够完善。《劳动法》采取纲要式立法模式，许多规定都是原则性的，再加上缺少单项立法，难以进行全面细致的规定。例如，我国目前仍没有对社会保险进行单项立法，影响了我国劳动关系的法治化进程。

我国劳动法实施中也存在一些问题。目前我国正处在经济转轨时期，利益格局发生了重大变化，再加上劳动力市场供大于求的矛盾，劳动法的实施存在许多问题，劳动者权利受侵害的现象时有发生，在个别地区、行业和某些单位还相当严重，归结起来，主要有以下问题：第一，劳动合同签订率不高、期限较短、内容不规范，部分企业劳动合同内容显失公平，甚至有违法条款，严重侵害了劳动者的合法权益。第二，存在违反劳动基准的现象，如拖欠工资、随意延长工作时间。第三，部分用人单位不缴纳社会保险费，尤其是非公有制企业中的私营企业参保率低，进城务工人员难以获得社会保障。第四，存在就业歧视和侵犯劳动者人格尊严的现象。目前就业歧视种类繁多，包括性别歧视、年龄歧视、相貌歧视、身高歧视、户籍歧视、地域歧视、残疾歧视、婚姻状况歧视等。还有一些企业对劳动者随意体罚或搜身，限定劳动者去卫生间的时间和次数等。这些做法侵犯了劳动者的平等就业权和人格尊严。

2004年国务院发布《劳动保障监察条例》，强化了劳动保障监察执法措施。但目前，我国劳动监察制度仍存在两方面不足：①人员、经费和设施配备不足，人员少，力量弱，与劳动监察面广、任务重之间的矛盾十分突出。②监察力度不够，主要体现为一些地方政府重视不够，地方保护主义盛行，行政干预过强。因此，我国的劳动监察制度还有待进一步完善。

我国劳动争议处理制度存在的主要问题如下：无救济则无权利，权利的实现必须有相应的救济机制，劳动争议处理机制是保护劳动者权利的最后屏障。目前我国劳动争议处理采取“一裁二审”的体制，劳动争议仲裁是劳动争议诉讼必需的前置程序。一个劳动争议的处理可能要经过调解、仲裁、一审、二审等众多程序，比普通民事诉讼程序还复杂。实践证明，“一裁二审”的劳动争议处理制度周期长、成本高、效率低，而且，劳动法规定提出劳动争议仲裁的时效为劳动争议发生之日起60日内，超过时效的不予受理，因而超过时效不予受理的仲裁案件，法院也不予受理，这使得相当一部分劳动者的劳动权被侵害而得不到法律的救济。当前，劳动争议案件的诉讼程序存在一些不利于保护劳动者权益的问题，主要表现为：①程序复杂，时间过长；②诉讼成本过高，许多劳动者请不起律师，甚至打不起官司；③举证责任分担不合理，举证责任倒置在司法解释中虽有列举规定，但尚不全面，可操作性也不强；④审判机构的组成与劳动争议的特点不相适应，劳动争议案件由民事审判庭审理，审判人员的组成和相关程序难以适应国际上推行的劳动争议处理的“三方原则”，即由政府、雇主和工人共同参与劳动争议处理的原则。

（4）中国劳动法体系的改进方向。目前，完善中国劳动法体系主要应做好以下几方面工作：第一，加快劳动立法，构建适应社会主义市场经济秩序的劳动法体系。第二，完善劳动监察制度，加大劳动法的执法力度。第三，关注国际劳工标准与我国劳动法的衔接。

5.3 政府介入劳动关系实践

5.3.1 政府介入劳动关系的模式

政治理念决定劳动关系模式。政府的政治理念主要可以分为自由放任主义与社团主义。自由放任主义的政府主张经济体系中商品与服务市场以及劳动力市场的自由竞争是首要前提，个人的福利首先必须由自己负责，而不应该依赖政府，从而使政府减少管制以及其他扭曲自由市场的行为。自由放任主义将工会的组织与谈判力量视为导致自由市场扭曲的根源。

社团主义认为经济和社会生活是各方面相互关联的统一体，需要社会不同阶层和不同群体（特别是工会和管理方）参与政府政策的制定。政府应该采取积极干预措施来防止经济个体因市场机制造成的生活质量下降。总之，政府需要对经济体制进行必要管制并建立社会伙伴机制，体现社会正义原则。[①]

考虑工会的权利与地位，克劳奇与斯特里纳蒂认为，可以将劳动关系分为市场个人主义、自由集体主义、谈判社团主义、国家社团主义和中央集权主义五种模式。

1）市场个人主义

市场个人主义模式的特征是自由放任思想与弱小工会组织。在这种劳动关系模式下，雇员一般不参加工会组织，他们受市场竞争机制约束。政府制定的政策与法律旨在保护资本产权，而不是保护雇员免遭管理者的剥削或避免管理者滥用职权，因而就业关系实际上由管理方决定，政府的作用十分有限，甚至是消极的。市场个人主义模式的缺陷在于假定劳动合同只是个体之间的经济行为，而实际上雇员与雇

---

① 李维斯，桑希尔，桑得斯.雇员关系：解析雇佣关系［M］. 高嘉勇，等，译. 大连：东北财经大学出版社，2005.

主作为劳动合同的签约双方，他们之间还体现了社会关系：雇员受管理方控制，并服从其管理。而且，资本与劳动力在地位上不是对等的，只允许劳动力依附于资本，而不可能出现资本依附于劳动力的情形。这种劳动关系模式最初出现在西方国家工业化早期，即19世纪末20世纪初。但是20世纪80年代以来，以英国"撒切尔主义"与美国"里根主义"为代表的新自由主义逐渐占据了统治地位。由于经济状况恶化，人力资源管理新战略的产生以及限制工会的立法，最终使劳动关系又回到强调个人主义与竞争秩序的市场个人主义。

2）自由集体主义

自由集体主义模式的特征是广义的自由放任思想以及工会拥有较大权力，是当代资本主义国家劳动关系的普遍模式之一。在这种模式下，政府不是积极参与劳动关系，而是为劳动关系提供一个法律框架，其中最重要的是承认雇员建立工会的权利，但工会只能通过集体方式与管理方谈判经济方面的就业条件，而管理方仍然拥有其他非经济领域劳动问题的决策权。这样，政府通过立法，既赋予了雇员和工会权利，同时又限制集体权利的行使，从而维护劳动关系中工会与管理方之间的平衡。

3）谈判社团主义

谈判社团主义又称社团主义，这种模式的特征是社团主义治理思想以及独立、强大的工会组织。所谓社团主义是指这样一种制度，在这种制度中，利益的阐述和政策的确定都要通过作为其成员和国家间的合法中介而行使。在谈判社团主义模式中，劳动关系可以分为两个层面：在企业层面是工会与管理方之间的社会伙伴关系；在国家层面则是管理方、工会、政府之间的三方合作关系。政府邀请工会和管理方代表参与政府决策，包括制定就业政策与法律以及其他经济和社会发展战略。例如，通过调整社会政策和财政政策来影响劳动关系。这种模式主要被那些长期由社会民主党执政的国家（如德国、瑞典、荷兰等欧洲国家）采用。

4）国家社团主义

国家社团主义模式的特征是社团治理思想以及工会在政治上隶属于某政党。在这种模式下，劳动关系受政治制度约束，而不是通过市场的自发经济秩序来调整。实行这种模式的国家，其政治体制或是一党制，或是由一个主要政党统治，且工会都隶属于执政党。历史上，实行该模式的主要是苏联以及东欧社会主义国家。第二次世界大战后，许多东南亚新兴工业化国家也采取国家社团主义劳动关系模式。

5）中央集权主义

中央集权主义模式的特征是社团主义治理思想以及在劳动关系方面弱小的工会。这种模式以法国共和制为代表。在这种模式下，政府通过立法形式规定雇员的就业条件，修正雇主与雇员之间权利不平衡的状况。由于政府已经为包括工会会员与非工会会员在内的所有雇员立法，因而工会在劳动关系方面的作用相对减弱，它们主要通过发动政治运动来影响政府立法。

政府的政治理念、工会权利和劳动关系的模式如图5-2所示。

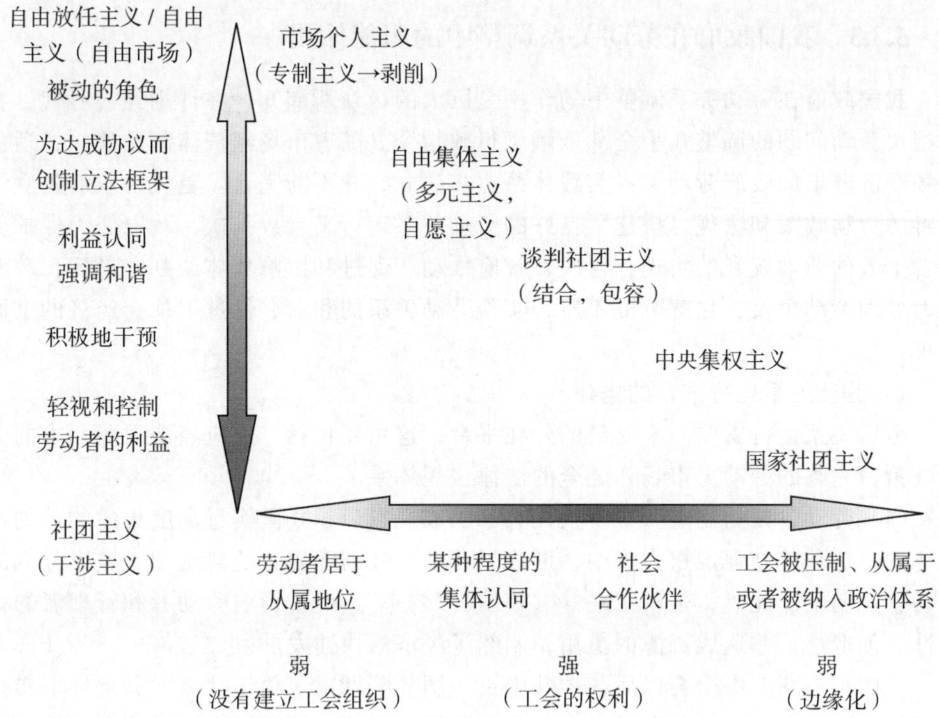

图5-2　政府的政治理念、工会权利和劳动关系的模式

资料来源　李维斯，桑希尔，桑得斯.雇员关系：解析雇佣关系［M］. 高嘉勇，等，译. 大连：东北财经大学出版社，2005.

5.3.2　政府介入劳动关系的表现形式

以政府为代表的公权介入劳动关系，有利于维护社会的公正与稳定。政府介入劳动关系一般表现在宏观和微观两个层面：

在劳动关系的宏观层面，政府劳动部门对于劳动关系的介入，主要表现为法律规范的间接监控与监察和仲裁的直接矫正相结合。这种宏观调控的方法，一是通过劳动行政和劳动监察，直接运用行政手段来调整劳动关系。二是通过政府、工会和雇主的三方协商机制来调整劳动关系，三方协商的内容主要包括有关劳动法律、法规草案的制定；有关涉及劳动者或雇主利益的社会政策，诸如社会保障、社会分配以及劳动力市场的管理等政策的制定；有关劳动标准，诸如法定劳动时间和最低工资标准以及安全与卫生标准等的制定。

在劳动关系的微观层面，政府劳动部门对于劳动关系的介入主要表现在两个方面：一是通过劳动行政部门对于劳动合同和集体合同的制定和履行予以指导和管理，并通过劳动监察部门对国家标准的实施予以监督查处；二是对于劳动合同或集体合同签订或履行中发生的劳动争议，通过劳动争议仲裁委员会予以处理。

5.3.3 我国政府在劳动关系调整中的职能作用

我国政府在劳动关系调整中的作用是巨大的。众所周知，在计划经济时代，我国相关劳动问题的调整几乎全部依赖于行政指令。随着市场经济体制的建立，适应市场经济要求的政府劳动关系实践体系逐步建立，并不断完善。首先，政府建立了完善的劳动政策和法规，搭建了良好的劳动关系运行平台；其次，政府努力保护劳动者个人的劳动权利的实现；再次，政府推动、促进和影响集体谈判；最后，政府尽力处理劳动争议，化解劳资矛盾，实现劳动关系的和谐，促进了社会经济的全面进步。

1）劳动关系运行平台的搭建

劳动关系运行需要一个完善的外在平台，这主要包括：适应经济发展要求的劳动政策、完善的劳动力市场和健全的法律法规体系。

（1）劳动政策的制定。中华人民共和国成立以后，我国实行高度集中的计划经济体制，这种体制强调权力集中，形成了劳动力计划配置、统包统配、城乡分割的劳动就业制度。此时，强调“平等”，轻视“效率”，严重影响劳动者和管理者的积极性、创造性，并造成资源的滥用，制约了经济的快速发展。

党的十一届三中全会以后，中共中央、国务院做出了关于社会主义条件下实行多种经济形式和多种经营方式并存的重大决策。对此，提出了在国家统筹规划和指导下，实行劳动部门介绍就业、自愿组织起来就业和自谋职业“三结合”的就业方针，同时把企业和劳动者推向了市场。1986年，国务院出台了有关改革企业招工、用工、辞退和待业保险等的规定，从此社会保障制度开始建立。

随着社会主义市场经济体制的定位和国有企业改革的不断深化，20世纪90年代中期以后，社会保障制度进入按照社会主义市场经济体制要求的规范完善时期。1998年6月，中共中央提出了“劳动者自主择业，市场调节就业，政府促进就业”的新时期就业方针。同时，为了进一步推进“再就业”工程的进展，我国政府提倡并实施积极劳动政策，开展职业培训、职业指导、职业介绍、创业扶持、职业康复等，开创了我国就业工作的新局面，有力地促进了我国经济持续、稳定、健康发展。适应市场经济要求的劳动就业政策的实行，为建立和谐劳动关系提供了良好平台，为政府职能的转变提供了基本环境。

（2）劳动力市场的建立和完善。建立和完善适应中国特色社会主义市场经济要求的劳动力市场是和谐劳动关系运行的前提之一。对此，我国政府在以下几个方面做了大量工作：

①真正确立劳动者和用人单位的市场主体地位。用人单位在国家法律、法规、政策的指导下，根据生产经营和工作的实际需要，自主决定招用人员的时间、条件、方式和数量；劳动者在国家法律和政策的宏观指导下，根据自身兴趣、专长等条件，自主选择职业。除少数特殊群体有国家特殊政策保护以外，各类劳动者平等参与市场竞争。用人单位和劳动者在统一、公开、平等、规范的条件下，真正做到

通过市场双向选择。市场机制的作用不仅要体现在劳动者和企业在求职、招工的选择上，也要体现在企业用人、分配的过程中。企业的用人制度、工资分配制度完全同市场接轨。企业富余人员能够直接向市场分流，实现企业能进能退，职工能进能出。

②实现市场对劳动力资源配置起主导作用。其具体体现在以下方面：劳动力市场机制灵活，规则健全，功能完善；统一开放、竞争有序、信息灵敏的劳动力市场初步形成；市场主体明确，劳动者求职、单位招用及职业介绍中介行为规范有序；市场中介机构形成网络，服务功能完善，现代化程度较高；工资发挥市场价格杠杆的作用；劳动力能够在较大范围内合理流动。

③确立政府促进就业、扶持就业困难群体的服务体系。[①]打破统包统配的就业制度，破除妨碍劳动力在不同所有制之间流动的身份界限——户籍制度，打破城乡之间、地区之间劳动力流动的障碍。积极稳妥地促进农村劳动力的合理有序流动，引导农村剩余劳动力的就地、就近转移和开发就业，大力发展小城镇，积极推动劳动力市场的城乡一体化建设，逐步打破劳动力市场的城乡分割、地区分割。同时，在劳动力市场中构建起辅助弱势群体的托底机制，具体包括：制定一套促进就业、调控失业的政策体系；形成稳固的资金来源与资金补充渠道；建立覆盖全社会的就业公共服务网络，给予就业困难群体以及时的特殊帮助。

④推动劳动力市场科学化、规范化、现代化建设。建立了完善的劳动力市场服务和保障体系，主要包括社会保险体系、就业服务体系、职业技能开发体系、统计信息服务体系、劳动法律咨询服务体系、劳动安全监察体系、宏观调控体系等，为各类企业和社会劳动者提供优质、高效的服务。建立劳动力市场和失业状况的监测与评估系统，为政府和各个相关团体制定政策和计划提供系统、全面、翔实的就业信息。完善劳动力市场所需要的一整套法律、法规体系建设，规范劳动力市场的运行秩序，将劳动力市场运行纳入法治化轨道，劳动关系的建立、调整和终止，通过劳动合同法律形式来进行。

（3）劳动法规的制定。中华人民共和国成立后到改革开放以前，为了保障劳动者的合法权益，我国政府开始了劳动领域的相关立法，但它们都以劳动政策的形式出现。党的十一届三中全会以后，适应经济体制改革的需要，劳动立法进展很快。1994年颁布了《劳动法》，此后，我国相继制定了一系列劳动法律、法规和规章，基本形成了以《劳动法》为核心、多层次法律规范并存的劳动立法格局，劳动立法取得了突破性的发展。这些法律的制定和实施对于维护劳动者权益、建立协调稳定的劳动关系发挥了重要作用。不过，目前我国的劳动立法中多侧重于个人权利的内容规定，缺乏个人权利保护的程序规定，而且一些重要的调整劳动关系所急需的法律（如社会保险法）尚未出台。

---

① 赵瑞红．劳动关系［M］．北京：科学出版社，2007.

2）保护劳动者个人的劳动权利

目前，由于我国劳动力的无限供给，劳资双方的地位和力量极不平衡，劳动者个人在具体的劳动关系中处于弱势地位。政府扶弱抑强、保护劳动者尤为重要。

（1）通过立法的形式界定劳动者个人应该享有的权利。目前我国已制定29类共1 682项有关劳动者权利保护的法规和规章，有28个省、自治区、直辖市制定了劳动保护方面的地方性法规，全国已颁布有关职业安全卫生国家技术标准452项。我国建立了劳动安全卫生监察体系，实行国家监察制度，包括劳动安全、劳动卫生、女工保护、工作时间与休假制度等。

（2）政府通过制定工资、工时、职业培训、保险福利、女职工和未成年人特殊保护和劳动安全卫生等方面的国家劳动标准直接规定用人单位的义务，保障劳动者的权利。我国还批准相关国际劳工公约来保护劳动者的权利。同时，政府的劳动行政管理系统建立监督体系，加大劳动行政部门的监察执法力度，努力监察劳动标准的执行，规范企业行为。劳动监察工作的重点对象是经常发生违法行为、侵害劳动者权利的企业；工作重点是查处用人单位乱辞退劳动者、强迫加班、欠缴社会保险费和克扣工资等行为；工作方式是采取接受劳动者举报进行查处与定期和不定期到企业进行检查督促相结合，下大力气纠正用人单位的违法行为。

3）推动、促进和影响集体谈判

集体谈判在我国已经逐步推开。政府以独立第三方的身份推动、促进和影响着集体谈判。我国政府在集体谈判中的推动、促进和影响作用具体表现在以下几个方面：

（1）制定和颁布有关集体谈判的法律和制度，使集体谈判活动能够依法有序进行。我国相关劳动法律规定了集体谈判的主体资格、谈判机构、谈判双方的责任、谈判的程序和内容、集体协议的签订和约束力等，这些制度确立了集体谈判的制度框架，为劳资双方自主平等谈判和对话铺平了道路。

（2）限制和约束集体谈判的内容。劳动条件和就业条件是集体谈判的基本内容。劳资双方通过集体谈判形成劳动条件和就业条件，不是完全自由放任的，要受劳动基准法的限制和约束。因为劳动条件和就业条件偏低或偏高对劳资关系的和谐稳定及社会经济的发展会带来不利影响。我国政府以立法形式强制规定工资、工时、劳动安全卫生等方面的劳动标准。劳资双方协商谈判、签订集体合同，必须在遵循劳动基准法的基础上进行。集体合同所确定的关于行业、区域、单位在劳动报酬、工作时间、休息休假、劳动安全卫生、保险、福利等方面的最低劳动标准，不得低于相关法律所规定的最低劳动标准，如果低于这一标准，即使双方达成了协议，该协议也属无效协议。这既防止了劳动者的权益受到资方的过分侵害，又给谈判的劳资双方留下了一定的协商空间，使劳资自治成为政府指导下的劳资自治。

（3）为谈判双方提供有助于制订谈判方案和达成协议的各种信息和数据，如政府通过公布地区、行业、企业的平均人工成本水平，发布工资指导线、劳动力市场工资指导价位，预测工资收入和物价水平变化的趋势等措施，引导谈判，避免劳资双方盲目要价，促进达成协议。

（4）在特殊时期直接干预谈判，如在严重通货膨胀时期，政府宏观政策的指向是降低通货膨胀率，这样政府可能会对劳资双方施加压力，迫使劳资双方接受政府节制工资增长的主张，甚至冻结工资。

4）处理劳动争议，化解劳资矛盾

在市场经济条件下，劳动争议是不可避免的，关键是如何处理劳动争议。政府通常是以调解者、调停者、仲裁者的角色处理劳动争议，化解劳资矛盾，协调劳资关系。政府提供的调解、调停、仲裁服务具体表现在以下三个方面：

（1）集体劳动争议的调解者、调停者、仲裁者。集体劳动争议是由集体谈判和集体合同而引发的争议。它包括签订集体合同的争议和履行集体合同的争议。在我国，当集体谈判过程中发生争议、劳资双方不能协商解决时，政府的调解机构或仲裁机构或应邀协调处理，或在必要时主动介入，进行调解、调停、仲裁，甚至采取强制性措施，控制和阻止极端的争议行为。政府的主动介入和强制仲裁对避免劳资争端给国民经济带来损失发挥了极大的作用，同时也保证了政府在调节劳资关系方面的主动权。此外，因履行集体合同发生争议，当事人协商解决不成的，可由政府部门调解，也可由政府主持的劳动争议仲裁委员会仲裁，对仲裁裁决不服的，还可向法院提起诉讼，通过司法途径解决。

（2）个体劳动争议的调解者和仲裁者。个体劳动争议，是指用人单位与劳动者个人之间发生的纠纷。这种个体劳动争议在我国由政府主持的劳动争议仲裁机构和司法机关裁决审判，其中司法机关对劳动争议拥有最终司法裁判权。

（3）劳资纠纷群体性事件的调解者和仲裁者。近年来，我国因劳资矛盾引发的劳动者集体上访、集体罢工、静坐、围堵交通和政府机关等严重影响社会秩序的突发性群体事件时有发生，并呈现上升趋势。这类群体行为一般与集体合同和集体谈判没有关系，绝大多数是由于劳动者个人劳动经济权益被侵害（如拖欠工资、欠缴社会保险等）而又长期得不到解决而致。对于这类劳资纠纷群体性事件，各级政府部门必须制定处理程序及应急措施，及时平息事件，并组织专门机构和人员进行公平、公正的调解和仲裁，以维护正常的生产秩序与社会秩序。

● 个案分析

案例一：

拖欠农民工工资企业要进“黑名单”

日前，威海推动“建筑市场监管与诚信信息一体化平台”与部级、省级及“信用威海”平台对接，实现各级管理平台互联互通，拖欠农民工工资等失信行为将进入各平台的失信“黑名单”。

2016年8月，威海市“建筑市场监管与诚信信息一体化平台”上线，平台涵盖施工企业、监理企业、建设单位、勘察单位、设计单位等全市建筑领域的所有从业单位。平台由企业库、人员库、项目库、诚信信息库4个基础数据库组成，诚信信息库记录建筑企业所有的奖惩内容。

平台将未取得施工许可擅自开工、未办理竣工验收备案交付使用，以及肢解发包、转包、违法分包、拖欠工程款和农民工工资等事项列入失信范围，违规企业将进入失信“黑名单”。

资料来源 佚名. 山东威海：拖欠农民工工资企业要进“黑名单”［EB/OL］.［2019-10-26］. http：//news.iqilu.com/yangmei/20161208/3240888.shtml.

案例二：

四川优先发放农民工欠薪案执行款

自2016年12月初至2017年3月5日，四川省高级人民法院将集中开展“司法大拜年”涉民生案件专项执行活动。期间，将集中人力物力，加大对涉及农民工、职工等群体案件的执行力度，实施优先立案、优先执行、执行款优先发放，让职工群众舒心迎新年。

四川省高级人民法院将利用春节前后三个月时间，重点清理拖欠职工、农民工等劳动报酬案件，拖欠涉及职工、农民工利益的工程款案件，追索赡养费、抚养费、抚恤金案件，交通事故人身损害赔偿纠纷案件，医疗损害赔偿纠纷案件，工伤赔偿纠纷案件，刑事附带民事人身损害赔偿等七类案件，集中兑现一批涉民生案件，救助一批无财产可供执行案件的困难申请人，制裁打击一批不执行涉民生案件的被执行人，加大失信联合惩戒力度。

资料来源 佚名. 农民工欠薪案执行款优先发放［EB/OL］.［2019-10-26］. http：//news.sina.com.cn/c/2016-12-04/doc-ifxyicnf1495740.shtml.

问题：

1.如何看待政府对劳动关系的干预以及其在劳动关系中扮演的角色？

2.如何看待上述案例中政府的干预行为？

● 本章小结

政府是整个国家统治和管理以及为公民服务的机关，是国家主权的管理者和行使者，具有阶级性和公共性的双重属性。作为第三方公共权力，政府通过行使立法权、司法权和行政权来协调、综合和代表双方的利益、缓和双方的矛盾，把劳资冲突控制在既有的社会秩序范围之内，保证社会经济的稳定性和持续性。政府是劳动者基本权利的保护者、集体谈判与雇员参与的促进者、劳动争议的调停者、就业保障与人力资源的规划者、公共部门的雇佣者。

劳动法是国家制定或认可的、以国家强制力保证实施的、调整劳动关系以及与劳动关系密切相关的其他社会关系的法律规范的总和。它具有三个主要功能：确定基本劳动标准、保护劳动关系双方的自愿安排并为之提供保护、解决纠纷。作为劳动基本法，我国《劳动法》以保护劳动者的合法权益为立法宗旨，在工时、休息休假、工资、劳动安全卫生、女职工和未成年工特殊保护等各项劳动标准方面均做了明确规定。

从工会的权利和地位角度出发，可以将政府介入劳动关系的模式分为市场个人主义、自由集体主义、谈判社团主义、国家社团主义与中央集权主义五种。

● 关键概念

政府　政府劳动关系角色　劳动法　基本劳动标准　最低工资　标准工作时间　缩短工作时间　不定时工作时间　延长工作时间　综合计算工作时间　未成年工　劳动法体系　政府劳动关系模式　政府劳动关系实践

● 课堂讨论题

1.如何理解市场经济条件下政府的职能定位?

2.某煤矿发生瓦斯爆炸事故，死亡职工5人，受伤10人，试问对此事故应当如何进行调查和处理?

3.联系当前情况，讨论我国劳动法体系存在的问题与改进方向。

4.试从工资保障的角度讨论如何解决拖欠农民工工资的问题。

● 复习思考题

1.论述政府在劳动关系中扮演的角色。

2.哪些情况属于特殊情况下的工资支付?

3.简述缩短工作时间、不定时工作时间、综合计算工作时间的适用范围。

4.我国《劳动法》对延长工作时间有哪些限制性的规定?

5.简述女职工特殊保护的主要内容。

6.试述未成年工特殊保护的基本内容。

7.对比自由放任主义和社团主义的主要观点及其对劳动关系模式的影响。

8.评析我国政府的劳动关系实践。

● 自测题

1.广义的政府包括国家________、________和________机关。

2.就业保障体系的三大支柱是：________、________和________。

3.我国《劳动法》规定的标准工作时间是职工每天工作________小时，每周工作________小时。

4.按照劳动法律规范的基本职能，劳动法体系的结构包括：________、________、________和________。

5.女职工的“四期”保护主要是指________、________、________和________。

6.政府制定劳动法律与政策并推进其实施，这是在扮演（　　）角色。

A.保护者　　B.促进者　　C.调停者　　D.规划者

7.法定节假日安排劳动者工作的，支付不低于工资的（　　）的工资报酬。

A.100%　　B.150%　　C.200%　　D.300%

8.《职工带薪年休假条例》规定，“职工累计工作满1年不满10年的，年休假（　　）天”。

A.5　　B.10　　C.15　　D.20

9.女职工生育享受不少于（　　）天的产假。

A.30　　B.45　　C.60　　D.90

10.德国、瑞典、荷兰等欧洲国家采用的劳动关系模式是（　　）。

A.市场个人主义　　B.谈判社团主义

C.国家社团主义　　D.自由集体主义

第6章 /劳动合同

引导案例

赵某儿子赵小某于2014年7月1日到某清洁公司担任清洁工，双方未签订劳动合同，清洁公司也没有为其缴纳社会保险。2014年7月10日，赵小某在擦玻璃时从楼上摔下死亡。为确认赵小某与清洁公司存在劳动关系，赵某提出仲裁申请，清洁公司否认赵小某系该公司的员工。根据赵某的申请，仲裁委向公安局调取了赵小某死亡案的卷宗材料。在公安机关的询问笔录中，李伟称，"我是这个公司的清洁队队长，赵小某是2014年7月1日经人介绍来当清洁工的……"；张红称，"我是某清洁公司的清洁工，赵小某是2014年7月来和我一起担任清洁工的……"。清洁公司认可李伟、张红是该公司的职工，李伟系清洁队队长。

依据《关于确立劳动关系有关事项的通知》的相关规定，用人单位未与劳动者签订劳动合同，认定双方存在劳动关系时可参照包括其他劳动者的证言在内的相关证据。参照清洁公司员工在公安机关的询问笔录可以证实赵小某在该公司工作，清洁公司缺乏证据反驳公安机关的询问笔录，故仲裁委对赵小某与某清洁公司之间存在事实劳动关系予以确认。

资料来源 佚名. 因工坠亡被否员工身份 同事证言帮证劳动关系［EB/OL］.［2019-10-27］. http：//www.cy12333.com/info.asp？infoid=7412.

学习目标

劳动合同是劳动者与用人单位确立劳动关系、明确双方权利和义务的协议。学习完本章后，应该了解劳动合同的意义、内容、种类、形式和格式；掌握符合《劳动合同法》要求的有关劳动合同订立、变更、解除、终止与续订等各环节的原则、程序及需要注意的问题；了解劳务派遣的含义，理解劳务派遣主体之间的关系，掌握劳务派遣合同的内容以及三方主体各自的权利和义务；了解企业劳动合同管理的意义、管理的机构和组织；掌握企业劳动合同管理的制度。

6.1 劳动合同概述

我国第一部关于劳动合同的法律——《劳动合同法》于2007年6月29日第十届全国人民代表大会常务委员会第二十八次会议通过，并于2008年1月1日起正式施行。在我国，调整劳动关系的基本法是《劳动法》，而《劳动合同法》补充和完善了现有《劳动法》关于劳动合同的规定，对劳动合同制度长期运行中积累的弊端进行了修正。依法建立和完善劳动合同制度，有利于明确劳动合同双方当事人的权利和义务，有利于保护劳动者的合法权益，有利于构建和发展和谐稳定的劳动关系。

6.1.1 劳动合同的意义、特征及作用

1）劳动合同的意义

劳动合同又称“劳动契约”或“劳动协议”，是劳动者与用人单位确立劳动关系、明确双方权利和义务的协议。建立劳动关系应当订立劳动合同。用人单位与劳动者建立劳动关系，订立、履行、变更、解除或者终止劳动合同，都必须依照《劳动合同法》进行。

劳动合同是市场经济条件下确认和形成劳动关系的基本方式，是明确和维护劳动者、用人单位双方合法权益的基本手段。劳动合同是以确定当事人双方的权利和义务为内容的，一方面，劳动者作为用人单位的一员要承担一定的工作，完成劳动任务，遵守用人单位的规章制度；另一方面，用人单位按合同的内容分配给劳动者工作，提供劳动条件，支付劳动报酬等。

劳动合同是企业人力资源管理的重要工具和手段。劳动合同使得企业和劳动者处于平等地位，互相选择。从企业方面看，企业拥有用人自主权，企业借此可以面向社会，根据企业战略规划，适时公开招聘、录用本企业当期需要的员工，并在企业内部对人力资源统一管理、统一指挥、统一调配，实现人力资源的优化配置和较高的产出效益。

劳动合同是处理劳动争议的法律依据，是建立和维护劳动关系协调机制的基础。企业内部的劳动关系都通过劳动合同的形式确定。签订劳动合同，一方面可以增强企业自身以及劳动者的劳动合同意识，使其自觉履行劳动合同；另一方面也可以据此检查企业和劳动者对劳动合同的履行情况，及时纠正错误和违法行为，从而有利于化解企业和劳动者之间的矛盾，促进企业劳动关系的健康发展。

2）劳动合同的特征

劳动合同是合同的一种，它具有合同的一般特征，同时还具有其自身的基本特征。就其一般特征而言，签订合同是双方的法律行为；当事人之间的合同只有在平等自愿、协商一致的基础上达成一致时才成立；签订合同是合法行为，合同一经签订就具有法律约束力。就劳动合同的自身基本特征而言，主要体现在以下几个方面：

（1）主体的特定性。《劳动合同法》第二条规定，中国境内的各类企业、个体经济组织、民办非企业单位等组织①和与之形成劳动关系的劳动者，国家机关、事业单位、社会团体和与之建立劳动合同关系的劳动者，都是签订劳动合同的主体，即劳动合同主体一方必须为有劳动权利和劳动行为能力的劳动者，而另一方必须为具备承担合同义务的能力、有招工资格的用人单位。

（2）主体意志的限制性。虽然劳动合同是由双方当事人协商一致达成的，但国

① 民办非企业单位等组织包括民办非企业单位、基金会、合伙合作律师事务所等组织。民办非企业单位，是指企业事业单位、社会团体和其他社会力量以及公民个人利用非国有资产举办的，从事非营利性社会服务活动的社会组织。

家法律和集体协议已经对合同中的条款作了相当多的约束，即劳动合同主体双方的自由协议，必须在国家法律规定的许可范围内进行，如实践中，有的劳动合同约定劳动者在合同期限内不得结婚，即使有双方的签字，也不具有法律效力，因为该条款严重侵犯了劳动者的婚姻自由权。

(3) 履行中的隶属性。劳动合同是具有身份性质的特殊合同，即劳动合同在履行过程中，劳动者要参加到用人方的劳动组织中去，承担一定的工作，服从用人方的领导和指挥，遵守其劳动纪律和内部的劳动规则，双方存在着管理上的依从、隶属关系。正是这一特征决定了劳动者在同一时期，一般只能与一个用人单位签订劳动合同。

(4) 目的的过程性。建立劳动合同，是为了确立劳动关系，是为了实现一定的劳动过程，其目的在于劳动过程的完成，而不是劳动成果的实现。现实中的劳动过程有的相对复杂，而且并不是所有的劳动合同都能直接创造出劳动成果。所以劳动合同作为确立劳动关系的凭证，只要求劳动过程的实现，不能要求劳动成果的实现，即劳动者按照用人单位的要求从事劳动，无论劳动成果实现与否都享有获得约定报酬的权利。

(5) 合同的有偿性。有偿性是劳动合同的本质特征。劳动合同本质上是一种以劳动换取报酬的协议，当事人一方要享有利益，就必须对对方当事人承担一定的义务，因此劳动合同是一种双务有偿合同，即劳动者承担和完成用人单位分配的劳动任务，用人单位付给劳动者一定的报酬，并负责劳动者的保险和福利。

除了上述特征之外，在特定条件下，劳动合同还可能涉及第三人的物质利益。劳动合同内容往往不仅涉及劳动者和用人单位双方的权利义务，有时还可能涉及劳动者的直系亲属在一定条件下享有的物质帮助权，如劳动者供养的亲属的疾病保险、劳动者死后遗属的待遇等。

3) 劳动合同的作用

从表面看，劳动合同是用人单位与劳动者建立劳动关系的法律凭证，它把用人单位和劳动者用合同这一法律形式联系在一起，形成劳动关系，并通过劳动合同的内容约束和规范双方当事人的劳动行为，维护各自的合法权益。但实际上，劳动合同作为一种劳动法律制度，它的作用还有更深层次的含义，主要表现为以下几个方面：

(1) 劳动合同是劳动者实现劳动权的重要保障。《宪法》规定：中华人民共和国公民有劳动的权利和义务。劳动权是劳动者获得职业的权利，也是劳动者赖以生存的基础。劳动合同以文本形式将国家规定的客观劳动权变为劳动者的主观劳动权。劳动合同的签订，就意味着劳动权的实现，意味着劳动者在合同期限内获得有保障的工作，用人单位不得无故解除劳动合同，剥夺劳动者的劳动权。所以说，劳动合同从法律形式上实现了对劳动者劳动权的保障。

(2) 劳动合同是用人单位合理有效运营的基础条件。用人单位通过与劳动者签订不同类型、不同期限的劳动合同，发挥劳动者的专长，合理使用劳动力，来实现正常有效的生产经营活动。用人单位享有依法订立、变更、解除和终止劳动合同的自主权，可以促使劳动力的流动，优化企业内部劳动力的资源配置。劳动合同关于加强劳动保护、改善劳动条件等的具体措施，能调动劳动者的积极性，提高企业的劳动生产率。劳动合同中关于劳动纪律的条款有利于企业巩固生产纪律，有利于生产的有序进行，有利于企业生产经营目标的实现。

（3）劳动合同是减少和防止劳动争议产生的重要机制。用人单位与劳动者在平等自愿的基础上，按国家有关法律、法规，通过签订劳动合同，明确双方的权利和义务，将双方平等地置于法律的监督和保护之下。任何一方违约侵害另一方权益的，都要承担经济或法律责任。因而，劳动合同有助于提高双方履行合同的自觉性，促使双方当事人正确地行使权利，严格地履行义务，从而减少和防止劳动争议的发生。

6.1.2 劳动合同的内容

劳动合同的内容，是指双方当事人在劳动合同中必须明确的各自的权利义务及其他问题。劳动合同内容是劳动关系的实质，也是劳动合同成立和发生法律效力的核心问题。用人单位与劳动者之间的权利和义务通过劳动合同进行确认，具体表现为劳动合同的各项条款，可以分为法定条款和任意约定条款两部分。前者是指劳动合同必须具备的，由法律、法规直接规定的内容；后者是指不需由法律、法规直接规定，而由双方当事人自愿协商的内容，而且只要不违反法律、法规，就具有与法定条款同样的约束力。《劳动合同法》对这两部分内容在《劳动法》的基础上作了较大幅度的规范和完善。

1）劳动合同的法定条款

劳动合同的法定条款属于劳动合同的法定组成内容，其订立后应当按照一定的程序进行协商变更。《劳动合同法》在《劳动法》规定的七项法定条款的基础上，根据经济发展和形势变化更新完善为九项，见表6-1。

由表6-1可见，《劳动合同法》对合同内容的法定条款主要作了格式规范性和内容完备性两方面的改进。

格式规范性的改进是指《劳动合同法》对劳动合同格式规范性提出的新要求，也就是劳动合同必须明确双方主体的基本情况，主要是指《劳动合同法》第一、第二项的新规定，即合同中必须明确规范用人单位名称、住所和法定代表人或者主要负责人；劳动者的姓名、住址和居民身份证或者其他有效身份证件号码。

内容完备性的改进是指《劳动合同法》对劳动合同法定条款在《劳动法》相关规定基础上增加的条款，主要体现在以下几个方面：

（1）将工作地点作为新增的法定必备条款，补充工作内容条款。工作地点又称劳动合同履行地，是履行合同中规定的工作内容的地点，劳动者有权知晓自己的工作地点。因为实践中劳动者的工作地点可能与用人单位住所地不一致，因此有必要在订立劳动合同时予以明确，而且工作地点的确定对劳动者工伤认定等有重要意

表6-1　　《劳动法》与《劳动合同法》就法定条款规定的比较

《劳动法》规定的法定条款	《劳动合同法》规定的法定条款
	（一）用人单位名称、住所和法定代表人或者主要负责人
（一）劳动合同期限	（二）劳动者的姓名、住址和居民身份证或者其他有效身份证件号码
（二）工作内容	（三）劳动合同期限
（三）劳动保护和劳动条件	（四）工作内容和工作地点
（四）劳动报酬	（五）工作时间和休息休假
（五）劳动纪律	（六）劳动报酬
（六）劳动合同终止的条件	（七）社会保险
（七）违反劳动合同的责任	（八）劳动保护、劳动条件和职业危害防护
	（九）法律、法规规定应当纳入劳动合同的其他事项

义。对工作地点的约定，首先要协商一致，其次要与工作内容相匹配，由工作内容的性质与类别来确定。在实践中，由于劳动合同履行的持续性、变动性和不可预见性，工作内容和工作地点难以在建立劳动关系初期进行明确，这就要求用人单位必须加强对岗位职责的梳理，加强薪酬制度等人力资源管理制度的配套，可以采取基本格式合同加补充协议的做法，留出灵活调整的空间。

（2）新增工作时间和休息休假条款为法定必备条款。此条款是为了明确法定标准基础上的劳动者具体的工作时间和休息休假安排，包括每日工作时间和每周工作时间的限制与规定、平时的休息日安排和法定节假日的休假安排，以及正常工作时间之外工作的工资标准。《劳动法》明确规定，国家实行劳动者每日工作时间不超过8小时、平均每周工作时间不超过40小时的工时制度，而且用人单位应当保证劳动者每周至少休息1天。另外《劳动法》还就在劳动者正常工作时间之外工作的工资标准作了详尽的规定，详见表6-2。而《劳动合同法》就是将《劳动法》中这些有关工作时间和休息休假的规定上升为劳动合同的法定条款，要求用人单位在与劳动者签订劳动合同时必须予以明确。

表6-2　　劳动者正常工作时间之外工作的工资标准

工作情形	工资待遇
安排劳动者延长工作时间的	不低于工资的150%的工资报酬
休息日安排劳动者工作又不能安排补休的	不低于工资的200%的工资报酬
法定休假日安排劳动者工作的	不低于工资的300%的工资报酬

（3）社会保险条款也是《劳动合同法》新增加法定必备条款，以强化用人单位和劳动者的社会保险权利和义务意识。基本养老保险、基本医疗保险、失业保险、工伤保险、生育保险等社会保险制度属国家强制性规范，凡是法律、法规规定范围内的劳动者和用人单位都应当依法参加，并办理社会保险登记，履行缴纳社会保险费的义务，同时享有相应的权利。

(4)《劳动合同法》在“劳动保护和劳动条件”的款项中新增加了职业危害防护条款，这是针对用人单位设立的义务性条款，规定用人单位必须将工作过程中可能产生的职业病危害及其后果、职业病防护措施和待遇等如实告知劳动者，并在劳动合同中写明，不得隐瞒或欺骗。此项规定有利于敦促用人单位为劳动者提供符合国家规定的劳动保护措施和劳动条件。

(5) 新增“法律、法规规定应当纳入劳动合同的其他事项”条款。这一新条款的含义是：按照《劳动合同法》以外的其他法律和法规的规定，应当在劳动合同中载明的内容，也是劳动合同的法定条款。随着经济的不断发展，新情况、新问题会不断出现，法律必须紧跟时代，不能与实际脱轨，这就有可能需要增加新的法定条款；同时作为法律又不能经常修改，必须保证其稳定性。“法律、法规规定应当纳入劳动合同的其他事项”的条款就是兼顾了这两种需要，可以只通过司法解释或行政法规加以认定，而不必通过修改《劳动合同法》来实现这一目的，为补充法定条款留下余地，提供了便利。

除了上述《劳动合同法》新增加的内容外，还有若干条款延续了《劳动法》规定的法定必备条款，这说明这些条款一直相当重要而且关键。它们包括：劳动合同期限、工作内容、劳动报酬以及劳动保护和劳动条件。

案例6-1　　劳动内容能否因为考核的“末位淘汰制”而变更

案情：陈某与A公司签订了两年期的劳动合同，岗位约定为“A公司业务一部副经理”。不久，A公司在中层管理人员中实行“末位淘汰制”，在公司中层管理人员考核测评中，陈某得分最低，作为最后一名，被免去业务一部副经理职务，调业务二部任业务员。陈某认为考核不公，拒绝到新岗位报到。半年之后，A公司以陈某拒不服从公司新岗位安排而旷工、严重违反劳动纪律为由，做出解除与陈某的劳动合同的决定。陈某不服，向劳动争议委员会申诉，要求撤销解除劳动合同决定，恢复双方的劳动关系，继续履行劳动合同。

点评：此案中A公司与陈某在劳动合同中就工作内容，即岗位进行了明确约定，A公司对陈某进行岗位调整后，陈某的新岗位与劳动合同的约定不同，这就涉及劳动合同的变更。变更劳动合同的原则是平等自愿、协商一致。A公司的变更要求显然与陈某的意见相左，该劳动合同变更不能有效成立，陈某有权拒绝公司的安排，其不到岗也不能被视为旷工。公司对陈某的违纪处理不当，应该恢复与陈某的劳动关系，恢复陈某“A公司业务一部副经理”职务。

资料来源　刘军胜.《劳动合同法》下企业的十大风险［J］. 人力资源开发，2008（4）.

2）任意约定条款

近年来，试用期的不规范用工现象愈演愈烈；关于培训服务期限和违约金的纠纷越来越多；涉及商业秘密和知识产权的经济案件亦层出不穷；用人单位逃避保险、福利责任的倾向日益严重。面对如此现状，《劳动法》原先对任意约定条款的模糊规定——“劳动合同除前款规定的必备条款外，当事人可以协商约定其他内容”，已明显不适应当前劳动关系发展的要求，所以《劳动合同法》就任意约定条款可涉及的内容首先指导性地做出了规定，允许用人单位与劳动者约定试用期、培训、保守商业秘密、补充保险和福利待遇等其他事项。其次，该法第十九至第二十五条，分别对试用期、培训、保守商业秘密和竞业限制、违约金等热点问题作了详尽的规定。

（1）劳动合同的试用期条款。现在经常能听到有人抱怨："好不容易找个工作，试用期满后以为就可以转正了，结果公司随便找了个理由就把我炒了。"试用期期间职工的权益如何维护，成为《劳动合同法》关注的重点问题。试用期是指劳动合同当事人在合同中约定的互相考察、互相熟悉的期间。试用期条款应包含试用期的长度和试用期的工资约定。

关于试用期的长度，《劳动合同法》有明确的规定：劳动合同期限三个月以上不满一年的，试用期不得超过一个月；劳动合同期限一年以上不满三年的，试用期不得超过两个月；三年以上固定期限和无固定期限的劳动合同，试用期不得超过六个月。以完成一定工作任务为期限的劳动合同或者劳动合同期限不满三个月的，不得约定试用期。试用期包含在劳动合同期限内。劳动合同仅约定试用期的，该期限为劳动合同期限。《劳动合同法》还规定试用期工资须同时满足三个条件，即员工在试用期间的工资必须同时满足以下条件：不低于单位同岗位最低档工资、不低于合同约定工资的80%、不低于单位所在地最低工资。

（2）劳动合同的保守商业秘密条款和竞业限制条款。关于保守商业秘密，《劳动合同法》第二十三条有明确规定：用人单位与劳动者可以在劳动合同中约定保守用人单位的商业秘密[①]和与知识产权相关的保密事项[②]。对负有保密义务的劳动者，用人单位可以在劳动合同或者保密协议中与劳动者约定竞业限制条款，并约定在解除或者终止劳动合同后，在竞业限制期限内按月给予劳动者经济补偿。劳动者违反竞业限制约定的，应当按照约定向用人单位支付违约金。用人单位与劳动者可以在劳动合同中约定此事项以明确劳动者保守用人单位商业秘密和与知识产权相关的保密事项的义务，并确定违反这一义务的具体责任。

此外，《劳动合同法》第九十条规定，劳动者违反劳动合同中约定的保密义务或者竞业限制给用人单位造成损失的，应当承担赔偿责任。由此，对于劳动者违反竞业限制约定的，用人单位既可以要求该劳动者承担违约责任，支付违约金；又可以要求该劳动者承担赔偿责任，并赔偿损失。

案例6-2　　微软诉李开复违反"竞业禁止协议"案

案情：2005年微软华人副总裁、掌握微软核心技术机密的李开复博士突然跳槽到微软的竞争对手、搜索引擎谷歌，出任谷歌的全球副总裁及中国区总裁。微软于2005年7月20日向美国法院提出诉讼，指控谷歌和李开复违反了竞业禁止协议。此事在当年掀起轩然大波。法院最终做出裁决：李开复可以立即为谷歌工作，允许谷歌雇用微软前副总裁李开复领导其中国研究中心的工作，但条件是工作范围将受到限制，李开复不能从微软招募员工。此案最终以李开复与谷歌公司同意将此裁决执行到李开复与微软签署的竞业禁止协议期满为条件，双方达成和解，微软撤回诉讼。

点评：李开复从微软跳槽加盟谷歌折射出了一个普遍性问题，每个人都应该有权支配其劳动

---

① 商业秘密，是指不为公众所知悉，能为权利人带来经济利益，具有实用性，并经权利人采取保密措施的技术信息和经营信息。

② 与知识产权相关的保密事项，是指尚未依法取得知识产权但与知识产权相关的需要保密的事项。

力，但这只是表明每个人都有权与别人自由签订其劳动力的使用合约，而不是说他有权随时违反这样的合约。法律禁止这种通过恶意“挖墙角”达到获取他人商业秘密的行为。企业间如果互相“挖墙角”，获取对方的商业秘密，将会对社会生活带来严重的冲击。《劳动合同法》在竞业限制方面最终回归了理性，强调了劳动关系当事人协商在竞业限制中的作用，对于恶意挖人的用人单位要求其与劳动者同时承担法定连带责任。企业设置竞业限制义务，受到立法四个方面的强烈制约：一是商业秘密的制约；二是高层员工的制约；三是约定竞业限制条款的制约；四是经济补偿金的制约。

资料来源　根据有关资料整理。

（3）培训条款。用人单位可以在劳动合同中约定培训条款，就用人单位为劳动者支付的培训费用、培训后的服务期以及劳动者违约解除劳动合同时须赔偿培训费的计算方法等事项进行约定。关于赔偿培训费，《劳动合同法》第二十二条做出了明确规定：“用人单位为劳动者提供专项培训费用，对其进行专业技术培训的，可以与该劳动者订立协议，约定服务期。劳动者违反服务期约定的，应当按照约定向用人单位支付违约金。违约金的数额不得超过用人单位提供的培训费用。用人单位要求劳动者支付的违约金，不得超过服务期尚未履行部分所应分摊的培训费用。”

案例6-3　　培训的服务期限超过了劳动合同期限该怎么办

案情：胡先生与某建筑设计公司于2001年3月签订了为期5年的劳动合同，合同约定期限至2006年3月31日止。2003年1月，公司决定派胡先生去欧洲培训，为此支付了8万元的培训费用。出国培训前双方签订了服务期限协议书，约定胡先生培训结束后要为公司服务5年，若违反约定辞职，则要支付违约金5万元，并按每服务一年递减20%的标准赔偿公司的培训费用。2006年2月，胡先生通知公司合同期满后，将终止与公司的劳动合同。对于胡先生此举，公司认定是违约辞职，不予同意。胡先生称自己是按劳动合同约定办事，不存在违约问题。2006年4月1日起，胡先生再也没有到公司上班。公司几经通知无效后，于2006年5月8日向区劳动争议仲裁委员会申请仲裁，要求胡先生依据约定支付公司违约金5万元，赔偿公司培训损失33 333元。

点评：本案争议的焦点集中在：劳动者劳动合同期满之时仍处在服务期限内可否依照劳动合同期限来终止与用人单位的劳动关系而不承担违约责任。这里首先要弄清专项协议和劳动合同的关系。劳动关系双方当事人可以就部分权利和义务以专项协议的形式加以约定。所谓专项协议，是劳动关系当事人为明确劳动关系中特定的权利义务，在平等自愿、协商一致的基础上达成的契约，是劳动合同的附件。《关于实施〈上海市劳动合同条例〉若干问题的通知》第六条更是明确规定，劳动合同当事人约定的服务期限长于劳动合同期限的，劳动合同期满用人单位要求劳动者继续履行服务期的，双方当事人应当续订劳动合同。劳动者违反服务期约定的，应当承担违约责任。本案中，双方签订的培训与服务期协议是合法有效的。现在胡先生要求终止劳动合同，显然违背了自己为公司服务5年的承诺，是一种违约行为，应当承担违约责任，并赔偿违约给公司造成的损失。

资料来源　滕晓春，李国志.《中华人民共和国劳动合同法》条文释义与案例精解［M］. 北京：中国民主法制出版社，2007.

（4）违约金条款。违约金条款即约定不履行劳动合同而应支付违约金的合同条款，它包括对违约金的支付条件、项目、范围和数额等内容的约定。由于当事人双方都有可能不按规定履行劳动合同，因此违约金的承担主体可以是劳动者也可以是用人单位，而《劳动合同法》对两个主体各自承担的违约金范围的规定是不同的。一方面，《劳动合同法》严格限制了由劳动者承担的违约金范围。《劳动合同法》第二十五条规定：除了服务期条款和保守商业秘密条款可以约定由劳动者承担违约金外，用人单位不得与劳动者约定由劳动者承担违约金。另一方面，《劳动合同法》没有限制用人单位承担违约金的范围，即劳动者可以与用人单位约定适用于用人单位的违约金。

（5）根据情况而约定的其他条款。双方认为有必要约定的其他内容也可以在劳动合同中以其他条款形式明确下来。其他条款主要指补充保险和福利待遇等其他事项。用人单位和劳动者除应当依法参加社会保险外，可协商约定补充医疗、补充养老和人身意外伤害等条款，明确有关福利。

6.1.3 劳动合同的种类、形式和格式

劳动合同是劳动者与用人单位确立劳动关系、明确双方权利和义务的协议。为了更好地认识和理解劳动合同，应该通过一定的标准对劳动合同进行分类，同时也必须研究其法定的形式以及规范的格式。

1）劳动合同的种类

劳动合同可依照不同的标准做出多种划分，常见的有以下三种：

（1）以合同期限为标准划分。这是世界各国通常采用的一种分类标准，同时也是《劳动合同法》中明文规定的一种分类方式。按此标准可以将劳动合同划分为固定期限劳动合同、无固定期限劳动合同和以完成一定工作任务为期限的劳动合同。

固定期限劳动合同，是指用人单位与劳动者约定合同终止时间的劳动合同。劳动关系只在合同有效期限内存续，期限届满则劳动关系终止。固定期限劳动合同的优点在于期限明确，这既能保持劳动关系的相对稳定，又能促进劳动力的合理流动；而其缺点相对于无固定期限劳动合同而言，较不利于保护劳动者的利益。

无固定期限劳动合同，是指用人单位与劳动者约定无确定终止时间的劳动合同，劳动关系可以在劳动者的法定劳动年龄范围内和企业的存在期限内存续，只有在符合法定或约定条件的情况下，劳动关系才可终止。它适用于技术性强、要求雇员保持长期性工作岗位的情况。与固定期限劳动合同相比，它对劳动者更有利。关于无固定期限劳动合同的订立详见本章第4节。

以完成一定工作任务为期限的劳动合同，是指用人单位与劳动者约定以某项工作的完成为合同期限的劳动合同。实际上这是一种特殊的定期劳动合同，但不存在合同延期的问题。以完成一定工作任务为期限的劳动合同主要具有四个特点：①以完成一定工作任务为劳动合同终止的条件，因此是一种有终止期限的劳动合同；②没有试用期；③通常不存在续订劳动合同的情况；④劳动合同终止时一般无须支

付经济补偿金。该类劳动合同主要适用于具有季节性、单项性或项目性等特点，且不具有重复性的劳动岗位，其优点是灵活。

（2）以合同目的为标准划分。劳动合同的内容在一定程度上取决于订立劳动合同的具体目的，因而有必要以合同的目的为标准对劳动合同进行分类。依照此标准可将劳动合同划分为录用合同、聘用合同、借调合同、劳务派遣合同、上岗合同以及停薪留职合同，详见表6-3。

表6-3 **按目的划分劳动合同**

合同名称	目的	适用范围
录用合同	录用职工	由用人单位在招收新职工时，与被录用者依法签订的合同，具有普遍适用性，属于劳动合同的基本类型
聘用合同	聘用专业技术人员或管理人员	与在职或非在职的具有特殊技术、业务专长的劳动者缔结劳动关系并约定聘用期限时签订
借调合同	借调其他单位的职工到本单位从事短期性工作	约定借调单位、被借调单位与借调人员三方权利义务关系，一般适用于借调单位急需人员且从事临时性工作的情况
劳务派遣合同	用工单位通过劳务派遣公司使用员工，而不与劳动者产生劳动关系	用工单位的辅助性工作岗位、存续时间不超过六个月的临时工作岗位，或者因原在岗劳动者脱产学习、休假临时不能上班需要他人顶替的工作岗位
上岗合同	实现劳动组织合理化	约定职工在其劳动关系存续期间，在特定岗位上的权利和义务，是对录用和聘用合同的具体化或者变更及修改
停薪留职合同	职工为了在一定期限内脱离原岗位	劳动者继续保留原用人单位员工的身份，但不在原用人单位工作，同时停止享受工资待遇

停薪留职合同在内容上具有独特性，与一般聘用、录用合同差别较大。停薪留职合同，是指为了使特定职工有期限离岗停薪并保留职工身份，而由用人单位与该职工依法签订的，约定停薪留职期间双方相互权利和义务的合同。停薪留职合同的内容可以包括：停薪留职的时间、是否继续享受劳保福利待遇、停薪留职人员是否应定期向原单位缴纳社会保险费等。

（3）以用工形式为标准划分。《劳动法》规定了“用工形式分为全日制和非全日制两种”，《劳动合同法》在此基础上又增加了“劳务派遣”这种新的劳动用工方式。因此，按用工形式，劳动合同可分为全日制劳动合同、非全日制劳动合同以及劳务派遣劳动合同。

全日制劳动合同是指以日计酬、在同一用人单位每日工作时间在5小时以上8小时以下，每周工作时间不超过40小时的劳动者与用人单位签订的书面劳动合同。全日制用工方式在日常生活中是最常见的，它规定了劳动时间、劳动合同期限。对用人单位而言，这种方式具有稳定性和持久性，有利于企业培养人才、长远发展、调动员工积极性、形成企业凝聚力。对劳动者而言，全日制劳动合同具有保障性和稳定性，有益于劳动者致力于提升个人能力。

非全日制劳动合同是指以小时计酬、在同一用人单位平均每日工作时间不超过5小时，累计每周工作时间不超过30小时的劳动者与用人单位以口头或书面形式签订的劳动合同。这种方式主要是为了适应钟点工以及一些兼职工作的需要而产生的。非全日制劳动合同具有灵活性、便捷性，有利于用人单位和劳动者双方实现经济利益，有利于社会劳动力资源的有效配置。

劳务派遣劳动合同是指在劳务派遣中，由劳务派遣公司与被派遣劳动者签订的劳动合同。劳务派遣是劳务派遣公司根据用人单位岗位需求派遣符合条件的员工到用人单位工作的全新的用工方式。在劳务派遣三方主体中，劳务派遣公司是劳动者的用人单位，所以必须与被派遣劳动者签订劳动合同，建立劳动关系。在实践中，劳务派遣这种用工形式发展非常迅速。它的优点体现在两个方面：对用人单位而言，劳务派遣有利于降低用人成本，提高人力资源管理的便捷性，避免与派遣员工的劳动纠纷；对劳动者而言，劳务派遣有利于增加就业机会。

2）劳动合同的形式

劳动合同一般可分为口头和书面两种形式。

《劳动合同法》第十条规定：建立劳动关系，应当订立书面劳动合同。已建立劳动关系，未同时订立书面劳动合同的，应当自用工之日起一个月内订立书面劳动合同。用人单位与劳动者在用工前订立劳动合同的，劳动关系自用工之日起建立。书面劳动合同是用文字形式将双方当事人达成的协议记载下来，作为劳动法律关系存在的凭证，可以明确劳动关系的权利和义务，有利于在劳动争议处理过程中举证责任的承担，有利于维护双方的合法权益。

但在一种情况下，《劳动合同法》允许当事人双方订立口头劳动合同，即当双方当事人采用的是非全日制用工形式时，可以采用口头形式的劳动合同。由于非全日制用工形式具有短期性、灵活性的特点，《劳动合同法》没有要求非全日制劳动合同必须沿用全日制劳动合同严格的形式要件的规定，而是规定：非全日制用工双方当事人可以订立口头协议。从事非全日制用工的劳动者可以与一个或者一个以上用人单位订立劳动合同；但是，后订立的劳动合同不得影响先订立的劳动合同的履行。

3）劳动合同的格式

书面劳动合同一般包括五个部分：

（1）约首条款。它包括当事人双方的名称（用人单位和劳动者分别简称甲方和乙方）、地址、身份以及签订劳动合同的宗旨和法律依据等。

（2）必备内容。（详见6.1.2）

（3）补充条款。（详见6.1.2）

（4）结束条款。它包括合同生效日期，合同份数，双方当事人签名、盖章及签订日期，签证机关盖章及签证日期。

（5）合同附件。其是指需要附加的说明文本或者其他文件。

6.2 劳动合同的订立与履行

依法订立的劳动合同具有法律约束力。劳动合同一旦依法订立，当事人双方就应当依照劳动合同的约定履行各自的权利和义务，以保证劳动合同的顺利履行。《劳动合同法》用了两章的篇幅专门对劳动合同的订立及履行作了详尽的规定。

6.2.1 劳动合同的订立

劳动合同的订立是指用人单位与劳动者就劳动合同的具体内容，通过平等协商达成一致意见，并以书面形式依法签订协议，建立劳动关系的法律行为。但还应该看到，在劳动合同制不断完善的今天，企业劳动合同的签订率仍然不高，尤其在一些中小民营企业，这种现象更为突出。2007年广州市劳动和社会保障部门对全市用人单位的劳动合同签订的专项执法检查结果显示，民营企业的劳动合同签订率只有40%。针对这种现象，《劳动合同法》对《劳动法》有关书面劳动合同订立的规定进行了调整，加重了相应的法律责任，以改善当前劳动合同签订率低的情况。

1）订立劳动合同的原则

《劳动合同法》第三条明确规定：订立劳动合同，应当遵循合法、公平、平等自愿、协商一致、诚实信用的原则。

（1）合法原则。合法原则是指劳动合同的订立不得违反法律、法规的规定。这是劳动合同有效并受法律保护的前提条件，也是把劳动关系纳入法治轨道的根本途径。依法订立劳动合同包括：①主体合法。订立劳动合同的双方当事人须具备法律、法规规定的主体资格，劳动者一方须达到法定年龄，具有劳动权利能力和劳动行为能力；用人单位须具备承担劳动合同义务的能力。②目的和内容合法。劳动合同所设定的权利义务、合同条款必须符合法律、法规的规定。③程序合法。订立劳动合同要遵循法定的程序和步骤，要约和承诺要符合法律规定的要求。④形式合法。《劳动合同法》明确规定建立劳动关系，应当订立书面劳动合同。劳动合同须经用人单位与劳动者在劳动合同文本上签字或者盖章生效，双方各执一份。

（2）公平原则。公平原则是指劳动合同的内容应当公平、合理，即在合法前提下，双方公平、合理地确立权利和义务，如实行同工同酬、对接受专项培训的劳动者服务期限的有限设置、裁员中三类人员的优先留用等就体现了公平原则。反之，若一方当事人享有的权利与其履行的义务不相适应，或者一方当事人应当享有的权利或者义务被排除，就是违反了公平原则。将公平原则作为劳动合同订立的原则，主要是为了防止用人单位滥用优势地位，损害劳动者的权益。实行公平原则有利于平衡劳动合同双方当事人的利益，有利于建立和谐稳定的劳动关系。

（3）平等自愿原则。平等自愿原则包括两层含义：一个是平等原则；另一个是自愿原则。平等，就是指当事人双方的法律地位平等，即双方以平等的主体身份协商订立劳动合同，享有同样的权利和义务。平等原则赋予双方当事人公平表达自己意愿的机会，平等地决定合同的内容，有利于维护双方的合法利益。自愿原则是指订立劳动合同完全是出于劳动者和用人单位双方的真实意志，合同是双方协商一致所达成的，任何一方不得把自己的意志强加给另一方。自愿原则包括订立与否由双方自愿决定、合同的内容由双方自愿约定等。

（4）协商一致原则。协商一致就是用人单位和劳动者要对合同的内容达成一致意见，一方不能凌驾于另一方之上，不能强迫、命令、胁迫对方订立劳动合同。在订立劳动合同时，双方要仔细研究合同的每项内容，进行充分的沟通和协商，解决分歧，达成一致意见。只有体现双方真实意志的劳动合同，双方才能忠实地按照约定履行。现实中劳动合同往往由用人单位提供格式合同文本，对用人单位的权利规定得多而清楚，而对劳动者的权利规定得少而模糊，这样的劳动合同就不是协商一致的结果。因此，在使用格式合同时，劳动者要认真研究合同条文，面对有失公平的条款内容时，要据理力争，维护自己的正当利益。

（5）诚实信用原则。诚实信用就是在订立劳动合同时要诚实，讲信用，不得有欺诈行为。用人单位应当如实告知劳动者工作内容、工作条件、工作地点、职业危害、安全生产状况、劳动报酬以及劳动者要求了解的其他情况；劳动者应当如实说明与劳动合同直接相关的基本情况。双方均负有告知的义务，不得隐瞒真实情况。《劳动合同法》修正了《劳动法》没有足够重视用人单位和劳动者之间诚信的缺陷，更加重视诚信建设，强调诚实信用是构建与发展和谐稳定劳动关系必须遵循的原则，并针对违背诚信的行为制定了惩罚性的措施。

2）订立劳动合同的条件

劳动合同的订立条件，是指劳动合同当事人有享有劳动权利的资格和履行劳动义务的能力，并不是任何一个组织、任何一个劳动者都可以签订劳动合同。用人单位和劳动者订立劳动合同，是建立劳动关系的一种法律行为，因此双方必须同时满足法定条件，具备相应的法律资格，在此前提下双方才可签订劳动合同。

（1）用人单位的主体资格。用人单位一方必须是依法成立的企业或者能够独立承担民事责任的个体经济组织、民办非企业单位等组织，以及与劳动者签订劳动合同的国家机关、事业单位和社会团体。企业是以营利为目的的经济性组织，是用人单位的主要组成部分。个体经济组织是指雇工在7人以下的个体工商户。民办非企业单位是指企业事业单位、社会团体和其他社会力量以及公民个人利用非国有资产举办的，从事非营利性社会服务活动的组织，如民办学校、民办医院、民办图书馆、民办博物馆、民办科技馆等。

（2）劳动者的主体资格。劳动者要具备签订劳动合同的主体资格，应当满足下列条件：

①年龄和文化条件。在我国，公民的最低就业年龄是16周岁。一般来说，不满16周岁不能就业，不能享有劳动者资格，不能与任何用人单位发生劳动法律关系。另外，公民应当完成国家义务教育方能就业。法律规定禁止任何组织或个人招用应该接受义务教育的适龄儿童和少年就业；招工必须以具有初中以上文化程度的

公民为对象。

②有劳动能力。劳动者进行劳动，不能由他人代理进行，必须由劳动者亲自进行，因此要求劳动者必须具有劳动能力。对有无劳动能力的衡量依据是，劳动者是否具备所从事职业必需的健康条件，如患有传染病的人不能从事餐饮业的工作。用人单位一般在招用劳动者时，都对劳动者进行体检，以检验劳动者的身体状况是否符合所从事职业的要求。

③行为自由。有劳动能力的公民，还需要具有行为自由，这样才能以自己的行为去参加劳动。被依法剥夺人身自由的公民，如被劳动教养、被判处有期徒刑的人，不可与用人单位建立劳动合同关系。

3）订立劳动合同的程序

订立劳动合同与订立一般经济合同一样，要经过要约和承诺两个步骤。要约是指劳动者或用人单位向对方当事人发出订立合同的意思表示；承诺是指受要约人对要约内容做出完全同意的意思表示。具体来讲，订立劳动合同一般包括以下两个步骤，如图6-1所示。

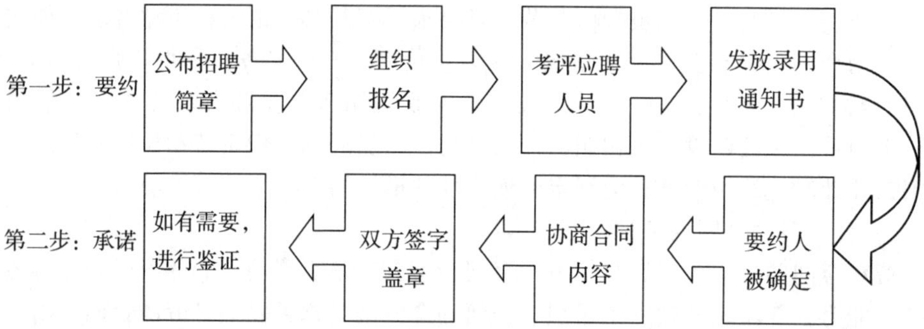

图6-1　订立劳动合同的程序

（1）由用人单位提出要约，并确定被要约方。这个阶段的程序包括下述几个主要环节：①公布招聘简章。公布的内容主要包括：用人单位的情况介绍；空缺岗位的种类、数量；职工聘用条件；聘用后职工的权利和义务；应聘人员报名方法等事项。②由用人单位组织报名，并对应聘人员进行资格审查。③用人单位对符合基本资格条件的报名人员进行全面考评。考评的具体内容、标准由用人单位确定，最后公布考评结果。④根据考评结果，确定被要约人，并向被要约人发放录用通知书，通知其在规定时间内前来签订劳动合同。

（2）被要约人承诺，并与用人单位签订劳动合同。工作申请人接到录用通知书后即被确定为被要约人。被要约人确定后，由用人单位提出劳动合同草案，并说明各条款的具体内容和确定依据，双方对合同条款逐条协商后，以书面形式确定其具体内容。如果被要约人对合同条款已无异议，即为承诺，双方签字盖章。劳动合同遵循签字或盖章生效的原则，即凡属不需要鉴证的劳动合同，在双方当事人签字盖章后即告成立。按照国家规定需要鉴证的劳动合同，应当将其文本送交合同签订地的合同鉴证机构进行鉴证，经鉴证后即生效。

4）事实劳动关系

需要注意的是，如果签订劳动合同的第二个阶段不规范，即没有及时签订劳动合同而与劳动者建立劳动关系的，就会产生事实劳动关系，将承担相应的法律责任。所谓事实劳动关系，是指劳动关系双方当事人没有按照法律的要求签订书面劳动合同，但劳动者事实上已经成为企业的成员，并为其提供有偿劳动的状态。其判断的依据一般有以下几项：第一，劳动者与用人单位之间没有订立书面劳动合同；第二，劳动者已经提供劳动；第三，劳动者已经成为用人单位的成员，比如用人单位提供报酬、社会保险以及其他福利待遇；第四，劳动者已经被纳入用人单位的劳动管理体系；第五，用人单位与劳动者对上述状态表示默认。

现实中，一些企业为了逃避法律责任，故意不与职工签订书面劳动合同，造成用工关系不明确，损害劳动者的权益。在《劳动合同法》颁布之前，我国的法律、法规就对事实劳动关系予以承认，并保护事实劳动关系中劳动者的权益。《关于贯彻执行〈中华人民共和国劳动法〉若干问题的意见》第二条规定，“中国境内的企业、个体经济组织与劳动者之间，只要形成劳动关系，并为其提供有偿劳动，适用劳动法”。而《劳动合同法》提高了对书面劳动合同订立的要求，同时也加大了存在事实劳动关系的法律成本。根据《劳动合同法》的有关规定，如果存在事实劳动关系，将可能给企业带来两个不利的后果。其一是存在事实劳动关系期间，用人单位须支付给劳动者双倍工资。《劳动合同法》第八十二条规定：“用人单位自用工之日起超过一个月不满一年未与劳动者订立书面劳动合同的，应当向劳动者每月支付二倍的工资。”其二是将事实劳动关系视为订立了无固定期限劳动合同。《劳动合同法》第十四条规定：“用人单位自用工之日起满一年不与劳动者订立书面劳动合同的，视为用人单位与劳动者订立无固定期限劳动合同。”

5）无效劳动合同的确认及处理

无效劳动合同，是指劳动者与用人单位订立的违反劳动法律、法规的协议。劳动合同符合法律、法规的要求，是合同具有法律效力、受法律保护的基本前提。无效劳动合同从订立时起就不具有法律效力，不受法律保护。

（1）无效劳动合同的确认。劳动合同是否有效，由劳动争议仲裁机构或者人民法院确认，其他任何部门或者个人都无权认定无效劳动合同。《劳动合同法》第二十六条规定下列劳动合同无效或者部分无效：

①以欺诈、胁迫的手段或者乘人之危，使对方在违背真实意思的情况下订立或者变更劳动合同的。

案例6-4　　　劳动者使用欺骗手段签订的劳动合同属于无效劳动合同

案情：2007年2月，上海某建材公司与持有上海财经大学文凭的张某签订了劳动合同，合同约定聘张某为销售经理，月薪2 500元。不久，公司查实张某所持文凭系伪造，遂通知张某自3月起解除劳动合同，之后，张某领取2月份工资1 500元。张某向卢湾区劳动争议仲裁委员会申诉，要求公司支付剩余部分的工资及解除合同补偿金。仲裁委裁决：公司应向张某支付2月份工资2 500元，并支付补偿金及替代通知期工资4 000元。公司不服诉至法院。法院认为：张某持伪造的文凭属欺骗手段，订立的劳动合同是无效合同，但张某已付出劳动，公司理应支付报酬。公司任意调整工资没有法律依据，法院不予准许。由于是无效合同，张某要求获得提前解除合同的补偿金的请求法院不予支持。

点评：本案中的焦点有以下几个：A.被告违背诚实信用原则，采取欺诈手段获得了劳动合同依法无效，被告主观上存在过错。B.无效的劳动合同，自始无效。合同无效的法律后果是该合同不仅无须继续履行，而且还应当恢复到双方订立合同时的状态。因此张某不能受该无效合同的保护而取得相应的经济补偿。C.由于被告在2007年2月已经实际为原告提供了相应劳动，根据权利义务对等的原则，原告应当支付相应的劳动报酬。鉴于原告方销售经理工资是每月2 500元，故原告应按标准支付给被告。

资料来源 黎建飞.《劳动合同法》案例判解［M］. 北京：中国法制出版社，2007.

②用人单位免除自己的法定责任、排除劳动者权利的。这一条款主要是为了切断用人单位倚仗优势地位与劳动者签订霸王条款、违法条款的后路。

③违反法律、行政法规强制性规定的。这一条款主要是指以下几种情况：第一，用人单位和劳动者中的一方或者双方不具备订立劳动合同的法定资格的；第二，劳动合同的内容直接违反法律、法规的规定的，包括最低工资法、工作时间法、劳动安全与卫生法等；第三，劳动合同损害国家利益和社会公共利益的。

（2）无效劳动合同的处理。劳动合同被确认为无效后，应及时处理。处理无效劳动合同的程序大致如下：

①确定劳动合同是全部无效还是部分无效。对于全部无效的劳动合同，制作无效劳动合同确认书，终止仲裁审理程序；对于部分无效的劳动合同，以裁定方式终止仲裁程序，有效部分按仲裁程序审理。

案例6-5　　部分无效不影响合同其他部分的法律效力

案情：张某与某食品机械厂签订劳动合同，其中对工作时间约定如下：实行每周5天，每天10小时工作制。几个月后，张某提出每日工作10小时违反了《劳动法》，要求厂方缩短工作时间。厂长立即宣布，既然合同的有关工作时间不合法，就是无效合同，如有意见，请另谋高就。随后厂方解除了与张某的劳动关系。

点评：这是一起以劳动者提出劳动合同部分条款违法为由，全部解除与张某的劳动关系的案例。《国务院关于职工工作时间的规定》第三条规定：职工每日工作不超过8小时，每周工作不超过40小时。张某与该食品机械厂签订的劳动合同中关于工作时间的条款显然是违反国家法律、法规规定的，因而是无效的。《劳动合同法》第二十七条规定，劳动合同部分无效，不影响其他部分仍然有效。劳动合同的无效，由劳动争议委员会或者人民法院确认。该食品机械厂以工作时间不合法为由，宣布该劳动合同为无效合同的做法显然违反了《劳动合同法》。一方面，该厂厂长无权对劳动合同是否有效做出认定；另一方面，该合同为该厂和张某在平等协商的基础上签订的，是双方真实的意思表示，因而是有效的。至于工作时间违法，是属于劳动合同部分无效的问题，该部分无效并不影响合同其余部分的效力，因而合同本身是有效的，厂方应当恢复与张某的劳动关系，继续履行合同，并将合同的劳动时间改为每天工作8小时。

资料来源 刘军胜.《劳动合同法》下企业的十大风险［J］. 人力资源开发，2008（4）.

②劳动合同被确认无效后，劳动者已履行劳动合同的，用人单位应当支付相应的劳动报酬，提供相应的待遇。这是由于劳动力一旦付出，无法由用人单位返还给

劳动者，也无法恢复到合同订立前的状态，而且劳动力付出即物化在用人单位的工作成果中，用人单位必从中受益，如果用人单位不给付相应对价，显然有失公平。

③分清造成无效劳动合同的责任。对于无效劳动合同造成的损失，应当分清责任轻重，分别采取返还财产、赔偿损失的方式处理。双方都有过错的，各自承担相应的责任。由于用人单位的原因订立的无效合同，给劳动者造成损害的，应当比照违反和解除劳动合同经济补偿金的支付标准，赔偿劳动者因合同无效所造成的经济损失。由于劳动者原因订立无效合同，给用人单位造成损失的，也应当赔偿用人单位因合同无效所造成的经济损失。

④在法律允许和当事人愿意的情况下，可以重新建立合法有效的劳动合同关系。重新订立劳动合同必须遵守有关法律、法规，并遵循"合法、公平、平等自愿、协商一致、诚实信用"的劳动合同订立的原则，考核订立双方的主体条件是否符合要求，避免再次导致无效劳动合同的种种可能，最后严格按照订立劳动合同的程序重新订立合法有效的劳动合同。

综上所述，处理无效劳动合同的程序大体如图6-2所示。

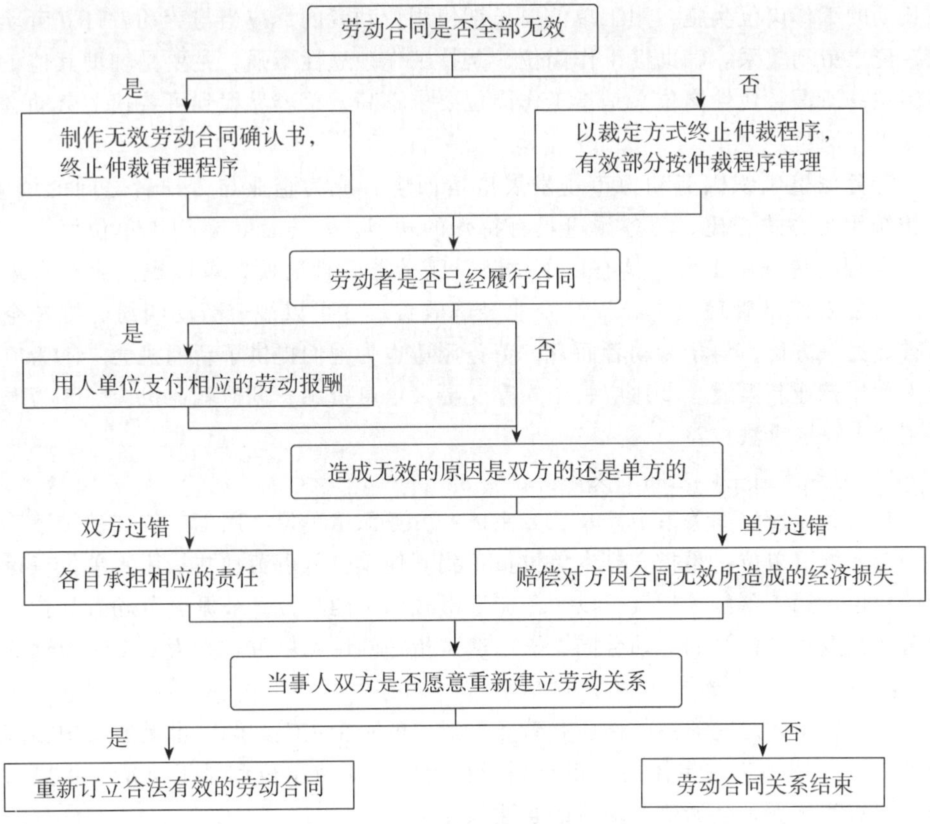

图6-2 无效劳动合同处理的程序

6.2.2 劳务派遣合同的订立

劳务派遣是在我国建立劳动力市场机制的实践中发展起来的新用工形式。劳务派遣关系不同于普通的劳动关系，它涉及劳务派遣单位、用工单位和劳动者三方的权益，所以劳务派遣合同的订立必须明确其主体之间的关系、劳务派遣合同的内容以及三方拥有的特殊权利和须承担的特殊义务。

1）劳务派遣的意义

劳务派遣，是指劳务派遣单位与被派遣劳动者订立劳动合同后，将该劳动者派遣到用工单位从事劳动的一种特殊的用工形式。在这种特殊用工形式下，劳务派遣单位与被派遣劳动者建立劳动关系，但不直接管理和指挥劳动者从事劳动；用工单位用工，但与劳动者之间不建立劳动关系。

劳务派遣只能作为一种辅助性的劳动用工方式存在，其不应也不能取代传统的用工方式，成为用工方式的常态。劳务派遣的适用范围被《劳动合同法》明确限定为：一般应当在临时性、辅助性或者替代性的工作岗位上实施。劳务派遣一般不得在长期的工作岗位实施，用工单位要长期使用劳动者的，应当与劳动者订立劳动合同，建立劳动关系。辅助性工作岗位，是指工作独立性不强，主要是辅助其他工作的岗位；所谓替代性岗位，是指工作岗位要求不高，很容易找到可替代的劳动者的低端工作岗位。

劳务派遣组织因劳动力市场发展应运而生，成为企业与劳动者之间的桥梁。与传统用工方式相比，劳务派遣具有特殊的功能。一方面，对用工单位而言，劳务派遣相比传统用工形式具有以下优势：①劳务管理简便，可以提高企业管理效率。②能够降低管理成本，提高企业经济效益。③可以规避劳动纠纷，维护企业信誉。另一方面，对于劳动者而言，劳务派遣也为他们提供了新的机会：①为应聘个人开拓就业新渠道。②让应聘个人享受更多信息资源，创造就业机会。③为派遣员工个人谋取合法权益。

2）劳务派遣主体之间的关系

在劳务派遣法律关系中涉及三方主体：劳务派遣单位、用工单位和被派遣劳动者。劳务派遣单位，是指安排本单位员工到其他单位从事劳动并从用工单位获得报酬的单位。用工单位是指接受以劳务派遣形式用工的单位。被派遣劳动者是指根据与劳务派遣单位签订的劳动合同，被派遣到指定的用工单位，并为之提供劳动的劳动者。

这三方主体之间关系的性质是劳务派遣中的一个关键问题，也是实践中很多纠纷的源头。明确三方主体的关系有利于杜绝劳务派遣单位和用工单位互相推卸责任，也有利于保护被派遣劳动者的合法权益。

①劳务派遣单位与被派遣劳动者建立的是劳动关系。《劳动合同法》第五十八条明确规定：劳务派遣单位是本法所称用人单位，应当履行用人单位对劳动者的义务，即在劳务派遣中，派遣单位是真正意义上的用人单位，应当同被派遣劳动者建

立劳动关系，订立劳动合同。

②劳务派遣单位与用工单位之间是特殊的市场交易关系。劳务派遣单位与用工单位的关系主要体现为劳务派遣协议。一方面，劳务派遣单位向用工单位提供人才派遣服务，收取服务费，具有一般市场交易行为的性质。另一方面，劳务派遣协议涉及劳动者权益保护的问题，签订协议的双方不能完全奉行自治原则，而是要受到劳动法律规范的特别限制，因而两者间的市场交易行为具有了特殊性。

③被派遣劳动者与用工单位之间是准劳动关系[①]。一方面，用工单位没有被强制要求与被派遣劳动者签订劳动合同，因此两者之间的关系不是劳动关系。另一方面，被派遣劳动者与用工单位之间的关系与劳务关系又有很大差别。首先，法律关系的主体不同，在劳务派遣中用工单位必须是单位组织，被派遣者只能是自然人；普通劳务关系的主体既可以都是公民，也可以都是法人，或者是法人与公民。其次，期限不同。用工单位与被派遣劳动者之间的关系维系期间一般比劳务关系的有效期更长，后者常常是一次性履行后即归于消灭。再次，用工单位有权对被派遣劳动者进行必要的监督、指导和管理；劳务关系的任何一方都无权对他方进行监督和管理。最后，用工单位与被派遣劳动者之间的关系受到《劳动合同法》等劳动法律的规范；劳务关系只受民法调整，双方不负有劳动法上的义务。综上，两者间的关系既不同于严格意义上的劳动关系，也不能简单等同于一般劳务关系，而是一种与劳动关系相似的法律关系，因此在这里称之为准劳动关系。

综上所述，劳务派遣三方主体在劳务派遣中的地位及相互之间的关系如图6-3所示。

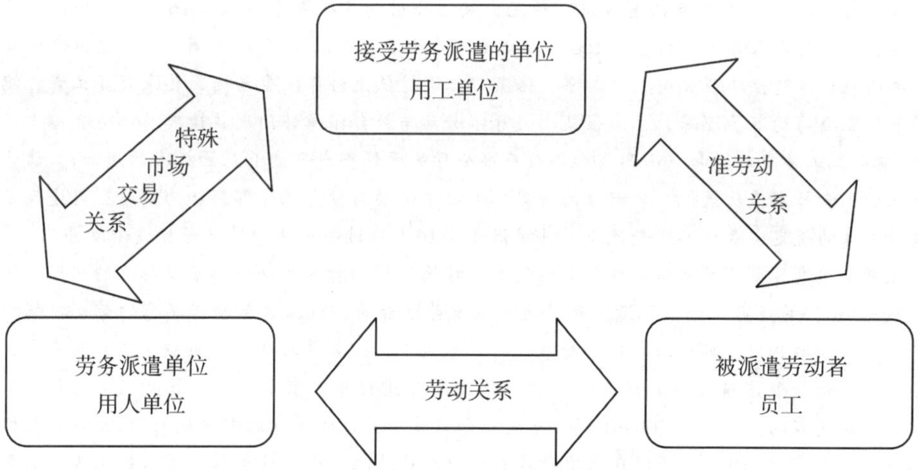

图6-3　劳务派遣三方主体关系图

3）劳务派遣合同的内容

劳务派遣合同，实际上是一组合同，由劳务派遣单位与被派遣劳动者之间的劳务派遣劳动合同、劳务派遣单位与用工单位之间的劳务派遣协议组成。由于用人单

① 林嘉，等. 劳动合同法条文评注与适用［M］. 北京：中国人民大学出版社，2007.

位并不直接使用劳动者，与劳动过程直接相关的权利和义务的享有和履行常常需要用工单位的配合协作，因此劳务派遣劳动合同的内容就有别于一般的劳动合同。劳务派遣协议，是劳务派遣单位与用工单位订立的、明确双方的权利和义务的协议。劳务派遣协议的特殊性质决定了其受到劳动法律的规范。

①劳务派遣劳动合同。作为劳务派遣单位与被派遣劳动者所签订的劳务派遣劳动合同具有其特殊性，因此除应当载明一般劳动合同规定的事项外，还应当载明被派遣劳动者的用工单位以及派遣期限、工作岗位等情况。被派遣劳动者拥有对实际的用工单位、派遣期限与工作岗位的知情权。在劳务派遣中，虽然派遣单位是派遣劳动者的雇主，但是派遣单位并不实际使用该劳动者，而是将其派往其他单位劳动，如果派遣单位不告知劳动者其将服务的单位、服务的期限以及工作岗位，则劳动者无从得知，也无法很好地履行劳动合同，其合法权益也是不可能得到保障的。

劳务派遣劳动合同与一般劳动合同相同的款项中，有部分条款也另有特别的规定，主要包括：劳动合同期限、劳动报酬、劳动保护、劳动条件和职业危害防护。首先，劳务派遣单位与被派遣劳动者订立的劳动合同必须是两年以上的固定期限劳动合同。其次，被派遣劳动者的工资必须按月支付，而且在劳动合同有效但劳动者无工作的期间，劳务派遣单位也必须向劳动者支付工资，且不得低于当地最低工资标准。最后，如果跨地区派遣劳动者，那么被派遣劳动者享有的劳动报酬和劳动条件，必须按照用工单位所在地的标准执行。

案例6-6　　跨地区劳务派遣中劳动报酬最低标准问题

案情：鸿运责任有限公司（以下简称“鸿运公司”）是太原市一家劳务派遣单位，它与北京市某物业管理公司订立劳务派遣协议，约定由鸿运公司向其提供劳务人员16人，从事搬运及保安工作，工资为每人每月610元，之后，鸿运公司在太原市招收了张某等16人，与之订立劳动合同，并将他们派遣至物业公司。第二年，张某以工资过低无法保障生活为由要求提高工资，鸿运公司和物业公司均不予理睬，于是张某向太原市劳动与社会保障部门反映情况。鸿运公司出示了《山西省最低工资规定》和《山西省人民政府办公厅关于调整我省最低工资标准的通知》，认为张某等人的工资并不违反最低工资标准的规定。太原市劳动与社会保障部门认为鸿运公司违反了有关最低工资的规定，责令其限期改正，并对张某等16人在过去一年中的工资损失予以补偿。

点评：该案件主要涉及跨地区劳务派遣中，被派遣劳动者的劳动报酬最低标准的问题。根据《劳动合同法》的规定，劳务派遣单位跨地区派遣劳动者的，被派遣劳动者享有的劳动报酬和劳动条件，必须按照用工单位所在地的标准执行。本案中，张某等人从太原市被派遣到北京市，所以他们的劳动报酬应当按照北京市的标准执行。根据2007年北京市劳动和社会保障局和北京市民政局共同发布的《北京市2007年城市居民社会保障相关待遇标准调整方案》，北京市的最低工资标准为每人每月730元，所以在此次劳务派遣中，虽然鸿运公司给予张某等人的工资不低于太原市最低工资标准，但是仍违反了法律的相关规定。同时，根据《劳动合同法》第九十二条的规定，劳务派遣单位违反本法规定的，由主管部门责令改正；情节严重的，按每一名劳动者一千元以上五千元以下的标准处以罚款，并由工商行政管理部门吊销营业执照。

资料来源　滕晓春，李国志.《中华人民共和国劳动合同法》条文释义与案例精解［M］. 北京：中国民主法制出版社，2007.

②劳务派遣协议。劳务派遣协议是劳务派遣单位和用工单位在进行劳务派遣时必须订立的。劳务派遣协议应当约定派遣岗位和人员数量、派遣期限、劳动报酬和社会保险费的数额与支付方式以及违反协议的责任。

劳务派遣协议中首先必须明确派遣岗位。明确派遣岗位是为了防止派遣单位随意指使被派遣劳动者，频繁调动工作岗位。劳务派遣协议中还应明确劳务派遣单位向用工单位派遣人员的数量，这直接关系到相关费用的计算。

派遣期限不同于劳务派遣劳动合同期限，指的是派遣单位将劳动者派遣至用工单位的时间，也是用工单位实际使用被派遣劳动者的时间。用工单位应当根据工作岗位的实际需要与劳务派遣单位确定派遣期限，且不得将连续用工期限分割订立数个短期劳务派遣协议。

劳务派遣单位是用人单位，应当履行用人单位对劳动者的义务，其中自然包括向劳动者支付工资的义务。但是劳动力的实际使用者还是用工单位，所以被派遣劳动者的劳动报酬实际上包括在用工单位支付给劳务派遣单位的相关费用中，再由派遣单位发放给劳动者本人。而具体支付方式，也必须在劳务派遣协议中明确。

在劳务派遣中，被派遣劳动者也有享受社会保险保障的权利。对于社会保险问题的处理，原则上与劳动报酬的处理相同，即劳务派遣单位负责为被派遣劳动者办理社会保险，用工单位实际负担社会保险费，将其支付给劳务派遣单位，再由后者向社会保险基金管理中心缴纳。

在劳务派遣协议中约定违约责任是必要的，比如劳务派遣单位提前撤回劳动者或用工单位提前将劳动者退回怎么办。约定违约责任条款有两方面的作用：一是可以敦促派遣单位和用工单位严格遵守协议的约定；二是可以事先明确违约责任，当一方违约时方便快捷地解决责任承担的问题，防止争议的发生。

4）劳务派遣三方的权利和义务

劳务派遣合同涉及三方当事人的权利和义务，因而劳务派遣单位、用工单位和被派遣劳动者除应当享有与一般劳动合同当事人相同的权利和义务外，还被赋予了特殊的权利和义务。

（1）劳务派遣单位的特殊权利和义务。一方面，劳务派遣单位作为用人单位拥有依法单方解除劳动合同的权利。当劳动者符合过失性辞退或非过失性解除的规定，被用工单位退回时，则劳务派遣单位可依法解除劳动合同。另一方面，劳务派遣单位所负的特殊义务，主要是关于应向被派遣劳动者履行的三项义务：

①劳务派遣单位的告知义务，即应当将其与用工单位签订的劳务派遣协议的内容告知被派遣劳动者。虽然被派遣劳动者不是该协议的主体，但协议中的大多数条款都与被派遣劳动者的利益相关，因此劳动者享有知情权，劳务派遣单位有义务告知其劳务派遣协议的内容。

②劳务派遣单位不得克扣报酬。劳动者的报酬必须在劳务派遣合同中明确约定，劳务派遣单位也必须严格履行，禁止克扣用工单位按协议支付给被派遣劳动者的劳动报酬。

③劳务派遣单位禁止向被派遣劳动者收取费用。劳务派遣单位无权向被派遣劳动者收取任何费用。劳务派遣单位从用工单位获得服务费用，没有资格向被派遣劳动者收取费用。

（2）用工单位的特殊权利和义务。劳务派遣中，用工单位与被派遣劳动者是一种准劳动关系，因此用工单位拥有特殊的权利以及必须履行特殊的义务。特殊权利主要指当被派遣劳动者符合过失性辞退或非过失性解除的规定时，用工单位虽不能与其解除劳动关系，但可以将其退回劳务派遣单位。特殊义务主要指以下各项：

①执行国家劳动标准，提供相应的劳动条件和劳动保护。用工单位是被派遣劳动者的直接使用者，因而应履行劳动保护义务，为劳动者提供安全、卫生的工作环境和条件。

②用工单位对被派遣劳动者负有告知义务，包括告知工作岗位、工作要求以及劳动报酬。前两者是为了使劳动者更好地提高工作效率，满足用工单位的需求；后者是为了防止劳务派遣单位克扣被派遣劳动者的报酬。

③支付加班费、绩效奖金，提供与工作岗位相关的福利待遇。劳务派遣劳动者与普通劳动者只是就业方式不同，但法律地位平等，因而用工单位安排被派遣劳动者加班的，应当向其支付加班工资；被派遣劳动者符合获得绩效奖金条件的，用工单位应向其支付奖金；与工作岗位有关的其他福利待遇，用工单位都有义务向被派遣劳动者提供。

④对在岗被派遣劳动者进行工作岗位所必需的培训。被派遣劳动者的劳动技能将直接影响劳动的效果，为此用工单位有义务为在岗的被派遣劳动者提供必要的培训，如安全生产培训、职业技能培训等。

⑤连续用工的，实行正常的工资调整机制。用工单位有工资调整政策，被派遣劳动者符合该政策的，用工单位应对其实行正常的工资调整。被派遣劳动者与正式员工在工资调整的待遇方面应当是平等的。

⑥禁止转派遣。用工单位对于被派遣劳动者仅能进行使用，不得再次向其他用工单位进行派遣。用工单位如果将劳动者再派遣到其他用人单位，那么此次派遣就超出了原本劳动合同和劳务派遣协议的内容，就属于对原来三方权利和义务的违反。

⑦禁止自我派遣。用人单位不得设立劳务派遣单位，向本单位或者所属单位派遣劳动者。《劳动合同法》明令禁止用人单位借劳务派遣之名逃避本应履行的法律义务。况且，一般用人单位不具有劳务派遣资格，所以用人单位不得自我派遣。

（3）被派遣劳动者的特殊权利。劳务派遣的弊端之一就是被派遣劳动者常常被用工单位与本单位正式员工区别对待，因此《劳动合同法》对派遣劳动者的同工同酬权、参加或组织工会的权利以及依法与劳务派遣单位解除劳动合同的权利给予特别的规定。

①被派遣劳动者的同工同酬权。同工同酬是指企业对于从事相同工作、付出等量劳动且取得相同绩效的劳动者，应当支付同等的劳动报酬。此规定是为了防止在

工资分配中用工单位的歧视性行为。被派遣劳动者与用工单位同岗位其他劳动者同工同酬；用工单位没有与被派遣劳动者同岗位的其他劳动者，则被派遣劳动者的报酬应当参照用工单位所在地相同或相近岗位劳动者的劳动报酬确定。

②被派遣劳动者参加或组织工会的权利。此规定保障被派遣劳动者既有权在劳务派遣单位组织和参加工会，也有权在用工单位组织或参加工会，任何一方的工会组织不得因为被派遣劳动者的特殊地位拒绝其参加本单位的工会组织，或阻止其在本单位组织工会。

③可依法与劳务派遣单位解除劳动合同的权利。被派遣劳动者可以与劳务派遣单位协议解除劳动合同，也可以在用工单位有严重过错时即时解除劳动合同。《劳动合同法》第三十八条规定，用人单位有严重过错时劳动者可以即时解除劳动合同，但实际中，用工单位更可能在直接使用被派遣劳动者时发生违法行为，此时被派遣劳动者也可依法解除劳动合同。

6.2.3　劳动合同的履行

劳动合同的履行，是指劳动合同依法订立后，双方当事人遵守和执行劳动合同规定的各项条款，完成劳动合同规定的任务，履行义务，实现权利，建立和谐劳动关系的过程。劳动合同的履行，必须由双方共同完成，只有双方各自履行自己所应承担的义务，才能保证劳动合同的履行。

1）劳动合同履行的原则

劳动合同依法订立后就必须履行，这既是《劳动合同法》赋予当事人双方的义务，也是劳动合同对当事人双方具有法律约束力的主要表现。当事人履行劳动合同，必须遵循以下几项原则：

（1）亲自履行原则。亲自履行，是指劳动合同当事人自己履行劳动合同规定的义务的行为。劳动者提供劳动力、用人单位使用劳动力的特征，决定劳动合同当事人享有的权利必须亲自享受而不得转让，义务必须亲自履行而不得代行或转移。因此，当事人双方必须亲自履行劳动合同，只有在法律规定不需要或者客观上不需要或不可能时，才可以采取支付违约金和赔偿损失的办法，代替亲自履行，如企业倒闭，已无法实际履行劳动合同，企业应以经济赔偿或补偿代替履行劳动合同。

（2）实际履行原则。实际履行，是指除了法律和劳动合同另有规定或者客观上已不能履行的以外，当事人要按照劳动合同的规定履行义务，不能用履行别的义务来代替劳动合同约定的义务，即合同双方当事人要按照合同规定的标的履行自己的义务和实现自己的权利，不得以其他标的或方式来代替。这主要表现在两方面：①一方当事人即使违约，也不能以罚金或赔偿损失来代替合同标的的履行，除非违约方对合同标的的履行对另一方当事人已无实际意义；②一方当事人不履行合同时，另一方当事人有权请求法院或仲裁机构强制或敦促其履行。实际履行的原则要求，劳动者一方要向管理者提供自己一定数量和质量的劳动，以保证企业生产经营活动的正常开展；管理一方要为劳动者支付必要的劳动报酬和提供必要的劳动条件等，以保障劳动者正常的生活和工作需要。

（3）全面履行原则。劳动合同的全面履行，是指劳动合同中订立的各项条款都必须得到认真履行，因为劳动合同是一个整体，合同中订立的条款相互之间有内在联系，不能任意割裂，只有当事人双方认真地全面履行了劳动合同所规定的全部义务时，双方的权利才能充分实现。要避免那种对有利于自身的条款就积极履行，对有利于对方的条款则消极对待的现象。

（4）协作履行原则。协作履行，是指当事人双方互相协作、共同完成劳动合同规定的任务。劳动者与用人单位无论哪一方都不可能独立完成劳动合同规定的任务，因此协作履行是劳动合同履行的必然要求。协作履行原则要求双方当事人做好以下几项工作：①双方在履行自己应尽的义务的同时为对方履行义务创造条件；②双方应互相关心，通过民主管理，互相督促，及时发现问题、解决问题；③一方遇到问题时，另一方应当尽力给予对方帮助；④若发生劳动争议，则双方应从大局出发，结合实际情况，依法及时协商解决，从而建立起和谐稳定的劳动关系。

案例6-7　　超越劳动合同约定范围的"越权"是对全面履行合同义务的违反

案情：2005年12月8日，吴某以某外资公司"亚太一区经理"的身份与常州某公司签署补偿给对方公司1 000多万元的谅解备忘录一份。2006年1月，外资公司以吴某无权签订谅解备忘录，其行为严重违反劳动法律和公司制度为由，解除了与吴某的劳动合同。吴某向劳动争议仲裁委员会申请仲裁，要求被告撤销解除劳动合同的决定、恢复劳动关系等。仲裁委做出"对原告的申诉不予支持"的裁决。原告不服，诉至法院。在法庭上，原告称签署谅解备忘录的行为属于原告日常工作，未给公司带来损失，被告在没有依据的情况下解除与吴某的劳动合同的行为违反了劳动法规定。被告则称，原告擅自越权签署谅解备忘录，给公司带来巨大风险，解除劳动合同是基于原告严重违纪的事实。法院认为，原告作为公司高管应在职权范围内或经授权才能代表公司签署文件，以维护用人单位的权益。现原告擅自越权签署谅解备忘录，给被告带来了赔偿风险和声誉影响，其过错实际上已符合用人单位可随时解除劳动合同的法定情形，故法院对于原告要求恢复劳动关系等请求不予支持。

点评：本案的争议在于吴某签订谅解备忘录的行为是否属于越权行为，是否违反了《劳动合同法》关于劳动合同全面履行义务的规定。根据案情陈述，高管人员超越劳动合同约定范围的"越权"同样是对《劳动合同法》中规定全面履行合同义务的违反，因此应判定对吴某恢复劳动关系的请求不予支持。

资料来源　滕晓春，李国志.《中华人民共和国劳动合同法》条文释义与案例精解［M］. 北京：中国民主法制出版社，2007.

2）劳动合同履行的条件

劳动合同是特定对象之间的合同，其履行也必须在特定对象之间进行，即在劳动合同双方当事人之间履行。履行劳动合同应当具备以下几个条件：

（1）履行的主体必须明确。劳动合同履行的主体是指劳动合同双方当事人，不允许由第三方代替一方当事人履行，也不允许由一方当事人向第三方履行。我国劳动法规定的劳动权利和劳动义务是一致的，因此劳动合同不存在一方当事人只向另一方当事人履行义务而不享受权利的情况。

(2) 履行的标的必须明确。劳动合同中的具体内容，必须有明确的标的，譬如劳动者在一定时期内的生产数量、质量以及该生产数量、质量达到后用人单位提供的具体报酬等。劳动合同只有具备明确的内容标的，才能为实际履行提供准确的物质衡量，以体现履行的实现。

(3) 履行的期限必须明确。劳动合同履行期限是双方当事人互相接受的履行的时间。劳动合同的履行期限明确后，当事人双方一般不得延迟履行，如遇特殊情况，一方当事人须征询另一方当事人的意见，协商一致方可另行确定履行期限。

(4) 履行的地点必须明确。劳动合同履行的地点，是劳动者最关心的。履行地点关系到劳动内容履行的实现，因此双方当事人在劳动合同中必须明确劳动合同履行的地点。如果在履行过程中变更地点，应当视作劳动条件发生变化，需要按照变更劳动合同的有关规定处理。

3) 劳动合同履行的法律保障

劳动合同是以法律、法规为依据而订立的，其履行也必须得到法律的保障。在劳动合同履行过程中，任何一方不履行或不完全履行劳动合同的约定而给对方造成损失的，都要被依法追究违约责任，这是保护当事人双方合法权益，维护和谐稳定劳动关系的重要手段。劳动合同的履行依据程度不同，可以分为完全履行、不完全履行、完全不履行三种情形，它们又分别导致不同的法律后果。双方完全履行劳动合同的，劳动关系圆满实现，正常终结；劳动合同的不完全履行以及完全不履行都属于违反劳动合同的行为，将根据情节轻重和造成的后果，依法追究违约责任。

6.3 劳动合同的变更与解除

劳动合同依法订立，具有法律约束力，双方当事人不得擅自变更、解除劳动合同，但是在劳动合同履行过程中，由于用人单位的生产经营情况和劳动者自身情况可能发生变化，而这些变化往往要求对先前订立的劳动合同进行一些调整。因此，劳动法律、法规对合同的变更、解除做出了一系列规范和要求，劳动合同的当事人必须依照这些规范、要求认真执行。

6.3.1 劳动合同的变更

劳动合同的变更是指当事人双方对尚未履行或尚未完全履行的劳动合同，依照法律规定的条件和程序，经双方协商一致，对原劳动合同进行修改或增删的法律行为。劳动合同变更的实质是双方的权利和义务发生变化，变更的目的是继续履行劳动合同，而变更的前提是双方原已存在着合法的劳动合同关系。

劳动合同依法订立后，对合同当事人具有法律约束力，但并不意味着当事人在合同生效后就没有变更合同的权利。恰恰相反，当事人既可以经自由协商变更合同，也可以在约定或法定的条件满足时行使合同的变更权。

1）劳动合同变更的条件

劳动合同的变更必须符合法定的条件，并经双方协商一致才能与原劳动合同具有相同的法律效力；否则，所变更的内容无效，得不到国家法律的保护，并被视为违反劳动合同的行为而须承担相应责任。根据现行规定，变更劳动合同一般需要具备以下三个条件：

（1）必须有正当的理由。所谓正当理由，主要包括三方面：第一，工作发生变化，或生产需要；第二，《劳动法》《劳动合同法》明确规定可以变更的情况已经发生；第三，劳动合同约定可以变更的情况已经发生。

出现下列情况时，当事人可以提出变更劳动合同的相关条款：①订立劳动合同时所依据的法律、法规、规章发生变化的。②订立劳动合同时所依据的客观情况发生重大变化，导致劳动合同无法履行，当事人一方要求变更其相关内容的。这其中的一种情况是用人单位的情况发生变化，可以是用人单位发生合并或分立等情况，也可以是其他事项，如转产、调整劳动报酬或福利方案，或者是企业发生严重亏损等；相应地，双方在协商基础上对劳动内容、产量、工资奖金等条款可以作相应的修改。另一种情况则是劳动者个人状况出现变化，如身体健康状况发生变化、劳动能力部分丧失等，此时可以要求企业另行安排工作，这就必须对原合同中的工作岗位、劳动报酬等条款作相应的修改。③订立劳动合同时所依据的宏观环境发生重大变化，如物价水平大幅度上升、国民经济调整、社会动乱、自然灾害等。此时双方可以根据实际情况，协商一致对劳动报酬等条款做出适应环境变化的变更。

（2）必须经劳动合同双方当事人协商一致。劳动合同的变更要遵循平等自愿、协商一致的原则，任何一方不得将自己的意志强加给对方。劳动合同的变更，实际上就是原合同当事人双方在原劳动合同基础上，根据变化了的主客观条件进行的修改或补充。因此，劳动合同订立所必须遵循的原则、程序也是劳动合同的变更所必须遵循的原则、程序。

（3）变更的事项必须合乎规定。劳动合同变更的对象，只限于劳动合同中的部分条款，已履行完毕的条款没有变更的可能；而无效的条款应予取消，不适用变更；能够变更的只能是尚未履行或者尚未完全履行的有效条款。变更一般限于内容的变更，具体包括工作内容、工作地点、工资福利的变更等，不包括合同当事人主体的变更。另外，变更必须在原劳动合同的有效期内进行。

案例6-8　　不服从公司单方面调整岗位，公司可否解除劳动合同

案情：王某于2005年6月与某公司签订了3年的劳动合同，合同约定王某在TCM部从事工程师工作，同时劳动合同附件中约定“王某承诺服从公司的岗位调动，否则公司可以终止劳动关系，无须提前通知和补偿”。2008年1月公司以TCM部门员工富余、订单下滑为由通知王某调往TVP部门任维修工程师，王某不同意工作调动，经协商后仍未达成一致，王某也未到新岗位报到。2月公司向王某发出了解除劳动合同的书面决定。当月王某向深圳市劳动仲裁委员会申请仲裁，该仲裁委做出仲裁，裁令该公司支付王某代通知金4 027.9元、经济补偿金14 097.7元和额外经济补偿金7 048.8元。

点评：本案有三个值得探讨的问题。首先，劳动合同附件中约定“王某承诺服从公司的岗位调动，否则公司可以终止劳动关系，无须提前通知和补偿”，该条款的内容明显加重了劳动者的责任，违反了公平、诚实信用的原则，因而不具有法律效力，应当被认定为无效。其次，《劳动合同法》规定：除法律、法规另有规定外，用人单位与劳动者变更劳动合同应当协商一致，否则不产生法律约束力，所以公司在和王某协商一致前，不得单方面变更劳动合同的内容。最后，本案中一个重要事实是TCM部门员工富余、订单下滑，此事实可以被认定为订立劳动合同时所依据的客观情况发生了重大变化，致使原劳动合同无法履行。依据《劳动合同法》第四十条的规定，公司可以解除劳动合同，但这种情形下单方解除劳动合同必须提前三十天书面通知王某，或者额外支付王某一个月的工资。

资料来源　《〈中华人民共和国劳动合同法〉条文释义与案例精解》编写组.《中华人民共和国劳动合同法》条文释义与案例精解［M］. 北京：中国民主法制出版社，2007.

2）劳动合同变更的程序

劳动合同如需要变更，应按照一定的程序来进行，一般要经过三个阶段：

（1）及时提出变更合同的要求。先由要求变更劳动合同的一方向另一方提出变更建议，将变更要求以书面形式送交另一方，并说明变更合同的理由及变更内容。

（2）按期做出答复。接受变更请求方应在15日内做出答复。如果一方同意接受另一方提出的变更建议，双方就可以签订新的协议；如果变更协议不能部分或者全部被对方接受，双方需要继续协商。如在协商过程中发生争议，任何一方都可以向本企业劳动争议调解委员会申请调解，调解不成或不申请调解都可向有管辖权的当地劳动争议仲裁委员会申请仲裁。

（3）双方达成书面协议，即当事人双方就变更劳动合同的内容经过协商，取得一致意见，应当达成变更劳动合同的书面协议，书面协议应指明对哪些条款做出变更，并应明确变更后劳动合同的生效日期。变更协议经双方签字盖章生效，如原劳动合同中约定“合同须经过鉴证后生效”，变更后也要经过鉴证方能生效。

经过上述三个阶段，变更的劳动合同正式生效，对双方当事人都具有法律约束力。

6.3.2　劳动合同的解除

劳动合同的解除，是劳动合同在期限届满之前，双方或单方提前终止劳动合同效力的法律行为，具体内容详见本书第12章。

1）劳动合同解除的方式

劳动合同的解除分为法定解除、协商解除和约定解除三种方式。

法定解除，是指法律、法规或劳动合同规定可以提前终止劳动合同的情况。协商解除，是指双方协商一致而提前终止劳动合同的法律效力，主要包括双方协议解除、用人单位和劳动者的单方解除。约定解除，是指双方在合同中约定解除合同的事项，待约定的事由出现时，当事人有权解除合同。

用人单位在以下三种情形下可以单方解除劳动合同：①过失性解除，即由于劳动者本身的原因造成的，其主观上有严重过失，或经试用不合格，用人单位有权随时解除劳动合同。②非过失性解除，指劳动者主观上并无重大过错，而是其他原因致使劳动合同无法履行。③经济性裁员。

劳动者单方解除劳动合同是指《劳动法》赋予劳动者的辞职权。劳动者单方解除劳动合同一般可分为两种情况：①劳动者出于主观原因，想要提前解除劳动合同，此时应当提前三十日以书面形式通知用人单位，在试用期内只需提前三日。②由于单位的过错，劳动者希望提前解除劳动合同。如果用人单位违反法律规定并危及劳动者人身安全，则解除劳动合同无须事先告知用人单位。

2）解除劳动合同的经济补偿

经济补偿是用人单位提前解除劳动合同时而给予劳动者的一次性经济补偿金。《劳动合同法》对用人单位应当支付经济补偿的情形以及金额都有明确详尽的规定，而且若用人单位违反《劳动合同法》规定解除劳动合同，劳动者不要求继续履行劳动合同或者劳动合同已经不能继续履行的，用人单位应当依法向劳动者支付上述经济补偿标准的2倍的赔偿金。

3）劳动合同解除的程序

劳动合同解除程序，指双方当事人在解除劳动合同时，应当依法办理的手续或者遵循的步骤。解除合同的程序主要有：①提前书面通知。除了过失性解除合同和随时解除合同之外，一般要求解除方提前三十日以书面形式通知对方。②征求工会意见。《劳动合同法》明文规定：用人单位单方解除劳动合同，应当事先将理由通知工会。

6.4 劳动合同的终止与续订

当劳动合同期满或当事人约定的劳动合同终止条件出现时，劳动合同即行终止，也就是说，合同期限届满，劳动合同即告终止。但劳动合同终止后，经当事人双方协商一致，可以续订与原劳动合同内容相同或不同的劳动合同。劳动合同的终止详见本书第12章。

6.4.1 劳动合同的终止

劳动合同终止，是指合同期限届满或双方当事人约定的终止条件出现，合同规定的权利和义务即行消灭的制度。劳动合同终止后，合同便丧失其法律效力，双方当事人相对于该劳动合同而形成的责任、权利和义务随之消灭。

1）劳动合同终止的条件

《劳动合同法》规定有下列情形之一的，劳动合同终止：①劳动合同期满的。②劳动者开始依法享受基本养老保险待遇的。③劳动者死亡，或者被人民法院宣告死亡或者宣告失踪的。④用人单位被依法宣告破产，或被吊销营业执照、责令关闭、撤销或者用人单位决定提前解散的。⑤法律、行政法规规定的其他情形。另外，当事人约定的合同终止条件出现，劳动合同也告终止。

2）劳动合同终止的程序

劳动合同期限届满后，用人单位应及时办理相应的终止手续与劳动合同相关方终止劳动合同关系。办理终止手续应当遵循劳动合同终止的程序：①提前通知。②终止合同时支付经济补偿金。③逾期终止视为延续合同。④办理相关手续。

6.4.2 劳动合同的续订与无固定期限劳动合同的签订

劳动合同的续订，是指劳动合同期满后，经劳动关系双方当事人协商一致，继续签订与原劳动合同内容相同或不同的劳动合同的法律行为。劳动合同续订的程序与前述劳动合同订立的程序一致，但续订劳动合同不得约定试用期。

1）续订劳动合同的条件

劳动合同的续订，应当具有法定的必备条件，具体如下：①双方协商一致续订劳动合同。②劳动合同期满，存在用人单位不得解除合同六种情形[①]之一的，劳动合同应当续延至相应的情形消失。③续订无固定期限劳动合同的情况。有下列情形之一，劳动者提出或者同意续订劳动合同的，除劳动者提出订立固定期限劳动合同外，应当订立无固定期限劳动合同：A.劳动者在该用人单位连续工作满十年的；B.用人单位初次实行劳动合同制度或者国有企业改制重新订立劳动合同时，劳动者在该用人单位连续工作满十年且距法定退休年龄不足十年的；C.连续订立两次固定期限劳动合同，且劳动者没有被证明不符合录用条件的，也无严重违反用人单位的规章制度的情况的。

2）续订劳动合同的格式

续订劳动合同有其固有的格式，劳动者与用人单位续订劳动合同时应该遵照相关格式。遵照标准的格式续订劳动合同，不但有利于续订合同的完备性和合法性，保障当事人双方的合法权益，而且有利于用人单位的劳动合同管理工作，更有利于相关劳动行政部门的备案和监督。

3）无固定期限劳动合同的签订

劳动合同的签订期限一直是用人单位和劳动者都十分关注的问题。目前的现状是，劳动合同短期化现象越来越严重。为降低劳动成本，一些企业大量使用派遣工、短期工，而且企业为规避法律责任，往往在职工工作年限快到十年时就变更合同，或者劳动者提出要签订无固定期限劳动合同时就不再续签，致使无固定期限劳动合同无法实现。而面对劳动力市场供大于求的压力，劳动者由于害怕下岗失业，对企业与其签订短期用工合同的要求无力抗争。这种就业的不安全感极大地影响了劳动者的工作积极性和创造力，也影响了企业的长期发展。

为此，《劳动合同法》力推无固定期限合同，其目的是通过做出法律规定，规范劳动合同法律制度，保障劳动者的合法权益，构建和发展和谐稳定的劳动关系。

---

① 从事接触职业病危害作业的劳动者未进行离岗前职业健康检查，或者疑似职业病病人在诊断或者医学观察期间的；在本单位患职业病或者因工负伤并被确认丧失或者部分丧失劳动能力的；患病或者非因工负伤，在规定的医疗期内的；女职工在孕期、产期、哺乳期的；在本单位连续工作满十五年，且距法定退休年龄不足五年的；法律、行政法规规定的其他情形。

同时，无固定期限劳动合同是《劳动合同法》颁布后受到社会广泛关注的一个热点问题，也是经历重重误解的一个难点问题。

（1）无固定期限劳动合同的含义。无固定期限劳动合同，也称不定期的劳动合同，是指用人单位与劳动者约定无确定终止时间的劳动合同，即不会因期限届满而终止的劳动合同。其中的无固定期限不是指永远没有期限，而是指劳动关系可以在劳动者的法定工龄内和企业存续期间内无限期地存续，即无固定期限劳动合同是自劳动合同订立起至法定离退休年龄时止为有效期限的。当然，在遇法定解除合同的事由时，无固定期限劳动合同不仅可以而且应当提前终止。用人单位和劳动者，只要经平等协商、达成一致，都可以订立无固定期限劳动合同。

（2）无固定期限劳动合同的法定续订情形。《劳动合同法》规定了当劳动者提出续订要求时，用人单位应当与之订立无固定期限劳动合同的三种法定情形，即在以下情形出现时，只要劳动者提出续订要求，用人单位就应当满足，而无拒绝的权利；或者，在出现以下法定情形时，用人单位提出续订并获得劳动者同意的，也应当订立无固定期限劳动合同，具体情形如下：

①无固定期限劳动合同的协商订立。用人单位与劳动者双方遵循平等自愿的原则，经过协商，达成一致意见，没有采取胁迫、欺诈、隐瞒事实等非法手段，符合法律的有关规定，都同意选择无固定期限，即可订立无固定期限劳动合同。

②无固定期限劳动合同的强制订立。无固定期限劳动合同的强制订立有以下三种情况：

第一，劳动者在同一用人单位连续工作满十年，并提出或者同意续订、订立劳动合同的，应当订立无固定期限劳动合同，但劳动者明确提出订立固定期限劳动合同的除外。“在同一用人单位连续工作满十年”是指劳动者与同一用人单位签订的劳动合同的期限不间断达到十年，劳动者患病或非因工负伤依法享有的医疗期可以计算在内。本项规定是为了保护劳动者的利益，防止一些用人单位只使用劳动者的黄金工作年龄，在用完后即行辞退的不合理用工行为的发生，以保持劳动关系的相对稳定。

第二，用人单位初次实行劳动合同制度时或国有企业改制重新订立劳动合同时，劳动者在该用人单位连续工作满十年且距法定退休年龄不足十年，劳动者提出或者同意订立劳动合同且未提出订立固定期限劳动合同的，用人单位应当订立无固定期限劳动合同。此项规定是考虑到中老年劳动者的再就业问题，是对他们应有权利的维护。距法定退休年龄不足十年的计算依据见我国人力资源和社会保障部的规定，具体标准见表6-4。

第三，连续订立两次固定期限劳动合同，且劳动者没有被证明不符合录用条件，同时也无严重违反用人单位的规章制度的情况，劳动者提出或者同意续订劳动合同的，用人单位应当与之订立无固定期限劳动合同。《劳动合同法》第三十九条规定了用人单位因劳动者的违法或违约行为而解除劳动合同的情形，当劳动者不具有此条规定的情形时，用人单位又与同一劳动者连续订立两次固定期限劳动合同，

表6-4　关于法定退休年龄的规定

适用情况	性别	退休年龄（周岁）
职工	男	60
	女	50
干部	男	60
	女	55
从事井下、高温、高空、特别繁重体力劳动或者其他有害身体健康工作的	男	55
	女	45
因病或非因工致残，由医院证明并经劳动鉴定委员会确认完全丧失劳动能力的	男	50
	女	45

说明用人单位对该劳动者的工作技术有一定程度的肯定，双方经过多次合作，已经建立一种信赖关系，合同的续订也是这种信赖关系延续的表现。

③无固定期限劳动合同的视同订立。用人单位应当在与劳动者建立劳动关系的一个月内与其订立书面劳动合同。用人单位超过一个月不满一年，未与劳动者订立书面劳动合同，则应当向劳动者每月支付2倍的工资。如果用人单位自用工之日起满一年不与劳动者订立书面劳动合同，则视为用人单位与劳动者已订立无固定期限劳动合同。此项条款是从保护劳动者权益、维持劳动关系稳定的角度出发的。

案例6-9　无固定期限劳动合同，约定解除并非合法

案情：李某于2006年1月受聘于上海某外资公司任销售部经理，双方签订了无固定期限劳动合同，约定月基本工资5 000元，销售浮动工资2 000~10 000元，具体数额视上个月销售数额而定。劳动合同还约定任何一方均可提前一个月书面通知对方解除劳动合同。因公司经营亏损，2007年7月公司以李某未完成销售任务为由，发函通知李某自8月起双方解除劳动合同。公司按李某前12个月的平均工资支付了其7月份工资计11 044元。离职后，李某要求公司支付提前解除劳动合同的经济补偿金，但遭拒绝，便向当地劳动仲裁委员会申请仲裁。2007年9月15日当地劳动仲裁委员会审理后裁定：因提前解除劳动合同，公司须向李某支付2个月工资的经济补偿金22 088元和额外经济补偿金11 044元。

点评：无固定期限劳动合同作为合同的一种形态，可以通过协商解除、法定解除和约定解除这三种方式予以解除。无固定期限劳动合同可由当事人事先约定合同解除的条件，当条件成熟时，一方或双方当事人就可以解除劳动合同。但是这种约定不得违反法律的规定。《劳动合同法》规定，必须在符合法律规定的条件下，劳动合同才可以终止，而不可以由双方自由约定劳动合同终止条件，因此，本案劳动合同中约定“任何一方均可提前一个月书面通知对方解除劳动合同”的条款是违反法律规定的，属于无效约定。由于无效约定导致合同的解除是非法的，所以公司应支付给李某经济补偿金。

资料来源　毕振洲. 违约金、补偿金，有人欢喜有人忧［J]. 人力资源开发与管理，2008（2）.

(3) 无固定期限劳动合同签订需要注意的几个问题。

①签订无固定期限的劳动合同，即使劳动者条件符合，也不是用人单位的当然义务，必须由劳动者明确地向用人单位提出才可以。很多劳动者以为自己符合签订无固定期限劳动合同的条件，用人单位就必须主动与自己签订无固定期限劳动合同，那是一种错误的认识。无固定期限劳动合同的签订，必须是以符合订立条件的劳动者明确向用人单位提出为前提。

②签订无固定期限劳动合同，应该是在前一个合同履行完毕之前，用人单位向劳动者发出了续订劳动合同的意向书之后，劳动者才可以提出。在合同履行过程中，即使连续工作超过了10年，也不可以提出。

③签订无固定期限劳动合同，有益于企业培育自己的核心员工、防止高级员工跳槽以及培养普通员工的忠诚度、激励普通员工的工作热情，因此企业无须过分担心签订无固定期限劳动合同的危害，应当依法与员工签订无固定期限劳动合同。

④无固定期限劳动合同并不意味着“铁饭碗”时代“回归”。有人认为无固定期限劳动合同加重了企业的负担，僵化了劳资关系，不利于企业的创新发展。其实，这完全是一种误解。《劳动合同法》虽然制定了订立无固定期限劳动合同的规定，但同时也明确规定了可以解除无固定期限劳动合同的三种情形，包括用人单位与劳动者协商一致，劳动者违法违规的或者因病、因伤等不能胜任工作，以及经济性裁员。这些解除无固定期限劳动合同的情形与解除固定期限劳动合同的情形是一样的。所以，对员工来说，不是签了无固定期限劳动合同就是终身员工了。

6.5 劳动合同的管理

1995年《劳动法》的实施推动了劳动合同制度的确立。如今《劳动合同法》的颁布更是进一步完善了劳动合同制度，使构建和发展和谐稳定的劳动关系有了法律保障。然而，劳动法律只是对劳动关系的底线干预，要真正发挥劳动合同明确劳动合同双方当事人的权利和义务、保护劳动者的合法权益的作用还必须落实到用人单位对劳动合同的管理上。企业劳动合同管理的目的在于通过管理，实现劳动合同的正常运行，发挥劳动合同的激励机制，从而调动职工积极性，提高企业经济效益。

6.5.1 劳动合同管理的意义

《劳动合同法》的颁布是我国劳动立法的跨越和进步，但在一定程度上增加了企业劳动合同管理的难度，然而从长远看，它将有助于企业实现劳动合同管理的规范化、制度化和常态化。《劳动合同法》已经开始实施，企业应该防止畏惧与逃避心理，改变我行我素的管理陈规，积极发掘劳动合同管理的薄弱点，着力提升劳动合同管理效能，以坦然的心态迎接挑战。

1）劳动合同管理的含义

从广义上讲，企业劳动合同的管理是指国家司法机关、劳动行政主管部门、企业主管部门、企业内部行政部门和工会组织，按照国家的授权，在各自的职责范围内，根据法律、法规和政策的要求，运用指导、组织、监督、检查等手段，分别对企业劳动合同的订立、履行、变更、解除等行为实施司法管理、行政管理、企业管理和群众民主管理；制止、纠正和查处企业劳动合同运行中的违法行为，以保障企业劳动合同的贯彻实施。从狭义上讲，企业劳动合同的管理是指企业依法对企业劳动合同的订立、履行、变更、解除等进行统一运作，以切实保证企业劳动合同的法律效力和人力资本效益，维护企业的切实利益，同时维护企业员工的合法权益，促进企业的发展。

企业劳动合同管理的范围具体包括企业个人和集体劳动合同的订立、履行、变更、解除、终止及争议的预防和处理，企业特殊劳动合同即聘用合同的管理，企业员工参与劳动合同管理，企业劳动合同管理的机构与组织等内容。

2）劳动合同管理的作用

劳动合同的管理现状堪忧，问题重重，劳动合同管理流于形式：劳动合同内容有缺陷，必备条款不全且协商条款随意；形式设计缺乏合理性、规范性，致使劳动合同难以履行，劳动关系协调缺少依据，造成存在大量劳动争议隐患。由此可见，作为企业管理工作一项不容忽视的内容，劳动合同管理本身就意义非凡。同时，由于《劳动合同法》的颁布对劳动合同管理工作提出了新的更高、更严格的要求，所以劳动合同管理又被赋予了重要的现实意义，集中体现在以下几个方面：

第一，劳动合同管理是企业管理的基本手段。“以人为本”是现代企业管理的核心，是指在管理过程中以人为出发点和中心，围绕着激发和调动人的主动性、积极性、创造性展开的，以实现人与企业共同发展的一系列管理活动。可见其本质就要求企业重视劳动合同的管理。以人为本、尊重人才首先要与劳动者签订合法合理的劳动合同。

第二，劳动合同管理是劳动关系调整的首要环节。劳动关系的调整工作天天都有，只要有劳资关系的存在，就有劳动关系的调整。其调整有三个环节，事前调整靠劳动合同，事中调整靠劳动监察，事后调整靠调解仲裁。签订劳动合同是首要的环节，这个环节如果把握不好，就会产生大量的需要调整的劳动关系问题，不但耗费劳动者的精神及经济成本，同时也必将牵扯企业管理人员的精力，造成企业的资源浪费，影响企业的生产经营活动，甚至损害企业声誉。因而，建立健全劳动合同管理是从源头上解决劳资纠纷的重要措施。

第三，实施劳动合同管理是依法行政、依法治企的需要。依法行政、依法治企要从劳动合同抓起。劳动合同管理工作不能被忽视，除了需要得到劳动行政管理部门的重视，更需要企业本身以及社会各方面的支持。由劳动保障部门、总工会与企业家协会形成的比较完善的劳动关系三方协调机制也是规范劳动合同管理的有效督促力量。

第四，劳动合同管理可以有效维护劳资双方的合法权益。劳动合同是劳动关系的法定形式，是通过法定的形式来确认双方当事人权利和义务的书面文件，因此管理好劳动合同不但有利于劳动争议发生前的预防，也有利于劳动争议发生时的取证工作，能够为处理劳动争议提供主要依据。

3）企业人力资源管理中的劳动合同管理

由企业劳动合同管理的内涵可以看出，它涵盖的内容不但很宽泛，且与人力资源管理职能相互交叉。企业人力资源管理活动主要包括员工招聘、录用、培训、绩效考核、薪酬管理等内容，其每一方面都与劳动合同管理紧密相关：员工招聘的过程实质上就是用人单位与劳动者之间就劳动合同的内容进行协商谈判的过程；员工录用，其实是签订劳动合同的过程；员工培训，既是人力资源的开发手段，同时也是劳动合同中应予以规定的劳动者的权益之一；绩效考核，实质上是用人单位对劳动者履行劳动合同情况的检查，而其结果也将体现在劳动合同中，作为合同继续履行、续订或解除、终止的依据；至于薪酬，更是企业劳动合同的法定必备条款之一。所以可以说，劳动合同管理是人力资源管理的重要手段，而人力资源管理的主要职责都离不开劳动合同管理。

因此，企业应在人力资源管理的各个环节开展适应《劳动合同法》的劳动合同管理，即企业应在招聘员工、录用员工、考核员工、激励员工、解聘员工等的每一个环节都遵守法律、运用法律，这样才能合理有效地进行劳动合同的管理。

（1）员工招聘：因需设岗，严格筛选。与《劳动法》相比，《劳动合同法》在保护双方当事人合法利益的基础上，进一步加强了用人单位的用工责任。随着劳动合同期限的延长以及解雇成本的提高，在人员进入的“源头”上把好关，“选准人”“选对人”显得尤为关键。

第一，招聘前做足准备。一是重新评估岗位设置的合理性，避免“因人设岗”。二是完善职级系统，做好岗位分析。工作说明书应尽量具体、翔实地反映工作内容及岗位要求。三是招聘广告中的录用条件应避免违背《劳动法》、《劳动合同法》和《就业促进法》等相关法律、法规中有关公平就业的规定。此外，录用条件应当尽量明确、具体，可采用设立“不符合录用条件”这一项目来避免描述笼统或出现遗漏。充分获取劳动者与应聘岗位的相关信息，并可在表格中要求其做出真实性声明。

第二，招聘中严格规范。一是录用决策应以岗位需要为依据。企业在考察应聘者时应尽量避免使用模糊的标准和定性的方法。二是履行告知义务。依据《劳动合同法》第八条的规定，企业应如实告知劳动者工作内容、工作地点、职业危害、安全生产状况、劳动报酬以及劳动者要求了解的其他情况。对于任职条件，企业除了要在招聘广告中做简要说明外，还应在面试环节告知应聘者，最好要求其签字确认，或者将工作说明书约定为劳动合同的附件。

（2）员工录用：细致审查，谨慎承诺。在人员招录的流程中，相对于招聘和甄选环节，劳动者的资格审查、签订书面劳动合同等往往被忽视。为防范签订风险，企业需要重视以下工作：

第一，做好录用审查工作。解除劳动合同难度的增大，要求企业重视背景调查和人员体检。背景调查的内容包括身份户口、家庭住址、工作经历、教育背景、健康状况、职业技能、竞业禁止等。这些内容最好事先设置为录用条件，或作为合同的条款或附件，以保证企业安全行使劳动合同的单方解除权。另外，入职的体检也很必要，如果拟聘用人员身体状况不适合企业需要，企业有权拒绝录用。

第二，准确了解劳动者的就业状况。为避免因双重劳动关系所导致的法律纠纷，在劳动者入职时应要求其提供就业状况证明，比如与原单位解除或终止劳动关系的证明书，或由人力资源和社会保障部门出具的失业证明等。

第三，规范试用期。由于《劳动合同法》对试用期的期限、工资水平等有了详尽的规定，因此用人单位必须应对这种法律上的变化，如明确岗位设置和相应的录用条件后，再确定试用期的约定。建立完善的岗位薪酬制度，合理设定同一岗位试用期前后的工资差距。

第四，慎重发放录用通知。一些企业在录用审查后，会考虑给拟聘用人员发放录用通知。由于这是企业向劳动者发出的“要约”，如果劳动者做出了回应，企业就有责任履行其中的承诺，所以，除了一些关键性、不可替代的岗位之外，建议企业不向劳动者发放录用通知。

第五，及时签订劳动合同，办理入职和社会保险手续。根据《劳动合同法》的有关规定，如果存在事实劳动关系，将可能给企业带来两个不利的后果：一是支付双倍工资；二是视为订立了无固定期限劳动合同。因此，必须让业务部门了解事实劳动关系对用人单位的高风险、高成本，对随意用工或者拖延签订合同的行为追究责任。

(3) 员工考核：完备规章，程序公平。当企业中无固定期限员工占据主流时，企业就需要考虑如何建立一套规范、完备的劳动规章制度以及合理、科学的绩效考核机制。因为只要规章制度合理、制定程序合法且已将内容告知劳动者，企业就可以名正言顺地应用这些制度，结合《劳动合同法》的有关规定以及内部考核结果对员工进行奖优罚劣，从而将不称职者淘汰下去。

为保证劳动规章中有关考核等制度的有效运用，企业应明确人力资源部员工考核的操作程序。比如，在录用制度中要规定告知条款，详细列出告知义务的具体执行人、告知时间、责任处罚等。企业可在与劳动者签订劳动合同之时履行告知义务，并保存劳动者签字确认知晓并承诺遵照执行的告知说明书。考核制度也应进一步具体化，负责考核的部门、考核时间、考核方式、结果处理的方法等都应有明确的规定。由于《劳动合同法》允许企业在试用期内解雇不称职的员工，所以企业应在试用期考核结束后及时比对考核结果与录用条件，并做出是否录用的决定。

(4) 员工激励：明确重点，差别对待。即使是无固定期限合同也并不意味着员工就会不思进取、以逸待劳。在相对固定的人员团队中，企业同样可以通过有效的激励机制来调动员工的工作热情、激发组织的活力和创新力。

第一，实施员工的差异化管理。通过岗位评估和绩效考核，企业可以明确核心员工群、一般员工群和业绩较差的员工群，进而在激励方法上有所侧重。对于核心员工，由于其自我管理和成就动机较高，而无须企业施加特别的监督和管理，只需提供其较为丰富的物质和精神褒奖，比如奖金、期权、带薪休假、晋升、培训、旅游等。对于一般员工应着力突出管理的激励性和引导性，比如提供教育培训、设定清晰的工作目标、及时地进行绩效沟通等。另外，企业还应积极地考察和分辨那些有潜质的员工，通过培训、轮岗、岗位协同等方式加强培养，以促使其进入核心员工群。对低绩效员工，如果企业经多次的考察后，证明低绩效确实源于员工的不胜任，则可采取减薪降职、转岗、再培训和解雇等办法处理。但此时企业要严格遵照《劳动合同法》的有关规定进行。

第二，以合同期限表明管理的重点。鉴于终止劳动合同成本的提高，企业可以在设计劳动合同的形式和期限上体现对员工的认同与希望。从企业的性质和规模来看，如果企业规模较大或对员工的能力、素质、经验等要求较高，那么就应该积极推进长期雇用，以稳定员工队伍、激发持续创新。从岗位的特点来看，如果对其他岗位影响大、工作保密性强、技术复杂、需要保持人员稳定，那么企业应积极与员工订立无固定期限的劳动合同。这一做法有利于维护企业的经济利益，减少由频繁更换关键岗位的关键人员而带来的损失。而对于劳动者来说，也有利于实现长期稳定就业，激发专心钻研业务、提升技术的热情。

(5) 员工解聘：事先规范，事后监督。员工解聘可能涉及三方面的问题：违约金、竞业限制及保守用人单位商业秘密。这三方面的问题都是极易引发劳动争议的问题，因此企业在处理员工解聘问题的过程中必须严格遵守法律，做到事先规范，事后监督。

对违约金的规定在本章第1节有详细阐述，用人单位应遵循法律的规定，在此基础上根据本单位和劳动者的实际情况在订立劳动合同时就进行合法合理的有关违约金的约定，防止和避免劳动合同解除时的争议。

竞业限制的约定是用人单位保护商业秘密、实现市场公平竞争的有效手段之一。用人单位有效运用竞业限制应当注意以下几个方面：一是根据法律规定，确定竞业限制所涉及的对象、范围、期限，以及补偿金、违约金标准的设定。二是严格按法律规定履行用人单位在竞业限制协议中的义务，在劳动者离职后逐月支付补偿金。可以在人力资源管理和财务处理中将已经离职但负有竞业限制的劳动者作为“尚在职的劳动者”处理，将经济补偿纳入类似工资的财务科目处理。三是稳妥处理好放弃劳动者竞业限制义务或追索劳动者违约责任。

由于保守商业秘密和竞业限制管理的特殊性，在相应的争议处理中用人单位几乎需要承担所有的举证责任，这也就要求用人单位强化相应的日常管理工作。对放弃劳动者竞业限制义务的，用人单位应当以书面可查证的形式向劳动者明确告知。对追索劳动者违反竞业限制违约责任的，用人单位应当做好有效的事实调查、证据搜集，以证明劳动者确实已经违反竞业限制约定，要求劳动者承担赔偿责任。此外，用人单位还可以有针对性地选择运用行政法律保护、民事保护以及刑事保护商业秘密的多种渠道。

《劳动合同法》的施行虽然会令企业倍感压力，但也不失为促进企业自身转换经营管理思路的一个良机。在我国人力资源管理逐步实现法治化的时代背景下，以提升劳动合同管理能力带动人力资源管理水平的提高、积极协调内部劳动关系、树立有社会责任感的雇主形象，将成为企业获得持续创新动力、赢得市场竞争优势的核心要义。

6.5.2　企业劳动合同管理的机构和组织

企业劳动合同的管理是由企业具体的组织与机构实施的。这些组织与机构是专门成立的，有着特定的工作范围及工作目标和宗旨，其工作范围共同组成劳动合同管理的内涵，工作目标则互相补充、互相协调；其主旨是为了实现劳动合同管理的最优化和效益最大化。要讲企业的劳动合同管理，就不得不谈及这些组织与机构，具体包括它们的概念及在劳动合同管理中各自的地位和职责。

在企业内部，有人力资源部门和劳动争议调解委员会专门负责企业劳动合同的日常管理和劳动合同争议的处理，它们与企业经营决策部门、业务管理部门、基层部门以及企业工会共同组成了企业劳动合同管理的组织系统。这些组织与机构在企业劳动合同的管理中分别履行不同的职责，并在特定管理制度的制约下，按照各自的分工开展工作，共同促进企业劳动合同的顺利履行。劳动合同管理系统层次图如图6-4所示。

- 劳动合同管理机构与组织
  - 机构
    - 人力资源部门
    - 劳动争议调解委员会
  - 组织
    - 经营决策部门
    - 业务管理部门
    - 基层部门
    - 企业工会

图6-4　劳动合同管理系统层次图

1）企业劳动合同管理机构

企业劳动合同管理机构，指企业劳动合同管理系统中专门负责劳动合同管理的内部组织，是劳动合同管理的主要机关，处于整个系统的核心位置，主要是指企业的人力资源部门和企业劳动争议调解委员会。

（1）企业人力资源部门。企业人力资源部门是企业劳动合同管理的核心机构，人力资源部门的主要工作目标是充分发挥人力资源的效用，调动员工的生产积极性。人力资源部门实施对企业劳动合同的管理是其实现工作目标的必然要求。人力资源部门在企业劳动合同管理中主要发挥着以下几个方面的作用：

第一，制定规章职能，主要指建立企业内部劳动合同管理机制和制度，一般包括：招聘、用人的条件和标准，岗位责任或岗位说明书，劳动合同的订立、变更、解除、终止和续订的条件，劳动合同履行情况考核奖惩制度，企业内部劳动合同档案制度，劳动合同统计报告制度，劳资纠纷调解制度等。上述制度主要是为了从组织制度上保证劳动合同的管理，使管理有章可循，并实现有专人管理，明确职责。

第二，执行职能，主要是指具体负责员工的招聘及与劳动合同有关手续的办理活动。人力资源部门要从企业生产经营情况出发，按照人力资源开发计划，提出用工要求；发布招工信息；考核应聘人员，挑选员工，办理录用手续；起草劳动合同文本，与劳动者协商合同内容，达成共识；代表企业与劳动者签订劳动合同，办理有关劳动合同订立、更改、解除和终止的手续，到劳动行政部门办理鉴证手续。

第三，检查职能，指对本企业内部各业务管理部门履行劳动合同的情况及员工在本企业的工作表现进行查验。人力资源部门应定期进行检查，了解员工的工作待遇、条件、报酬是否按照劳动合同履行，并对照国家有关法律、法规检查本企业是否有违反情况。依据一定的标准、方法和程序对员工的工作表现和合同履行情况进行评价，向本人通报，并以考核结果作为人事变动依据和与其续订、更改或解除劳动合同的依据。

第四，预防职能，即积极做好企业劳动合同争议的预防工作。人力资源部门应采取各种形式，向企业全体成员宣传有关劳动法律、法规和政策，使其不仅对国家法律，而且对本企业的劳动规章有清楚的了解。分析员工的情况，了解员工对劳动合同和企业的看法及其本人的实际困难和情况，同时分析有关部门的情况，了解这些部门的情况，了解这些部门对劳动合同和员工的看法等，积极主动地提前做好各项必要的工作，防止出现不必要的劳动合同争议。

第五，协调职能，即指人力资源部门要配合劳动行政部门或企业主管部门做好劳动合同管理工作。企业除了要按职责范围对劳动合同进行管理外，还要主动配合劳动行政部门和企业主管部门做好对劳动合同的鉴证和统计报告、合同法制教育、劳动争议处理、合同履行情况的检查等方面的管理工作，接受劳动行政部门和企业主管部门的管理指导。对形成的劳动合同及有关文档要提供条件，指派专人真正保管好，因为它们是企业竞争力分析和劳动合同争议处理所能依据的重要文书。

（2）企业劳动争议调解委员会。企业劳动争议调解委员会是在建立现代劳动合同用工制度以后，为了及时解决企业与本企业员工可能因劳动合同履行的差异而发生的劳动争议而特别成立的。企业劳动争议调解委员会的设立详见本书第10章。

企业劳动争议调解委员会在企业中具有相对独立的地位，它不隶属于任何一个机构或者组织，尤其是独立于企业和企业员工之外，因此，作为劳动合同管理的一个主要机构，它更能发挥其重要的作用。劳动争议调解委员会在劳动合同管理方面的主要职责如下：

第一，调解本企业的劳动争议。这是劳动争议调解委员会的根本职责。劳动合同争议发生后，企业劳动争议调解委员会应当从企业和员工的实际利益出发，主动介入，做好调解工作，规劝双方坐到一起，共同寻求解决争议之道。

第二，检查、督促调解协议的履行。在企业和员工经过调解达成协议以后，作为由各方代表组成的持公正立场的第三方检查、督促双方履行协议。如果员工一方没有按照协议条款及时做出积极反应，则劳动争议调解委员会要督促员工自觉履行调解协议；反之，则劳动争议调解委员会应检查、监督企业组织和机构是否履行协议。

第三，开展劳动法制宣传教育，做好争议预防。企业劳动争议调解委员会可采取各种形式和渠道，开展劳动法制宣传和企业劳动法规的学习，提高企业和员工的劳动法律意识。另外，劳动争议调解委员会还可利用社会及员工来信、来访了解劳动合同管理中存在的问题，采取劳动纪律监督等形式，反馈给企业领导，提高依法治企的水平，从而达到争议预防的目的。

第四，协助做好调解失败之后的善后工作。企业员工如果不愿意与企业调解争议或者对调解结果不满意，而申请劳动仲裁甚至上诉至人民法院，对此，企业劳动争议调解委员会应主动向有关部门介绍争议发生的过程、双方的要求和调解不成功的原因，并协助做好调查取证工作。

2）企业劳动合同管理的组织

企业劳动合同管理的机构是专门负责劳动合同管理的主要部门，然而劳动合同的管理工作不可能仅仅依靠人力资源部门和劳动争议调解委员会。企业劳动合同管理工作离不开其他相关部门的协助，这些部门按照企业劳动合同管理活动的流程，被分别赋予不同的责任，共同配合劳动合同管理的机构完成企业的劳动合同管理工作。这些协助劳动合同管理机构的相关部门统称为企业劳动合同管理的组织，与劳动合同管理的机构共同组成了企业劳动合同管理的完整系统。

企业劳动合同管理的组织主要包括经营决策部门、业务管理部门、基层部门和企业工会，它们不直接负责企业劳动合同的管理工作，但是它们工作的好坏在一定程度上将影响企业劳动合同的管理，因为企业的劳动合同管理工作或者受它们工作的影响，或者需要它们的协助，或者和它们的工作相关联。这些组织处于企业劳动合同管理的不同层次，均负有管理劳动合同的职责，它们和企业人力资源部门、企业劳动争议调解委员会互相补充、互相协调，共同分担企业劳动合同管理的职责。劳动合同管理组织的构成、含义、职责及工作意义具体见表6–5。

3）企业劳动合同管理的机构与组织之间的关系

企业的经营决策部门、业务管理部门和基层部门对企业劳动合同的管理体现在方针、政策的制定和协助管理上，工会对企业劳动合同的管理主要体现在监督职能上，而企业劳动争议调解委员会对企业劳动合同的管理则更多地体现在事后处理上。企业人力资源部门作为企业劳动合同管理的核心机关和主要工作机构，处于企业劳动合同管理系统的轴心位置。它们之间的关系可以用“一个中心五个支点，一个系统三个层次”予以表达。[①]

所谓“一个中心五个支点”，指的是劳动合同管理系统中，人力资源部门处于中心地位，而企业的经营决策部门、业务管理部门、基层部门、企业工会以及企业

---

① 赵永乐，王培君．劳动合同管理技术［M］．上海：上海交通大学出版社，2001.

表6-5　　劳动合同管理组织的构成、含义、职责及工作意义

名称	含义	职责	工作意义
经营决策部门	企业高层管理部门的统称，包括股东大会、董事会、企业经理层等	负责企业劳动合同管理中的有关劳动用工的规划和原则、标准的制定，以及履行企业法人的职责与员工签订劳动合同等	对企业劳动合同的管理体现在宏观、整体、战略和发展上，其工作直接影响着企业劳动合同管理的层次与水平
业务管理部门	企业内部各业务部门	有义务提出本部门劳动用工的计划、本部门工作岗位的具体职责与要求，并负责对本部门员工进行业绩考核，具体负责本部门劳动合同管理的相关工作	其工作将直接影响企业劳动合同管理的绩效和效能，以及企业生产和经营状况及经济效益
基层部门	企业的工作小组或车间	负责本单位具体劳动合同管理工作，包括制定基层劳动岗位职责，负责组织员工进行生产劳动并考核，做好员工的劳动保护工作，协助做好劳动争议的处理	其表现如何也在很大程度上影响着员工对企业的评价，以及员工的满意度
企业工会	企业员工的群众性组织	作为员工集体的代表参与企业劳动合同的管理工作，即代表员工集体与企业签订劳动合同，就员工的工资福利、劳动保护等事项提出意见和建议，参加企业劳动合同争议预防和处理，开展企业劳动法律、法规宣传和企业劳动规则的教育；向上级工会报告本企业劳动用工情况	它一方面代表员工向企业争取权益并维护员工的利益，另一方面也是员工的自律组织，通过内部组织规则规范员工的行为，使员工的根本利益与企业的发展保持一致

劳动争议调解委员会均是其不可分割的组成部分，是五个支撑点。因为在这一系统中只要是与劳动合同管理有关的工作，就离不开人力资源部门的参与；尽管如此，但企业劳动合同管理系统又离不开其他相关部门的支持。人力资源部门和其他相关组织在企业劳动合同的管理中，各有分工、各有侧重，互相协调、互相制约，共同承担劳动合同的管理职能。图6-5是通过对照企业人力资源部门的五大职责，进一步地分析展示了人力资源部门和相关组织之间的这种共生共存关系。可见人力资源部门五大职能的实现没有哪一项是能够离开相关组织的协作与支持的，这就证明了相关组织在企业劳动合同管理系统中存在的价值。

所谓“一个系统三个层次”，指的是在企业劳动合同管理系统中，决策部门处于最高层次，负责合同管理、政策方针制定以及战略规划工作；人力资源部门、劳动争议调解委员会、工会、业务管理部门处于中间层次，负责劳动合同管理工作的具体实施；基层部门处于基础层次，负责有关劳动合同具体条款的落实和具体信息的收集反馈。企业劳动合同管理系统，呈中间大两头尖的形状，这符合管理学组织原理。企业人力资源部门和相关组织的这种关系如图6-6所示。

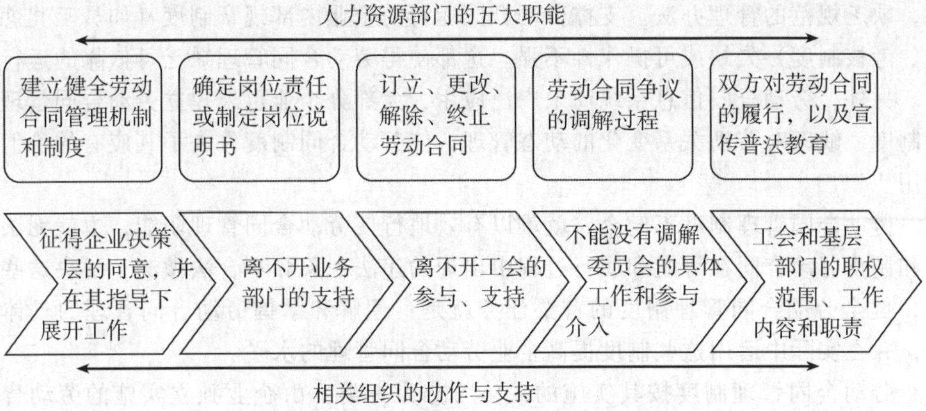

图6-5 人力资源部门五大职能与相关组织的关系

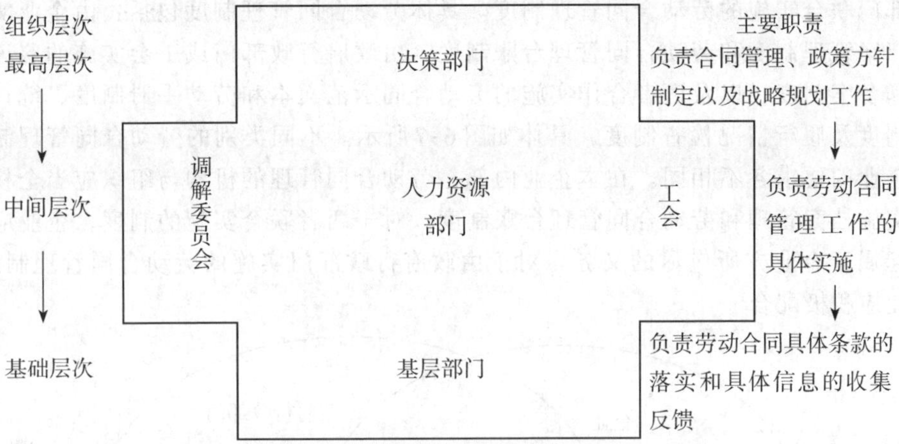

图6-6 一个系统三个层次

综上所述，劳动合同管理系统的各个部分的职能是相互渗透的，因此必须抓住企业劳动合同管理的两项关键因素：组织设计和任务分工。组织设计应考虑企业的规模、企业的用工情况、劳动合同管理的制度要求以及企业员工的素质；任务分工是对涉及劳动合同管理的工作进行明确的职能划分，把责、权、利落实到具体机构或组织，如此才能在分工明确的基础上实现各负其责、协调运行、相互制约和相互促进。只有对劳动合同管理工作进行合理的设计，对任务进行科学的划分，才能实现组织与组织、组织与机构、机构与机构以及组织、机构与企业员工的相互适应，才能保证企业劳动合同管理的实际效果，才能实现企业劳动合同管理的组织与机构以及这些组织的各个部分的最佳控制、最佳协调。

6.5.3 劳动合同管理制度

企业劳动合同管理制度，是指企业和劳动者在劳动合同的订立、履行和管理过程中必须遵守的管理规则。然而，现实中部分企业，尤其一些小企业仍未建立、健全劳动合同管理制度。劳动合同在订立、履行、变更、解除等方面存在较大的随意性，缺乏规范的管理办法。支撑劳动合同运行的企业内部规章制度（如员工奖惩制度、考核制度）欠缺或可操作性不强。这都使得劳动合同管理缺乏可依靠的运行保障。另外，劳动合同信息系统尚未广泛应用，大部分企业也未建立劳动合同管理台账制度，缺乏对劳动关系变化的动态管理，使劳动合同制度失去了其应有的价值与作用。

劳动合同管理制度不健全，就难以有效地行使劳动合同管理职能，也就无法纠正和制止劳动合同在订立和履行过程中出现的违法现象和不合法做法。解决这些问题，健全劳动合同管理制度的首要任务就是：理解和掌握劳动合同管理的具体制度，并在实际中运用这些制度提高企业劳动合同管理的水平。

劳动合同管理制度按其实施的主体可分为三类：由企业独立实施的劳动合同管理制度、由政府行政部门或工会独立实施的劳动合同管理制度、企业与劳动行政部门联合实施的劳动合同管理制度。具体劳动合同管理制度包括：由企业实施的档案管理制度和劳动合同管理台账制度，由政府行政部门或工会实施的鉴证制度和备案制度，以及两者合作实施的劳动合同示范文本和劳动手册制度、统计报告制度及履行情况检查制度，具体如图6-7所示。不同类别的劳动合同管理制度对企业的要求各不相同。在本企业内部，劳动合同管理的机构与组织应当全权负责实施档案管理和劳动合同管理台账制度。对于两者联合实施的制度，企业应承担起属于企业方所应尽的义务。对于由政府行政部门实施的劳动合同管理制度，企业应积极配合。

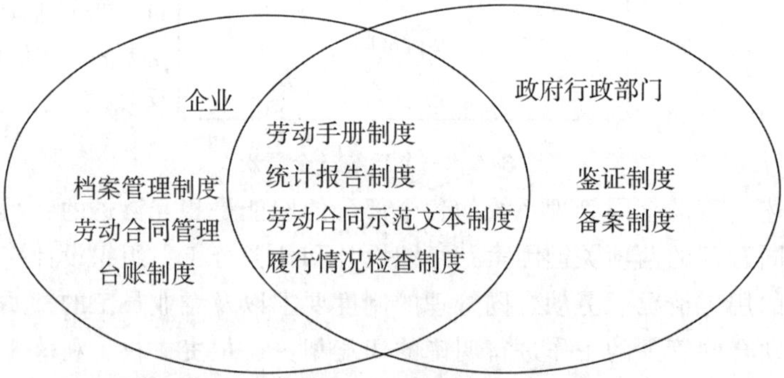

图6-7　劳动合同管理的制度及其实施主体

1）企业实施的劳动合同管理制度

由企业负责实施的劳动合同管理制度主要包括档案管理制度和劳动合同管理台账制度。

（1）档案管理制度。企业劳动合同档案管理具体指企业的人力资源部对本企业签订的劳动合同专门立案建档，分类管理，妥善保存，具体工作包括设立台账、卡片目录索引、卷宗等内容。企业劳动合同作为法律文书，是企业与员工之间确定相应权利和义务的依据，也是发生劳动合同争议后进行公正处理的客观依据，因此，企业必须建立严格的档案制度。

（2）劳动合同管理台账制度。劳动合同管理台账，即对劳动者的基本情况、实际工作年限、劳动合同期限、劳动合同中的约定条款等进行记录，并根据劳动关系变化情况进行跟进式的动态管理，通过考评，根据职工职责的履行情况、职工不同的劳动态度和不同的技能、表现，将职工分为在岗、试岗和待岗，各种状态的人员分别享受不同的工资待遇；对于不符合岗位要求、未竞争上岗以及应该变更、解除、终止劳动合同的，按照规定及时办理有关手续，促进人员的合理流动。用人单位应当建立以下劳动合同管理台账：①劳动合同订立台账；②劳动合同履行台账；③劳动合同变更、解除、终止台账；④员工医疗期台账；⑤各类专项协议签订意向台账；⑥违约合同登记台账；⑦其他必要台账。

2）由企业和政府行政部门联合实施的劳动合同管理制度

企业和政府行政部门，有时还包括工会组织共同负责实施的有关劳动合同管理的制度主要包括劳动合同示范文本制度、劳动手册制度、统计报告制度及履行情况检查制度。

（1）劳动合同示范文本制度。企业劳动合同示范文本，是由政府行政部门制发的、为企业订立劳动合同提供示范的劳动合同书。企业使用劳动合同示范文本与劳动者签订劳动合同，可以保证合同内容的完备性和合法性，并可以做到劳动合同内容和格式的规范化。劳动合同示范文本包含劳动法规政策对合同内容的一般要求，各行业、职业及各地区可以根据具体情况，在其基础上与劳动者协商签订劳动合同。

企业运用劳动合同示范文本与劳动者签订合同的一般程序为：第一，准备劳动合同示范文本。第二，对照示范文本的具体内容，讨论提出本企业相应的条款。第三，按照示范文本的基本格式，草拟本企业劳动合同书。考虑到企业劳动用工的多样性，企业可以从实际出发增减部分合同条款。第四，同劳动者进行谈判，协商确定劳动合同的内容。第五，根据协商结果，修订劳动合同书。第六，与劳动者签订劳动合同。

（2）劳动手册制度。劳动手册是一种起证明作用的文书，它由政府行政部门统一制发，上面记载着劳动者的基本情况以及劳动关系运行经历，并要求按照法定程序填写。劳动手册的内容包括劳动者的姓名、年龄、性别、政治面貌、学历和职业技能等级等基本情况，工作经历和劳动合同订立、变更、终止的情况以及各项保险费的缴纳情况等。除劳动者基本情况由本人填写外，其他事项一般由有关管理机构或企业负责填写。劳动者在职期间，劳动手册由企业保管，失业期间可由个人保管或者交就业服务机构保管。劳动手册经依法填写后，任何企业都不得随意涂改。

劳动手册制度要求企业在劳动合同管理的各个阶段做好不同的事，如招聘员工时，要求劳动者出示劳动手册，如果没有，要求其补办；录用考核时，核对应聘者自己所介绍的情况与其劳动手册的内容是否相符合；录用后，企业要携被录用劳动者的劳动手册到就业服务机构办理用工登记；劳动者在职期间，企业要将劳动手册交由人力资源部保管。如果企业代员工缴纳各种保险，要将有关保险的内容和保险金额填入劳动手册；劳动合同发生变化时，如续订、变更、终止等，企业要在该员工的劳动手册上进行记录；劳动关系解除后，企业要将劳动手册有关内容填好后，交由劳动者本人。

（3）统计报告制度。企业劳动合同统计报告制度是国家劳动行政部门对劳动力使用、流动情况进行管理的重要方式。通过建立劳动合同订立、履行、变化情况及其他有关数据的统计报告制度，可以帮助国家劳动行政部门准确掌握劳动力的流动和使用情况，从而为劳动力的宏观管理和具体配置提供决策依据。

对企业而言，劳动合同统计制度的实施主要需要做好以下三项工作：①企业在与劳动者订立劳动合同以后，主动进行劳动合同鉴证；②企业在与员工解除或终止劳动合同以后，主动进行劳动合同鉴证；③按期上报国家劳动行政部门要求上报的有关材料。

（4）履行情况检查制度。企业劳动合同履行情况检查制度，指的是企业劳动合同管理机关和工会组织对企业劳动合同的履行情况进行检查，这种检查包括两个方面的内容：一是检查企业在承担义务方面有没有尽到责任；二是检查企业员工在履行职责方面有没有尽到义务，并将检查和处理结果向主管部门报告。这一制度包括经常性的检查、定期检查和总结性检查三个方面，有时单独进行，有时结合进行。

关于劳动合同履行情况检查制度，企业应从以下几个方面做好工作：①全面履行劳动合同中规定的义务；②建立企业工会组织；③建立企业员工代表大会制度；④吸收员工参与企业劳动合同的管理；⑤总结企业劳动用工情况；⑥在员工中树立履行劳动合同的典型；⑦公正处理劳动合同争议；⑧做好劳动合同的档案管理；⑨严格遵守国家有关劳动法律、法规；⑩热情接待检查人员等。

3）由政府行政部门实施的劳动合同管理制度

鉴证制度和备案制度是由政府行政部门实施的，其目的是强化企业劳动合同管理，促进全社会劳动关系的和谐发展。通过鉴证制度和备案制度从宏观上了解劳动关系的状况，及时发现问题，并据此制定合理的劳动力市场调节政策与社会保障政策，完善劳动关系的宏观调控。

（1）鉴证制度。企业劳动合同鉴证，是劳动合同鉴证机关依法审查、证明企业劳动合同真实性和合法性的过程。实行企业劳动合同鉴证制度，能有效纠正无效和违法合同，保证合同的严格履行，维护劳动合同双方当事人的合法权益。企业和员工在签订和变更劳动合同过程中的各个环节都应进行鉴证。

企业应配合劳动行政部门做好两项工作，即鉴证前应当检查劳动合同是否符合鉴证的条件和鉴证时需要提交的材料是否齐全。前者主要指三个方面：①劳动合同签订遵循平等自愿、协商一致原则，所设条款符合有关法律、法规、政策的规定；②签订合同的程序合法；③主体资格符合法律规定。后者则包括如下材料：①完备的合同文本及相关材料；②首次鉴证须提供用人单位法定代表人身份证明复印件；③劳动合同文本和鉴证职工名册（一式两份）及职工身份证复印件；④企业新录用人员须提供招工手续或与企业解除劳动关系的证明书，大学毕业生和复转军人须提供派遣通知书或退伍军人分配通知单。

（2）备案制度。企业劳动合同备案，是指劳动合同备案机关依法对企业劳动合同的订立、续订、变更和解除进行审查和确认，并予以保存。此处的劳动合同备案机关具体是指国家劳动行政部门、地方工会组织。它们在各自职能范围内，对企业劳动合同进行备案，以表明对企业劳动合同双方劳动关系存续和解除的确认。企业需要配合的就是在劳动合同订立、续订、变更和解除时主动在7日内向备案机关报送副本进行备案，而经劳动行政部门鉴证或批准的劳动合同可不必再由劳动行政部门备案。

最后，有条件的用人单位可以引入劳动合同管理信息系统软件，作为企业劳动合同管理的技术平台。原劳动保障部劳动科学研究所和用友软件股份有限公司2007年8月在京正式推出劳动合同管理信息系统软件（企业版）。该软件是适用于用人单位全方位开展劳动合同信息化管理的专业化软件，是劳动合同管理规范化、科学化的有效辅助工具。同时，它还可以使企业避免因管理疏忽而造成的不必要的劳动争议，提高单位的规范化管理水平，规范劳动用工秩序，促进劳动关系和谐。

● 个案分析

胡某于2015年2月1日进入某科技公司担任销售部高级客户经理，劳动合同期限至2018年1月31日，约定试用期为3个月。试用期满后，胡某的销售业绩一直未能达标。2015年7月1日，应公司要求，胡某与单位签署了《个人业绩改进计划》，该计划中公司给予胡某3个月的观察期，胡某承诺2015年7月至9月期间其本人每月的销售业绩不低于5万元，如未能完成该销售业绩，胡某需自行提出辞职。后胡某未能完成该销售业绩。2015年9月30日，该科技公司以胡某履行其自行离职的约定为由，要求胡某离职并收回了办公电脑、考勤卡等。胡某依照公司要求办理了离职手续，但不认为是自行离职。后胡某提出仲裁申请，要求公司支付违法解除劳动合同赔偿金。

仲裁委审理后认为，本案实质上是该科技公司与胡某约定了解除劳动合同条件，但该约定不符合法律规定，故公司要求胡某离职的行为构成违法解除，支持了胡某的仲裁请求。

资料来源 闵丹．本市劳动争议十大典型案例［J］．工会博览，2016（11）．

问题：

1.简述解除劳动合同的方式及法定程序。

2.案例中用人单位的做法为何违反了《劳动合同法》的规定？

● 本章小结

劳动合同又称“劳动契约”或“劳动协议”，是劳动者与用人单位确立劳动关系、明确双方权利和义务的协议。建立劳动关系应当订立劳动合同。我国关于劳动合同的第一部法律《劳动合同法》已于2008年1月1日起正式施行。本章秉承《劳动合同法》的立法宗旨，首先对劳动合同的意义、内容、种类、形式和格式几个方面进行了概述，然后结合《劳动合同法》的具体条款介绍了劳动合同的订立和履行，具体包括订立的原则、程序、条件以及无效劳动合同的确认及处理；劳动合同履行的原则、条件以及劳动合同履行的法律保障；劳动合同的变更与解除，具体涵盖变更的条件与程序，劳动合同的解除包括双方协商解除劳动合同，劳动者单方解除劳动合同和用人单位单方解除劳动合同以及解除劳动合同的经济补偿和解除的程序；劳动合同终止的条件与程序，以及续订劳动合同的条件、格式和无固定期限劳动合同的含义、法定续订情形以及应注意的问题。本章最后结合《劳动合同法》与人力资源管理的方方面面，讲述了企业劳动合同管理的意义、管理的机构和组织以及管理制度。

● 关键概念

劳动合同　劳动合同的法定条款　劳动合同的任意约定条款　保守商业秘密条款　竞业限制条款　无效劳动合同　劳务派遣　双方协议解除　过失性解除　非过失性解除　经济性裁员　无固定期限劳动合同　劳动合同管理

● 课堂讨论题

1.结合自己的感受，说说对《劳动合同法》颁布意义的理解。

2.结合人力资源管理的知识，阐述如何在人力资源管理中运用劳动合同管理技术。

● 复习思考题

1.简述劳动合同的内容。

2.如何认定与处理无效劳动合同？

3.阐述劳动合同的保守商业秘密条款、竞业限制条款以及违约金条款。

4.试述劳务派遣三方主体间的关系以及三方各自的权利和义务。

5.劳动合同管理制度有哪些？

● 自测题

1.《劳动合同法》于________起正式实施。

A.1994年1月1日　　B.2007年6月29日

C.2008年1月1日　　D.2008年6月29日

2. 调整劳动关系的法律主要有________与________。

3. 企业劳动合同管理的机构有________与________。

4. 简述劳动合同的必备法定条款。

5. 试用期的长度在《劳动合同法》中是怎样规定的？

6. 简述劳动合同变更的条件。

7. 续订劳动合同的条件有哪些？

第7章 /企业劳动规章制度

引导案例

2010年11月，杨某入职慧通数码公司，双方签订为期三年的劳动合同，合同约定杨某担任公司副总经理，并明确规定，杨某在职期间未经慧通数码公司书面同意，在具有竞争关系企业任职，担任经理、董事等，慧通数码公司可解除双方劳动关系。2012年2月，杨某开始受聘担任豪腾数字公司总经理，任期三年。2012年5月，慧通数码公司向杨某送达了“解除劳动合同通知书”，以杨某在豪腾数字公司担任总经理一职，严重违反了慧通数码公司关于禁止到竞争企业任职的规章制度，对其公司经营管理造成恶劣影响为由解除双方劳动关系。为证明豪腾数字公司与慧通数码公司存在竞争关系，慧通数码公司提交了公证书等证据予以佐证。杨某以要求慧通数码公司支付违法解除劳动合同赔偿金等为由申请仲裁，后不服裁决诉至法院。

法院经审理认为，杨某的行为已经构成了对慧通数码公司规章制度的严重违反，故慧通数码公司与其解除合同的行为合法。

由此可见，企业劳动规章制度是劳动用工管理的工具和依据，也是劳动争议仲裁和人民法院裁判的重要依据。

资料来源　佚名. 员工严重违反规章制度　单位可以解除劳动关系［EB/OL］.［2019-10-28］. http：//www.wtoutiao.com/p/1ecKAm3.html.

学习目标

企业劳动规章制度作为企业规章制度之一，是维护和调整劳动关系的重要依据。通过本章的学习，旨在了解企业劳动规章制度的含义、作用，熟悉企业劳动规章制度的立法模式及法律效力，理解并掌握企业劳动规章制度的主要内容，如劳动基准、劳动纪律和奖惩制度等，了解企业劳动规章制度的制定程序，掌握执行企业劳动规章制度的一些要点。

7.1　企业劳动规章制度概述

企业劳动规章制度是企业人力资源管理的重要手段和工具，是维护和调整劳动关系的重要依据。作为企业的规章制度之一，劳动规章制度在保证企业健康、稳步发展中起着举足轻重的作用。

7.1.1　企业劳动规章制度的含义和作用

1）企业劳动规章制度的含义

《劳动法》第四条明确规定：“用人单位应当依法建立和完善规章制度，保障劳动者享有劳动权利和履行劳动义务。”国内学者对企业劳动规章制度有多种理解，如：王昌硕认为，企业劳动规章制度是指企业依法制定并在本单位实施的组织劳动过程和进行劳动管理的规则。常凯认为，企业劳动规章制度是指企业根据国家法律、法规并根据企业自身特点制定的，明确劳动条件、调整劳动关系、规范劳动关系当事人行为的各种规章、制度的总称。张立新认为，企业劳动规章制度是将劳动法律、法规与本单位的自身特点结合而制定的，用来规范本单位和员工的劳动权利和劳动义务的内部规定。本书以《劳动法》为依据并结合众多学者的观点，得出如下定义：企业劳动规章制度是指企业根据国家有关法律、法规及政策，结合本企业的实际情况，制定的在本企业实施的组织劳动过程与进行劳动管理的行为规则和章程。

对于企业劳动规章制度概念的理解，应把握以下几点：

（1）企业劳动规章制度是企业规章制度的组成部分。我们探讨的并不是企业规章制度的全部，而是与劳动者的权利、义务以及劳动关系有关的那部分，其目的是保障劳动者享有劳动权利和履行劳动义务，有效预防和妥善处理劳动争议。在企业规章制度中，凡是劳动过程之外事项的制度，都不属于企业劳动规章制度。

（2）企业劳动规章制度是根据国家法律、法规及政策制定的。显然，企业劳动规章制度是在《劳动法》《就业促进法》等一系列劳动法规产生的背景下孕育而生的，它是这些法律、法规在企业具体细化的产物。因此，企业劳动规章制度不能与国家法律、法规和政策相违背。

（3）企业劳动规章制度是结合企业实际情况制定的。每个企业都有自身独特的发展历史，因此，企业应根据自身特点来制定符合企业发展需要的劳动规章制度。由于企业劳动规章制度因企业性质的不同而不同，因此，在某一企业适用的劳动规章制度搬到其他企业就可能行不通。

2）企业劳动规章制度的作用

企业劳动规章制度作为企业经营的规章制度之一，是企业为了维护和调节内部劳动关系、规范劳动行为、明确岗位职责、加强劳动管理、行使行政权力、维护企业正常的生产秩序而依法制定的。企业劳动规章制度作为企业劳动关系管理的一部分，在协调劳动关系中发挥着举足轻重的作用。其主要体现在：

（1）协调劳动关系。企业劳动规章制度是用工自主权和员工民主管理权相结合的产物。制定和实施企业劳动规章制度，是企业在其自主权限内用规范化、制度化的方法对劳动过程进行组织和管理的行为，简言之，是行使用工自主权的一种形式和手段。员工作为劳动过程的要素和主体，既有权参与企业劳动规章制度的制定，又有权对企业遵守劳动规章制度实行监督，这是员工民主管理权的重要内容。因此，企业劳动规章制度具有协调劳动关系的作用。

（2）明确劳动条件和行为规范。企业劳动规章制度对劳动基准、劳动纪律、奖惩制度、程序管理以及其他方面的明确而清晰的规定，对企业的劳动者具有规范的作用。实际上，由于企业劳动规章制度是对个别劳动合同的共同内容做出的适用于企业全体劳动者的规范，因此，确立企业与劳动者的权利和义务关系时一般要参考企业劳动规章制度的规定。也就是说，企业劳动规章制度成为最低标准，规制劳动合同关系，是劳动者个人与企业之间的个别劳动关系的基本规范。[①]它保证了稳定、有序、正常、和谐的劳动关系，有助于分清企业与劳动者的权利和义务，有助于企业运营管理的实现。

（3）促进企业自律。企业劳动规章制度虽然由企业单方面制定，但因为这是适用于企业全体人员的共同准则，所以就要求企业对劳动规章制度进行解释时必须客观公正。而且，将企业劳动规章制度予以公示，可以避免企业随意暗箱操作，促进企业自律。这种对企业劳动规章制度解释的客观性和公正性能够约束企业任意解释的行为。另外，正因为企业劳动规章制度是由企业单方制定的，所以在对企业规章制度进行司法判断时，法院就十分苛刻。这就要求企业在制定企业劳动规章制度时应慎重，做到劳动者大体上能接受和社会一般认可，促进企业自律。[②]

（4）促使员工加强自我约束。企业劳动规章制度通过对劳动纪律、劳动组织规则的确定，促使企业内部员工加强自我约束，积极承担岗位职责，团结一致，相互协助，以企业的目标为中心，企业上下一起努力，以此来提高企业的经济效益和社会效益。在企业提高经济效益和社会效益的同时，劳动者个人的切身利益也得到了满足，这样就避免了一些不必要劳动纠纷的发生，从而促进了劳动关系更加和谐稳定。

7.1.2 企业劳动规章制度的立法模式

由于各个国家政治经济、社会文化、历史背景、价值观的不同，其劳动规章制度的立法模式也有所差异。具有代表性的立法模式主要有以下三种：

1）授权型立法

所谓授权型立法，是指在立法上只规定企业劳动规章制度的自主权利，对具体内容不做硬性的规定，将劳动规章制度内容的确定权完全授予企业，企业可以根据自身的实际情况来制定劳动规章制度，只要内容不违反法律的强制性规定即可。《美国公平劳动标准法》和《加拿大劳工（标准）法》就是授权型立法，它们都未对雇佣规则的内容做出具体规定。这与英美法系根深蒂固的任意雇佣观念有关，雇佣规则的制定与否、雇佣规则的内容均由雇主决定，法律不加干预。这些国家主要通过劳资协调机制、集体谈判和集体合同制度对用人单位的内部劳动关系进行规范。[③]

2）纲要型立法

所谓纲要型立法，是指在立法上对企业劳动规章制度内容做出强制性的纲要规定，要求企业以此作为制定劳动规章制度的依据和标准，大都以行政法规的形式对

---

① 常凯．劳动关系学［M］．北京：中国劳动社会保障出版社，2005.
② 常凯．劳动关系学［M］．北京：中国劳动社会保障出版社，2005.
③ 伍奕．关于用人单位劳动规章制度的立法思考［J］．海南大学学报：人文社会科学版，2003（2）．

企业劳动规章制度的基本内容做出规定，企业必须严格遵照执行。劳动规章制度所涉及的主要是国家和社会利益，遵守劳动规章制度不仅是劳动者对企业的义务，更是企业和员工对国家的义务。

采取纲要型立法模式的主要是历史上曾实行公有制的计划经济体制国家。在计划经济体制下，国家以立法形式对企业劳动规章制度的内容做出直接的、强制性的规定，如苏联关于“劳动纪律”的规定，匈牙利以前关于“纪律责任”的规定，罗马尼亚以前关于“社会主义劳动纪律”“纪律和财产责任”的规定，波兰以前关于对“破坏劳动秩序和纪律”的规定，保加利亚以前关于“劳动纪律”的规定等。

我国在计划经济体制下也是采取纲要型立法模式，如1954年，我国政务院公布了《国营企业内部劳动规则纲要》；1982年国务院发布了《企业职工奖惩条例》，1986年国务院发布了《国营企业辞退违纪职工暂行规定》，这两个规定确立了我国的劳动纪律制度。

3）权利和义务结合型立法

所谓权利和义务结合型立法，是指在立法上不仅赋予企业制定劳动规章制度的权利，而且规定符合一定条件的企业应当制定劳动规章制度，使之成为企业的法定义务。企业劳动规章制度的制定，一方面是企业的权利，即企业的经营权和用工权必然含有劳动规章的制定权；另一方面也是企业的义务，即企业必须制定劳动规章制度作为其行使经营权和用工权的一种主要方式。

我国现行的立法模式就属于权利和义务结合型立法模式。《劳动法》第四条规定：“用人单位应当依法建立和完善规章制度，保障劳动者享有劳动权利和履行劳动义务。”这是由我国的特殊国情所决定的。在我国经济体制改革所追求的目标模式中，既要以社会主义公有制为主体，又要逐步实现市场经济，由此决定了我国的企业劳动规章制度的立法必须是在吸收授权型立法和纲要型立法两种立法模式的合理因素的基础上，形成权利和义务相结合的立法模式，从而与社会主义市场经济相适应。

授权型立法、纲要型立法两种模式都授予企业在内容、程序合法的前提下，有自行制定企业劳动规章制度的权利，但授权型立法对企业的要求更为宽松，企业可以根据自身的实际经营情况来制定劳动规章制度，这主要是因为在私有制和市场经济条件下，企业享有广泛的自由，当然包括企业劳动规章制度制定权在内的自主经营权。纲要型立法则对企业的要求更为严格，它大都以行政法规的形式对企业劳动规章制度的基本内容做了规定，企业只能在既定的范围内来制定劳动规章制度，能自行调节的范围较小，自由度相对较低。而权利和义务结合型立法主张权利与义务并重，它不仅规定了企业制定劳动规章制度的权限和程序，而且规定达到一定规模的企业应当制定劳动规章制度，使之成为企业的一项法定义务。虽然立法中对企业制定劳动规章制度应包含的事项进行了列举，但具体的内容和标准还是由企业单方面制定，企业有充分的自主权。

7.1.3 企业劳动规章制度的效力

任何制度都应有其效力，否则就会形同虚设，毫无意义，企业劳动规章制度也不例外。企业劳动规章制度的效力主要是指其约束力，而企业劳动规章制度要产生效力也有其特定的依据和应具备的条件。

1）企业劳动规章制度具有效力的依据

在我国，企业劳动规章制度是企业依据国家法律制定的，其效力也由国家法律赋予。其主要依据体现在以下几方面：

（1）企业劳动规章制度是法律规范的拓展和具体化。我国的劳动法律所阐述的都是一些纲领性的内容，给企业劳动规章制度的制定确定了方向，而企业则根据自身实际情况将其具体细化，但同时又不违背劳动法律，这有利于国家劳动法律的贯彻执行。在此意义上，企业制定劳动规章制度是实施劳动法律、法规的必要手段。因而，法律应当赋予企业劳动规章制度效力。而由法律赋予效力的劳动规章制度则具有了权威性和严肃性，企业和劳动者都应自觉遵守。

（2）企业劳动规章制度是劳动合同的附件。在劳动合同的订立过程中，劳动者有权了解企业的劳动规章制度，另外，企业也有向求职的劳动者公开企业劳动规章制度的义务。《劳动合同法》第八条规定："用人单位招用劳动者时，应当如实告知劳动者工作内容、工作条件、工作地点、职业危害、安全生产状况、劳动报酬，以及劳动者要求了解的其他情况；用人单位有权了解劳动者与劳动合同直接相关的基本情况，劳动者应当如实说明。"劳动者与企业签订劳动合同后，就表明劳动者认可企业劳动规章制度并愿意受其约束。同时，企业也愿意承担相应的责任，履行约定的义务。由此，企业劳动规章制度就成了劳动合同的附件。法律赋予企业劳动规章制度的效力，是强化劳动合同的必然要求。

（3）企业劳动规章制度是企业实现劳动过程的自治规范。企业依法制定劳动规章制度，是行使其用人自主权的法律行为；同时，企业劳动规章制度也通过员工参与民主制定的方式，在获得职工或者工会的认可后方可实行。这表明企业劳动规章制度是企业和全体员工共同努力的成果，反映了双方共同的愿景，法律应承认其效力。

2）企业劳动规章制度产生效力的条件

企业劳动规章制度要产生效力，还必须具备以下法定有效条件：

（1）制定主体必须合法。企业劳动规章制度的制定主体是指有权制定企业劳动规章制度的单位或个人。企业劳动规章制度的制定权源于企业自治权，企业是市场经济中自主经营、自负盈亏、具有独立法人资格的主体。为了维持企业的正常运转，赋予企业相应的自治权是必要的，也是必需的。而要保证企业劳动规章制度的合法性，制定主体就必须合法。企业劳动规章制度只能由单位行政制定，但并非单位行政中的任何一个管理机构都有权制定企业劳动规章制度。一般认为，有权代表企业制定劳动规章制度的，应当是单位行政系统中处于最高层次、对企业的各个组成部分和全体员工有权实行全面和统一管理的机构，[①]这样才能保证企业劳动规章制度在本企业具有统一性和权威性。因此，企业最高领导人必须增强法治观念，注重科学管理，使企业在法治轨道上健康发展。虽然企业劳动规章制度的制定者是企业一方，但是吸收劳动者参与民主制定更有利于企业规章制度的制定与实施。

（2）涉及内容必须合法。企业劳动规章制度的内容合法是指企业劳动规章制度的内容必须严格遵守法律、法规以及国家政策规定的调整劳动关系的原则和要求，符合法律、法规和国家政策的具体规定；否则，企业劳动规章制度的内容不具效力。

企业应根据自身研发、生产、销售、管理的实际情况，将法律、法规、政策的条款具体化，使它们具有可操作性。但具体化后的企业劳动规章制度内容（具体包括对劳动条件、劳动纪律、程序管理以及其他相关内容的具体化）不得违反国家法律、行政法规和政策规定。其内容应体现权利与义务一致，劳动纪律面前人人平等的原则。其中劳动条件、劳动报酬及劳动者相关待遇的规定，不得低于法定最低标准和集体合同规定的最低标准。

企业劳动规章制度中对于企业在自主权范围内确立的行为规范，也应体现权利与义务一致，劳动利益与劳动效益并重，奖励为主，惩罚为辅，奖惩相结合的原则。劳动规章制度对违纪员工惩罚的规定，必须与法律、法规规定的条款相符，不得任意加重处罚。当员工在工作中的不当行为致使企业遭受经济损失时，要求员工赔偿经济损失也应遵守法律相关规定，如《工资支付暂行规定》第十六条规定，经济损失的赔偿，可从劳动者本人的工资中扣除，但每月扣除的部分不得超过劳动者当月工资的20%。若扣除后的剩余工资部分低于当地月最低工资标准，则按最低工资标准支付。对违纪情节较轻的员工，必须进行耐心的教育，帮助其努力改正。

（3）制定程序必须合法。制定程序是指劳动规章制度制定所经历的环节。在企业制定劳动规章制度的过程中，既有法律规定的必要程序，也有企业自行决定的程序。凡属于法定必要程序，企业都应该严格履行，如《劳动合同法》第四条规定："用人单位应当依法建立和完善劳动规章制度，保障劳动者享有劳动权利、履行劳动义务。用人单位在制定、修改或者决定有关劳动报酬、工作时间、休息休假、劳动安全卫生、保险福利、职工培训、劳动纪律以及劳动定额管理等直接涉及劳动者切身利益的规章制度或者重大事项时，应当经职工代表大会或者全体职工讨论，提出方案和意见，与工会或者职工代表平等协商确定。在规章制度和重大事项决定实施过程中，工会或者职工认为不适当的，有权向用人单位提出，通过协商予以修改完善。用人单位应当将直接涉及劳动者切身利益的规章制度和重大事项决定公示，或者告知劳动者。"因此，企业在制定劳动规章制度时，应经职工代表大会或全体职工讨论通过，才能予以确定，劳动规章制度制定好以后，一定要以合法的形式公布，传达到每个职工，使他们清晰、准确地了解企业劳动规章制度。

---

① 王全兴. 劳动法学［M］. 北京：人民法院出版社，2005.

3）企业劳动规章制度具有效力的主要表现

既然企业劳动规章制度是依据国家法律、法规制定的，它就应该对本企业全体员工和各级部门都具有效力，主要表现为：

（1）企业用工行为应以劳动规章制度为依据。企业劳动规章制度制定后在本企业内全面实施，劳动过程中的各种劳动行为和用工行为都必须受企业劳动规章制度的约束，员工的劳动时间、工资待遇、社会保险及福利、休假、奖励与惩罚、雇佣与解聘都应以此为依据。

（2）企业和员工都应履行自身职责。遵守企业劳动规章制度是企业和全体员工的法定义务和不可推卸的责任。员工在享受自身权利的同时就必须履行自身的义务，遵守劳动纪律，爱岗敬业，规范操作，文明礼貌。同时，企业也应积极履行自己的职责，为员工创造良好的工作条件，按时支付工资，保护员工的劳动安全，树立良好的企业形象。

（3）处理劳动争议应以劳动规章制度为依据。员工与企业因执行劳动规章制度发生争议，双方应当以企业劳动规章制度为依据，按照法定的劳动争议处理程序予以处理。另外，劳动合同中所规定的劳动基准和劳动待遇不得低于劳动规章制度所规定的标准；否则，以劳动规章制度所规定的标准代替劳动合同所规定的标准。这是因为，企业劳动规章制度所规定的标准是平等适用于全体员工的标准，劳动合同所约定的员工利益若低于该标准，就是对单个员工的歧视。①

7.2 企业劳动规章制度的内容

企业劳动规章制度的内容主要包括工作时间、休息休假、工资的决定以及支付方法、劳动安全卫生保护、社会保险、员工福利、劳动纪律、职业培训等，几乎涉及劳动关系的各个方面和劳动关系运行的各个主要环节，它与劳动者在劳动过程中的权利和义务密切相关。这也响应了中共中央、国务院《关于构建和谐劳动关系的意见》中提到的依法保障职工基本权益。其主要包括：切实保障职工取得劳动报酬的权利、职工休息休假的权利、职工获得劳动安全卫生保护的权利、职工享受社会保险和接受职业技能培训的权利。

企业劳动规章制度的内容因各个国家和地区的不同而不同。例如，《日本劳动标准法》第九章对雇佣规则作了明确规定，并在第八十九条对其应包含的事项进行了列举，主要包括的内容有：工作时间，休息时间，工资制度，退职、津贴及分红和最低工资事项，工人负担，安全卫生，职业训练，事故及非工负伤和疾病的救济，奖惩及其他共10个方面的内容。

我国台湾地区的“劳动基准法”将劳动规章制度的内容归为12项，即工作时间、休息、休假、法定纪念日、特别休假及继续性工作之轮班方法；工资之标准、

① 王全兴. 劳动法学［M］. 北京：人民法院出版社，2005.

计算方法及发放日期；延长工作时间；津贴及奖金；应遵守的纪律；考勤、请假、奖惩及升迁；受雇、解雇、资遣、离职及退休；灾害、伤病补偿及抚恤；福利措施；劳资双方应遵守的劳工安全卫生规定；劳资双方加强合作的方法；其他。

我国劳动法律规定企业劳动规章制度不仅要列出其应含事项，还应进一步对某些重要事项进行具体说明。例如《劳动法》就要求企业劳动规章制度必须对劳动纪律、劳动保护进行具体说明。根据企业劳动规章制度的含义和劳动规章制度的制定目的，结合《劳动法》对劳动者权利和义务的规定，本书认为企业劳动规章制度主要包括以下几部分：劳动基准、劳动纪律和奖惩制度、劳动组织规则、程序管理。

7.2.1　劳动基准

劳动基准是指为了保障劳动者正常工作和生活而对劳动报酬和劳动条件所规定的最低限度的措施和要求。其主要包括：工作时间和休息休假、工资、职业培训、劳动安全卫生及保护、社会保险和员工福利。由于劳动基准关系到劳动者的切身利益，并且它是十分容易引起劳动纠纷的敏感部分，因此，劳动基准的内容要详细、准确、具体，以便企业在执行劳动规章制度的过程中做到有理有据。

1）工作时间和休息休假

（1）工作时间。工作时间又称法定工作时间，是指劳动者为履行劳动义务，在法定限度内应当从事劳动或工作的时间。

工作时间的范围，不仅包括作业时间，还包括准备工作时间、结束工作时间以及法定非劳动消耗时间；不仅包括在岗位上工作的时间，还包括依据法规和单位行政安排离岗从事其他活动的时间。

工作时间的形式主要有标准工作日、不定时工作日、缩短工作日、延长工作日等。

（2）休息休假。休息时间又称法定休息时间，是指法定的劳动者免于履行劳动给付义务而自行支配的时间。

休息时间的范围包括日常休息时间和休假，前者即工作日内不计入工作时间的间歇时间（如午休时间）和计入工作时间的间歇时间（即法定非劳动消耗时间），以及相邻两个工作日之间的休息时间和相邻两个工作周之间的休息时间（即周休日）；后者即劳动者依法享受的各种假日。

休假是指劳动者带薪休息，是法定的劳动者免于上班劳动并且有工资保障的休息时间。它是休息时间的重要组成部分[①]。现行《劳动法》和有关法规所规定的休假主要有以下几种：

①法定节假日，如元旦、春节、清明节、劳动节、端午节、中秋节、国庆节等。

另外，还有属于部分公民的节日，如妇女节、青年节、中国人民解放军建军

---

① 王全兴. 劳动法学［M］. 北京：人民法院出版社，2005.

节、儿童节以及属于少数民族的节日。

②年休假。年休假是指劳动者每年享有保留原职和工资的连续休假。

③其他假期。其主要包括探亲假、婚丧假、女工产假等。

2）工资

工资即薪金，其广义指员工劳动报酬，是指在劳动关系中，职工因履行劳动义务而获得的，由用人单位依法定方式支付的各种形式的物质补偿。其狭义仅指劳动报酬中的基本工资。[①]

由于工资是十分容易引发劳动争议的部分，因此，企业在制定工资制度时，应尽量做到科学合理、公平公正、有章可循，尽量避免因一些细节上的问题而引发劳动争议，导致不必要的麻烦，浪费时间、精力、财力。

（1）工资分配的原则。《劳动法》规定："工资分配应当遵循按劳分配原则，实行同工同酬。"《劳动法》还规定："工资水平在经济发展的基础上逐步提高。国家对工资总量实行宏观调控。"这为企业劳动规章制度的制定确立了应当坚持的原则。实行工资总量的宏观调控，要使消费基金的增长与生产基金的增长相协调，消费与生产的比例关系趋于合理。建立最低工资保障制度，确定劳动者的最低工资水平，满足劳动者的基本生活需要；建立工资税收制度，对过高的工资收入进行控制，避免贫富差距悬殊和两极分化。

（2）工资的构成。我国立法所规定的工资，一般由基本工资和辅助工资两部分构成。其中，基本工资是指劳动者在法定时间内提供正常劳动所得的报酬。辅助工资是指基本工资以外的、在工资构成中处于辅助地位的工资组成部分。辅助工资主要包括：奖金、津贴和补贴。

（3）工资形式。工资形式是指计量劳动和支付工资的方式。它是以工资制度为基础，按照职工实际付出劳动量支付劳动报酬，也就是按照确定的劳动标准和报酬标准，计量每个劳动者的实际劳动量并计算应得的工资，把劳动和工资有机地结合起来，以实现按劳分配的原则，如计时工资等形式。

（4）工资支付的一般规则。在工资的支付过程中，应当遵循一定的规则，主要包括：

①货币支付规则。工资应当以法定货币支付，不得以实物或有价证券替代货币支付。

②直接支付规则。工资应当直接支付给本人，但是，员工本人因故不能领取工资时可由亲属或委托他人代领。另外，企业必须书面记录支付工资的数额、时间、领取者姓名及其签字，并保存两年以上备查。

③全额支付规则。法定或约定应当支付给职工的工资项目和工资额，应当全部支付，不得克扣。正是基于此规则，我国规定，企业在支付工资时应当向员工提供一份其个人的工资清单。

---

① 王全兴. 劳动法学［M］. 北京：人民法院出版社，2005.

④定期支付原则。工资必须在固定的日期支付，如遇节假日或休息日，应提前在最近的工作日支付；工资至少每月支付一次，实行周、日、小时工资制的可按周、日、小时支付工资。

⑤优先支付原则。企业破产或依法清算时，员工应得工资必须作为优先受偿的债权。

⑥紧急支付原则。在职工遇有紧急情况导致不能维持生活时，企业应预支其可得工资的相当部分。

企业在支付员工工资时，应积极遵守上述规则，不得无故拖欠员工工资，恶意克扣员工工资，也不得以实物代替工资，以免造成行为违法，引发劳动争议。

（5）最低工资标准。最低工资标准，是国家依法规定的，当职工在法定工作时间或依法签订的劳动合同约定的工作时间内提供了正常劳动的前提下，用人单位在最低限度内应当支付的足以维持职工及平均供养人口基本生活需要的劳动报酬，即工资的法定最低限额。[①]

另外，劳动关系双方当事人不得在劳动合同中约定在法定最低工资额以下的工资；只要员工提供了正常劳动，企业向员工支付的工资就不得低于法定的最低工资额。如有违规者，由劳动保障行政部门责令其限期支付差额，逾期不支付的，按有关规定，责令其按应付差额50%以上1倍以下的标准支付赔偿金。同时，还应对用人单位处以相应的罚款。

（6）关于工资扣除。关于工资扣除，我国行政法规有明确的规定，用人单位只有在以下情况下才能扣除工资：应由职工缴纳的个人所得税；应由职工负担的各项社会保险费用；法院判决、裁定中要求代扣的抚养费、扶养费、赡养费；法定可以从工资中扣除的其他费用。另外，职工违纪违章给用人单位造成经济损失而应予赔偿的，可以从职工本人工资中扣除，但每月扣除的部分不得超过其月工资的20%，并且扣除后的剩余工资部分不得低于当地月最低工资标准。

3）职业培训

职业培训是指企业根据发展需要，通过学习、训练等手段进行的旨在改变员工的工作态度和工作行为，提高员工的工作能力、知识水平、业务技能的有组织、有计划的培养和训练活动或过程。

通过培训可以提高员工自身素质和职业能力，实现员工个人发展和自身价值，同时，通过培训这种有效的激励方式，能增强员工个人的成就感和满足感，从而提高员工对企业的依存感和忠诚度。因而，培训能很好地巩固企业与员工之间的良好关系。

当然，培训也存在一定的成本和风险。因此，如果企业出资对员工进行文化技术培训，为了维护企业利益，防止因员工离开造成培训费用的损失，企业应事先与员工签订培训协议，如果员工在规定期限内离开企业，应根据协议赔偿必要的培训

---

①　王全兴. 劳动法学［M］. 北京：人民法院出版社，2005.

费。事先签订培训协议能避免引发劳动争议，进而为企业节省大量的人力、财力。

4）劳动安全卫生及保护

劳动安全卫生及保护，是指对劳动者在劳动过程中的安全卫生和健康的保护。《劳动法》第五十二条规定用人单位必须建立、健全劳动安全卫生制度，严格执行国家劳动安全卫生规程和标准，对劳动者进行安全卫生教育，防止劳动过程中的事故，减少职业危害。《安全生产法》也对用人单位实施安全卫生培训和教育的义务以及劳动者接受安全卫生教育和培训的义务做了明确的规定。企业从自身责任与利益出发，应积极落实好劳动安全卫生和保护。因为一旦发生劳动事故，企业和员工都会遭受巨大的损失，而且双方也极易因赔偿问题产生分歧，引起劳动纠纷，甚至引发诉讼。因此，企业为了避免安全事故的发生，应积极找出企业存在的安全问题，做到防患于未然。

企业必须按照劳动法的要求，对本企业劳动者承担劳动保护义务，其主要包括：

（1）向劳动者提供符合劳动卫生安全标准的劳动条件，如防止有毒物质的危害、防止噪声和强光危害、防止粉尘危害、防止电磁辐射危害、防暑降温以及防冻取暖和防潮湿、通风和照明等。

（2）对劳动者进行劳动保护教育和劳动保护技术培训。这主要是为了增强员工的安全卫生意识，提高其安全卫生操作水平，使其在劳动过程中，按照正确的操作章程，安全规范操作，避免安全事故的发生。

（3）建立和实施劳动保护管理制度，主要包括一般劳动安全卫生管理制度、安全生产管理制度、职业病防治管理制度。

（4）保障员工休息权的实现。员工只有得到足够的休息，才能保证在劳动过程中集中注意力工作，更好地安全操作，避免因注意力不集中而引发劳动事故。

（5）女职工和未成年工特殊劳动保护。女职工和未成年工作为员工中的特殊群体，应受到特殊的保护。其中对女职工的保护有：禁止安排女职工从事有害妇女健康的劳动、对女职工的“四期”（即经期、孕期、产期、哺乳期）保护。对未成年工的保护有：企业不能安排未成年工从事矿山井下和有毒有害的劳动、禁止企业安排未成年工延长劳动时间和进行夜班作业、定期对未成年工进行健康检查。

（6）接受政府有关部门、工会组织和员工群众的监督。政府部门、工会组织和员工群众是最好的监督者，它们能促进企业更好地执行劳动安全卫生和劳动保护的法律、法规。

5）社会保险和员工福利

社会保险是以解决社会问题，确保社会安定为目的，为实行政府的社会政策而建立的一种社会保障制度。通过国家立法形式强制实施的保险制度，保障对象是劳动者，享受的前提条件是缴纳了社会保险费，并已丧失或暂时丧失劳动能力，保障的水平略低于原有的生活水平，维持丧失劳动能力的劳动者及其家属的基本生活需要。社会保险主要包括基本养老保险、基本医疗保险、失业保险、工伤保险、生育保险等。

《劳动法》《劳动合同法》《社会保险费征缴暂行条例》等相关法律、法规明确规定用人单位应依法为劳动者缴纳社会保险费用。显然，社会保险带有强制性，企业必须按时为员工缴纳。企业为员工缴纳社会保险费，不仅能增强员工的安全感与归属感，同时也能加强企业和员工的良好关系，促进劳动关系的和谐稳定。

员工福利是指企业和有关社会服务机构为满足劳动者生活的共同需要和特殊需要，在工资和社会保险之外向职工及其亲属提供一定货币、实物、服务等形式的物质帮助。其主要包括企业补充养老金计划、补充医疗保险、饮食性福利、教育培训性福利、文体旅游性福利、金融性福利、其他生活福利。

员工福利是对社会保险的有力补充。企业通过提供各种形式的福利来满足员工的切身需要，能极大地提高员工的满意度，对企业和员工的关系起到很好的润滑作用，减少了劳动争议的发生。当然员工福利因各个企业实力的不同而具有很大的差异，如全球网络解决方案的领先者思科公司为员工提供的特色福利就包括：紧急医疗帮助，员工无论在哪里都能获得一家全球医疗服务机构的24小时紧急服务；为了给员工上下班提供便利，思科公司在办公室和员工住宅区修了专用铁道。而一些经济实力较弱的企业只能提供一些简单的福利，如职工澡堂、职工班车等。

7.2.2 劳动纪律和奖惩制度

1）劳动纪律

劳动纪律是指企业依法制定的，劳动者在劳动过程中必须遵守的劳动规则和秩序，它是保证劳动者按照规定的时间、质量、程序和方法，完成自己承担的工作任务的行为准则。

劳动纪律首先是企业为维持正常的生产经营秩序，保证企业与劳动者签订的劳动合同得以履行，而要求全体员工在劳动过程中，以及与劳动、工作紧密相关的其他过程中必须共同遵守的规则；另外，劳动纪律也是企业为保证生产正常运行，确保各种经济指标顺利完成而要求全体员工共同遵守的行为准则。[①]

企业在制定劳动纪律时，不得随意扩大自身权限，更不得使已制定的劳动纪律与法律相抵触。另外，企业还应注意劳动纪律条款的严密性，防止条款间的冲突。一旦企业按照相冲突的条款来处理员工，其结果往往是使企业陷于失败的诉讼。

(1）劳动纪律的内容。劳动纪律的内容一般应当包括：

①时间纪律，即员工在作息时间、考勤、请假方面的规则。员工应在规定的作息时间内按时到岗执勤，不得随意迟到、早退，更不能无故旷工。请假时须经上级批示才有效。

②组织纪律，即员工在服从人事调配、听从指挥、保守秘密、接受监督方面的规则。员工在与组织协商的基础上，应积极服从组织的调配，听从上级的指示，接

---

① 宋木林. 浅析违反劳动纪律的危害及对策［J］. 安全管理，2006（6）.

受组织的监督，准时完成组织分配的任务。另外，对于涉及组织机密的一些文件和内容，要妥善保管，以防泄露。

③岗位纪律，即员工在完成劳动任务、履行岗位职责、遵循操作规程、遵守职业道德方面的规则。员工应履行岗位职责，按时完成劳动任务，保证企业的生产进度。另外，员工还应遵守一定的职业道德，如爱岗敬业、诚实守信、办事公道、奉献社会。

④协作纪律，即员工在工种之间、工序之间、岗位之间、上下层之间的联系和配合方面的规则。由于企业的很多工作都是由多人一起完成的，因此，员工相互之间的协作就变得尤为重要。员工之间有条不紊的配合能大大提高企业的生产效率。

⑤安全卫生纪律，即员工在劳动安全卫生、环境保护方面的规则。为了保证员工的工作安全和保护环境，员工应按照正确的操作规则进行作业，防止出现安全事故或者对环境造成严重污染。

⑥品行纪律，即员工在爱护财产、厉行节约、关心集体方面的规则。[①]员工应从自身做起，努力提高自身觉悟，像爱护私有财产一样去爱护集体财产，养成节约的好习惯。

（2）制定劳动纪律的要求。企业劳动纪律涉及面广，在制定劳动纪律时，应当符合下列要求：

①符合法律规定，即劳动纪律只能在法律允许的范围和条件下约束企业员工的行为，不得非法限制和剥夺员工依法享有的权利和自由，对违纪员工不得采用法定外惩罚措施。

②内容全面，即对各种岗位的职工都制定相应的劳动纪律，使劳动纪律成为全面约束劳动过程中各种行为的规范体系。

③宽严一致，即劳动纪律对各种员工应采用同一标准，使各种劳动者受到同等力度的约束，而不能对有的员工采用过严的纪律，对有的员工采用宽松的纪律。

④结构完整，即按照社会规范所应有的逻辑结构制定劳动纪律。在劳动纪律中应当含有完整的构成要素，即适应条件、行为模式以及违纪后果。

2）奖惩制度

奖惩制度的制定是为了保证劳动纪律的顺利实施，奖惩制度主要包括奖励制度和惩罚制度。

（1）奖励制度。奖励制度是贯彻劳动纪律方针的重要措施。奖励是企业对劳动者良好的行为的肯定，通过奖励可以使劳动者受到激发，充分调动其工作积极性，从而更加强化其良好行为，同时还可以树立榜样，使其他员工向受奖励员工学习。

（2）惩罚制度。惩罚制度也是贯彻劳动纪律的重要措施。通过惩罚，可以起到警示作用，从而弱化或消除不良行为，减少给企业带来的危害和损失。

---

① 王全兴. 劳动法学［M］. 北京：人民法院出版社，2005.

7.2.3　劳动组织规则

劳动组织规则是指企业根据生产经营需要，通过对岗位和劳动力的评估，确定岗位需要，从而对劳动力进行合理配置，促进生产效率提高而制定的规则。劳动组织规则主要包括劳动定员和劳动定额、岗位规范、优化劳动组合。

1）劳动定员和劳动定额

(1) 劳动定员。劳动定员又称编制定员，是指根据企业既定的生产经营方向及规模所决定的，在一定时期内和一定技术条件下，企业机构的设置和企业各机构配备各类人员的数量界限。它表明企业应设置哪些机构，以及各机构应配备多少人员（劳动者数量）和什么人员（劳动者素质）。企业实行定员的范围，应当限定在企业进行正常生产经营所需要的全部职工，无论是固定工、合同制工还是临时工，也无论是生产人员还是非生产人员，只要是维持正常生产经营所需要的，都应纳入定员范围内。按规定，连续6个月以上的援外人员、脱产学习人员、病假人员和休长假人员、待分配人员和不顶岗学徒、试用人员和其他相关人员都不被纳入定员范围。

实行劳动定员主要是为了提高劳动生产率、降低生产成本、提高经济效益。劳动定员工作也是企业深化改革的重要内容之一，是衡量企业管理水平的重要标志。而企业在实行劳动定员的过程中势必要有一些员工从生产岗位精简下来。哪些人员下来，下来如何安置，都是需要妥善解决好的问题。[①]这些难题解决不好，就会造成员工队伍的不稳定，甚至会造成部分员工因不满被解雇而对企业提起诉讼，严重影响良好劳动关系的持续运行。

(2) 劳动定额。劳动定额是指为规范地确定劳动任务而制定的，在一定技术条件下劳动者完成单位合格产品或工作所需要的劳动消耗量。劳动定额有工时定额和产量定额两种基本形式。前者是完成单位合格产品或工作所消耗的工时定额；后者为单位时间内完成合格产品量或工作量定额。劳动定额的范围，只限于能够计算和考核工作量的工种和岗位。在企业中，可以实行劳动定额的工种和岗位必须具备下述基本条件：①企业的生产过程可以分解为许多工序操作，并且在不同的工作地按工序组织生产；②劳动成果的大小或多少直接取决于劳动者的劳动消耗量，并且直接可以用实物产品量或单位产品工时量来表示；③劳动者使用的设备一般是中小型设备，设备的转速、用量可以调整，并且必须由人操作。[②]

劳动定额的制定过程要遵循一定原则，劳动定额的制定需工会或职工代表参与，劳动定额必须向员工正式公布并以书面形式通知员工，如果是对过去定额的改变，还应在定额公告和通知中说明改变定额的原因。员工认为定额超越了企业所提供的技术组织条件或者有害于劳动者安全健康的，有权提出异议，此异议应由企业同企业工会进行处理。企业只有遵循上述原则，才能使制定的劳动定额切实有效，

---

① 何敏. 贯彻劳动标准的难点及对策［J］. 中国劳动，2005（8）.
② 王全兴. 劳动法学［M］. 北京：人民法院出版社，2005.

并能使企业和员工达成一致，避免在执行的过程中因意见不统一而带来纠纷，最终引发劳动争议。

2）岗位规范

岗位规范是指企业根据劳动或者岗位的特点，对上岗人员的行为提出客观要求，制定出相应标准的综合规定。

岗位规范的主要内容有以下四个部分：①岗位名称。②岗位职责，即劳动岗位的职工数量和质量，本岗位与其他岗位的关系。③生产技术规程。这是企业为执行国家、行业、地方、企业技术标准和保护生产程序，就如何保证产品质量、设备的有效使用和安全生产等方面所做的规定。④上岗标准。它是员工履行岗位职责所必备的自身条件，主要包括职业素养、文化程度、专业知识、身体条件等。

制定岗位规范时应根据岗位的特点确定岗位规范的内容和水平，使岗位规范能够科学、准确地反映本岗位对上岗员工的实际要求，从而使员工的行为与企业的目标相一致，这样能很好地避免因企业目标与员工行为不一致而引发的冲突。另外，科学的岗位规范也有利于企业准确地进行绩效考核，使绩效考核具有较高的可信度，因此，基于绩效考核的薪酬给付也更有依据性，从而增加员工对企业的信任感。

3）优化劳动组合

优化劳动组合，是指用择优的方法，对企业劳动组织进行再构造，使企业的劳动力配置得以合理化。优化劳动组合主要有以下环节：①做好优化劳动组合的基础工作，包括调整组织机构和劳动岗位设置，制定和完善劳动定员定额和岗位规范，建立健全有关劳动规章制度。②制订优化劳动组合方案。该方案应由企业行政部门拟订，经职工代表大会讨论通过，报企业主管部门和劳动行政部门审核认定，最终由企业行政部门公布。③确定管理机构和生产机构正职负责人。④公开各机构劳动组合条件。⑤双向选择，自由组织。由各机构负责人和考试合格者之间自由双向选择，在一定条件下自由组织。⑥全员签订上岗合同。企业分别与上岗的各个员工按平等、自愿的原则，签订上岗合同。⑦动态组合。工作期满，应进行绩效考核，择优上岗。

企业实行优化劳动组合即可使劳动力得到合理配置，在提高企业生产效率的同时，自然也会形成一部分富余的员工。企业应当采取拓展多种经营、组织劳务活动、发展相关业务、综合利用资源和其他措施，对富余员工进行妥善安置。另外，企业工会还应联合劳动行政部门指导、帮助和支持企业做好富余职工安置工作，积极开辟社会安置渠道。通过对富余员工的有效安置，既能保证现有员工队伍的稳定发展，也能缓解富余员工和企业之间紧张的劳资关系。

7.2.4 程序管理

企业劳动规章制度中既包含实体规则，也包含程序规则。工作时间及休息休假、劳动报酬、社会保险和福利以及其他待遇，即在雇佣劳动中关于劳动给付的各种条件，这些一旦达成一致，就能成为以后企业劳动关系实行的基准，这就是实体规则。

与实体规则相对应，企业劳动规章制度也会做出劳资之间相互承认对方地位的约定，会形成相关的手续、标准的解释、实施，以及关于纠纷处理的手续等合意，这些被称为程序规则，而对这些程序规则实施的管理就称为程序管理。程序管理主要包括以下内容：

1）员工招聘

员工招聘是指企业招收聘用劳动者和劳动者应聘活动的总称，包括企业拟订招聘计划及对拟吸纳的劳动者进行初选、考核、录用的全过程。

（1）企业招聘员工和劳动者应聘，必须符合以下基本条件：

①用人主体资格，即企业作为招聘员工的用人单位，必须具有用人权利能力和用人行为能力。

②有劳动岗位。企业作为用人单位，必须具有可供劳动者工作的劳动岗位。

③应聘者须符合法定劳动年龄。企业招聘员工时，必须招聘符合法定劳动年龄的劳动者。法定劳动年龄，是指国家法律、法规规定的公民从事劳动和享有劳动权利的年龄，即劳动就业年龄。根据法律、法规的规定，我国公民法定劳动年龄的下限为16周岁，上限男职员为60周岁，女职员为55周岁，女工人为50周岁。某些特殊行业或特殊人员的就业年龄依照法律、法规的规定，可以缩短或延长。

④技术人员具备执业资格。企业招聘从事技术复杂以及涉及国家财产、人民生命安全和消费者利益工种（职业）的员工，必须从取得相应职业资格证书的人员中录用。企业不得从未取得职业资格证书的人员中直接招聘从事技术职业的劳动者。

⑤符合跨地区和招聘外籍人员条件。企业需要跨地区招聘人员和招聘外籍人员，如招聘我国港、澳、台地区人员，应符合国家和地方政府的有关规定。

（2）企业在招聘中应注意的问题。

企业在招聘过程中不得向求职人员收取报名费、押金、保证金等，并将其作为能否录用的决定条件来要挟，迫使求职人员向用人单位交纳不合理的费用。

另外，企业应当尊重劳动者的劳动就业权利，只要是在招用计划之内，符合本单位用人条件的，就应当录用，不得以其他违反劳动法律、法规的附加条件作为否决因素；也不能在录用求职应聘者并与其签订劳动合同后，随意解除与员工的劳动合同，剥夺劳动者的劳动就业权利。

2）劳动合同管理

劳动合同管理是指劳动合同一方主体——企业，依法对企业劳动合同的订立、履行、变更、解除等进行统一运作，以切实保证企业劳动合同的法律效力和人力资本效益，维护企业的切实利益，同时维护企业员工的合法权益，促进企业的发展。

企业劳动合同管理的范围具体包括企业个人劳动合同的订立、履行、变更、解除和终止，企业劳动合同争议的预防和处理，企业集体劳动合同的订立、履行、变更、解除和终止及争议的处理，企业特殊劳动合同即聘用合同的管理，企业员工参与劳动合同管理，企业劳动合同管理的机构与组织等内容。

3）劳动争议处理

劳动争议又称劳动纠纷，在非公有制企业和资本主义国家又被称为劳资争议、劳资纠纷。广义的劳动争议是指劳动者与用人单位或其团体之间因劳动关系所发生的一切争议；狭义的劳动争议仅指劳动者与用人单位因实现劳动权利或履行劳动义务而引发的争议。本质上来讲，劳动争议是劳动关系不和谐的反映。

劳动争议处理主要包括劳动争议的预防、劳动争议的协商、劳动争议的调解、劳动争议的仲裁、劳动争议的诉讼。

7.3 企业劳动规章制度的制定程序

关于企业劳动规章制度的制定程序，《劳动合同法》第四条明确规定：“用人单位在制定、修改或者决定有关劳动报酬、工作时间、休息休假、劳动安全卫生、保险福利、职工培训、劳动纪律以及劳动定额管理等直接涉及劳动者切身利益的规章制度或者重大事项时，应当经职工代表大会或者全体职工讨论，提出方案和意见，与工会或者职工代表平等协商确定。”劳动者可以参与制定、修改及决定直接涉及其切身利益的劳动规章制度的全过程。

2001年《最高人民法院关于审理劳动争议案件适用法律若干问题的解释》第十九条规定，用人单位根据《劳动法》第四条之规定，通过民主程序制定的规章制度，不违反国家法律、行政法规及政策规定，并已向劳动者公示的，可以作为人民法院审议劳动争议案件的依据。另外，其他相关法律也对企业劳动规章制度的制定做了规定。

根据法律、法规、规章以及司法解释的规定与要求，结合企业自身的实际情况，企业劳动规章制度的制定要履行五个程序：①草拟，指劳动规章制度的初步拟定；②民主参与，指企业劳动规章制度履行劳动者或劳动组织民主参与的程序；③内部讨论、审议通过，指企业劳动规章制度初步制定好后，要经过集体讨论，审议通过；④备案审查，指对企业劳动规章制度合法性的审查；⑤正式公布，指企业劳动规章制度制定后，以有效的方式正式公布，如图7-1所示。

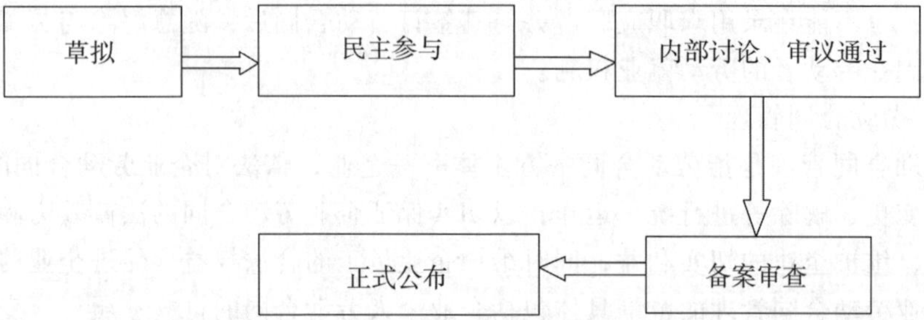

图7-1 企业劳动规章制度的制定程序

7.3.1　草拟

企业劳动规章制度的草拟是十分重要的一步，它为劳动规章制度的正式制定奠定了稳固的基石。草拟的主要步骤有：

首先，企业必须充分了解劳动法律、法规，在我国现行的法律框架下制定劳动规章制度，避免劳动规章制度与劳动法律、法规相抵触。其次，在草拟劳动规章制度之前，企业应在内部进行广泛调研，了解企业自身的实际情况。最后，企业应根据自身的经营和发展需要、工作环境、生产流程和员工的切身利益，着重考虑在哪些方面需要予以规范。企业法定代表人或负责人可以组织有关人员或部门共同起草。必要情况下，还可聘请专业人士协助起草。

上述步骤的主要优点在于：①企业劳动规章制度能完全遵守法律、法规、政策的相关规定，具有合法性；②劳动规章制度从形式到内容都能做到尽善尽美，具有规范性；③专业人士协助，更能引起员工对规章的重视，具有严肃性；④结合实践经验，保障有效执行，并能实现科学预防，具有可操作性，保证企业劳动规章制度的合理性。

完成上述步骤后企业可以拟定起草大纲、建立大致轮廓、规定企业劳动规章制度的主要内容，并形成草案文稿。

7.3.2　民主参与

民主参与，是指企业劳动规章制度的制定要履行劳动者或劳动组织民主参与的程序。企业劳动规章制度虽然是单位行政部门制定的，但作为企业的正式规则，企业劳动规章制度涉及劳动关系的各个方面和劳动关系运行的各个环节，它与劳动者在劳动过程中的权利和义务密切相关，最终要适用于企业所有的劳动者。因此，企业劳动规章制度只有在吸收和体现了劳动者意志，得到职工方认同的情况下，才能确保其实施。而在劳动立法中也明确要求有劳动者参与的环节，如前所述的《劳动合同法》第四条之规定。

另外，从经济学角度讲，投资者追求的目标是利润最大化，而劳动者追求的目标是劳动利益最大化，这两种目标之间的平衡，在一定程度上受劳动者参与程度的左右，相对而言，劳动者参与程度越低，企业就越有可能忽视劳动者的利益，甚至有可能扩大资本利益而牺牲劳动利益。[①]由于投资者与劳动者利益上的矛盾，这两种目标之间的平衡完全通过投资者单方行为是不可能实现的。

正因为如此，劳动立法中明确要求企业劳动规章制度要通过民主参与制定才能具有法律效力。虽然司法解释对何谓民主参与无具体说明，但结合我国相关法律、法规和政策，民主参与一般包括以下几种：工会、职工代表大会、职工代表。许多国外立法中也明确规定企业劳动规章制度的制定应当有民主参与。例如，《日本劳

---

①　王俊英，宋新潮．论用人单位劳动规章的法律效力［J］．河北法学，2003（5）．

动基准法》规定，起草或修改雇佣规则时，雇主应征求有关企业中过半数工人所组成的工会的意见，如无此种工会时应征求过半数工人代表的意见。《法国劳动法典》规定，雇佣规则在提交工厂委员会讨论通过之前，或在没有工厂委员会的情况下提交职工代表讨论通过之前，不能将其付诸实施。

7.3.3 内部讨论、审议通过

企业劳动规章制度初步制定好后，需要集体修改讨论。内部讨论、审议通过应按照一定的步骤进行：一般先由起草工作人员自行检查，然后发动企业员工共同修改，经过反复讨论和征求意见对文稿做反复的修改后，再把成熟的讨论稿提交给企业行政部门和职工代表大会讨论，经过两级组织讨论后，做最后一次修改，形成审议文稿。企业劳动规章制度要经过全体员工的审议批准才能通过。凡是建立职代会制度的企业，企业劳动规章制度都应经职代会审议通过；没有建立职代会制度的，或者在职代会闭会期间的，应当征得工会的同意，或者交给过半数职工群众或者职工代表讨论，并吸收其意见。

企业内部讨论、审议时，应注意保留职工代表大会、全体职工大会或者员工参与制定规章的证据，如在集体讨论、审议时要求职工参与并签名，保存建议信、意见书原件等。

7.3.4 备案审查

备案审查是指对企业劳动规章制度的合法性的审查，是企业劳动规章制度产生法律效力的必经程序。[①]企业劳动规章制度涉及劳动法规政策的实施，同劳动者利益密切相关，为了保证劳动规章制度内容合法和保护全体员工的利益，企业劳动规章制度的制定应置于国家法律部门的监督之下。

劳动部、国家经贸委1995年颁发的《现代企业制度试点企业劳动工资社会保险制度改革办法》第十八条规定："企业应遵守国家有关劳动法律、法规和规章，加强劳动法制的宣传教育，依法保障职工合法权益。企业制定的有关劳动管理规章制度，应抄报劳动行政部门备案。企业应自觉接受劳动监察，提供真实情况，认真执行劳动监察机构的处理决定。"其要求试点企业制定的规章制度必须向劳动行政部门备案，劳动部门应在法定期限内做出书面的审查意见，对不合法的内容有权在审查意见书中责令企业修改。

另外，1997年发布的《劳动部关于对新开办用人单位实行劳动规章制度备案制度的通知》对备案审查作了比较详细的规定，这是行政部门进一步加强劳动监察工作，促进用人单位保护劳动者权益的一项重要措施。该通知要求，新开办用人单位应依照《劳动法》的有关规定制定劳动规章制度（主要包括劳动合同管理、工资管理、社会保险福利待遇、职工奖惩，以及其他劳动管理规定），并在正式开业后

① 常凯．劳动关系学［M］．北京：中国劳动社会保障出版社，2005.

半年内将制定的劳动规章制度报送当地劳动行政部门备案。

劳动行政部门在组织巡视监察活动时，要检查新开办用人单位制定劳动规章制度的情况，并督促其按时报送备案；对制定的规章制度违反劳动法律、法规，不按规定期限报送备案的，应依法给予行政处罚。各级劳动行政部门对新开办用人单位规章制度备案审查的内容主要包括：劳动规章制度内容是否符合法律、法规规定；制定劳动规章制度的程序是否符合有关规定。经审查，发现用人单位的劳动规章制度内容违反法律、法规规定的，应责令其限期改正。各级劳动行政部门的劳动监察机构具体负责新开办用人单位劳动规章制度备案工作。劳动监察机构要认真制定实行备案制度的工作规划和措施，明确实施步骤，配备人员，开展备案审查工作，建立工作档案；要加强用人单位经营管理者劳动法制教育工作，指导、帮助用人单位制定和完善内部劳动规章制度，提高用人单位的劳动管理水平。

7.3.5 正式公布

企业劳动规章制度既然对企业全体员工都有约束力，就应该使全体员工对企业劳动规章制度有清晰的了解。所以，企业劳动规章制度在依法制定并生效后，就应该以合法有效的方式公布。所谓正式公布，是指将经过行政审查的企业劳动规章制度公示，告知企业所有的劳动者。例如，《加拿大劳工（标准）法》规定，省政府主席有权要求雇主将其制定的劳动规章向全体职工公布。《法国劳动法典》规定，雇佣规则应于完成了公布等手续两周之后实施。

在我国，劳动规章制度必须由用人单位以经其法定代表人签署和加盖公章的正式文件公布，并且，从公布之日起才在本单位范围内有效。[①]企业劳动规章制度可以召开全体员工大会口头公布，也可以张贴在主要工作场所、职工宿舍、员工食堂等显眼处，或印刷成小册子发给企业所有员工，甚至可以组织全体员工进行集中学习、培训，以起到良好的公示作用。

7.4 企业劳动规章制度的执行

制定出一套好的企业劳动规章制度固然重要，但如果企业劳动规章制度制定出来后得不到有效执行，那么再好的劳动规章制度也形同虚设，起不到应有的作用。因此，企业在制定完劳动规章制度后，就应尽一切努力来有效执行，让全体员工都自觉遵守劳动规章制度，保证企业劳动规章制度发挥应有的作用。企业劳动规章制度的执行应从以下三个方面来把握：使企业劳动规章制度深入人心；各部门权责分明，层层落实；建立科学的监督机制。

---

① 王全兴. 劳动法学［M］. 北京：人民法院出版社，2005.

7.4.1 使企业劳动规章制度深入人心

企业劳动规章制度能否有效执行取决于企业全体员工对企业劳动规章的了解程度。只有使企业的劳动规章制度深入人心，成为员工自觉的工作指导思想，才能真正使员工领悟工作中他们为企业创造的价值所在。而员工对其了解越多，就越能把握其内容，越能知道该如何遵守企业劳动规章制度，相对而言，企业劳动规章制度执行难度就越小，执行效果也就越好。因此，为了使企业劳动规章制度有效执行，必须使其深入人心。

为了使全体员工全方位、深层次了解企业劳动规章制度，企业可以采取以下方式：①召开全体员工大会。在全体员工大会上，企业领导应该积极宣传企业的劳动规章制度，通过宣讲，与会人员自然增加了认识，加深了理解，增强了遵守劳动规章制度的自觉性。②进行集中学习、培训。通过集中学习、培训，员工对企业劳动规章制度各个细节有进一步的理解，全面掌握其内容。企业在进行集中学习、培训后，可以举行考试，以检验员工对企业劳动规章制度的掌握情况。不合格的员工要重新参加学习、培训。③印刷成小册子。可以将企业劳动规章制度印刷成小册子，做到人手一册，以便企业员工对不了解的地方随时查阅。

通过以上方式，可以使企业劳动规章制度转变为员工自觉工作的理念，并可以使员工积极地把制度运用到实际的工作中去，把企业劳动规章制度与实际工作紧密联系起来。例如，员工把劳动安全规章制度的内容转化为自己的工作理念，在劳动过程中，员工就会积极按照劳动安全规章进行操作，防止不当操作造成的安全事故，这样无形中既保护了自己，也为企业带来了效益。

7.4.2 各部门权责分明，层层落实

企业劳动规章制度是由企业高层组织相关部门来制定的，因此，在劳动规章执行的过程中，企业高层应以身作则、身先士卒。各部门应分清权责，务必按照企业劳动规章来履行各自的工作职责，层层落实，保证企业生产经营安全有序地进行。

由于领导者在企业的特殊地位，下属认为领导者有合法的权力影响自己，其必须接受领导者的影响。因此，领导者在做任何事情的时候，总会对下属起到一定的示范作用，下属会下意识地模仿并跟随。当领导者带头执行企业劳动规章制度时，自然会给下属形成一定压力，下属也会跟随领导者一同执行。中层是企业的骨干和中坚力量，他们是企业高层和基层的桥梁和纽带。在领导者以身作则的同时，中层应积极响应，将高层领导者的决策和指示传达给基层，同时将基层的意见和要求反映给高层，带领基层员工共同执行企业劳动规章制度。基层员工是企业的基石，他们工作的好坏直接关系到企业能否顺利执行劳动规章制度。因此，企业应分清各级职责，明确各级在企业劳动规章制度执行过程中扮演的角色，积极扮演好各自的角色，层层落实。企业在执行劳动规章制度时，出现一些问题在所难免，但一旦出现问题，就应及时解决，以免事态扩大，造成不良影响。

另外，为了保证企业劳动规章制度有效执行，企业可以采取以下措施：

（1）思想政治工作与经济手段相结合，即一方面通过对员工进行思想政治教育，帮助员工树立正确的劳动态度和劳动纪律观念，培养和提高员工遵守企业劳动规章制度的自觉性；另一方面运用经济手段鼓励和促使员工遵守企业劳动规章制度，将员工的守纪情况与经济利益挂钩，以提高员工遵守企业劳动规章制度的积极性和责任感。[①]结合的重点就是要实行奖惩结合、以奖为主，其中，奖励应当将精神奖励和物质奖励相结合并且以精神奖励为主；惩罚应当将教育和惩罚相结合并以教育为主。

（2）自主奖惩与依法奖惩相结合。自主奖惩，即企业有权决定对模范守纪者的奖励和对违纪者的惩罚，这是社会主义市场经济体制下微观劳动管理自主权的重要内容。依法奖惩，即企业必须严格依照法定的奖惩规则对员工进行奖惩，而不得滥用奖惩权。对符合获奖条件而依法享有获奖权的员工，企业负有依法授奖的义务。而在给员工颁奖时，企业最高领导应亲自给获奖者颁发奖章和证书，这样可以极大地增强员工的荣誉感。对违纪员工，企业也应按照相关程序处理，不得滥用惩罚权。企业在劳动规章制度的执行过程中，通过合理结合两种奖惩方式，可以起到事半功倍的效果。

通过从上至下形成企业劳动规章制度执行体系，各部门权责分明，赏罚有据，能够保证企业劳动规章制度执行的延续性和长期性。

7.4.3　建立科学的监督机制

劳动规章制度是企业约束、规范企业管理者和全体员工做好工作的劳动行为准则。有了劳动规章制度如果不及时进行监督，就会失去它的约束力，因此，建立科学的监督机制必不可少。科学的监督机制能促进企业有效管理、合法经营、健康发展。

企业在执行劳动规章制度时应接受企业内部和外部的监督，因此，应当建立健全企业内部和外部的监督机制。

1）建立内部监督机制

建立内部监督机制主要是为了在企业内部进行监督。企业可以在内部建立劳动规章制度执行监督委员会。监督委员会成员应由企业高层、中层、基层按一定比例组成，保证其人员构成的合理性。企业监督委员会应根据企业实际的经营情况，对内部各单位执行企业劳动规章制度的过程进行定期和不定期的检查监督，一旦发现问题应及时严肃处理。企业监督委员会还可以设立信箱，员工如果发现有违反劳动规章的情况，可以及时写信反映。

另外，企业还应充分发挥职工的民主监督作用。职工是企业的主人，职工工作在企业的各个岗位，对企业的生产经营情况最了解，最有发言权，他们通过职工代

---

① 王全兴. 劳动法学［M］. 北京：人民法院出版社，2005.

表大会以主人翁的身份对企业实行民主管理、民主监督，这样就具有全方位、多层次的监督优势。企业应坚持和完善以职工代表大会为基本形式的民主管理和民主监督制度，其对于实现职工群众对企业领导的有效监督，形成企业内部权责分明、团结合作、相互制约的机制，调动各方面的积极性具有不可替代的作用。

为切实保证企业职工履行民主监督和管理的权利，切实保障他们的合法权益，防止企业经营者利用职权打击报复职工代表，凡经职工代表大会选举出来并参加涉及企业经营重大决策会议的职工代表，企业对他们的任用或者是做出涉及他们利益的决定，必须经职工代表大会同意后方可实施。

2）建立外部监督机制

外部监督机制主要是利用外部力量对企业进行监督。外部监督主要包括以下两个方面：

（1）运用法律体系实现对企业的监督。法律监督，广义上是指所有国家机关、社会组织和公民对各种法律活动合法性进行的监察和督导。一般提到法律监督，通常会想到国家机关的法律监督。在我国的法律监督体系中不仅包括国家监督还包括社会监督。当然国家机关相对于其他社会组织和个人具有进行法律监督的优势地位。[①]因此，应形成以国家机关为主导，社会组织和个人积极参与的监督体系。各级政府组织执法检查小组，对企业执行劳动规章制度的情况进行执法检查，对违反法律、法规的企业应严厉查处，并责令其限期整改。社会组织和个人发现企业在执行劳动规章过程中有违法的行为时应积极向有关部门举报。

（2）通过新闻媒体加强对企业的监督与约束。企业在执行劳动规章制度时，本身就在履行社会责任。而为了防止企业片面追求经济效益而忽视员工利益和社会责任，就需要新闻媒体对其进行监督。

新闻媒体实施的以对企业公开曝光、公开批评为特征的舆论监督既是必要的，同时又是有效的。一是媒体的生命力来自新闻报道的真实性和准确性，因此“求真求实”成为大多数媒体的追求；二是由于媒体与企业之间基本上不存在明显的利益关系，即使一家企业与某些媒体的关系十分“亲密”，这家企业也不可能拉拢所有的媒体，因此媒体的独立性得到了有力的保证；三是媒体以其“无孔不入”而著称，因此，它能对那些不遵守劳动规章制度的企业起到威慑作用；四是媒体拥有敏感的“嗅觉”、究根寻源的职业素养、无处不在的网络优势以及法律赋予的特别权利，这些都为媒体有效监督企业创造了得天独厚的条件。所以媒体在企业监督方面有着自己独特的优势，扮演着不可替代的重要角色。

在市场经济条件下，对企业特别是大企业实施监督是媒体的责任，媒体应该充分利用自身的优势，发挥在企业监督方面的作用，约束企业的行为，保障员工的基本利益，促进劳动关系的和谐发展。

---

① 张娟．法律监督在煤矿安全中的作用［J］．法制与社会，2007（5）．

● 个案分析

宋某是一家中日合资公司财务部的会计。一天上班时，她擅自溜出公司，到自由市场去买水果，被公司财务部经理发现，口头对其进行了批评警告。

一周后的一天，宋某又在上班时偷偷跑到外面去逛商场，结果被公司副总经理遇见，当场抓了个现行。

针对宋某这两次违反劳动纪律的行为，公司根据企业内部的《员工守则》"上班时间内逛商店（场）、买东西的行为，属于乙类过失……对犯乙类过失者，第一次书面警告后，第二次再犯立即解除劳动合同"的规定，做出了与宋某解除劳动合同的决定。宋某不服，认为：公司并没给过她书面警告，所以，不能直接解除劳动合同。

公司则认为：宋某两次违纪的事实清楚，证据确凿。虽然公司对她的第一次乙类过失没有书面警告，而是口头警告，那也只是公司处理程序上的小问题，并不影响对她两次违纪行为的认定和给予她解除劳动合同的处理。

根据以上情况专家给出解释：宋某的两次违纪行为，均属于《员工守则》中规定的乙类过失，但公司对职工的乙类过失应"第一次书面警告"，然后，第二次再犯才能"立即解除劳动合同"，即公司以乙类过失为由，解除与职工的劳动合同时，必须经过书面警告的程序。本案由于公司对宋某的第一次违纪行为未给予书面警告，第二次违纪行为就不能直接产生解除劳动合同的法律后果，即公司做出的与宋某解除劳动合同的决定因处理程序不合法应予撤销。

从这个案例可以看出，劳动者与用人单位在履行劳动合同的过程中，双方当事人不仅要受劳动法律、法规和劳动合同的约束，而且还要共同遵守企业内部的规章制度。如果这种规章制度不违背劳动法律、法规的义务性规范和劳动合同的约定条款，那么，它对双方当事人都具有约束力。同时，也要注意规章制度在执行过程中的合法性，否则做出的决定不具有约束力。

资料来源　佚名．解除劳动合同的程序［EB/OL］．［2019-10-26］．http：//www.gmw.cn/01shsb/2000-12/20/GB/12%5E1563%5E0%5ESH4-2019.htm.

问题：

1.企业在执行劳动规章制度的过程中需要注意哪些问题？

2.如何提高企业劳动规章制度的约束力？

● 本章小结

企业劳动规章制度是指企业根据国家有关法律、法规及政策，结合本企业的实际情况，制定在本企业实施的组织劳动过程与进行劳动管理的行为规则和章程。它作为企业经营的规章制度之一，是企业为了维护和调节内部劳动关系，规范劳动行为，明确岗位职责，加强劳动管理，行使行政权力，维护企业正常的生产秩序而依法制定的。其立法模式主要有：授权型立法、纲要型立法、权利和义务结合型立法。企业劳动规章制度是法律规范的拓展和具体化，因此，它具有法律效力。

企业劳动规章制度的内容几乎涉及劳动关系的各个方面和劳动关系运行的各个主要环节，它与劳动者在劳动过程中的权利和义务密切相关，主要内容有：劳动基准和劳动待遇、劳动纪律和奖惩制度、劳动组织规则、程序管理。

根据法律、法规、规章以及司法解释的规定与要求，结合企业自身的实际情况，企业劳动规章制度的制定要履行以下五个程序：草拟、民主参与、内部讨论及审议通过、备案审查、正式公布。

企业在制定完劳动规章制度后，就应尽一切努力来有效执行。

● 关键概念

企业劳动规章制度　授权型立法　纲要型立法　权利和义务结合型立法　工作时间　休息工资　津贴　劳动纪律　奖金　劳动安全与卫生　最低工资标准　劳动定额　劳动定员　程序管理　民主参与　备案审查

● 课堂讨论题

1.企业劳动规章制度的法律效力如何?

2.如何更好地去执行企业劳动规章制度?

3.如何利用企业劳动规章制度更好地去调节劳资关系?

● 复习思考题

1.如何理解企业劳动规章制度的含义?

2.企业劳动规章制度的作用有哪些?

3.企业劳动规章制度的确立模式主要有哪几种?

4.企业劳动规章制度的内容包括哪些?

5.企业劳动规章制度的制定程序是怎样的?

6.如何使企业劳动规章制度深入人心?

● 自测题

1.《美国公平劳动标准法》属于（　　）。

A.纲要型立法

B.授权型立法

C.权利和义务结合型立法

2.社会保险和员工福利属于企业劳动规章制度中的（　　）。

A.劳动基准和劳动待遇　　B.劳动纪律和奖惩制度

C.劳动组织规则　　D.程序管理

3.企业劳动规章制度产生效力必须完全具备的法定有效条件有________、________、________。

4.工资由________和________构成。

5.辅助工资主要包括________、________、________。

6.处罚的种类有________、________、________、________。

7.岗位规范的主要内容有________、________、________、________。

8.我国的法定节日主要有________、________、________、________、________、________。

9.企业在执行劳动规章制度时应接受________和________的监督。

● 补充阅读资料

解析《劳动合同法》之三
——如何制定一套行之有效的规章制度

规章制度对用人单位的重要性是不言而喻的，从某种程度上说，规章制度制定实施的情况如何，将直接决定用人单位的管理实效。《劳动合同法》规定：用人单位在制定、修改或者决定有关劳动报酬、工作时间、休息休假、劳动安全卫生、保险福利、职工培训、劳动纪律以及劳动定额管理等直接涉及劳动者切身利益的规章制度或者重大事项时，应当经职工代表大会或者全体职工讨论，提出方案和意见，与工会或职工代表平等协商确定。据此，规章制度在制定程序上强调民主性，只有通过职代会讨论定稿后，与工会或职工代表通过平等协商才能确定。

除了制定程序的合法性之外，规章制度必须具备以下条件才能确保有效运行。

一是内容要系统全面。所谓内容的全面性，包括两层含义：①与人力资源相关的管理制度员工手册里都应当有相应规定，如招聘制度、劳动合同管理制度、薪酬和福利制度、考勤制度、休息和休假制度、奖惩制度、绩效考核制度，另外还有培训制度、报销制度、商业秘密保护制度、车辆使用管理制度等，这些制度都是与劳动者切身利益相关的，因此，企业在制定制度的时候，都应当有相应规定。②具体某项制度的内容要完整。比如说制定奖惩制度，要有奖惩制度的制定目的、制定的基本原则、奖励适用的范围、奖励的主要方式、不同奖励方式所适用的范围、奖励的审批程序、惩处的方式、不同惩处所适用的范围、惩处的审批等。

二是内容要合法。规章制度的内容不得违反法律、行政法规以及政策的规定。内容的合法性是规章制度赖以存在的基础。规章制度的内容不但不能违反《劳动法》及其配套法规，也不能违反《中华人民共和国民法通则》(以下简称《民法通则》)、《中华人民共和国合同法》、《中华人民共和国婚姻法》、《妇女权益保障法》、《中华人民共和国残疾人保障法》等基本法律。国家机关出台的一些政策性规定，在制定规章制度时也都是必须考虑进去的，稍有不慎就会步入“雷区”。

三是可操作性要强。在制定规章制度时，固然需要一些原则性、指导性的内容作为基础，但是在执行时，所依据的条款规定要具体，要有可操作性。有不少单位在规章制度中都规定了劳动者应当怎么做、禁止怎么做，但是对于职工做或不做并未规定该如何处理。或者是，制度条款的原则性过强，导致不同的人有不同的理解。有的企业甚至在制度的执行上制定了一些自我障碍条款，导致束手束脚。比如关于“职工旷工5天，经批评教育无效，公司可以解除劳动合同”的规定，其中“批评教育无效”就属于自我限制条款，导致企业在没有履行批评教育程序的情况下就不能解除劳动合同。

四是要体现人性化管理的内容。规章制度所适用的对象是人，而人是有感情的动物。在设计规章制度时，要处处体现以人为本的思想。有些单位的规章制度非常严格，甚至超出了常人所能想象的范围。比如某公司规定，旷工一天，罚款2 000元。这种制度虽然在短时间内能起到震慑职工、严肃纪律的目的，但是从一个企业的长远发展来看，肯定会导致人心向背。毕竟，规章制度是企业文化的窗口，人性化的规章制度才能聚集人气，令良禽择良木而栖。

五是术语、名词要规范。根据法律规定，在处理、结束职工劳动关系这一问题上，可以采取不同方式，比如开除、除名、解除劳动合同、解除劳动关系、辞退、擅自离职。但是应当清楚的是，不同的处理方式针对的行为、处理的程序、适用的法律不同，结果自然也有所区别。而且，辞退这种方式已经随着《国营企业辞退违纪职工暂行规定》的废止而消失。只有弄清不同术语的法律含义，单位才能合法有效地处理员工。另外，在制定规章制度时，切忌使用过多生涩词汇，语言应力求通俗易懂。

资料来源　鲁志峰.解析《劳动合同法》之三——如何制定一套行之有效的规章制度［N].中国劳动保障报，2007-08-04.

第8章 /员工参与管理

引导案例

全食超市的员工参与管理

全食超市（Whole Foods）是一家以经营有机食品为主营业务的连锁超市，资料显示，近年在《财富》杂志评选出的“全球最受赞赏公司”全明星榜中，全食超市一直榜上有名。这与全食超市CEO约翰·麦基独特的经营理念密不可分。

很少有哪家上市公司的CEO会像全食超市的CEO麦基那样，公然宣称将股东利益放在顾客利益与员工利益之后，因为这似乎有悖于华尔街投资者的诉求。但是，这并没有影响投资者对它的青睐。由于其特立独行的管理理念，麦基经常被与乔布斯、布兰森相提并论，全食超市也被誉为“食品界的苹果公司”。麦基的管理逻辑很简单：员工满意会带来消费者满意，消费者满意会带来品牌忠诚，这又符合股东长期利益。而让员工满意最好的办法就是充分授权，给员工足够的自由度。

比如，地区经理可以根据当地风格自行设计新店，可以根据当地消费偏好自行采购，自主决定库存比例，以至于“任何时候，每家店铺都会有20%～50%的商品不会与其他连锁店重复”。

授权还体现在决策方面，麦基认为应该让最接近实施层面的人来进行决策，因为决策“应该与受影响的人直接相关，同时排除不相关的人”，这样才能确保决策者与实施决策的人意志一致，确保决策的有效性。

全食超市的决策分为三种：指挥与控制型决策、咨询型决策，以及一致型决策。第一种决策用于时间有限或者必须由麦基亲自出马时，但麦基说这种情况很少见。多数时候，是第二种，由高级管理层协商决策。第三种决策与部门所有员工利益密切相关，遵循三分之二通过的原则，这种决策方式常用于招聘新人。

全食超市作为一个反传统科层制管理的经典案例在美国被传播，它的反传统在于决策链、指挥链不再是由上往下层层传递，即所谓“正三角”模式，而是扁平化类似于网状结构的分布式传递。由于员工精挑细选，以及因充分磨合而形成了信任关系，并形成了利益相关方，他们都关心决策的结果，并且参与决策，甚至某些时候主导决策。这就意味着，具有一线市场敏感性的员工，能及时响应市场变化，从而提升组织的灵活性与有效性。

管理学者加里·哈默视全食超市的管理风格为民主管理，并认为这种独特的方式造就了公司独特高效、难以复制的管理机制。而高效使得公司有能力支付给员工更高的薪酬，这也正是全食超市能吸引优秀人才的另外一个因素。

当然，市场也给麦基的商业逻辑投了赞成票，全食超市几乎每年都以两位数的速度增长。

资料来源　邓勇兵. 食品界的苹果公司：美国全食超市独特的管理之道［EB/OL］.［2019-10-28］. http：//www.fortunechina.com/column/c/2015-03/23/content_238398.htm.

学习目标

员工参与管理是劳动关系的一个重要组成部分，它对员工实现自我价值、维护自身利益具有重要作用，同时，它也有助于缓和劳资矛盾，维护企业的稳定，从而推动企业的发展。本章旨在阐述员工参与管理的基本含义、性质、作用和意义；了解员工参与管理的主要内容以及相关的理论；分析员工参与管理的影响因素；掌握员工参与管理的实现途径与形式以及具体管理措施等。

8.1 员工参与管理概述

员工参与管理是企业劳动合作的主要表现形式，也是员工参与企业民主管理的主要途径。员工参与管理对于员工和企业而言是一种双赢之举，一方面可以保证员工的合法权益，同时体现出他们的主人翁地位；另一方面，对于企业来说，可以最大限度地激发员工的潜能，从而为企业创造更大的效益。

8.1.1 员工参与管理的含义和性质

1）员工参与管理的含义

尽管国外学者对员工参与管理已有大量的研究与文献，但对不同领域涉及参与管理的文献进行研究发现，对该术语并没有共同被接受的定义。以下简要叙述代表性学者对参与管理所提出的解释与看法：

Carey（1937）认为参与管理是一种咨商式的监督过程，在此过程中，对于有关部属福利或利益的事项，由部属和主管共同讨论。

Vroom（1959）认为参与管理是在组织中，两个或两个以上的团体、单位加入决策制定的过程，在此过程中所决定的事项将会影响所有参加决策制定过程的人员。

Mitchell（1973）定义参与管理是组织中的人员共同享有决策制定权，在此决策制定过程中，所强调的是能力，而非职位，且所有沟通的渠道必须是公开的。

Anthony（1978）认为参与管理就是部属参与决策制定的过程，它强调群体的主动参与，主管善用部属的专业知识与创造能力来解决管理中的重要问题以及和部属分享权责，让部属实际参与组织的重要决策。

Stohl和Cheney（2001）认为员工参与管理是一项特别的组织性沟通，且是员工之间的互动，在通过经验和意见的分享后，能够成功达成工作的需求和目标。

Cotton认为，员工参与是指员工介入管理决策制定和实施，通过与管理层的交互作用，参与和影响管理行为的过程。不论对员工参与做如何理解，它都要涉及企业组织管理中的管理与决策问题，即由组织中的下属人员实际上分享上级的管理与决策权。因此，“所谓参与管理，是指在不同程度上让职工和下级参加企业决策的研究和讨论，实行共同管理”。①

麦格雷戈（D. McGregor）将员工参与管理定义为，为发挥员工所有的能力，并为鼓励员工对组织成功做更多的努力而设计的一种参与过程。其隐含的逻辑是：通过员工参与影响他们的决策、增加他们的自主性和对工作生活的控制，员工的积极性会更高，员工对组织会更忠诚，生产力水平会更高，员工对他们的工作会更满意。

目前，国内学者们对企业员工参与管理的研究相对较少，对参与管理的概念基本上是从McGregor参与管理的概念引用过来的。以下列出一些比较具有代表性的研究：

张震、马力、马文静（2002），朱庆华、王东岩（2005），姚华（2005）都认为：员工参与管理是指员工介入管理决策制定和实施，通过与管理层的交互作用，参与和影响管理行为的过程。

金莹、李志（2004）认为：员工参与，是指员工通过一定形式在一定程度上参与企业经营管理活动，它是员工自我价值实现的重要途径，是员工激励的主要方法。

孙月琴（2005）指出：员工参与管理指企业员工参与到企业的管理活动过程中而不再不知所措地、盲目地、被动地工作，通过参与管理，员工提高了工作生活质量，工作绩效也随之提高。

董从勋（2005）指出：所谓参与管理，是指在不同程度上让员工和下属参加组织的决策过程及各级管理工作，让下级和员工与企业的高层管理者处于平等的地位研究和讨论组织中的重大问题，使员工感受到上级主管的信任，从而认为自己的利益与组织发展密切相关而产生强烈的责任感。同时，参与管理为员工提供了一个得到别人重视的机会，从而给人一种成就感。

综上所述，所谓员工参与管理，就是指在不同程度上让员工和下属参加组织的决策过程及各级管理工作，让下级和员工与企业的高层管理者进行有效沟通，参与研究和讨论组织中的重大问题，使他们感受到上级主管的信任，从而体验自己的利益与组织发展密切相关而产生强烈的责任感；同时，参与管理为员工提供了一个得到别人重视的机会，从而给人一种成就感。员工会因为能够参与商讨与自己有关的问题而受到激励。参与管理既对个人产生激励，又为组织目标的实现提供了保证。

2）员工参与管理的性质

在计划经济体制下，员工民主管理被认为是职工群众行使当家做主的民主权利，成为国家和企业主人的政治性行为。在市场经济条件下，员工民主管理或员工参与管理虽然还带有一定的政治性，但最主要的还是表现为经济性行为。

员工参与管理的经济性具有客观必然性。市场经济体制建立后，企业内部明显地被划分成了两个利益主体（群体），即企业法人主体（包括资产所有者、主要经

---

① COTTON J. Employee involvement：Methods for improving performance and work attitudes［M］. London：SAGE Publications，1993.

营管理者）和劳动者主体。劳动者主体地位的确立，即劳动关系的确立，是以经济利益为杠杆的。劳动者的经济利益，诸如工资报酬、医疗保险、社会保险、福利待遇、工作条件等，主要是在企业内部实现的，而不像计划经济体制下那样由国家统一制定标准，个体企业没有发言权。近年来，许多国家的政府为了维护劳动者的基本生活和劳动条件，在工资和工作环境等方面制定了一系列的最低标准，以防止一些企业过度侵害劳动者的合法权益，但是，在最低标准之上的各项标准如何制定，主要还是各企业在其内部进行具体操作。因此，员工和企业之间就构成了利益的矛盾统一体。在这个矛盾统一体中，企业始终是处于主动和强势的地位，而员工则相应处于被动和劣势的地位。所以，员工和企业之间便有了背离和依赖两种趋势，即当企业效益好、个人收入高的时候，员工就依赖企业；反之，员工则背离企业。

企业管理的一个重要任务，就是弱化甚至消除员工对企业的背离倾向，同时增强员工对企业的依赖程度。实施员工参与管理，无疑是使双方关系紧密化的润滑剂，而这一润滑剂产生作用的真正含义，是员工通过参与管理这一行为，获得了经济利益，或者使经济收益得以稳固，否则参与管理便会难以为继。

企业是国民经济的细胞，是从事社会生产和经营的基本经济单位，是经济性质的组织。这就决定了企业中一切与生产经营有关的活动都是经济性行为，自然也决定了员工参与管理的经济性质。如果超越了这个范围，员工参与管理则会变成一种纯政治性的行为。如果这样的话，那就背离了企业的原本要求，会对企业的经济效益产生消极的影响，历史已经很好地证明了这一点。在现代企业制度条件下，营利性已经成为企业的第一特征。企业为了提高产品的竞争力，就会去尽量降低成本，减少资本的投入。由于市场经济尚未发育完全，每个地方企业的具体情况又千差万别，所谓劳动力价值的合理实现还没有形成统一的标准；社会保险体系还未建立起来，员工劳动收入一般都偏低。在这种情况下，员工在劳动生产过程中，对收入、福利不刻意追求，反而是不正常的了。此外，一些法治观念薄弱的企业经营者，更是在员工的工资和福利等方面肆意克扣，从而促使员工更加关心自己的经济利益。

在中国，员工参与管理是通过多层次进行的，层次不同，参与管理的性质也有所不同。在中央和地方各级政府，劳动者通过选举代表的方式参与国家和地方政权组织对社会事务的决策与管理。这种参与管理是带有明显政治色彩的，所以是一种政治行为。而在企业等经济组织内部，员工参与管理主要还是表现为经济性质。[①]

8.1.2　员工参与管理与几个相似概念的区分

1）员工民主管理和员工参与管理

民主一词出自古希腊文，原意是人民的权力，政事取决于民众，人民有权做

① 常凯．劳动关系·劳动者·劳权［M］．北京：中国劳动社会保障出版社，1995．

主。我们现在所用的民主一词，主要就是指人们当家做主的意思，比较确切地表达了民主的原意。由此，我们可以推论出，员工参与管理的本意应该是“员工在管理上有权做主”，其中“做主”是民主管理的本质含义。在中国，对员工民主管理的认识和宣传，基本上都没有脱离其本意。从理论上看，在社会主义国家，全体劳动人民是国家和全部劳动生产资料的主人，企业员工当然是企业生产资料的主人，员工对企业以及社会事务进行民主管理，当家做主，自然是顺理成章的事情。这样，员工民主管理便很好地解决了“主人地位”与“直接做主”之间的关系。然而在现实生活中，员工民主管理却远远达不到其本质要求。

如果员工民主管理名实相符，那就要在企业的两项最主要的权力，即企业领导人的选择和重大问题的决策上表现出来。但是在中国，除了少数集体所有制企业外，绝大多数的全民所有制企业，员工对于企业生产经营的重大问题都不能做到“做主”。其原因主要有以下几个方面：第一，因为经营管理需遵循权威原则，就像“一个乐队只能有一个指挥”（马克思）一样，企业只能建立起个人或集团负责制或决策原则，员工既不能轮流当厂长，也不能“做主”决策，而只能提出建议，参与管理。第二，在计划经济体制下，全民所有制是以国家所有制为表现形式的，国家既是企业生产资料的所有者，又是企业的经营者，企业对自已拥有的生产资料只有占有权和使用权，而没有支配权和处置权。既然企业没有生产经营的自主权，那企业员工的“做主”权也就无从谈起了。第三，在社会主义社会，企业员工具有主人和劳动者的双重身份，但在具体的企业中，员工的主人地位已经在很大程度上被淡化了，其主要原因有：在全民所有制企业内，员工是以整体、集体的方式去占有生产资料的，员工个人所占有的生产资料份额微乎其微，而其个人的这部分生产资料已经融入整个生产资料中去了，与其他人的生产资料组成了不可分割的整体，构成了全民所有的生产资料。在这种情况下，很难说清也根本不可能说清个人所有的生产资料有多少，在哪个企业；同时，也无法说清某个企业的生产资料具体属于哪些员工所有。

对于员工个人甚至企业全体员工来讲，生产资料所有权是“虚化”的、“空有”的，因此，员工的主人地位和身份自然也就被虚化和淡化了，对企业进行直接管理、做主管理便难以实现。此消彼长，员工在企业中主人地位的弱化，使得员工劳动者的地位显得更加突出和明确，作为劳动者，员工与企业的关系更多的是被管理与管理的关系。他们在企业决策管理方面的权限，也只能是提出建议参与管理，参与的深度和广度如何，在一定程度上取决于企业领导的民主意识的强弱以及员工的个人素质。由此可见，在中国，员工民主管理实际上就是员工以劳动者的身份参与管理，起码在过去的几十年内是如此，即使在历史上员工民主管理实施得比较好的时期，也没有达到员工真正“做主”的程度。

在市场经济条件下，事实证明，劳动者参与管理同样也不能达到“做主”的程度。这是因为企业产权关系已经明晰化了，管理权是从属于所有权的，企业重大问题的决策和最终拍板是由股东和董事会做出的，员工对企业的生产经营只有参与管理权。[①]

由此，人们可能会产生一个疑问：既然员工民主管理只能达到参与管理的水平，那为什么还要称其为民主管理呢？在中国，员工民主管理历来就是一个政治概念，是与公有制和人民民主专政联系在一起的，是党的群众路线在企业中的具体体现。受劳动人民当家做主这个大前提的制约，员工当家做主的社会政治地位便被延伸到经济组织——企业中去了，员工在企业中几乎所有的行为都被看作主人的行为，自然给参与管理也提高了档次，统称为民主管理。然而在实践中，理论和实际的脱节却往往造成了一系列的消极影响：一是大部分员工不能真正地感受到自己在企业中具有主人地位和当家做主的实权，民主管理给了许诺，可事实上却又达不到。因此，民主管理便逐渐变成了一种流于形式的行为。二是为了突出社会主义国家员工参与管理的优越性，便极力排除或贬低资本主义国家员工参与管理的存在，认为其他国家员工参与管理比中国的要低一个层次，或者直接将其看作资本家为了缓和阶级矛盾和剥削更多的剩余价值而采取的欺骗工人的手段。这样的观点，在过去很长一段时期内比较盛行，从而限制了中国企业公正对待和学习国外员工参与管理的好经验，同时也限制了它们及时发现自己工作中的不足和缺陷。

2）员工介入管理和员工参与管理

在过去的几十年中，先后出现过许多这方面的术语和概念，它们将员工参与制定影响企业组织决策的途径进行了分类。这些术语中就包括员工参与和员工介入，但目前的研究还没有形成一个统一的标准，去区分和理解这两个概念。在很多情况下，它们被看作同义词。如果从二者相互联系的运用方式来看，在某种程度上是可以这样理解的。例如，自愿的参与可能产生介入的感觉，而介入的意识又可以导致一定程度的参与。

然而，如果我们把员工介入和员工参与归类为同一概念，或者我们简单地把其中一个看作投入，而把另一个看作产出的话，那么我们就在概念上做了很大程度的简化。可随着时间的推移，一系列概念的涌现和发展表明，员工介入和员工参与不应该被看作同一概念，相反，它们所追求的目标和结果是不同的。Brannen（1983）已经认识到了这一点，他认为如果把这些概念融为一体，将意味着："员工个人或群体可能会影响、控制、介入组织决策的制定，在组织中行使权力或有能力干涉组织内决策的制定。"同时他也对员工参与进行了定义，他认为："员工参与是企业所有者、管理者和他们所雇用的工人之间权力的分配和运用，它涉及工人对其目前所在的工作组织的直接介入，以及通过代表对企业的社会、技术和政治结构中的决策制定的间接介入。"Hyman和Mason（1995）把员工参与看作政府采取行动促进员工在组织决策中得到集体权力的体现，或看作员工自身努力的结果，他们通过努力在企业决策中建立了集体陈述权，但可能会遭到雇主的反对和压制。对于员工介

① 李维斯．雇员关系：解析雇佣关系［M］．高嘉勇，等，译．大连：东北财经大学出版社，2005.

入，CBI（Collective Bargaining Institute，（纽约）集体议价协会）在1998年将其定义为："设计一系列程序鼓励所有员工对组织的支持、理解和做最大贡献，以及增强他们对实现目标的责任感。"

就以上的定义来看，员工参与和员工介入应该归属于不同的概念，它们之间存在很大的区别。员工参与主要关注与员工群体或员工代表在多大程度上分享权力，以及组织规章所规定的员工群体影响企业决策的能力。相比之下，员工介入则是管理层推行的以自愿为基础的活动，用以影响员工态度和工作投入度等。在英国，这种方式得到了20世纪80和90年代保守党政府的支持，他们支持自愿主义的理念，目的在于允许管理层引入各种介入形式，他们认为这种方式胜过外界强加的标准模式。英国的这种支持行为，是对欧洲委员会试图推行各种形式的员工参与的回应。

8.1.3　员工参与管理的历史演进

员工参与管理方式的出现可以追溯到20世纪50年代的西方国家的工作生活质量（Quality of Work-life）运动的兴起。管理者及有关的研究者注意到了员工在工作中的健康、安全，特别是工作满意度的问题。20世纪六七十年代，西方国家通过立法和政府成立有关组织的方式来关注和改善工作生活质量。员工参与管理就是提高工作满意度、改善工作生活质量，从而提高生产力的一种管理手段。到20世纪80年代中期，西方发达国家企业在其发展过程中面临了一个巨大的问题，就是传统的科层结构（泰勒制）已经越来越不适应企业新技术和新体制的变化，其弊端日见明显，员工在企业中的地位非常受限，往往不能在企业决策中发表意见，这促使员工采取冷漠的态度对待企业的发展。另外，随着新技术的迅速发展，全球经济模式发生了转变，企业也不得不在经营战略和运作模式上做出重大的调整，如组织合并、重组、裁员，缩减开支，新管理手段的运用等。这一系列调整的实施必然导致组织内雇佣关系发生很大变化，大大降低了员工对企业的忠诚度、信任度以及归属感，不利于企业的进一步发展，甚至会使企业的利益受到巨大的损失。在这种情形下，这些西方发达国家的企业纷纷开始采取另一种管理方式，即所谓的员工参与，这种管理方式是将员工的角色与组织之间的关系重新定义，并借由员工的参与来提升决策的品质及员工的工作满意度。企业在管理当中纷纷推行一些员工参与方案，包括代表参与制、利润分享计划、质量圈、斯坎伦计划等。这些员工参与方案的推行在很大程度上推动了企业在管理上的提升，对提高企业员工的工作积极性和满意度起到了非常重要的作用，同时也提高了企业的生产效益。

员工参与的思想在西方很早就出现了，Esatman在1898年发表的《员工建议系统》一文中就出现了员工参与思想的萌芽。Elotn最早在《企业文化进程中人的问题》（1933）中、勒温在《群体动态的边缘》（1947）中都使用参与这一概念来概括群体成员积极主动地承担群体事务并为群体的发展出谋划策这一现象。随后大量的研究开始关注企业参与管理，包括员工参与、工业民主和股权参与。而最早对员工参与这一主题进行探讨的是McGregor（1957）和Herzberg（1966）。

员工参与早期被提出是作为员工在组织中权力分享程度的表征，最突出的即员工参与企业管理决策过程，研究者在此基础上建议组织吸收员工进入组织决策过程以促使决策更为科学合理。由此，学者们纷纷给予了员工参与不同的定义。其中比较有代表性的有：劳勒和Mohrman（1989）指出员工参与是一种参与式的过程，用来促使员工发挥其最大的潜力，并使员工对组织的成功做出承诺。Mitchell（1973）将员工参与定义为，员工共同参与决策，每个员工依据自己的能力和职位来对决策做出贡献，是一种组织内沟通管道的畅通，促使有效信息的流动。所以基本上这些参与的程序都包含了给予员工一些组织运作的信息，或使员工拥有某种程度的影响力，以激发员工的工作动机。劳勒（1992）定义员工参与为员工在产品生产和服务提供的过程中，拥有监控自己工作、收集绩效信息并获取相应报酬的意识程度。Cotton（1993）认为员工参与是指员工介入管理决策制定和实施，通过与管理层的交互作用，参与和影响管理行为的过程。

近年来，随着员工参与实践的不断发展，学者们发现员工参与并不单单指一种制度，它可以针对组织的特性及产业不同，有着多样的形式。由此，员工参与所包含的实践形式开始呈逐渐丰富的趋势。其中比较有代表性的研究有：O′Creevy（1998）在研究中层主管对员工参与方案的态度时，曾针对员工参与给出了具体的定义：员工参与是一种可以让员工对于工作如何整合及运作，发挥其某种程度影响力的管理措施，包括工作再设计（job redesign）、质量圈（quality circles）、咨询小组（consultative committees）、团队（team）及员工态度调查（employee attitude surveys）。另外，Richardo等人（2001）通过查阅文献资料和收集数据最后区分出正式参与决策、质量圈、自我管理团队等12种员工参与形式。由此可以看出，员工参与不仅仅包括信息的交流，事实上员工参与在实践中已逐渐发展成为一种系统的管理方式。

8.1.4 员工参与管理的理论发展

员工参与管理方面的理论主要集中于西方，中国的员工参与管理无论是在实践上还是在理论上起步都是比较晚的，还没有形成完整和系统的理论。西方由于员工参与管理的思想出现得比较早，学者们在这方面的研究比较深入，形成了一些比较系统的代表性理论，主要包括行为科学管理理论和经济民主理论。

1）行为科学管理理论

行为科学是现代资本主义国家重要的企业管理理论之一，它产生于管理工作实践，正式被命名为行为科学是在1949年美国芝加哥的一次跨学科的科学会议上，之后盛行于欧美各国和地区。

行为科学的基本内容包括：

（1）个体行为研究：这是行为科学分析研究企业组织中人们行为的基本单元。在个体行为这个层次中，行为科学主要是用心理学的理论和方法研究两大类问题：

一类是影响个体行为的各种心理因素；另一类是关于个性的人性假说。

（2）动机与激励理论：社会心理学家和行为科学家认为人的行为都是由动机引起的，而动机是由人们本身内在的需要而产生的，能满足人的需求活动本身就是一种奖励。

（3）群体行为研究：群体行为在组织行为学中是一个重要的问题，组织行为研究主要探讨群体是一种非正式组织、群体的特征、群体的内聚力等。

（4）组织行为研究：行为科学家认为，一个人的一生中大部分时间是在组织环境中度过的。人们在组织中的行为被称为组织行为，它建立在个体行为和群体行为的基础上。组织行为研究通过研究人的本性、需要、行为动机及在生产组织中人与人之间的关系，总结出人类在生产中行为的规律。

行为科学作为一种管理理论，开始于20世纪20年代末30年代初的霍桑实验，而真正发展却是在20世纪50年代。其代表理论有：

（1）早期的人际关系理论：其代表人物为美国的梅奥和罗特利斯伯格，他们认为工人是“社会人”，企业中并存着“正式组织”和“非正式组织”，必须从社会、心理方面来鼓励工人提高生产效率。乔治·埃尔顿·梅奥也成为行为科学的奠基人。

（2）人类需要层次论：其代表人物为马斯洛，他认为人的需求分为五个层次，应针对不同的人对不同层次的需求的追求使其得到相对满足。

（3）人性管理理论：其研究同企业管理有关的所谓“人性”问题，代表人物有麦格雷戈，他提出了“X-Y理论”，认为人不是被动的，只要给予一定的外界条件就能激励和诱发人的能动性；阿吉里斯提出了“不成熟-成熟理论”，认为在人的个性发展方面，有一个从不成熟到成熟的连续发展过程，这意味着人的自我表现程度的加强等。

（4）群体行为理论：其研究企业中非正式组织以及人与人的关系问题，代表人物有：①勒温，他提出“团体力理论”；②布雷德福，他提倡实行“敏感性训练”，通过受训者在团体学习环境中的相互影响，使其更加明确自己在团体组织中的地位和责任等。

（5）领导行为理论：研究企业中领导方式的问题，代表人物有：①坦南鲍姆和沃伦·施密特，他们提出了“领导方式连续统一体理论”；②利克特，他提出了“支持关系理论”；③赫兹伯格，他提出了“双因素理论”；④布莱克和莫顿，他们提出了“管理方格图”。

行为科学管理理论是在批判传统管理方式（泰勒制）的基础上提出来的，它的产生和发展是现代化大生产发展的必然产物，它把社会学、心理学、人类学等学科的知识引入管理领域，开创了管理领域的一个独具特色的学派。其特点主要表现为：①提出了以人为中心来研究管理问题；②肯定了人的社会性和复杂性。

2）经济民主理论

经济民主理论又称工业民主理论，它产生于20世纪初期的西欧，随后得到了学者们的不断丰富和发展。在经济民主理论产生之初，垄断资本主义已经形成了，作为中、左派势力的社会民主党、工党以及一些工会组织为了限制垄断资本权力的无限集中，进而提出了这一理论。

经济民主理论的主要观点是：现存的资本主义经济制度具有不稳定、非人道和反民主的结构特点，因此，对资本主义社会必须进行改造，从而建立一个政治民主化的社会。这一改造需要建立在经济民主化的基础上，也就是说，要在现有的基本生产关系、社会经济制度没有发生根本性变革的条件下，大力发展工人参与管理，从而打破资本家垄断经济管理领域的状态，限制资本主义权力的膨胀。该理论认为，工人由于参与企业管理而锻炼了管理能力，进而逐步赢得对工厂管理权的控制，甚至控制部分生产资料，最终可以实现民主与自治的社会主义。

在西欧，各国社会民主党几乎都把实现工业民主或经济民主作为它们的基本纲领，而在它们执政期间，又不同程度地将“经济民主”理论付诸实践，因此在西欧，工人参与管理一直都比较活跃，而且成效也比较明显。

3）人民资本主义理论与二元经济理论

人民资本主义理论是美国经济学家在20世纪40年代提出的一种理论，20世纪50年代开始在美国和西欧得以流行。这一理论的代表人物是美国经济学家摩铁麦·阿德勒和路易斯·凯尔索，他们合著了《资本家宣言》和《新资本家》，其对这一理论进行了系统的论证。该理论在经济上主张基本社会化，让工人拥有更多所在企业的股票，甚至人人都持有一定数量的股票，使其有权参加股东大会，参与企业的管理与决策。该理论认为，这样不仅可以使资本主义具有为人民谋福利的性质，而且可以消除资本主义生产关系中所固有的矛盾。

到了20世纪60年代，美国资产阶级经济学家路易斯·凯尔索等人又提出了二元经济理论。这一理论认为，随着工业革命和科技革命的发展，现代经济已经变成资本取代劳动作为生产财富的手段的经济，即资金投入对产出的贡献已经远远超过了劳动力投入对产出的贡献。由此，在大量的资本掌握在少数人手中的情况下，科技革命对经济产生的利益只会落入少数人手中，社会不公将会越来越严重。因而，该理论主张对现代经济进行改造，通过全面推动职工持股实现资本社会化，从而建立起一种使任何人都能获得两种收入（资本收入和劳动收入）的制度，即“二元”经济制度。另外，该理论还认为这种制度既能鼓励公平，又能促进增长，从而激发起全体人民的首创精神和责任感。

人民资本主义理论和二元经济理论都是从资本社会化这一角度去探索消除资本主义制度内部矛盾的。对于大资产阶级来说，小额资本的社会化并不会影响其资本垄断的地位，而对于广大劳动者来说，他们也乐意用劳动收入购买小额股票，以期获得更多的收入。因此，这种学说受到了社会各阶层人士的欢迎。凯尔索等人还专门设计了员工持股计划，争取政府的支持，从而以优惠的条件去吸引劳动者参股。

8.2　员工参与管理的内容与作用

员工参与管理是企业管理中的一个系统工程，是一种全过程管理，是一种流程管理，也是一种全员都有意识的员工参与管理。员工受不同因素的影响，实践不同的管理权力范畴，对应着不同的参与层次，从而有着不同的员工参与管理的内容。

8.2.1　员工参与管理的层次及内容

根据劳勒的研究，我们可以按照员工参与管理的深入程度不同，将其划分成3个不同的层次，分别为“平行建议参与（parallel suggestion involvement）”“工作参与（job involvement）”“高等参与（high involvement）”。[①]在企业内部，员工可以根据其自身素质的不同，被纳入到不同等级的参与管理层次；另外，员工可以通过企业培训和自身学习提高自身素质，从而可以使自己“晋升”到更高的参与管理层次中去。由于不同层次的参与管理所涉及的工作有区别，所以参与管理的内容也有所不同。

1）“平行建议参与”层次

“平行建议参与”层次是建立在上下级良好沟通的基础上的，即组织内部信息的上下传递、政策向下传达、基层决策的向上汇报等工作都能顺畅无阻地进行。这种层次的参与，通过正式的管理渠道来鼓励员工为企业献计献策，但管理层仍掌握着最终决策权。处于这一层次的员工主要行使知情权和建议权，相应的管理形式有合理化建议等。

上下级之间和同事之间的沟通是这个层次中最关键的因素。上下级之间要有一种良好的沟通方式和渠道，员工能够和上级无障碍地进行沟通与交流，能够及时将其想法向上级反映并得到妥善处理。这一层次的员工参与管理的内容可概括为如下两个方面：其一，员工向企业领导层反映自己的意见、建议和想法。员工的工作思路要尽量与领导保持一致，二者之间进行良好的双向沟通，基本的企业信息要达到共享。沟通可以是口头的，也可以是书面的。这是这一层次员工参与管理的主要内容。其二，员工可以要求企业管理层工作保持一定的透明度。透明度首先是指公司规章制度、决策的透明度，即让员工有知情权；其次是指员工的奖惩、升降的透明度；再次是指员工考核、工资收入的透明度；最后是指经营管理者要有一定的开放式办公。

这一层次的员工参与管理是最简单、最基础的，同时员工拥有的权力也是最小的。但是，这一层次的参与管理可以从心灵上挖掘员工的内驱力，为其提供施展才华的舞台。它缩短了员工与管理者间的距离，使员工充分发挥能动性，使企业发展获得强大的原动力。

---

①　李志，杨帆．员工参与的研究文献评述［J］．人力资源开发，2007（6）．

2）“工作参与”层次

“工作参与”层次主要指团队协作，是为了找到更好的组织方法与任务执行方法来提高生产率。工作参与必须通过大量的团队协作才能实现，这要求工作角色和责任的共享，高层管理者应该减少对团队行为的直接控制，最好以支持者的角色出现。处于“工作参与”层次的员工主要行使协商权，相应的管理形式有质量圈等。

团队协作是这一层次参与管理的关键因素，而重点在于组织一个优秀的团队。该层次参与管理打破了传统的行政组织结构体系，其主要内容是：根据公司发展需要临时组建或撤销职能团队，每个职能团队有明确的工作目标，团队中的成员可以自由组合，也可以由公司决策层指定。团队成员定期会面，通常一周一次，讨论技术、管理等方面的问题，探讨问题产生的原因，提出解决建议以及实施解决措施。

在团队中，由团队成员自主选择团队协调人。团队协调人不是团队的领导，他没有给其他成员安排工作的权力，他只在团队内部或与外界沟通发生冲突时起到调解人的作用。团队协调人没有公司的正式任命，只是一个民间职务，可以根据团队的需要随时选举和撤销。团队协调人也有自己的岗位，与团队其他人员享受同等待遇。由公司指定团队工作目标，由团队成员讨论达成工作目标的方式，然后各自分工、相互协作，完成工作。这一层次的参与管理相对于“平行建议参与”，员工有了更多的表决权，能够将自己的想法付诸实践，是较高层次的参与管理。

3）“高等参与”层次

“高等参与”层次的主要内容是管理层给予员工充分信任，进行授权，让他们对工作中的重要问题做出决定和监督。基层员工更了解解决具体问题的办法，他们更接近顾客，更有动力去解决问题。当员工能对自己工作的内容做出决定时，组织有效性会大大提高。员工参与企业的决策过程，这是本层次的主要方式，也是“高等参与”和前两个层次最显著的不同之处。处于这一层次的员工主要行使监督权和共决权，相应管理形式主要有员工董事和监事制度、员工持股计划等。

员工参与管理模式图如图 8-1 所示。

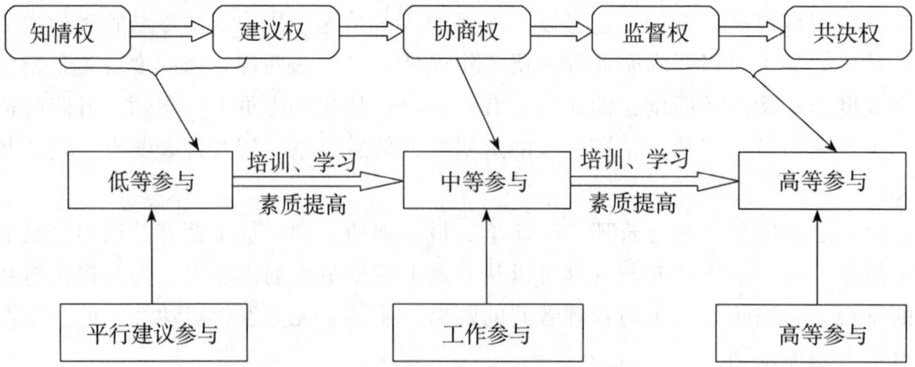

图 8-1　员工参与管理模式图

8.2.2 员工参与管理的作用

按照马斯洛的需求层次理论，员工参与民主管理是个人自我实现的需要。从员工的角度来讲，通过个人亲自参与企业的生产经营管理来提高员工个人的社会地位和经济地位，从而增强其主人翁的自豪感和荣誉感。而从企业管理层的角度来讲，通过与员工共同管理、共同经营，可以减少许多不必要的摩擦和纠纷，与员工的关系会变得更加融洽、更加稳定，从而使企业获得稳定、蓬勃的发展。由此可见，企业要积极实践员工参与管理，以提高企业管理的有效性，促进企业和员工的共同发展，最终实现“双赢”的理想效果。

理查德·巴雷特在《解放企业的心灵》一书中曾写道“未能建立员工参与文化的企业在21世纪将面临巨大的生存压力”，此论点强调了员工参与管理在企业管理中的重要地位，强调了管理者需将民主管理和专业管理相结合，有效激发员工的自主性、积极性和创造性。员工参与管理作为企业的一种激励措施，同时也是一种最经济的参与激励方式，其作用主要表现为以下几点：

（1）员工参与管理是企业实行人本管理的需要。

人类管理观念的演进历史证明：从“人治”到“法治”再到“仁治”是历史的客观选择。《柔性管理》（郑其绪，1996）将人类管理史划分为史前管理、前资本主义管理、近代管理和现代管理几个阶段。而管理方法也经历了由“混沌管理”到“体制化管理”再到“民主管理”最后实现“人本管理”的进步过程。“人本管理”的核心就是肯定被管理者的个人价值、尊严以及需要，并且邀请其参与到管理过程中来。现代企业制度倡导以人为本，人力资源是第一资源。那么，企业就应该充分调动员工的积极性，充分发掘员工的才能，让他们融入企业的管理与决策中来，为企业的发展提供强有力的智力支持。

（2）员工参与管理是企业参与人才竞争的需要。

知识经济时代的技术和智力竞争压力，迫使企业经营者为得到需要的人才不得不“放权”。谁控制了知识和智力，谁就同时控制了财富和权力。在这种情况下，企业要想持续发展，就必须吸引人才、依赖人才、留住人才，而让员工参与到企业管理中来是吸引、激励员工的一种行之有效的方法。21世纪是知识经济时代，对于企业来说，人才是最基本、最核心的资本。人才竞争是白热化的，有自己独特的管理方式、有创新的人才经营理念的企业，在吸引并留住所需人才方面就可能更胜一筹，使企业在人才竞争上有强有力的优势。

（3）员工参与管理能够提高组织绩效。

西方已有的研究表明，员工参与对于企业经营绩效有显著的影响。参与决策能让员工在工作中行使一定的自主权，根据具体问题做出反应并提出可行的建议；当员工参与决策过程的时候，他们将更轻松地面对组织运作的革新和组织结构的变化。员工参与能促使企业向着员工高满意度、高产品质量和服务质量、高生产率的目标前进。劳勒指出，员工参与会降低缺勤率、降低员工流动，而且问题解决过程和决策过程将更加有效率。最近的研究表明：员工参与的水平和企业生产率、企业的长期财务绩效均有正的相关关系；有效的员工参与措施能够带来员工满意度上升，带来质量和生产率的提高。让员工进入决策过程改变了组织结构和管理体系，带来组织的成功，它对组织绩效的提升有重要的贡献。

员工参与管理不仅对制定决策有利，而且对执行决策也很有帮助。我们知道，企业领导者的权威往往在很大程度上取决于员工的接受态度。仅仅担任纯粹执行职务的企业员工在企业经营活动中对企业领导者制定的决策并不总是积极响应的，有时甚至会采取抵制的态度。相反，员工通常愿意接受自己参与制定的企业决策。在企业的某项决策中，即使最终没有采纳某位员工的意见，该员工也有可能会以积极的态度去执行这种决策。首先，员工参与管理可以增强组织内的沟通与协调。这样就通过将不同的工作或部门整合起来为一个整体的任务目标服务从而提高生产力。其次，员工参与管理可以增强员工的工作动机，特别是当他们的一些重要的个人需要得到满足的时候。最后，员工在参与管理的实践中提高了能力，将使得他们在工作中取得更好的成绩。组织在增强员工参与管理的过程中通常包含了对他们的集体解决问题和沟通的能力的训练。

（4）员工参与管理是一种有效的激励手段。

面对今天激烈的竞争环境，任何企业和组织要想取得成功，都必须充分发挥内部成员的潜力，调动他们的积极性、创造性，让员工参与决策制定。员工是组织的重要主体，组织的生存和发展离不开员工创造性的工作。组织的一切活动和管理过程也有赖于员工的积极参与。如果员工没有足够的信息，工作在一个很少有交流沟通的环境中，那么员工就不会满意地工作。人的积极性不会自然而然产生，必须受到外界推动力和吸引力的影响、激励，并通过自身吸收、消化，激发热情和干劲，参与组织各项活动，努力实现组织的目标。

员工参与到企业的管理与决策中去，有利于激发员工的工作积极性、主动性和创造性。员工参与企业管理，不仅可以提高企业的决策水平，而且还可以使更多的员工参与到企业决策过程中，使他们了解信息、增长知识、提高参与管理的能力，从而激发员工的创造性，调动员工的工作积极性、主动性，提高工作效率，使员工在参与管理中获得精神上的满足。根据马斯洛需求理论以及双因素理论等，我们可以知道员工在满足其基本需求后是有更高一层需求的，如果企业看不到员工的需求，或者处理不当，就会给企业带来损失。只有适时地满足员工的需求，才能更好地激发他们努力去工作，创造和谐的工作氛围。

（5）员工参与管理可以缓和劳资矛盾。

员工参与管理还有利于缓和劳资关系，增强企业的凝聚力。员工参与到企业的管理与决策中来，能够加强高层与基层、上级与下级以及员工之间的有效沟通，公司的有效信息在部门之间或是部门内部就不会失真。有了良好的沟通和和谐的关系，公司才会有凝聚力和对外竞争力。西方国家企业员工参与管理产生的一个重要原因就是想要通过让员工参与企业管理来缓和紧张的劳资关系。实践表明，参与管理的理论在这方面也确实起到了一定的作用。它通过支持关系理论、领导参与模式等各种理论，借助于企业委员会制、员工建议制、董事会员工代表制、自我管理制以及集体谈判制等各种参与管理的形式，实现了劳资双方的相互沟通，缓和了员工与企业经营者、被领导者与领导者之间的矛盾，从而增强了企业的凝聚力，调动了员工的积极性，提高了企业的组织及生产效率。

有的专家把员工参与的管理方式形象地称为“让棋子自己走”，认为这种方式比传统的管理方式更能收集员工的意见和建议，更能发掘人才，也更能得到对企业决策有价值的信息。因为员工是管理者决策的最终执行者，对于管理者决策方案的制订也最有发言权。让员工在制定一项新的决策时参与讨论，表达自己的想法，并不会使管理者丧失掉权威，反而会使他们得到更多的尊敬和爱戴。因为当管理者把员工当作有头脑的、重要的合作伙伴来对待时，员工们就会感受到被尊重，也就会在心底将管理者看作能够了解他们心声的人。管理者在认真听取员工意见的过程中，还能够得到一些更具实用性的、由员工在实际工作中总结出来的经验，这样做出的决策会更科学。员工参与了决策的制定，就会对决策有深入的了解，不会产生理解错误。在执行决策方案时也会表现出更大的热情和信心，使方案执行得更彻底、更顺利。

8.3　员工参与管理的影响因素

员工参与管理是试图通过增加组织成员对决策过程的投入进而影响组织的绩效和员工的工作满意度。其实施的效果受多方面因素影响和制约，其中主要包括员工的个人素质、企业领导者的素质、企业文化、组织结构和制度、企业的薪酬和奖惩机制等。

8.3.1　员工的个人素质

员工自身的素质对员工参与管理有着重要的影响，员工的知识水平和技能状况、参与管理的意识和意愿、员工的从众心理等都会影响员工参与管理的程度。

从客观因素上讲，在员工的自身文化素质比较低和参与管理经验不足的情况下，企业通常会采用控制导向型的管理方式或以控制为主的参与管理方式。如果员工的自身素质不高，就根本谈不上让他们参与管理。要想达到员工参与的预期效果，员工必须具备参与的能力，包括智力、技术知识、沟通技巧等。

很多研究表明，员工的教育水平和能力是影响参与有效性的一个重要因素，不同的教育水平和能力会造成参与程度的差异。Locke等（1979）认为员工所具备的专业领域知识和相关能力能提高工作绩效，组织授权给那些有能力的员工会提高团队工作的有效性，授权给不具备相应能力的员工则会降低这种有效性，甚至还可能会降低工作绩效。

从主观因素上讲，员工的参与意识、对其自身能力的判断以及从众心理都影响着员工的参与管理。参与意识是员工参与的原动力，参与意识的强弱决定着参与积极性的高低。员工对自身能力的判断通过影响自己的自信心而制约着其参与管理的积极性。不自信的员工往往认为自己的参与行为无效，害怕出错，害怕承担责任等，从而没有参与的积极性。许多学者对此进行了研究，其中Robert W. Miller等（1992）认为虽然现在关于员工参与的组织结构设置了很多，员工参与人数也很多，但实际上达到“真正参与”（即真正有参与兴趣，自愿参与）的人却很少，因此会在一定程度上影响参与效果。另外，Hacher等（1991）在研究一个利润分享的案例时也指出，员工对提高工作绩效、参与工作决策的意愿是影响员工决策有效性的关键因素。

由于从众心理的影响，群体的参与程度在很大程度上也制约着员工的参与积极性。如果大部分员工都没有参与管理的意愿，其他有参与冲动的员工也可能会抑制其积极性，以获得群体的认同。所以，不论个人还是群体，员工都应该在自己知识和能力的基础上有意识地、积极地去参与企业的管理与决策，以获得自身和企业的双发展。员工参与管理使得组织内形成了管理团队。员工通常会产生许多非理性行为，如“趋同现象”、“团队思考现象”、“冒险转移现象”、“责任分散现象”和“群体狂热现象”等，这些行为的出现影响了参与管理的效用。以趋同现象为例，在团队进行判断和决策时，大多员工力求与多数人的想法和标准一致，不愿意挑战别人去表达自己的思想，他们尽量避免冲突，和他人取得一致，结果团体讨论倾向于保持在熟悉的和安全的氛围中，团队思考过程变得苍白无力。

8.3.2 企业领导者的素质

企业的最高领导者和管理者，即企业主是企业的灵魂人物，他的领导风格、管理理念和授权意识以及民主管理意识对企业的发展有着重要的影响，当然，也会对企业员工参与管理的实施产生重大影响。

要想让员工参与管理得到很好的实施，企业主或者是领导层就必须有“以人为本”的管理理念。在实际的企业管理中，企业的组织、协调、管理以及人际关系的和谐，只有在合作、信任、友爱、团结和奋进等条件下才能顺利进行，这些条件的获得，都来自最深层次的以人为本、员工参与和团队精神。企业要让员工永远充满希望，适时满足他们的需求，让他们有一种强烈的归属感和责任意识。这就要求企业领导者具有民主管理的管理理念和领导风格。

对于企业主的领导风格，勒温从20世纪30年代就开始对此进行研究，他把领导风格分为三种类型，即专制型、民主型、放任型。通过研究，勒温认为民主型领导风格具有很大的优越性，即让组织成员有更多参与管理的机会。同时，利克特在20世纪60年代把领导风格分为专制民主式、温和专制式、民主协商式和民主参与式，并且认为民主参与式的领导风格最有利于进行员工参与，在这种风格的领导下上下关系平等，有问题进行民主协商，集体参与讨论，由领导最后进行决策。按分工授权的原则，下级也有一定的决策权。由此，上下级能够充分沟通，相互信任，从而感情融洽，所以，企业上下都会有积极性。

领导者作为组织的规划者、领路人，他的行为对塑造组织文化、引导员工行为有重要的作用。

企业领导者要有合理而科学的授权意识，要充分信任自己的员工。管理者的授权意愿影响着员工参与管理的深度和广度。Ihsan Hammuda等（1997）提到许多领导者担心授权给员工会削弱他们自身的权力，这就需要领导者重新定位自己的角色，员工参与只是为员工提供了更多的自由发挥机会，领导者的角色不再是指挥者而应该是教练，只有这样才能促进员工参与的进行。

员工参与管理，从广义上讲就是一种授权，是组织中权力的再分配。如果管理者没有真诚的授权意愿，员工参与管理就只会成为一种形式，形同虚设，起不到任何作用。因而，员工参与管理就要求管理者切实授权，使员工参与到与他们工作息息相关的管理工作中去，增强他们对自身工作重要性的理解，增强责任感和工作动力，感受到自身的价值和能力，从而保证各项工作的顺利实施。

8.3.3 企业文化

美国密歇根大学工商管理学院的Daniel Denison教授提出了"Denison企业文化模型"，该模型从四个维度（应变能力、愿景及目标、一致性、员工参与）研究企业文化。他认为员工参与维度与以下因素有关：一是授权，个体有管理自己工作的权力、主动性以及相应的能力。授权是建立员工对企业的主人翁意识和责任感的基础。二是团队合作，提倡合作以达成组织共同的目标，从而获得员工的认同。三是个人能力的提升，组织为提升员工个体能力进行长期持续的投入，目的在于保持企业的竞争力以及满足市场的需求。因此，建立一种尊重员工的主体意识、着力培育员工的忠诚度、不断激发员工的创新精神、为精英人才构筑施展才华舞台的"以人为本"的企业文化，更有助于员工参与管理和治理方法的有效实施。

在当代社会，参与、协作、奉献已成为在现代企业员工中值得倡导的一种意志品质和思想境界。企业文化反映了全员的共同追求、共同的价值观和共同的利益，对企业经营者和员工的思想、行为产生一种导向作用。积极向上的企业文化使员工潜移默化地接受本企业共同的价值观，人们在文化层面上结成一体，朝着一个共同的确定的企业目标而奋斗。在特定的文化氛围之中，全体员工通过自己的切身感受，产生出对本职工作的自豪感和使命感，对本企业的企业目标、准则和观念的认同感和归属感，使员工把自己的思想、感情、行为与整个企业联系起来，使企业产生强大的向心力和凝聚力。

组织的凝聚力对员工参与管理的意愿起着重要作用。组织凝聚力是激励员工维持组织并为之奉献的力量，它受组织愿景和个人愿景一致性程度的影响。当员工与组织拥有清晰的共同愿景时，组织中会产生很强的凝聚力，员工与组织就是一体的关系，当组织达到目标时也会为员工带来利益，员工与组织实现双赢。因而，组织的凝聚力提高了员工参与管理的积极性，他们乐于参与到管理中来，将组织的问题和困难看成自己的问题和困难，主动地为组织出谋划策，增强了主人翁的意识；在工作中他们会进行自我监督和管理，将管理者和员工的身份集于一身，力求提高工作绩效，完成组织目标。对于缺乏凝聚力的组织，员工参与管理的主动性会降低。另外，组织的高度凝聚力也会创造出相互信任和尊重的氛围。相互信任的环境让员工相信，在参与管理的过程中，各种冲突和矛盾都是可以解决的，因为大家都有一个根本的出发点，那就是为了组织的发展和利益。在这样的环境中，人们能自由地表达他们的观点，分享他们的感受，而不去担心有任何报复和欺压。这种自由增强了组织的凝聚力，也提高了员工参与管理的意愿。

8.3.4 组织结构和制度

组织结构因素可以从两个方面来考虑：一方面是指组织结构类型，即组织是等级式的官僚结构还是扁平式的结构；另一方面是指员工在组织中所处的等级层次。关于组织结构类型，很多研究者都认为扁平式的组织结构更有利于实施员工参与管理，如Ihsan Hammuda等（1997）认为在扁平化的组织中有利于分权化及信息的流通，这都是保证员工参与有效性的关键因素。另外，王彬彬、赵增耀认为组织结构扁平化，管理幅度扩大了，对组织成员充分授权使得参与度更高。

对于员工在组织中所处的等级层次，很多研究者也表明处在组织中较高地位的员工更容易参与，如Vroom等（1960）指出参与不太适合在组织中的较低层次（工作是程序化的）实施，而应该在较高层次（工作比较复杂）实施，另外Khalid Othman（2005）的研究也表明随着员工在组织中的等级层次的提升，参与度也随之提升。但是同样要考虑到的是，虽然等级层次较高的员工有更大的空间和更多的机会参与，也没有太多的限制因素，在此也必须看到较低层次员工参与管理的特殊作用。

Glew的研究表明，对于员工参与的结果影响较大的因素有：员工的个性、意愿、态度这三个个人因素，以及组织结构、团队类型、组织的社会化程度这三个组织因素。从实践的角度看，管理者对于提高员工参与所能做的努力，是改变这些影响因素之中的组织因素，使员工更积极主动地参与到管理中去。直线结构由于管理层次较多，管理幅度较小，对应的工作内容和要求狭窄，因而可以采用规范的工作设计，员工只对本人工作范围以内的工作负责，对工作参与的要求就不会太高，并且也没有驱动力。相反，扁平化的组织结构意味着管理幅度的扩大，某种程度上工作设计也要更宽泛、更模糊。管理者需要面对更大的信息量，处理更多的决策，以至于必须将一部分管理与决策权下放至员工，需要员工的参与，由员工根据自己的工作情况做出相应的决策。

张震、马力和马文静认为：组织气氛是影响员工参与的一个重要因素。他们对全国各地区的148家企业进行了实证性的研究。研究结果表明，组织气氛中的科层性、创新性和支持性对员工参与水平有显著影响，并且企业的科层式的管理体制是影响员工参与水平的最显著因素。也就是说，高科层性的组织（非常注重程序、等级严明、结构化、以权力为导向）是对员工参与极为不利的最主要的因素。相反，低科层性的组织结构（组织结构扁平化、管理幅度大、对组织成员充分授权、较少采用个人决策、强调上下双向沟通，而不仅仅是层层下达命令式的沟通）模式下员工的参与度更高。另外，组织气氛中创新性是影响员工参与的另一个重要因素，组织结构的有机化、柔性化使员工不被条条框框所约束，提倡员工把握机会，发挥潜力。再者，组织气氛中的支持性的强弱也影响员工参与，组织中领导、同事、下属对成员参与的管理和治理，对成员取得成就的支持均有利于员工参与。

另外，员工参与在很大程度上还会受到组织制度的影响，缺乏组织制度保障的员工参与很难产生长期的实际效果。金莹等（2004）系统地研究了组织制度方面对民营企业员工的影响，他们把组织制度分为反馈机制、参与渠道、奖励技术、组织气氛、利益安全五个方面。另外，王彬彬等指出劳动制度会影响员工参与，采用外部劳动市场的企业和采用内部劳动市场的企业在员工参与程度上有差异。除此之外，从我国企业管理实践看，企业的职工代表大会、工会组织都是员工参与有效保障的制度化形式，对于员工参与管理有着明显的积极作用。

8.3.5 其他影响因素

除了前面提到的影响因素外，员工参与管理还受到其他一些因素的影响，主要包括：企业的薪酬体系与奖励制度、企业发展阶段和规模、组织氛围和企业的收益状况等。

企业的薪酬体系与奖励制度对员工参与企业管理也有一定的影响。目前企业的组织结构呈扁平化趋势，现代企业制度已经在逐渐淘汰那种森严的等级制度。组织中的管理幅度加大，薪酬等级在减少，薪酬幅度也在逐渐加大。基于技能的薪酬体系和奖励制度能够激励员工提高技能和知识，积极参与企业的管理与决策。企业要想鼓励员工参与企业管理，就必须制定相应的薪酬体系以及奖励制度，从制度层面去激发员工主动学习的热情，使其积极参与企业管理。

对于民营企业来说，企业的发展阶段和规模也是影响员工参与管理的一个重要因素。在企业创业初期，往往企业主的个人色彩比较浓重，个人魅力和自身能力，乃至家族的实力是创业之初的主要决定力量，是企业发展的驱动力，这时的员工往往只是个执行者。在企业成长时期，企业主个人或家族的力量仍然占据主要地位，但是此时必须获得员工的智力支持，也就是说，在这时员工参与已经成为可能。企业越发展，规模越大，企业越需要员工的参与。企业要想持续发展，员工的智力资源是强有力的保障。员工参与管理已经是现代企业制度的一个显著的特点。企业发展到一定的阶段，必须引进员工参与管理，充分调动员工的积极性和创造性，努力让员工像领导者一样去思考和解决问题，充分利用员工的智力资本，提高企业的综合竞争能力。

组织氛围是关于一个组织内部环境的相对持久的特性，它与员工参与之间的关系受到许多学者的关注。Mark A. Shadur 等（1999）的研究表明支持性的组织气氛会提高员工的参与度。W. B. Lin（2006）也肯定了组织氛围与员工参与之间紧密相关。另外，Bowen等（2004）认为组织氛围与参与的预想结果直接相关，并且指出创造一种参与氛围是使权力、信息、报酬和知识与组织中的员工联系起来的一种方法。可见，组织氛围与员工参与关系十分密切，而构建一种支持型的组织氛围显得十分重要。

企业的收益状况也是要考虑的一个重要因素，Vroom和Yetton（1973）在他们的决策树模型中提到员工参与决策的程度取决于决策成本、决策质量、决策的可接受性和下属的发展。F. C. Elizabeth等（2002）的研究也发现咨询性的参与与成本优先的领导战略正相关，而决策性的参与与成本优先的领导战略负相关。可见，员工参与并不是一个理想化的组织行为，组织作为营利性的实体，在任何情况下都要考虑到投入与产出的关系，只有分析清楚员工参与的经济收益才能有效实施员工参与计划。

8.4 员工参与管理的实现途径与形式

员工参与管理是企业管理系统的重要组成部分，可以通过多种途径和形式得以实现。概括起来，其主要有以下形式：职工代表大会制度、代表参与制、员工持股计划、集体谈判等。企业实施员工参与管理，可根据自身的实际情况采用其中的某一种或多种形式结合起来实施。

8.4.1 职工代表大会制度

职工代表大会制度是一种具有中国特色的职工参与制，是中国国有企业中职工参与企业管理的基本形式，是职工行使民主管理权力的机构，职工代表大会的各专门小组是职工参与企业民主管理的具体组织形式。

我国《宪法》明确规定："国有企业依照法律规定，通过职工代表大会和其他形式，实行民主管理。"《中华人民共和国全民所有制工业企业法》（1988）规定："职工有参加企业民主管理的权利……职工代表大会是企业实行民主管理的基本形式，是职工行使民主管理权力的机构。"《中华人民共和国公司法》（2013）也明确规定："公司依照宪法和有关法律的规定，通过职工代表大会或者其他形式，实行民主管理。公司研究决定改制以及经营方面的重大问题、制定重要的规章制度时，应当听取公司工会的意见，并通过职工代表大会或者其他形式听取职工的意见和建议。"职工代表大会实行民主集中制原则，主要通过听取、审议、评议、建议、决定、监督等形式行使职权，其他各种民主管理形式都与职工代表大会相联系。

《中华人民共和国城镇集体所有制企业条例》第二十七条规定，集体企业必须建立、健全职工（代表）大会制度，一百人以下的企业建立职工大会制度，三百人以上的企业建立职工代表大会制度，一百人以上三百人以下的企业建立职工大会制度或职工代表大会制度，由企业自定。职工代表大会代表由职工选举产生，代表应当是思想进步、工作积极、联系群众、有参加民主管理能力的职工。

职工代表大会由职工代表组成，职工代表由职工直接选举产生，在大型企业也可以由分厂或者车间的职工代表互相推选产生。选举采取无记名投票方式，候选人获得选区全体职工过半数选票时方能当选。职工代表大会的组织机构包括大会主席团、代表团和根据工作需要而设立的专门小组，以及职工代表团长和专门小组负责人联席会议。《中华人民共和国全民所有制工业企业法》规定："职工代表大会的工作机构是企业的工会委员会。企业工会委员会负责职工代表大会的日常工作。"根据《中华人民共和国城镇集体所有制企业条例》的规定，集体企业职工代表大会也可以设立常设机构。职工代表大会至少每半年召开一次会议，每次会议必须有2/3以上的职工代表出席。遇到重大事项，经厂长、企业工会或1/3以上职工代表的提议，可召开临时会议。职工代表大会进行选举和做出决议，须经全体职工代表过半数通过。

职工代表的权利主要有：(1) 听取和讨论公司关于企业发展和生产经营重大决策方案的报告，提出意见和建议。(2) 审议有关职工工资和奖金分配的方案、安全生产和劳动保护措施方案、重要规章制度等重大问题。(3) 讨论决定公益金的使用方案及其他重大集体福利事项。(4) 评议监督董事长、总经理等高级管理人员，并向股东大会提出奖惩和任免的建议。(5) 选举和更换董事会和监事会中的职工代表。对职工代表行使民主权利，任何组织和个人不得压制、阻挠和打击报复。职工代表大会选举主席团主持会议，主席团成员应有工人、技术人员、管理人员和企业的领导干部，其中工人、技术人员、管理人员应超过半数。参加企业管理委员会的职工代表，由职工代表大会推选产生。参加企业管理委员会的职工代表要向职工代表大会汇报工作，接受职工代表大会监督。

在其他类型的公司制企业，是否建立职工代表大会制度，由企业自主决定。如实行职工代表大会制度，其职权和工作重点可以参照国有投资占主体的公司制企业进行操作；反之，则由工会代表和组织员工参加其他形式的参与管理。

8.4.2　代表参与制

代表参与制是指工人不是直接参与决策，而是选举出一部分工人作为代表进行参与的方式。西方大多数国家都通过立法的形式要求公司实行代表参与制。代表参与的目的是在组织内重新分配权力，把劳工放在同资方、股东的利益更为平等的地位上。代表参与常用的两种形式为工会制度和员工董事/监事制度。

1）工会制度

1950年颁布的《中华人民共和国工会法》第一条规定，工会是工人阶级自愿结合的群众组织。2001年修订后的《中华人民共和国工会法》第二条规定，工会是职工自愿结合的工人阶级的群众组织。从工人阶级到职工的修订，体现了工会法的进步。但是关于工会的性质和职能，工会法并没有完全表述。韦伯夫妇认为，工会就是一个由工人组成的团体，为了维护和改善其劳动和生活条件而设立。他们将工会的核心功能界定为“反制个别雇工与雇主协商劳动契约时所受的刁难”。集体协商和集体谈判是工会实现这一功能的有效手段。可见，工会的产生是基于劳动关系中劳动者的弱势地位的，是劳动者劳动权的核心。在劳动关系中，劳动者（雇员）相对于雇主处于相对弱势的地位，劳动者为了维护基本劳动条件和工作条件需要组织起来与雇主进行谈判，形成了工会这一组织形式。①

工会是员工参与管理的组织者，这是由工会的性质和地位决定的。工会是员工群众自己的组织，是员工群众利益的代表，争取和维护劳动者的合法权益，始终是工会组织的最终目标。这一目标和员工参与管理的目标是一致的。工会组织的这一特性决定了它有资格代表和组织员工参与企业的管理。

市场经济体制建立后，工会代表和维护员工利益的作用就显得越来越重要了。对于不同层次的工会组织来说，代表和维护员工利益的手段是不尽相同的。全国一级、省市一级的工会组织，其主要工作方式和手段，是参与国家或地方立法，在各级政府制定涉及员工切身利益的劳动工资、社会保障等重要改革方案时，反映广大劳动者的意见和要求，使改革充分考虑到员工的综合承受能力，从而保障员工的基本生活需求，取得大多数员工的理解和支持。这方面工作做好了，会使员工从整体上受益。对于基层工会组织来说，由于它通常是直接面对会员和普通员工，它的工作和员工的切身利益直接相关，其工作方式、手段和内容必须具有直接性、现实性等特点。实践证明，这样的工作方式、手段和内容只能是建立健全员工参与管理的各项制度，组织员工参与管理。

按照国务院及全国总工会的相关要求，在不实行职工代表大会制度的企业内，由工会代表和组织员工参加民主管理。为此，要建立一些相应的制度加以保障，主要包括：(1) 工会召开会员代表大会时，由企业的董事长或总经理向大会通报公司生产经营和管理情况，从而确保普通员工对企业重大决策的知情权。工会应组织员工认真讨论董事长或总经理的大会报告，并提出改进意见，同时督促行政部门认真负责地处理员工所提出的意见和建议。(2) 建立工会与企业行政部门的定期协商制度，沟通信息，协商解决有关问题。(3) 逐步建立和完善员工对董事长、总经理等高级管理人员进行评议和监督，并向董事会提出奖惩建议的制度。(4) 工会代表员工与行政部门进行集体协商谈判，签订集体合同。

2）员工董事/监事制度

员工董事/监事制度（董事会或监事会员工代表制）是公司制企业最高管理机构中的员工参与制，其设立员工董事、监事，让员工代表直接进入公司的决策层。这是西欧国家企业员工参与企业管理的一种主要方式。欧洲是社会主义思想的发源地，历来就很重视工人的权益。欧洲许多学者都认为，员工参与企业管理与决策，在微观层面上可以协调企业利益和个人利益。第二次世界大战以后，德国、法国等许多欧洲国家都开始通过立法强制规定企业必须让工人代表进入决策层，由此形成

① 常凯. 劳动关系学［M］. 北京：中国劳动社会保障出版社，2005.

了欧洲独特的“共决制”。按照库尼的定义，共同决定（co-determination）就是雇员选举自己的代表，依法进入公司的决策层，与所有者代表一起共同组成公司的决策机构。“共决制”是员工参与企业管理的最高形式。实行这一制度的企业必须是依法设立监事会并且员工人数超过一定数量的企业。

在中国，按照《公司法》的规定，国有独资公司和两个以上国有企业或两个以上国有投资主体设立的有限责任公司，由公司员工民主选举一定数量的员工参加董事会；所有公司的监事会都应由公司员工通过民主选举的方式产生一定数量的员工代表参加。《公司法》做出这样的规定，一方面是适应建立现代企业制度的需要，进一步拓宽企业科学和民主管理和决策的渠道；另一方面也是借鉴了西方工业发达国家的成功经验。实行员工董事和监事制度，使员工参加公司高层管理、决策和民主监督，体现了员工作为企业劳动关系中主体一方应享有的权利，同时也是完善中国企业员工参与管理制度的重要形式和途径。

8.4.3　员工持股计划

员工持股计划（employee stock ownership plan，ESOP）就是企业员工通过投资购买、贷款购买或红利转化等方式拥有企业全部或部分股票，以劳动者和所有者双重身份参与企业生产经营管理的制度，是一种既能满足企业的融资需求又能实现职工与企业利益高度一致的新型企业财务组织形式。

员工持股计划最早由美国经济学家和律师路易斯·凯尔索提出。他认为，人具有通过劳动和资本获得收入的基本权利（1958）。据此，凯尔索及其追随者设计了一套使企业每个员工既能获得劳动收入又能获得资本收入的计划。其基本内容是：在企业内部或外部设立专门机构（员工持股会或员工持股信托基金），这种机构通过借贷方式形成购股基金，然后帮助职工购买并取得本企业的股票，进而使本企业员工从中分得一定比例、一定数额的股票红利，同时也通过员工持股制度调动员工参与企业经营的积极性并形成对企业经营者的有效约束。职工持股制度从20世纪50年代中期开始出现，之后，在西方国家特别是美国和日本普遍推行，已成为企业中一个重要的制度。

8.4.4　其他实现形式

员工参与管理可以采用多种形式和管理模式，除了以上几种外，企业还可以采用其他的一些形式和管理模式。以下介绍几种较有代表性的参与形式：

1）集体谈判制度

集体谈判制是西方国家劳动关系管理中最为重要的制度，也是企业员工通过工会组织参与管理的一种较为盛行且有效的传统方式。美国自从1935年颁布《瓦格纳法》以后，工会便有了代表工会会员和雇主就工资工时和其他雇佣条件进行谈判和签订合同的权利。经过几十年的发展演变，美国的集体谈判制日益灵活多样，谈判的内容更加广泛，近年来已涉及因技术改造所引起的工厂迁移、健康安全乃至生产率方面的问题。

一般说来，美国集体谈判制主要包括以下几方面内容：（1）企业财务，包括工资占企业开支的比例，退休金开支管理，福利基金的提留和管理等。（2）人事管理。这是一项重要议题，包括企业员工规模、雇工原则、晋升办法、工作调换、班次调换、临时解雇和复职的先后顺序、解职费用、工作考核和劳动纪律等。（3）生产政策，包括扩大和限制生产的政策等。（4）技术改造、生产定额、工作内容调整等。由于美国的劳资集体谈判通常2~3年才举行一次，中间间隔较长，因而不利于工会对日常出现的问题做出及时反应。

目前，在西方国家企业集体谈判中存在两种趋势：从集体谈判的范围和层次上看，许多西方国家已从全国或产业一级的集体谈判趋向于企业（公司）一级的集体谈判；从集体谈判的内容上看，过去许多西方国家企业集体谈判的内容只限于工资和劳动条件，现在集体谈判的内容范围扩大了，包括人事、企业及企业搬迁等。

2）质量圈

质量圈就是一种团队协作参与类型。质量圈是由一组员工和监管者组成的共同承担责任的一个工作群体。他们定期会面，通常一周一次，讨论技术问题，探讨问题的原因，提出解决建议以及实施解决措施。他们承担着解决质量问题的责任，对工作进行反馈并对反馈进行评价，但管理层一般保留建议方案实施与否的最终决定权。员工并不一定具有分析和解决质量问题的能力，因此，质量圈还包含了为参与的员工进行质量测定与分析的策略和技巧、群体沟通的技巧等方面的培训。通过参加质量圈计划，员工能够在提供建议和解决问题的过程中获得心理满足，这有助于增进劳资双方的沟通，缓和双方的矛盾，是一种提高企业生产效率的重要手段。

3）合理化建议制度

合理化建议制也是许多企业所采取的吸收员工参与管理的一种形式。它由美国伊斯曼·柯达公司在1898年首创。这一制度的核心在于动员企业员工在提高管理水平、优化产品设计、改进工艺流程、降低产品成本、提高产品质量、开拓产品市场、为企业树立良好形象等方面献计献策。据计算，在实行员工建议制的企业里，企业在奖励员工方面的支出与其收益之比为1：50，因此，很多企业都相继采用这一管理方式。

企业开展合理化建议活动在中国已经有数十年的历史了。这一员工参与管理模式具有范围广、投资少、见效快等优点，因而受到了广大企业的欢迎。

目前，合理化建议活动又获得了新的发展，其基本发展趋势如下：制度建设越来越健全，许多企业是由行政或工会的负责人专门负责这项工作；提高管理效能、消化和应用先进技术已成为工作重点，合理化建议有奖征集已经成为一种风靡于企业内部的时尚活动；奖励的标准已经有了很大突破，超过了1986年国务院发布的《合理化建议和技术改进奖励条例》的规定，且超过的幅度有逐步增大的趋势。另外，开展合理化建议活动已经被许多企业应用到招聘工作中去了，许多企业（或公司）的招聘试题中都出现了给该企业提出一条合理化建议的题目，而且这一做法也有逐步流行的趋势。

4）员工自主经营模式

员工自主经营是一种员工与组织目标高度融合的策略。在共同的价值观下，将企业经营模块合理划分为小的经营单元，与市场直接联系进行独立的价值评价和核算，并赋予经营单元内的员工以决策自主权，使其对绩效结果承担共同的责任，能够决定经营单元内部的任务分配与工作计划安排，从而引导员工行为，充分发挥员工的主观能动性，实现“全员参与经营，全员主导经营”。

“互联网+”时代改变了人与组织的关系，改变了人与组织的力量对比。个体借助于组织平台，其价值创造能量和效能被极度放大。组织的话语权在过去是自上而下并且单一的，但在“互联网+”时代是分散的，谁最接近客户，谁最接近企业价值最终变现的环节，谁就拥有话语权，谁就可能成为组织的核心。海尔提出的自主经营模式，就是员工自主化经营的具体体现。

8.5 中国企业的员工参与管理

员工参与管理在西方起步较早，已经发展得较为完善。相比而言，中国无论是起步还是现实发展水平都明显落后于西方，而且还存在许多问题。针对这些问题，中国企业需要借鉴成功的经验，采取一些措施加以解决。

8.5.1 中国企业员工参与管理的现状及问题

在西方发达国家，企业实行员工参与管理制度已经成为一种普遍现象，而且相关的管理类型和管理方法也已经发展得比较完善。在中国，实施员工参与管理起步比较晚，同时由于存在公有制和非公有制两种性质的企业类型，员工参与管理的水平也不尽相同。

在公有制企业中，又以国有企业或国有控股企业为主，由于其特殊的全民所有制的企业性质，在其内部一直存在着职工民主管理的机构——职工代表大会和工会，比较早地开始实施员工参与管理制度。但是，从实践上来看，公有制企业的员工参与管理的实施效果一直都不是很好，职代会和工会在保障职工行使自己的民主权利方面做得很不到位，甚至成为一种摆设。在一些企业中，工会只是为广大职工提供娱乐和福利的机构，根本没能发挥好自己应该发挥的作用。由此，员工参与管理也成为一种形式，并不能被纳入到企业的管理体系中去。

随着中国经济国际化程度的不断提高，国外优秀企业不断涌进中国，国有企业受到了前所未有的冲击和挑战。这迫使它不断进行改革，其中就包括对员工参与管理制度的改革。从近些年改革的具体情况来看，其中还存在一些问题，主要是领导层还不够重视，使之流于形式的现象还是存在。但是，国有企业拥有民主管理的优秀传统，同时有着完整的组织机构、具备相当的企业规模和存在民主管理机构——职代会和工会等相对优势，这些将有助于在其内部实施员工参与管理制度，充分发掘员工的潜力为企业创造价值。

相对于公有制企业，中国的非公有制企业员工参与管理的问题比较多，其中又以民营企业为主。这主要表现为民营企业的家族制管理色彩比较浓，没有员工参与管理的相应组织或机制。国有企业职工参与管理有一个全民所有制企业职工代表大会条例，而非公有制企业职工参与民主管理没有法律依据。尽管《宪法》已经规定：人民依照法律规定，通过各种途径和形式管理国家事务，管理经济和文化事业，管理社会事务。但与之相配套的一些法规，中国仍然很不健全，从1986年国家颁布了《全民所有制工业企业职工代表大会条例》以来，具体规范企业职工参与管理的法律几乎没有。1992年颁布的《工会法》虽然也重申了职工享有“参与管理国家事务、管理经济和文化事业、管理社会事务”的权利（第五条）以及参加职代会，行使民主管理的权利，但也仅限于全民所有制企业。也正是这样的规定在人们心中造成了一个误区，即职工参与管理、企业召开职工代表大会仅适用于全民所有制企业，也就是说只有全民所有制企业的职工才享有法律赋予的这种权利。很多民营企业的经营者就以“我们不是全民所有制企业”拒绝职工代表大会，拒绝职工参与管理的体制。这种拒绝实际上是一种剥夺，它剥夺了宪法赋予广大职工参与管理的权利。

部分民营企业中没有员工参与管理的相应机制。私营企业工会组建率虽然有所上升，但发展速度较慢。其管理和决策权力高度集中，没有让员工参与企业管理的意识和平台。

8.5.2 有效实施员工参与管理的思考

员工参与管理工作的目的是企业更好地发展，在这个前提下组织和动员员工支持经营管理者依法正确行使职权，是企业的经营管理者与员工双方的责任。员工参与管理不是争权，而是与经营管理者各自依法行使权力，互相配合、相互制约、相得益彰，使企业持续发展，从而使企业经营者和员工能够双赢。在进行员工参与管理实践中应该本着实事求是的态度，把员工参与管理落到实处。参照国内外员工参与管理的相关理论和实践，中国企业推行员工参与管理应着重在以下几方面进行落实：

1）转变经营理念和管理思想

首先，企业经营者应该端正对员工参与管理的认识。员工参与管理不等于企业管理、决策和领导权力的丧失或权威的降低，适度的分权更有利于管理思想和企业管理规章制度的贯彻和落实。其次，企业经营者应该辩证看待和灵活处理员工参与管理。员工参与管理不等于完全听命于员工。领导应从企业利益出发对员工建议进行科学、合理的取舍，同时采取积极反馈等措施，保证员工参与管理的积极性。对员工参与管理制度不成熟而带来的负面影响，应通过严密的制度和积极的宣传加以规避，而不应以偏概全，因少数负面影响而完全否定员工参与管理的意义。最后，企业经营者要有科学合理的授权意识。管理者的授权意愿影响着员工参与管理的深度和广度。员工参与管理就要求管理者切实授权，使员工参与到与他们工作息息相关的管理工作中去，增进他们对自身工作重要性的理解，增强责任感和工作动力，感受到自身的价值和能力，从而保证各项工作的顺利实施。

企业经营者应该根据企业需要，积极引导员工参与企业的管理与决策。员工参与管理意识具有一定的自发性，但要保证员工参与管理的有效性，就必须在日常工作中注重向员工充分、及时、有效地传达企业内外部有关信息，注重对员工进行适当引导，让其知晓和明确企业面临的市场形势、自身的工作目标及工作重点，使其提高参与管理的明确感。

2）设定科学合理的组织目标

参与的员工对所要解决的问题应有充分的了解，也就是说要意识到决策对于个人的重要意义，然后提出的意见方能中肯。员工有参与的知识和能力，同时对自觉讨论的问题有所贡献，如果讨论的问题超过了员工的知识掌握程度，易使员工感到不切实际，产生挫折感。参与讨论的主题应与员工的工作和生活有关，使讨论的结果可增进积极的目标，从而提高参与的动机。

员工参与管理要求企业的员工带有一种主人翁的意识和精神从事工作。企业员工职能分工不同，工作岗位不同，但都要为实现企业的组织目标而共同努力。组织目标的建立，要使每一位员工有明确的工作目标，要强化员工个人的积极性、责任心和介入感，使他们怀着充分的热情参与到企业的经营与管理活动中。而这种目标的设立过程必须有员工的参与，才能达到良好的效果。

3）构建积极的员工培训体系，提高员工的个人素质

要想实施员工参与管理，必须重视员工培训。企业应该重视员工培训，提高员工参与的知识水平和能力，为员工参与管理提供智力支持。在知识经济条件下，企业将成为以知识和人才管理为主的学习型组织，知识是唯一在使用过程中不被消耗，可以通过创新而不断增值，能为企业和全社会共享的资源。

员工参与管理不仅仅需要强烈的参与意识，更需要具备一定的参与能力和相应的知识水平。研究表明企业是否重视培训及培训效果的好坏与员工参与管理的效果有着直接的联系。为促进员工参与管理有效性的提高，企业应注重结合发展实际，对员工进行与其岗位相关的技能培训和能力锻炼，提高其参与管理的意识和能力，增强其参与管理经验的积累，促使其更有效地参与企业管理。企业的最高管理者必须重视员工的教育和培训工作，使员工在逐步学会多种工作知识的同时，也增强其对工作间相互依赖关系的认识；通过员工参与一些活动，在实践中培训、强化其逻辑推理和确定问题的能力，对因果关系做出评价，制订解决问题的可行方案，并分析方案和选定最终的解决办法，从而提高员工参与的知识水平和能力。

4）构建科学的薪酬与绩效管理体系

员工参与管理必须要有相应的激励制度作保障。员工参与企业管理与决策，为企业贡献了智力，企业应该为员工提供一种与其相匹配的报酬体系。尽管员工参与管理的经历会使员工获得内在报酬，如拥有受重视、被尊重的体验，获得自我价值

感和自我实现感，但组织仍应为员工提供额外报酬作为激励，如加薪、提升职位等。当充分考虑以上因素时，组织决策才能够有更多的员工参与进来，实现更加广泛和深入的员工参与管理。薪酬与绩效是企业对员工参与管理过程做出决策的认可和肯定，如果光有付出而没有回报，只会挫伤员工参与管理的积极性。而基于技能的薪酬与绩效付酬方式是适合实施员工参与管理的企业的一种薪酬体系。

5）培养员工的团队合作精神与主人翁意识

培养团队精神，加强团队建设，凝聚员工参与管理的力量。努力实现团队一体化，对整个系统进行优化，其涉及企业的整个环境。从一线员工到领导、技术人员、管理人员，都应视彼此为团体的一分子，思想和行为都归属于同一团体，而不是优化各自的一小部分，通过相互合作，关心团队，共同努力来不断实现企业的目标和愿景。企业应该加强员工团队精神的培养，创造员工参与管理的氛围，吸引员工进行自主参与。

积极培养员工的主人翁意识。主人翁意识是员工参与管理的基本前提，员工只有对企业具有主人翁意识才可能积极地关注企业，进而主动地参与到管理的过程中。主人翁意识是一种创造性的精神，它要求员工运用自己的判断，去解决组织所面临的困难和问题，用自己的自信心、自豪感所激发的巨大热情去创造奇迹。企业应努力地帮助员工培养其主人翁意识，帮助员工全方位了解企业，帮助员工了解竞争对手，让其积极配合企业政策的制定，并且赋予员工一定的权力，帮助员工建立责任感，积极培育员工的参与管理的氛围。一个企业从某种程度上说就是一个“大家庭”，每位员工都是这个“大家庭”中的一员。这样的“大家庭”氛围能增强员工的归属感，使员工对“当家做主”有切身的体会，从而激发出巨大的热情和干劲。

6）创造无障碍的沟通环境

要有效地实施员工参与管理，组织内部的沟通系统必须畅通无阻，领导和员工之间要做到充分沟通。要想使参与管理产生最大效益，企业应对参与决策的员工加以教育，使其了解参与管理在整个组织内的作用，以避免实施时因观念错误而产生的误差。通过有效的沟通交流，可以从心灵上挖掘员工的内驱力，同时也缩短了员工与管理者之间的距离，有利于各项工作的顺利开展。管理层与员工沟通和融合得越好，员工参与管理的效果就越好。沟通是双向的，员工的参与必须要有相关领导的反馈信息。应该通过沟通，创造无障碍的员工参与管理环境，使员工的参与能量发挥到极点。

7）采取灵活多样的员工参与管理形式

员工参与管理的形式多种多样，有其深度和广度的差异，企业应结合实际，选择适合自身企业特点的参与管理形式，以达到增强员工工作自主性、提高员工工作积极性及组织效率、提升企业综合竞争力的目的。中国企业应该努力借鉴国内外员工参与企业管理的有益形式，立足于企业本身，根据自身特点和具体实际探索适于本企业的员工参与管理途径。民营企业员工参与管理除职代会这一有中国特色的参与管理形式之外，企业员工参与管理需要从企业自身情况出发，总结实践经验，借鉴国内外的成功经验，采取灵活多样的员工参与管理形式：企业可以从员工的知情权入手，通过建议、协商、监督直至共决，积极探索有益于民营企业自身发展的员工参与管理的形式。例如，在企业中加强上下级之间的沟通，合理授权，加强团队协作，以及通过员工董事/监事制度、员工持股制度、劳资协商制度和员工委员会或工会制度等进行不同层次、不同深度的员工参与管理。

● 个案分析

当1987年霍华德·舒尔茨收购星巴克（Starbucks）时，星巴克只有11家店，现在它在世界各地拥有数千家店，几万名员工，在咖啡行业占据垄断地位。

1999年，星巴克在北京开设了中国内地的第一家店，目前，它在中国已拥有约3 700家门店，中国目前是星巴克在全球的第二大市场。舒尔茨深知，公司的成功取决于优质的客户服务，而只有受到培训和激励、负责任的员工才能创造这样的服务。在星巴克，所有员工都被称为“合伙人”，1991年星巴克开始实行有限购股权，1995年又实行了股票购买计划。员工持股计划使员工站在与经营者同样的立场和高度，真正成为企业的合伙人。此外，公司还有健康保险、职业咨询、带薪假期等福利。

星巴克的员工层级是通过围裙的颜色来表明的。前台的员工不叫“店员”，也不叫“服务员”，而是称为“咖啡师”。咖啡师穿着不同颜色的围裙为客户服务。绿围裙代表Rank 1（初级），绿色是最普通的基础色，也是星巴克的标志色，所有员工都可以把星巴克的品牌标志色穿在身上。如果员工曾参过军或者是从星巴克的职业发展培训机构“星巴克大学”毕业，那么绿围裙就会多出特殊的刺绣。黑围裙代表Rank 2（进阶），是身份象征，员工需要学习很多关于咖啡的专业知识，熟悉各种咖啡产地，理解咖啡豆的风味和背后的故事，还要知道如何向客户传授这些咖啡的文化和知识，通过公司每年一次的等级考试才能得到黑围裙。穿黑围裙的人被称为“咖啡大师”。黑围裙上会绣上员工的名字。咖啡色围裙代表Rank 3（高级）。星巴克每两年举行一次比赛，比赛项目包括拉花、咖啡品尝、创意饮料、盲品、专业知识考核等，从该比赛中胜出者才能获得咖啡色围裙。这个比赛是全球性的，各个大区分别派代表去参加，所以每年每个大区往往只能获得几个咖啡色围裙，而且这个围裙的有效期只有2年。紫围裙代表Rank 4（特殊高级），紫围裙非常稀有，员工需要参加EMEA咖啡师锦标赛，并在锦标赛中胜出，EMEA是Europe，Middle East，and Africa的简称，也就是“欧洲、中东与非洲”。可见，星巴克把员工晋级制度变成了激励手段，在这个过程中，员工参与学习，获得成长，实现晋级和工资增长，公司则通过工作丰富化（job enrichment）提高了员工对工作的兴趣和自豪感。

星巴克还重视创造一种开放型、参与型的公司文化。通过培训、交流使员工及时了解每项提议和决策的内容和意义，产生浓厚的兴趣并积极参与其中。公司还根据行业和企业的变化调整员工的参与程度，为此公司设计了多种沟通渠道。公司内部有各种会议，让员工为企业经营管理出谋划策，交流思想，每季度定期召开一次公开讨论会，向员工介绍上季度的业绩、新产品、新店铺等公司最新动向，然后由经理人员回答员工的提问，场面如同股东大会。这样的讨论使管理人员和员工可以充分交换意见，形成良好的工作氛围，成为公司成长的动力。

员工参与管理和决策，使星巴克不仅吸引到许多优秀人才，而且保持着非常低的离职率，公司的股票自1992年上市后价格已翻了两番多。

资料来源 根据有关资料编写。

问题：

1. 试总结星巴克提高员工参与度的做法的特点。

2. 员工持股计划和参与管理给该企业带来了哪些益处？

● 本章小结

员工参与管理是企业劳动合作的主要表现形式，也是员工参与企业民主管理的主要途径。员工参与管理对于员工和企业都是非常重要和有益的，一方面可以保证员工的合法权益，同时体现出他们的主人翁地位；另一方面，对于企业来说，可以最大限度地激发员工的潜能，从而为企业创造更大的效益。因此，实施员工参与管理是一种双赢之举。

员工参与管理是指在不同程度上让员工参加组织的决策过程及各级管理工作，让员工与企业的高层管理者进行有效沟通，参与研究和讨论组织中的重大问题，使他们感到上级主管的信任，感到自己的利益与组织发展密切相关从而产生强烈的责任感；同时，参与管理为员工提供了一个得到别人重视的机会，从而给人一种成就感。员工因为能够参与商讨与自己有关的问题而受到激励。参与管理既对个人产生激励，又为组织目标的实现提供了保证。由此可见，员工参与管理带有强烈的经济性，是一种企业的经济行为。

员工参与管理可以按照员工个人素质的不同和公司岗位的具体需求不同，分为平行建议参与、工作参与和高等参与三个层次。不同的层次对于员工个人素质有着不同的要求，员工可以通过参加企业培训和自我学习，提高自身的素质，从而使自己能够逐渐参与更高层次的管理。由此可见，员工参与管理受员工个人素质的影响。另外，企业领导者素质、企业文化、组织结构和制度、企业的薪酬体系与奖励制度、企业的发展阶段和规模等因素，也影响着员工参与管理的实施和效果。

员工参与管理是企业管理系统的重要组成部分，可以通过多种途径和形式得以实现。概括起来，其主要有以下形式：职工代表大会制度、代表参与制、员工持股计划、集体谈判等。企业实施员工参与管理，可根据自身的实际情况采用其中的某一种或多种形式结合起来实施。

员工参与管理在西方起步比较早，而且已经发展得非常完善了。相比而言，中国无论是起步还是现实发展水平都明显落后于西方，而且还存在许多问题。针对这些问题，中国企业需要借鉴成功的经验，采取一些措施加以解决。

● 关键概念

员工参与管理　行为科学管理理论　经济民主理论　人民资本主义与二元经济论　平行建议参与　工作参与　高等参与　员工民主管理　员工介入管理　代表参与制　员工持股计划　集体谈判制度　质量圈　合理化建议制

● 课堂讨论题

1.结合本章的内容，谈谈对员工参与管理概念的理解。

2.讨论员工参与管理与人力资源管理的关系。

3.联系实际，谈谈中国的企业应采用什么样的员工参与管理形式。

4.对比发达国家企业的实践，讨论员工参与管理对于中国企业的作用和意义。

● 复习思考题

1.简述员工参与管理的含义、性质、作用和意义。

2.员工参与管理的代表性理论有哪些？

3.试述员工参与管理的内容，并简要阐述员工参与管理与员工民主管理、员工介入管理之间的关系。

4.简要分析员工参与管理的影响因素。

5.员工参与管理的实现途径和形式有哪些？

6.结合实际，简要分析员工参与管理的现状及问题，并分析一下有效实施员工参与管理的具体措施。

● 自测题

1.员工参与管理主要表现为一种（　　）。

A.经济性行为　　B.政治性行为　　C.团体行为　　D.企业行为

2.（　　）是员工参与管理的代表性理论。

A.行为科学理论　　B.经济民主理论

C.人民资本主义与二元经济论　　D.人际关系理论

E.人类需要层次论

3.平行建议参与管理的相应管理形式有（　　）。

A.质量圈　　B.合理化建议

C.员工持股计划　　D.员工董事和监事制度

4.勒温将领导者的风格划分为________、________和________。

5.员工参与管理的实现途径和形式主要有（　　）。

A.职工代表大会制度　　B.代表参与制

C.员工持股计划　　D.集体谈判

E.质量圈

6.实施共决制的典范是（　　）。

A.英国　　B.美国　　C.法国　　D.德国

7.员工持股计划最早是美国经济学家和律师________提出的。

8.合理化建议制是由（　　）在1898年首创。

A.伊斯曼·柯达公司　　B.通用电气公司

C.福特汽车公司　　D.丰田公司

9.中国企业推行职工持股计划具有代表性的模式主要有________、________和________。

第9章 /集体谈判与集体协议

引导案例

“有了工会，有了集体协商，现在与老板面对面坐在谈判桌前，相比之前一对一地跟老板谈工资，感觉权利更有了保障。”2016年8月12日，在北京西城普天德胜科技园区，27岁的程序员张腾说。他的“东家”——91金融信息服务（北京）有限公司（以下简称91金融公司）是一家互联网金融公司，属于P2P企业。2016年该公司开展了首次工资集体协商，作为职工代表之一的张腾参与其中，对工会的作用有了新认识。

“刚开始对工会、对集体协商认识确实不足。”80后老板许泽玮坦言。91金融公司成立于2011年，目前拥有200多名员工，平均年龄29岁，学历普遍较高。该公司一直将人才视为公司的最大财富，这几年，随着公司效益的增长，员工工资每年都有20%～30%的增幅，干到一定年限还可持股，2016年上半年，员工平均月工资过万元。

互联网企业，人员素质高，工资年年涨，这样的民营企业，还需要开展集体协商吗？在许泽玮和员工们疑惑的目光中，西城区德胜街道总工会指导该公司成立了工会，并选出工会委员会。随后，员工代表和公司行政方开展了首次工资集体协商。

在公司工会主席施健看来，集体协商让员工表达工资诉求的渠道更通畅，双方协商的方式更规范。“比如，以前每到年底公司会询问员工对下一年工资水平的期望，据此制定预算，但这大部分还是行政方面的行为。开展集体协商后，员工有了更多表达诉求的机会。”相比员工个人同老板谈工资，集体协商减少了劳动关系双方之间的摩擦，也让员工更有底气，这是采访中多位员工的观点。

此次集体协商的成果是签订了3份文件：公司集体合同、女职工特殊权益保护专项集体合同、集体协商工资协议书，进一步保障了员工各方面的合法权益，并约定了最低工资标准。

资料来源　陈晓燕. 工资集体协商在这家P2P企业落了户［N］. 工人日报，2016-08-18.

学习目标

集体谈判是市场经济国家劳动关系制度的核心，对于促进劳动关系和谐稳定，维护改革、发展、稳定局面都具有重要意义。本章旨在阐明集体谈判的概念、主体、结构、主要内容和程序；了解和熟悉集体谈判的国际和国内立法；掌握集体协议的概念、内容以及订立、履行、变更和终止的程序等。

9.1 集体谈判概述

作为调整劳动关系的重要劳动法律制度，集体谈判在西方国家已有上百年的历史。实践表明，集体谈判在维护劳工权益、稳定劳资关系、促进企业发展方面具有重要作用。正因如此，它成为市场经济国家普遍施行的劳动法律制度。

9.1.1 集体谈判的含义及作用

1）集体谈判的含义

集体谈判是指雇主和工会之间针对工作报酬、工作时间及其他雇佣条件，在适当时间以坦诚的态度所进行的协商和交涉。在谈判的过程中，一方可以向对方就履行义务、协议情况提出质询，对方有义务回答，但任何一方不得强迫对方同意或终止协议。

"集体谈判"这一概念，有别于单个雇员为自己的利益而与雇主进行的谈判。集体谈判是工会代表雇员，为了维护全体雇员利益而进行的谈判，其目的是签订集体协议，规范双方的权利、义务关系，解决工作场所中所共同关注的问题。集体谈判的过程，也是双方力量对比、相互较量的过程。它需要谋略、运气和能力，需要谈判者具有高超的谈判技巧和强大的影响力，需要双方拥有足够抗击对方的压制、迫使对方接受某些条款的谈判力量，也需要双方的理智和成熟，能为了共同的利益来协调具体利益的冲突。因而对集体谈判的描述也是多种多样的，有时它意味着温和、友好、平等地相互协商，有时也意味着相互猜疑、相互施压和威胁，非常艰难地达成协议的过程。

2）集体谈判的作用

集体谈判是市场经济国家劳动关系制度的核心，它不仅规定了劳动者的工资福利水平，而且确立了以集体协议的方式调整劳动关系的正式规则。集体谈判也是解决冲突的一种有效途径，它能有效地促使双方互相让步，签订协议，从而大大降低怠工、辞职等冲突的产生。集体谈判使劳资冲突的解决得以规范化，它是市场经济国家规范和调整劳动关系十分奏效的基本手段和主要方法，也是现代工业社会劳动者应当拥有的一项权利。①

（1）集体谈判是协调、稳定劳动关系和维护正常的生产、经营和工作秩序的重要保证。职工集体因劳动报酬、工作时间、休息休假、劳动安全卫生、保险福利等事宜与用人单位的劳动关系紧张时，将使生产、经营和工作无法顺利进行。实行集体谈判制度，可以及时反映全体职工的意见和要求，争取用人单位的理解、支持，并满足职工的合理要求，从而化解矛盾，协调、稳定双方的劳动关系，维护正常的生产、经营、工作秩序，促进生产发展，保障工作顺利进行。

（2）集体谈判是维护职工合法权益不可缺少的、重要的手段。由于种种原因，用人单位侵犯职工合法权益的事情时有发生，职工个人固然可以采取各种方式，通过各种途径维护自己的合法权益，但是由于职工个人在用人单位中处于弱势，自己的合法权益，特别是带有普遍性的共同利益有时得不到应有的保护。因此，职工联合起来，通过工会或以全体职工的名义与用人单位交涉，即以集体协商方式要求用人单位满足职工的合法权益是势在必行的。因此，集体协商是职工联合起来，团结

① 程延园．劳动关系［M］．北京：中国人民大学出版社，2002．

一致，维护职工合法权益不可缺少的重要手段。

（3）集体谈判是保障社会稳定的重要方法。社会稳定是保证改革顺利进行和经济发展的必要条件。保障社会稳定的关键，在于保持各单位的安定。在劳动过程中，职工集体与用人单位因劳动问题发生矛盾的情况时有发生。如果不及时解决或处理不得当，将引发社会问题，影响社会安定。实行集体谈判制度，建立起用人单位与工会或职工代表的联系，把集体劳动问题在本单位内部予以解决，不仅有利于本单位生产运作的有序进行，而且有利于社会安定。因此，集体谈判是保障社会安定的重要方法。

9.1.2　集体谈判的特征和原则

作为市场经济国家调整劳资双方劳动关系的法律制度，集体谈判有利于促进劳资关系和谐稳定、促进企业生产发展和经济效益的提高。与员工个体同资方的谈判相比，集体谈判具有鲜明的特征，具体表现在以下几个方面：[①]

1）主体的双边性

“谈判”，是指两个或两个以上复杂的社会单位试图说明或再说明它们相互依赖的条件的相互作用。集体谈判的双方主体具有特定性，即雇主和工会，不存在第三方主体的问题，谈判只是一种双边主体之间的交涉和磋商活动。通常情况下，政府的作用仅限于通过必要的立法，提供信息和仲裁服务、制定最低劳动标准等，来规范集体谈判，促进企业劳动关系的有序发展。

2）内容的限定性

集体谈判的内容并不涵盖企业内部所有的问题。一般来说，集体谈判主要涉及员工的工资、福利、录用标准、资历、解雇条件、劳动条件等与劳动关系密切相关的问题。

3）过程的复杂性

集体谈判的过程，是劳资双方力量对比、相互较量的过程。双方力量的对比与变化，影响着集体谈判的进程。谈判过程对劳资双方来说是艰难的，甚至会多次出现僵局，集体协议往往是双方利益妥协的结果。

集体谈判的目的是化解劳资双方的分歧和冲突，协调劳动关系。劳资双方要通过集体谈判达到“双赢”的目的，需要遵循以下几个基本原则：（1）合法原则，是指集体谈判的范围、劳动标准、谈判程序必须符合本国法律和法规的有关规定。（2）多数原则，即工会的组建、罢工的举行要征得大多数工人的同意。（3）排他原则，即单一的工会应当独立代表特定工作场所中的所有工人，享有排他的“代理权”。（4）自愿原则，即鼓励工会和雇主在政府保持最低程度干预的前提下，通过“自由的集体谈判”，自愿解决双方的分歧和冲突，达到双方都满意的结果。

---

① 王君南，陈微波．劳动关系与社会保险［M］．济南：山东人民出版社，2004.

9.1.3 集体谈判的国际公约及国内立法

国际劳工组织通过了一系列有关集体谈判的国际劳工公约和建议书，主要包括：1948年的《结社自由与保护组织权利公约》（第87号）、1949年的《组织权利和集体谈判权利公约》（第98号）、1971年的《工人代表公约》（第135号）、1981年的《促进集体谈判公约》（154号）。此外，还有关于公共事业雇员和乡村工人开展集体谈判的特别公约和建议书。其中，98号公约作为集体谈判的基本人权公约，其目的是保护劳动者行使组织权利，防止工人组织和雇主组织之间的互相干涉，鼓励自愿性的集体谈判。其核心条款有两条：第一条是保护结社自由，规定不得将要求劳动者加入或放弃工会会籍作为雇佣的条件，工人不得因开展工会活动而受到解雇等歧视性对待；第二条是鼓励集体谈判，规定在必要时鼓励和推动使用集体谈判程序确定就业条款和条件。①

我国在计划经济体制时期不存在集体谈判制度。1994年颁布的《劳动法》对实行集体协商和签订集体合同做出了明确规定，保护工人的组织权利和实行集体谈判都有了法律依据。我国在实践中也在积极推动企业平等协商和签订集体合同，但仍存在两个问题：一是我国对工人组织权利的保护以全国总工会为基本框架，这与87号公约和98号公约规定的多元化工会，即不受任何限制地组织工会是根本不同的；二是关于集体谈判制度，目前还处于探索阶段，作为一种成熟的做法加以推广，还需时间。鉴于此，我国劳动和社会保障部颁布的《集体合同规定》于2004年5月1日正式生效，对各行业及企业建立完善的集体谈判制度具有重要的指导意义。为了推动《集体合同规定》的实施，同年5月14日，劳动和社会保障部、中华全国总工会、中国企业联合会和中国企业家协会联合颁布《关于贯彻实施〈集体合同规定〉的通知》，强调了开展集体协商签订集体合同工作的重要性。该通知指出，建立完善的集体谈判和集体合同制度，不仅是建立现代企业制度、调整企业劳动关系的内在要求，也是实现我国适应社会主义市场经济发展要求的劳动关系调整体制目标的重要举措。

此外，《工会法》第六条规定："工会通过平等协商和集体合同制度，协调劳动关系，维护企业员工劳动权益。"第二十条规定："工会代表职工与企业以及实行企业化管理的事业单位进行平等协商，签订集体合同。""工会签订集体合同，上级工会应当给予支持和帮助。"

2007年6月29日颁布实施的《中华人民共和国劳动合同法》第六条规定："工会应当帮助、指导劳动者与用人单位依法订立和履行劳动合同，并与用人单位建立集体协商机制，维护劳动者的合法权益。"第五十一条规定："企业员工一方与用人单位通过平等协商，可以就劳动报酬、工作时间、休息休假、劳动安全卫生、保险福利等事项订立集体合同。""集体合同由工会代表企业员工一方与用

---

① 王君南，陈微波．劳动关系与社会保险［M］．济南：山东人民出版社，2004.

人单位订立；尚未建立工会的用人单位，由上级工会指导劳动者推举的代表与用人单位订立。”

随着我国相关法律、法规的完善和健全，集体谈判必将成为中国特色社会主义市场经济劳动关系制度的核心，对于促进劳动关系和谐稳定，调动广大职工的积极性、创造性，促进企业生产发展和经济效益的提高，维护改革、发展、稳定局面，都具有重要意义。

9.1.4　中国正在经历的集体谈判

经过了十几年的发展，中国已经建立起了一个劳动力市场的网络，包括横向的和纵向的。中国政府显然是要以集体的方式来处理劳动关系问题。在一些国家，个性化的雇佣方式是被鼓励的，但是在中国，单个雇主的谈判一般应用在外企、跨国公司和国企，而以地域为基础的行业性集体谈判则被鼓励用在产业集群的中小型本地企业上。新型的集体谈判实践对工资和其他劳动条件的问题都有实质性的影响力。集体谈判的结果在某种程度上反映了工人的偏好，也体现出雇主方的一定让步和妥协。之所以有这样的结果是因为对雇主、工会和党政机关而言，他们都意识到了现实的或潜在的工人集体行动的风险。

中华全国总工会在整个过程中扮演着有效的制度建立者、谈话参与者和第三方调解者的角色。中华全国总工会通过与政府的接近而获得的特权，使它能对雇主施压，让雇主做出让步并签订集体合同。集体谈判正在发展，工会利用国家权力去提升了工资和雇佣条件，这背后则是政府减少不公平和促进消费的宏观经济目标，它的政策性目标就是构建和谐社会。

地方工会现在已经越发依赖工人自己的谈判力来增强自己对雇主和政府的影响力。在企业中增强自己影响力的同时，上级工会也谨慎地试用着选举出的代表，希望能以此来增加这些程序在工人眼中的合法性。实际上，中国企业中最重要的劳动关系特点就是混合代表的治理。

中华全国总工会开展的扩大集体合同覆盖面的运动和提高企业劳动关系“制度密度”的运动与政府推行的“重新平衡”经济政策是完全相符的。这个运动应该会继续下去，因此混合代表的治理方式可能会在企业中普及。新生代工人正在采取更加激烈的集体行动，这挑战着官方劳动关系系统的边界。混合代表只是过渡到下一个阶段前的短暂过程，还是中国劳动关系可预见的未来里一个稳固的特色，这一切都还是个未知数。

9.2　集体谈判的主体、结构及内容

集体谈判是一个非常复杂的过程，谈判的成败将对劳资双方的利益产生重大影响，因此，正确认识集体谈判的主体和结构、掌握集体谈判的主要内容对劳资双方来说都具有重要意义。

9.2.1 集体谈判的主体

一般来说，集体谈判的主体是指谈判的双方，即资方和工会。西方国家一般通过立法解决谈判主体资格的承认问题。工会要取得法律认可的谈判资格，必须获得正式的承认。一般来说，工会可以通过两种途径获得承认，即自愿承认和法定承认。自愿承认是指工会与雇主在自愿协商的基础上达成承认共识；而法定承认则是由国家立法确定工会的承认。法定承认又包括两种情形，如果谈判单位中已经有多数雇员是工会会员，则工会可以自动获得承认，这是“自动路线”，否则必须通过正式选举，工会必须在选举中获得多数雇员支持才能被承认，这是“投票路线”。

例如在美国，工会承认必须通过授权选举，它包括三个阶段：申请、选举和授权。在申请阶段，雇员签署授权卡片，授权工会代表他们与雇主进行集体谈判。工会得到授权后，要求雇主承认其作为雇员的谈判代表。一般来说，大多数雇主会拒绝工会的承认请求，从而迫使工会向国家劳资关系委员会（National Labor Relations Board，NLRB）申请举行授权选举。选举阶段包括以下三个步骤：第一步，NLRB举行代表听证会，确定谈判单位。第二步，工会与雇主举行一系列选举活动。在各方同意选举后的七天内，雇主有义务向工会提供雇员的姓名、地址和电话号码，以便工会能够开展选举活动。多数工会的组织活动是在雇员的非工作时间和非工作场所进行的。第三步，授权选举。选举通常在企业所在地进行，NLRB要求工会和雇主提供选举观察员以确保投票者是获批准的谈判单位的成员。选举结束，公布结果。只要NLRB未发现违规行为，获得多数票的一方即赢得选举。如果雇主赢得多数选票，则授权未获得承认，企业继续在没有工会的条件下运行；如果工会获胜，则授权获得承认，雇员必须接受工会作为雇员集体谈判的代理人；如果NLRB发现有证据表明雇主在选举期间有明显的不当行为，它可以签发“谈判命令”，强制要求雇主与工会进行集体谈判。

一般而言，大多数工人都可以由工会代表他们进行谈判，但拥有一定权利的管理方雇员、掌握雇主谈判机密的雇员、某些特殊职业或行业的雇员，如医生、律师、工程师以及佣人等一般不能由工会代表他们参加集体谈判。

在我国，《劳动法》规定：“集体合同由工会代表职工与企业签订；没有建立工会的企业，由职工推举的代表与企业签订。”《集体合同规定》中对集体协商中职工一方代表的规定是：“职工一方的协商代表由本单位工会选派。未建立工会的，由本单位职工民主推荐，并经本单位半数以上职工同意。”可见，职工方进行集体谈判的主体可以是工会也可以是职工代表。

此外，谈判单位的确定也相当重要，它直接决定工会是否能够获得合法的承认，成为谈判主体。因此，谈判单位的宽窄，通常也是争论的根源。例如，工会可能在雇主的某一部门或某个公司获得了强大的支持，但在其他部门或公司，支持率可能很低。如果NLRB采用广泛的标准界定谈判单位，那么为了包括更广泛的雇员，工会获得成功的可能性就会受到影响。另外，如果谈判单位广泛包括了某些特殊雇员，如教授和保育员等，则可能由于内部利益差异较大，导致谈判单位内部的不稳定，降低达成和解的容易程度。

在美国，一个谈判单位可以是包括许多分厂的公司的全体雇员，也可以是单个工厂的所有雇员，或者是工厂内某部分雇员。如果雇主和工会同意，集体谈判单位可以是一个多雇主单位，也可以不是。国家劳资关系委员会通常是根据有关雇员的共同利益来决定谈判单位。国家劳资关系委员会把在工资、工时和工作条件方面有共同利益或相似利益的雇员组成一个谈判单位，还要考虑以下因素：有关雇员的集体谈判史；雇员的想法；组织内加入工会的雇员的多少。

为了确保雇员的自由，《美国国家劳资关系法》对谈判单位做了如下限制：第一，委员会不允许在一个谈判单位内同时包括专业雇员和非专业雇员，除非有关专业雇员的多数投票同意自己被包含在一个混合的谈判单位内。第二，委员会禁止让工厂的警卫人员和其他雇员出现在同一个谈判单位中。第三，主管人员在本法规的覆盖之外，不包括在谈判单位内，本法规所适用的“雇员”不包括主管人员。

9.2.2　集体谈判的结构

集体谈判的结构，是指处于不同层次、不同等级、不同类别的谈判单位的集中或分散程度，以及谈判单位间的内在联系。集体谈判可以在行业一级展开，也可以建立在企业这一级别上，可以是集中式的，也可以是分散式的。谈判结构影响着谈判结果，还影响着各方的经济力量，从而影响劳资力量的均衡。谈判结构取决于多种因素，主要包括主体因素、市场因素、历史因素、利益因素和国家政策因素等。总体而言，北美国家集体谈判结构比较分散，西欧国家集体谈判结构比较集中。就谈判主体而言，雇主多倾向于分散，分散有利于企业争取更大的活动空间，而工会则主张集中，集中有利于工人力量的凝聚和发挥产业行业工会广泛的影响力，从而有利于工会争取统一的、较好的劳动条件。

在市场经济国家，集体谈判的结构通常分为两种，即“正式”和“非正式”的谈判结构。正式谈判结构是指为集体谈判的目的而设立，并受到集体协议覆盖的实际谈判单位。非正式谈判结构通常反映了正式谈判单位之间的相互关系，尤其是一个谈判单位的解决办法与其他谈判单位的解决办法之间的相互关联的趋势。通常谈判单位的确立，要考虑双方的愿望、传统的产业或职业安排、雇员之间是否存在“共同利益”等因素。一个谈判单位通常覆盖了某个工作场所内所有从事相似工作或职业的雇员。但是，谈判双方也可以确定，他们是否需要合并到另一个覆盖范围更广的谈判单位中去谈判，达成协议，这些协议覆盖了一个以上的群体或工作场所、雇主，甚至一个以上的工会。此外，政府可以通过立法建立覆盖范围更广的谈判单位，特别是在公共部门，通过司法审判确立的谈判单位可能覆盖了某一职业的所有雇员，如所有的律师、所有的大学教师。[①]

1）正式谈判结构

正式谈判结构最常见的有以下六种：

（1）单雇主-多机构-单工会，即一个雇主与一个工会（代表的雇员分布在几个地方）之间的谈判。这种谈判结构在加拿大相对普遍。谈判是在单个雇主与单个工会之间进行的，但谈判达成的协议覆盖了一个以上的工作场所。例如在私营部门，通用汽车公司、克莱斯勒公司和福特公司，它们分别与加拿大汽车工人工会进行谈判，签订的协议覆盖了其在加拿大的所有企业的劳动者。在公共部门，单个的谈判可能会覆盖司法判决范围内的所有机构，比如所有的地方消防人员、教师等。

（2）单雇主-单机构-单工会，即雇主与雇员同在一个工厂，一对一的谈判。这是加拿大等国家最普遍采用的谈判结构，但这种结构存在的问题是，在同一个组织机构中，可能同时并存几个不同的谈判单位，每一个谈判单位都要分别进行谈判，而且这些谈判单位可能分属于不同的工会。例如，一所大学可以有不同的谈判单位存在，分别由教授、图书馆管理员、兼职讲师、秘书、维修工等组成的工会构成，而且所有的谈判单位都由不同的工会所代表。

（3）单雇主-多机构-多工会。该谈判结构常见于大量雇主与分散的不同行业工会之间的谈判。比如在铁路行业，多个行业工会与每个主要的铁路公司进行谈判，分别达成一个总的、适用于本行业的协议。

（4）单雇主-单机构-多工会。该结构在北美地区很少见，主要是因为美国的国家劳资关系委员会为了使工会取得代表资格，已经把相同和相似职业的雇员归于一个谈判单位。但在英国，迫于工会的压力，雇主承认工人有自由组成工会的权利，因而传统的谈判结构也相当分散，不同群体的工人通常由不同的工会所代表。1/3的工作场所的集体谈判都是先单独举行，然后，所有的工会再联合起来与雇主谈判达成一个协议。此外，英国近年的劳动法律制度改革，也使得这种在工作场所建立多个工会进行集体谈判的模式得以发展。

（5）多雇主-多机构-多工会，即多个雇主与多个工会之间的谈判。这是一种高度集中的谈判模式，常见于一个甚至多个行业一级的谈判中。这一模式是六种谈判结构中用得最少的一种，但仍不时被采用，如在加拿大建筑业的一次罢工中，举行罢工的工会就成功地阻止了其他行业工人介入其工作，最终有效地使行业中的一些企业被关闭。特别应注意的是，这一模式在一些国家也得到广泛的使用，从总体上覆盖了经济部门的所有工人，如在瑞典，大多数私营部门的劳动联盟和雇主协会过去常常通过谈判，签订一个覆盖全部蓝领工人的协议，但从1992年起，雇主协会抛弃了这一做法，转而采取在行业一级开展集体谈判。

（6）多雇主-多机构-单工会，即多个雇主与一个工会之间的谈判。这种谈判

① 程延园．劳动关系［M］．北京：中国人民大学出版社，2002．

结构通常适用于特定行业的所有机构。比如在医疗健康领域，地区或省一级的所有医院组成一个独立的雇主协会，与地方或省一级的护士工会进行谈判。医疗健康、卡车、建筑业和林业等以行业为单位，在行业一级展开谈判，是大多数北欧国家的谈判结构的主要模式。这一模式的采用，与北欧国家注重社会化的特点是分不开的。

目前，我国的谈判层次还比较单一，集体谈判制度主要是在企业范围内推行和建立的。在企业级协商具备一定基础以后，再考虑实行行业和地区级的谈判。其主要原因在于，我国经济体制改革以企业为着力点，因而企业内部劳动关系的主体及其经济利益关系愈益明细化，相应地要求首先建立起企业内部的劳动关系调解机制，因此，集体谈判制度的实施主要以企业为立足点。这种现实状况是与我国劳动法律的规定相一致的。因此，在我国企业内一般应采用“单雇主—单机构—单工会”的谈判结构。但在我国的一些特定地方，如企业工会力量较弱或大批同行业的小企业的聚集地，企业和行业的协商可以同时进行。这时可以采用“多雇主—多机构—单工会”的谈判结构。在一些私营小企业集中的地方就采取了这种方式，取得了较好的效果。

2）非正式谈判结构

集体谈判通常并不是相互独立进行的。相反，由于“非正式”结构倾向的存在，不同的谈判之间会相互牵连、相互影响，尤其是同一个雇主要面对多个谈判、达成多项协议时更是如此。为避免罢工，除非雇主能够提供非常充分的理由，否则在一般情况下，雇主对不同的谈判单位提供的谈判条件几乎是相同的。对于行业的谈判来说，除非雇主正经历实质性的经济困境，否则如果他提供的劳动条件和福利待遇不及同行业的其他企业，就会遭到来自工会方面的强大抵制，引起工人的强烈不满。常见的非正式谈判结构有示范性谈判与协调性谈判两种。

（1）示范性谈判。目前行业内部的示范性谈判方式仍然应用较为广泛。20世纪20至70年代，它首先作为工会的谈判战术和策略得到广泛应用。所谓示范性谈判，其基本程序为：工会首先选择一个经济效益好、盈利能力强、在既定条件下能够做出最大让步的雇主及时进行谈判，以达成对工会最有利的协议；然后，再将这一协议作为随后谈判的一个最低条件，迫使其他雇主接受。因为不满足这一条件将会导致工人的强烈不满或延长罢工时间，雇主一般除了答应甚至提高这一标准之外，别无选择。但是，随着经济条件的变化，这种过去由工会所采取的策略现在逐渐转为由雇主所采用。雇主为了赢得较多的让步，首先挑选那些力量薄弱的工会先签订协议，并以此作为随后与其他工会谈判的基础。

（2）协调性谈判。不同的集体协议虽然分别由不同的组织谈判而成，但是所有谈判最终达成的协议，在基本内容、基本条件上却几乎相同，至多有细微的差异。所谓协调性谈判，主要是行业之间相互影响的谈判方式，在20世纪50至70年代非常普遍，这一时期不同行业主要协议的达成通常要经过几个月的谈判，率先达成的协议将对后来的协议起到“标准示范”作用。例如，在加拿大，虽然通用汽车、克莱斯勒和福特公司都分别与加拿大汽车工人工会订立了集体协议，但由于这三个公司的谈判几乎是同时进行的，所以汽车工人仍将酝酿把其中之一列为可能采取罢工行动的目标。因为它是谈判的关键所在，一旦第一个协议达成，也就确立了后面两个公司的谈判标准。后两个公司如果达不到这一标准，不仅意味着本企业的劳动条件和待遇会相对落后于其他工会和行业，而且还会在工会会员之间形成不公平感。例如，如果钢铁行业的工人工资增长6%，那么汽车行业的工人也会期望工资增长同样的幅度。当然，这种行业间相互攀比的谈判方式至今还在多大程度上存在，已经很难确定。但毫无疑问，如果某一行业的某个工会与雇主达成的协议突破了公认的标准，就会给相关行业带来压力，因而“协调性谈判”在实际中运用得相对较少。

9.2.3 集体谈判涉及的主要问题

作为劳资双方签订集体合同的必经过程，作为一项劳动法律制度，集体谈判有其特定的内容。一般来讲，集体谈判是围绕着劳动条件的改善和劳动关系原则展开的。虽然对谈判的主要内容加以分类是一件较为困难的事情，但区分哪些是程序性问题，哪些是实体性问题，哪些是劳动关系问题，对全面了解集体谈判具有重要意义。

1）程序性问题

程序性问题是有关谈判双方如何达成协议的规定，其中最值得关注的是申诉程序，一旦谈判达成协议，双方就要通过这一程序来解决冲突。其他程序性问题还包括解雇提前通知、安排加班的程序，以及提升、调动程序等。另外与平等就业、歧视、健康和安全相关的问题也在此范围之内。

雇主在这些问题上做出让步，通常并不需要直接的成本。事实上达成协议通常是符合双方利益的，因为在协议有效期内，双方会确保采用适当的方法来解决或者避免纠纷。正因为如此，人们一般认为这类问题对谈判双方而言，更趋于一致性、整体性，而不是互相独立和对立。但是，任何谈判总会产生矛盾，存在分歧，特别是要赋予雇员享有过去不曾有的权利时，这种分歧就更为明显。因为这些权利的规定，反过来会削弱雇主的权利或者说在实际管理中的灵活性。这种权利和灵活性，对雇主来说，即便做出让步的经济成本很低，他们也不愿意放弃。

2）实体性问题

实体性问题是那些对劳资双方利益直接产生冲突的问题。实体性问题几乎总是与工会的经济功能相联系，主要涵盖工资、工作量、福利计划、就业保护以及对技术改进的限制等。这些问题在总体上是需要进行分配的，但也不完全是这样。比如，如果雇主很难吸引、留住员工，那么无论工会是否提出要求，雇主都会从自己的利益出发，给予工人较高的工资。即使不存在这些问题，如果企业工资优厚、工作条件好，也会使求职者增多，从而使雇主有更多的选择余地，并最终录用到具有更高素质的雇员。而且，由于这些条件和待遇的确定，是由于雇主的积极政策，而不是罢工或以罢工相威胁的结果，因此能极大地鼓舞员工士气。总之，雇主从提供更好的工作条件中获得的好处远大于不这样做。尽管这些好处不一定等于成本，但有可能帮助抵消成本。

《劳动法》对进行集体谈判签订集体合同规定了五项内容：劳动报酬、工作时间、休息休假、劳动安全卫生、保险福利。这五项虽然不是集体谈判的全部内容，但可以说是集体谈判的核心内容。除此之外，集体谈判还可以涉及劳动关系的其他内容。比如，我国劳动和社会保障部颁布的《集体合同规定》当中，就增加了女职工和未成年工特殊保护、职业技能培训、劳动合同管理、奖惩和裁员等内容。实际上只要是劳动关系双方共同约定的相关实体性内容都可以进行谈判，当然，所谈判的问题一般不应该超出劳动条件及与劳动关系相关的问题的范畴。

3）劳动关系问题

劳动关系问题是指那些与工会的职责、功能紧密相联，影响工会力量和安全的问题，包括雇员是否有权加入工会或者是否缴纳会费，工会参与决策、共同管理委员会的建立以及其他诸如工会在工作场所的角色问题。尽管从管理学上讲，企业需要工人的合作与参与，但实际上，这些共同参与条款能够得到切实执行的却相对较少。之所以如此，同样是因为这些规定实际上限制了雇主的权力。而现实是，这些问题在谈判中要比程序性问题更具有整体性、一体化的特点，因为它本身就是要在双方之间增强合作。

总之，集体谈判主要是围绕上述三类问题展开的，其中实体性问题是集体谈判的核心内容，因为它与劳资双方的经济利益密切相关，同时它也是集体协议的最重要的组成部分；程序性问题和劳动关系问题虽然在集体谈判过程中处于相对次要的位置，但劳资双方都不应忽视，因为它们对解决劳资双方冲突、促进劳资关系和谐具有重要作用。

9.3　集体谈判的程序

集体谈判是劳资双方力量对比、相互较量的过程，在这一过程中劳资双方的博弈从未停止。熟悉集体谈判的准备工作、掌握谈判的过程、全面把握谈判结果的决定因素，不但对于全面认识集体谈判的程序具有重要意义，而且有利于劳资双方在集体谈判中取得成功、达成共识。

9.3.1　集体行动走向集体谈判的条件

集体行动走向集体谈判，是多方合力形成的。劳资双方是关键因素，劳方组织起来并提出集体谈判的诉求，是集体行动走向集体谈判的第一步；而资方是否接受集体谈判理念，是否运用集体谈判的方式处理劳资冲突，是否妥协让步，是集体行动走向集体谈判的关键。劳资力量平衡是集体谈判成功的前提。而中国劳资力量不平衡，集体行动走向集体谈判往往要借助政府和第四方的力量实现平衡。这是区别于西方集体谈判形成过程的中国集体谈判形成机制，即中国集体谈判的形成机制是：劳资冲突—工人集体行动—劳方组织起来—政府及第四方协调斡旋—资方妥协—集体谈判。

中国经济以低成本优势在40多年里飞速发展，积累了巨大的劳资矛盾。经济下行的关停并转中，如果继续以牺牲工人的利益为代价短暂平息劳资冲突，恐怕会发生更大的社会冲突。发达市场经济国家劳动关系调整方式的转型，很多就是在经济萧条时期进行的，以此来调整分配结构、刺激内需。因此，建立集体劳动关系调整方式、用集体谈判解决劳资冲突，是当下中国劳动关系转型的核心。地方政府应该在发生集体行动的企业积极搭建劳资协商谈判平台；地方总工会应该培训工人、组织工人；社会各方力量应该关注劳工运动，适时给予指导帮助；资方应该理性对待，用集体谈判来解决冲突。

9.3.2 集体谈判的准备

1）工会的准备

为了缩短集体谈判所耗费的时间，提高集体谈判的成效，工会在集体谈判之前，要为谈判做必要的准备。现在以美国为例对集体谈判的准备做出具体说明。

首先，工会要挑选人员组成一个谈判委员会代表工会谈判。谈判委员会成员要代表地方工会不同会员的利益。在谈判队伍中要有不同利益群体的代表，包括少数派代表。通常在谈判委员会人员的挑选过程中，要考虑到地方工会中最重要的利益群体。谈判委员会需要有谈判专家和法律专家，这些人可能是长期为地方工会服务的工会干部或专门的工会谈判者，也可能是上级全国性工会的代表。谈判委员会成立后的主要任务是代表工会与资方进行集体谈判，在与资方达成协议之后，谈判委员会必须把协议交给工人，要宣传协议的各项条款以促使工人们接受这些条款，这就不仅需要向会员们解释谈判得到了什么，还要解释没有得到什么，以及没有得到的原因。这是谈判委员会面临的最大难题，远比与雇主谈判要更艰难。

其次，工会要筛选并向雇主提出自己的要求。工会通常先要召集普通会员开会，讨论如何修改集体协议。在会上，任何一个会员都可以提出意见，然后，工会把所有的建议归纳起来。有些工会除召开会员大会外，还要召开谈判代表会议，或用谈判代表会议来代替会员大会。谈判代表会议由选举产生的工会代表和其他选举产生的代表组成。谈判代表会议需要调查归纳会员的建议和想法，然后根据实际情况进行筛选，删除一些不符合工会目标的建议，在此之后，制定出谈判的主题，草拟出谈判的方案。工会向雇主提出的要求一般常见于：提高工资；增加福利；降低不同岗位之间的工资的差别等。

最后，工会要做好罢工的准备。集体谈判是劳资双方较量的过程，一旦双方达不成协议，或谈判陷入僵局，工会要考虑是否采用产业行动向资方施加压力，这需要工会对劳资双方的情况有一个十分明确的认识。一般来说，工会在考虑采取罢工手段时要考虑如下因素：①采用罢工手段的合法性，不同国家对此有不同的规定。②没有工会会员，企业能否正常运营。在某些自动化程度很高的工厂，只要有监督管理人员，工厂就可以正常运营。在某些情况下，工厂没有某些类型的工人也可以运营，如维修工人和门卫；在另外一些情况下，工厂只要临时雇用一些人——所谓的罢工破坏者，也能运营，罢工就不可能迅速结束，罢工也不可能奏效。③罢工将耗费工会多少资金以及罢工者依靠公众和工会的支持能维持多长时间。长时间的罢工将导致罢工者生活困难，随着困难程度的上升，来自罢工者家庭要求罢工者回去工作的压力将不断上升。即使工会可以向罢工者发放罢工津贴，工会现有的资金也不可能支持罢工永无休止地进行下去。工会资金越雄厚，工会能支持的罢工期就越长，就越有可能让其他地方工会或全国性工会出资继续支持罢工。④罢工是否会得到政府和公众的支持。在美国的某些地区，一旦发生罢工，政府官员将命令工厂关闭，以避免发生暴力事件，这可以防止雇主在罢工期间继续运营，这一点对工会是有利的。然而，在其他地区，政府官员可能会采取相反的态度，完全支持雇主用监督管理人员或临时工保持工厂的运营，这对工会成功地举行一次罢工是非常不利的。同样，本地公众的态度也会对罢工产生重大的影响。工会对上述各种因素必须进行详细的分析论证，进而做出判断：如果集体谈判破裂，采取产业行动能否迫使雇主屈服。如果工会做出了错误的分析、判断，很可能导致本方的力量被削弱，陷入更加不利的境地。

2）资方的准备

资方在集体谈判之前也要做好必要的准备，必要的准备为资方追求自己的谈判目标打下了良好的基础。一方面，企业必须尽可能地挑选最佳的谈判队伍和谈判候补队伍。在美国公司中，通常由劳工关系专家在业务经理的协助下进行集体谈判。如果集体谈判涉及的主体对公司非常重要，有时公司的高层也参加集体谈判。另一方面，公司应尽可能地仔细研究和准备它的谈判立场和谈判方针，并保持其稳定性。在谈判最激烈的时候改变谈判方针往往使己方陷入不利的境地，但是也不能过分僵化，有时谈判方针应当随着条件的变化而变化。资方对集体谈判的准备具体体现在以下几个方面：

（1）确定各部门的合同目标——雇主方的劳资关系部门需要与会计、财务、生产、营销以及其他部门会谈，从而保证所确定的集体合同谈判目标不会妨碍这些部门履行它们自己的职责。比如，财务部门可能会指出，如果集体合同所确定的成本高于某一水平，那么公司的财务健康状况将会受到严重的损害。因此，资方的谈判小组需要接受来自各部门的建议并且把各方面的利益需求都考虑在内。

（2）审查前一份集体协议——这一步骤集中在对原有集体协议条款的审查上，其目的是找出可能会阻碍公司的生产率或灵活性提高从而给资方造成麻烦的条款，或者是有可能导致资方和工会之间出现重大分歧的不利条款。

（3）资料的准备和分析——资方需要准备好与劳动力成本、竞争者的生产率等问题有关的信息以及工会有可能会强调的一些资料，并且进行深入的分析。工会可能会强调包括生活费用的变化以及能够作为参照体的其他工会所达成的集体协议的内容。在确定养老金、健康保险以及带薪休假等福利方面的成本时，与雇员的人口结构、资历结构等相关的资料是非常重要的。最后，资方需要知道，自己可能遭受什么样的损失；自己的库存还能够在多长的时间内满足顾客的订货需要；其他企业在多大程度上有可能会插足本企业的产品市场并提供替代性的产品；如果自己想在工人罢工期间继续维持生产，那么找到替代工人的难度有多大。

（4）预测工会的要求——以下这些做法都有助于资方预测工会的可能要求并制定出相应的潜在对策：回忆一下前一份集体协议所导致的不满；与工会领导人进行连续的讨论；了解其他企业的集体协议的内容。

（5）测算可能达成的集体协议给企业带来的成本——工资不仅对劳动力成本有直接的影响，也经常对企业的福利成本有直接的影响，而且还常常对企业的福利成本（比如社会保障、带薪休假等）产生间接影响。

（6）为罢工的发生做好准备——如果资方有意在罢工期间继续保持经营，那么他就要组织好替代工人，增强自身的保障性，并且研究好如何对付在罢工纠察线上以及在其他地方可能发生的意外事件。如果资方在罢工期间不准备继续经营（或者资方不准备按照正常的水平保持经营），他就需要通知供应商和客户，并且考虑可能的办法来避免使他们遭受损失，甚至准备购买竞争者的产品来继续保持对顾客的供应。

（7）确定战略和后方援助——资方必须决定谈判小组到底有多大的权限。谈判小组自己能够做出多大的妥协和退让，哪些条件是需要与高层管理人员协商才能决定的？在哪些事情上是可以妥协的，而在哪些事情上又是不能妥协的？此外资方还必须决定谈判的地点和时间。

9.3.3 谈判的过程

谈判的过程通常包括四个步骤：接触、磋商、敲定、扫尾。谈判的主要目的是解决双方利益和预期的分歧，每一个步骤对整个谈判都十分重要。如果一方试图省略或者匆忙越过任何一个阶段，另一方会认为对方没有严肃认真地对待谈判，从而不会在充分阐明问题和要求之前将谈判向前推进。谈判实际上是一个相互交流、协商的过程，双方都会把它看作表达思想、阐明观点并使对方了解、认可的一种重要方式。对谈判者而言，如果不清楚对方的来意，是不可能在谈判过程中有效解决潜在分歧的。

1）接触

接触通常包含最初的几个谈判会议，双方交换初始的意见，表明立场。由于这个阶段是整个谈判过程的开始，双方并没有多少压力，谈判氛围相对轻松、和谐。在这一阶段，工会的谈判者常常会抛出一系列的建议和要求，部分目的在于取悦自己的会员，部分目的在于使自己发现一些在后面的阶段中可以表现出一定灵活性的领域。资方可能同时提出自己的建议也可能不提出自己的建议；有时候它倾向于仅仅对工会的建议做出反应。双方都清楚，随着整个谈判进程的不断深入，对方对最初的要求会做出各种修改和让步。通常这一阶段也会产生一些小的争议和纠纷，如果一方提出来，另一方会同意将这类问题撤出谈判范围。这同时也使谈判者逐渐意识到谈判的主要问题所在，以及对方可能持有的态度。

2）磋商

磋商是集体谈判中时间最长，也是最令人头疼的阶段。谈判双方虽然都正式地坐到了谈判桌前，试图开始认真考虑谈判问题，并且也都想以一定的让步获取另一方相应的回应。但问题是双方往往都过低地估计了对方要求自己所做的让步，同时过高地估计了对方所能做出的让步，一方采取的策略在另一方看来往往是不可理解的。因此，对一些关键性、原则性的问题，双方难以做出真正的实质性让步。例如有关“资历”的规定在工会的谈判协议中占有重要地位，如果雇主想取消这些规定，那么罢工就在所难免。

在这一阶段，双方可能都要做大量的说服对方的工作，试图使对方重新调整谈判底线，最终做出让步。双方为了使对方相信他们确实已经不能或者不愿意做出哪怕是最小的让步，常常会采取各种手段，比如虚张声势、强烈反对和欺骗等。同时，如果双方都想达成协议，他们又会从一些争议较少的问题入手，最终确实在一些较为关键的问题上做出让步。谈判双方从已经达成一致的合同条文开始，努力达成全部协议。当逐步认识到无法获得最初所期望的条件时，他们会不断地调整自己的底线。在这一过程中，任何一方都不太可能再回到最初的起点，而是劝说其委托人改变预期。

3）敲定

该阶段通常发生在罢工的最后期限临近时，因为最有争议的问题往往留在最后。理想的情况下，双方的谈判者对对方能够做出让步，经过调整谈判底线，大致接受对方的方案，那么最后的敲定阶段会非常简单，双方只需要就协议的措辞进行修改，使其更加有利于自己即可。如果双方在现存的谈判限度内没有可以解决的办法，那么这一阶段双方仍然需要进一步尝试改变委托人的预期。这时会有大量的“哗众取宠”式的表演，一方或双方会停止正式谈判，转而攻击对方“没有诚意”。这一阶段的一个重要特征是随着达成协议的压力逐渐上升，双方会频繁地休会，因为谈判人员需要时间去考虑对方提出的观点、提议，或者让对方重新考虑立场。在谈判形式上，双方的谈判者可能会进行一对一的会谈或者举行小群体会谈以减轻公共关系的压力。此外一个中立的第三方可能会介入进来，充当中间人或者谈判的推动者。

假如存在一个积极的协议区域，同时双方都真正理解对方的意图，那么双方会在罢工最后期限来临之前达成协议，签署一个协议备忘录，涵盖达成协议的所有内容。然而，这个备忘录通常比较粗糙，仅包括了协议内容的框架。

4）扫尾

工会官员把协议提纲反馈给其成员进行投票表决，如果得到批准，那么协议将产生预期的法律效力。然而，有时双方在没有决定合同最终使用的语言之前，就达成了协议。解决协议的语言问题，也就成为扫尾阶段非常重要的一部分工作，因为双方有时会发现他们虽然达成了协议，但对协议的理解可能存在很大的差异，而且在谈判过程中没有涉及的细节问题可能会大量出现，如果一方不保持警惕，他们可能会发现合同语言变得难以接受。如果双方始终不能达成一致，那么就会出现僵局。雇主可能“闭厂”，更常见的是，工会领导人会决定罢工。雇主为了避免罢工，可能会做出进一步的让步；否则，罢工往往会在几天内发生，一直持续到一方或双方愿意做出进一步的让步为止。

最终，双方可以通过斡旋者、调解者或仲裁者来裁判纠纷，缩短或避免罢工。斡旋者通过劝说化解双方的分歧；调解者则主动介入谈判过程，帮助双方达成协议；仲裁者享有最终的强制裁决纠纷的权力。

9.3.4 谈判结果的决定因素

集体谈判的成功很大程度上取决于谈判人员对另一方地位和意图的估计和判断，习惯、期望、态度和偏见作为影响因素都会影响谈判人员所做的决定。西方国家集体谈判的实践表明，谈判的结果如何，在相当程度上取决于以下三方面的因素：双方的谈判力量；谈判技巧；利益、价值观和期望值。[①]

1）双方的谈判力量

谈判力量是三个力量中最重要，也是最难解决的问题。一般认为，劳动关系双方在某些方面之所以能达成一致，是由于谈判力量在起作用。如果劳资双方力量悬殊，那么他们达成协议的可能性就比较低。在这里，我们把谈判力量区分为直接和间接两个来源，把相互关联的力量区分为：退出力量、罢工力量和岗位力量。

对管理方来说，罢工带来的直接成本和工人的罢工力量是对等的。在私营部门，这些成本主要表现为：在罢工期间和罢工结束后，由于产品销量和市场份额下降引起的利润损失。通常在经济繁荣时期，这些成本是最高的，因为这时雇主不能有效地利用替代工人从其他工作场所为顾客供货，也没有专门为预防罢工储备的产品或服务。在公共部门，罢工力量在某种程度上更为复杂，但主要表现为公众对罢工者的同情和对政府信任度的降低。在这两种情况下，他们往往期望管理方做出更大的让步，让步越大，超过其罢工成本的利益就越多。对管理方来说，间接成本包括罢工后因工人的不满和敌意引起的辞职成本，以及管理成本的提升。由于这与工人的退出力量和岗位力量紧密结合在一起，因而，尤其对那些技术水平高、专业技能强的工作，以及那些高度复杂、精确、资本技术密集型的工作来说，成本通常是最高的。

哪些因素将影响管理方承受罢工的能力？下面这些因素是很重要的：

---

① 王君南，陈微波．劳动关系和社会保险［M］．济南：山东人民出版社，2004.

(1) 产品需求。在产品需求旺盛的时候，资方承受罢工的能力是较差的，因为这时候如果出现罢工，资方的损失将会很大。

(2) 产品的易腐性。某些类型的雇员（比如在收获季节的农场工人、运输易腐食品的卡车司机以及在旅行高峰期的航空公司的雇员等）举行罢工会导致资方收益的永久性损失，因而会增加罢工对资方的成本。

(3) 替换工人的可能性。当工作机会非常稀少的时候，找到替换工人的可能性也会比较大，同时替换工人穿越罢工工人纠察线的愿望也就较强。在罢工期间资方利用替换工人坚持运营大大提高了罢工者的成本，因为他们有可能会被永久性地替换掉。

(4) 技术-资本密集型的企业对雇员的依赖性更小，因而更容易用监督人员或其他人来替换罢工工人。

(5) 一体化的程度。当一家工厂所生产的产品是另外一家工厂的生产投入时，雇主就不可能承受罢工，因为前一家工厂生产的中断同时意味着后一家工厂生产的中断。

(6) 多处生产地点和相互隔离的协议。多处生产地点和相互隔离的协议使得雇主可以将生产从受到罢工打击的工厂转移到没有受到罢工打击的工厂，即使后一家工厂中也有工会，但是只要这两家工厂的集体协议是在不同的时间到期就没有问题。

(7) 替代产品的多寡。如果顾客能够非常容易地找到企业所生产产品或者服务的现成替代品，那么罢工对资方来说成本就会很高；反之，罢工对资方来说成本就会很低。

对工会来说，直接成本与管理罢工的能力是等同的，主要是参与罢工者能在多大程度上弥补因为罢工而损失的收入，包括罢工前后的加班工资收入、在别处从事临时或兼职工作所得，以及罢工期间工会提供给他们的津贴等。间接损失包括由于罢工而引起的潜在的工作损失，以及由于管理政策的改变而有可能被转移到条件更艰苦的工作场所，如工作负荷增加、劳动纪律更加严格等。同时，这些又与管理方的退出力量和岗位力量紧密联系。管理方辞退员工，其结果可能增加在职雇员的工作负担。

2) 谈判技巧

谈判技巧的重要性表现在三个方面：第一，改变对方期望值和谈判底线的技巧。第二，准确判断对方让步程度的能力。谈判技巧的获得，不仅要通过对对手在谈判桌上的行为进行准确分析，还要对谈判力量、对方的价值取向以及期望值做出正确判断，以确定对方可能做出的让步限度。例如，如果失业率很高，工会又不能提供罢工津贴，管理方就有可能获得比较好的谈判结果。因为罢工成本很高，工人会减少罢工倾向，谈判代表更愿意做出让步。反过来，如果工人辞职、罢工、岗位力量很强大，工会的谈判代表则可能获得有利的结果，因为工人不满，管理成本加大，使得管理方的谈判代表更愿意做出让步。第三，谈判技巧还体现在谈判语言的选择上，相对于情绪化的谈判语言，理性的谈判语言更容易使双方走向合作。布鲁斯·亨德森这样描述谈判：谈判者的技能在于，要得到最大的让步，同时又不破坏互相合作的基础。要成功就要遵守以下规则：

（1）确保你的对手很在乎合作的所得以及不合作的损失。

（2）避免采取任何破坏对手情绪的行动，因为谈判成功的基础是对手表现得很理性，很有逻辑。

（3）要让你的人相信，你完全献身于自己的事业，你的行为是合理的。

3）利益、价值观和期望值

双方的利益、价值观和期望值直接决定了彼此会在多大程度上抵制对方的要求，承受罢工可能带来的损失。对管理方来说，有三类因素是很重要的：第一类因素是各种让步的成本，具体数额取决于雇主的实际支出。有些企业已经有了相当的规模，经济实力雄厚，或者做出让步有利于与工会建立管理规则及程序，如对一些灵活性小的岗位建立标准化流程等，从而它们可能会发现对工会做出让步的成本并不高。第二类因素是管理方持有的反工会化的价值观。在某种程度上，这种价值观促使其在集体谈判中采取比较强硬的态度。第三类因素是关于管理决策者的想法，他们相信能够消化和转移这些成本的程度。在私营部门，主要取决于预算情况和通过提高税收把费用转嫁给纳税人的能力。

对工会来说，同样有三类因素会对谈判结果产生重要影响：（1）工人及其谈判代表认为做出让步的成本很高，尤其是工资和福利，以及在协议有效期内如何保护工人权利的程序性问题。（2）工人及其谈判代表受到压抑、挫折或对管理政策和实践不满，所引起的强烈反应。（3）公平感，特别是感到雇主有能力做出让步而不肯做出让步时，或者受到相似职业工人的就业条件和待遇的影响时，这种感觉会更加明显。

上述三类谈判结果的决定因素是相互关联的，如果工会方的谈判力量弱而管理方的谈判力量强，那么，工人就会降低期望值且改变强硬的态度，因为他们知道如果罢工，代价将是极其巨大的。而管理方则会提高期望值，在谈判中采取强硬态度，不愿妥协。另外，这些因素的变化也与经济状况和经济形势密切相关，在企业这个层次上进行的谈判，一般比较关注在工人的不满和节约工会力量之间进行选择，难度是很大的。经济衰退意味着通过罢工造成的销售和利润的下降也是有限的，这反过来又会削弱工人的罢工力量。对一个具体的谈判结果的影响，从根本上说，取决于谈判者及其所代表的群体对形势的把握和选择。

9.4 集体协议

集体协议和集体谈判共同构成了有效的集体协商机制，二者相辅相成，缺一不可。从某种意义上说，集体协议就是劳资双方集体谈判的成果。同时，集体协议又可以为劳资双方进行集体谈判提供参考和借鉴。

9.4.1　集体协议的含义与作用

集体协议起源于18世纪的欧洲，是在工人与资本家的斗争中产生的。第二次世界大战以后，绝大多数国家都对集体协议予以承认并做了相应的法律规定。国际劳工组织还制定了大量的集体合同的公约、建议书，如1951年的《集体协议建议书》、1981年的《促进集体谈判公约》等。2004年5月1日，我国劳动和社会保障部颁布的《集体合同规定》正式生效，进一步确立了集体协议在我国的法律地位。在现代劳动关系中，集体协议已成为协调劳资关系、规范劳动关系运作的不可或缺的重要手段。

1）集体协议的概念

集体协议又称集体合同或团体协议，是指工会代表员工与雇主或雇主团体之间签订的，关于劳动条件、劳动标准及劳动关系问题的书面协议。国际劳工组织第91号建议书《集体协议建议书》规定："以一个雇主或一群雇主，或者一个或几个雇主组织为一方，一个或几个有代表性的工人组织为另一方，如果没有这样的工人组织，则根据国家法律和法规由工人正式选举并授权的代表为另一方，上述各方之间缔结的关于劳动条件和就业条件的一切书面协议，称为集体协议。"集体协议是劳资双方集体谈判的结果，一旦成立，对劳资双方都具有约束力，它是调整劳动关系的重要手段。

集体协议和劳动合同相比较，有如下区别：①主体不同。集体协议的当事人是劳动者的集体，即工会与雇主或雇主团体，而劳动合同是劳动者个人与雇主之间签订的协议。②内容不同。劳动合同以个人在劳动关系中的权利和义务为内容，而集体协议以集体劳动关系中所有劳动者共同权利、义务为内容，涉及劳动关系的各个方面。③目的不同。签订集体协议的目的是确定劳动标准，规范劳动关系，而签订劳动合同的目的是建立劳动关系。④签订时间不同。集体协议产生于劳动关系运行过程中，它不以单个劳动者参加劳动为前提，而劳动合同一般产生于劳动者参加劳动之前，是劳动者建立劳动关系的法律依据。⑤效力不同。集体协议的法律效力高于劳动合同，集体协议适用于覆盖范围内的所有劳动者和雇主，而劳动合同只对单个的雇主和劳动者具有法律效力。个人劳动合同中的劳动条件和标准不得低于集体协议规定的条件和标准，在劳动合同和集体协议发生冲突时，劳动合同的相应条款无效。⑥违约责任不同。劳动合同一方违约，可能导致劳动合同的解除与赔偿责任的产生。违反集体合同之后，承担赔偿责任的主体与签订集体协议的主体可能会有区别。

2）集体协议的性质和效力

集体合同是具有规范性效力的特别合同，兼具合同和基准性法规二重性。例如，在德国，集体合同于法律认可后，在法源体系中由契约规范之地位上升到法律规范之地位，成为独立的法源，具有如同法律应具有之效力。集体合同的法源效力源于宪法上立法权的授予，类似于地方立法权的授予，属于集体谈判联盟之内部关系立法，是“团体规章制定权”之衍生物。签订集体合同，理论上系契约行为与团体规章制定行为之结合。德国集体合同的“法规性效力”与“债权性效力”在立法上的表现是《德国集体合同法》。该法第 1 条第 1 款规定：“集体合同规范集体合同当事人的权利和义务，它还包含法规性效力内容，即对于劳动关系的建立、内容和终止以及企业规章或企业组织法上的规范具有法规性效力。”再如，在瑞典，中央级集体协议不仅具有合同的效力，而且属于法的渊源，并且工会有优先解释权。此外，集体合同还具有私法上的第三人效力。因此，我们可以将集体合同解释为团体社会所特有的兼具私法效力和社会法效力的规范性合同，是具有私法上的当事人效力、私法上的第三人效力和社会法上的关系人效力三重效力的特别合同。首先，集体合同是具有债法效力（私法效力）的特别合同，一般也具有民事合同的性质，突出表现在当事人承担集体合同的违约责任。集体合同的债法效力首先表现在，许多国家都将集体合同纳入债法的范畴。例如，在德国，集体合同被视为《德国民法典》债编中的“无名合同”，其履行可以通过签订合同的团体对其成员施加压力的方式进行。“债权性效力”的内容主要包括集体合同的双方当事人负有的履行义务、和平义务，凸显集体合同也具有债权相对性的特征。德国集体合同“债权性效力”的内容是集体合同作为合同对双方当事人权利义务的约束，也是集体合同作为“私法上契约”的题中应有之义，体现了集体合同作为私法合同的基本属性。瑞士债法不但将劳动合同纳入民法，而且将集体合同也规定于债法之中。其次，集体合同的合同效力还表现在，集体合同对于双方当事人及第三人都具有私法上的效力。例如，我国《劳动法》关于“因履行集体合同发生争议，经协商解决不成的，工会可以依法申请仲裁、提起诉讼”的规定，属于私法上的当事人效力。《集体合同规定》中规定的“职业技能培训”“奖惩”“裁员”等，属于私法上的第三人效力。“集体合同期限”“违反集体合同的责任”等，属于私法上的当事人效力。关于私法上的第三人效力，大陆法中“债的相对性原则”和英美法中“合同的相对性原则”也已经被突破，我国也承认了民事合同的第三人效力。

需要指出的是，集体合同的私法效力居于次要地位，以至于可以忽略（如英国的集体协议通常没有合同效力），我国台湾地区因合同义务履行的难题而拒绝承认工人集体（事实团体）推举代表的集体谈判权，不仅违背了国际劳工组织《工人代表公约》的规定，实践中也是有害的。并且，集体合同债法效力（私法效力）的范围是集体劳动关系当事人和第三人，即工会或职工群体或工会群体和雇主或雇主组织及第三人；集体合同的债法效力与个别劳动关系当事人无直接关系，即权利义务主体不包括作为个别劳动关系当事人的雇员个人和雇主。

集体合同是具有法规性效力（三分法下社会法效力或二分法下公法效力）的基准性规范，属于社会法规范，是劳动法的重要渊源。集体合同的社会法效力（规范效力）表现在，劳动合同约定的劳动条件不得低于集体合同的约定；作为非当事人的第三方，雇员是集体合同关系人（权利主体），雇主（作为个别劳动关系的当事人）是集体合同关系人（义务主体）和行政相对人，如我国《劳动法》规定：“依法签订的集体合同对企业和企业全体职工具有约束力。职工个人与企业订立的劳动合同中劳动条件和劳动报酬等标准不得低于集体合同的规定。”《劳动合同法》规定：“县级以上地方人民政府劳动行政部门实施监督检查时，有权查阅与劳动合同、集体合同有关的材料，有权对劳动场所进行实地检查，用人单位和劳动者都应当如实提供有关情况和材料。”我国台湾地区的“团体协约法”规定，“为团体协约当事人之雇主”和“属于团体协约当事团体之雇主及工人，或团体协约订立或订立后加入该团体之雇主及工人”“均为团体协约关系人，应遵守团体协约所定之劳动条件”。这些规定以及我国《集体合同规定》中规定的集体协商内容“劳动报酬”“女职工和未成年工特殊保护”等，都属于公法上的规范效力或劳动基准效力。此外，关于社会法上的效力（规范效力），德国有宪法的直接规定——德国联邦宪法法院的解释以及学说的发展，确立了《德国基本法》第9条第3款为劳资自治的宪法来源，也是集体合同“法规性效力”最重要的法律渊源。因为集体合同并非国家立法，其在现代德国取得“法规性效力”的权利来源是宪法委托。按照德国联邦宪法法院的解释，“劳资自治”是宪法托付工会与雇主及其组织在同盟自由的范围内以保护和改善劳动、经济条件为目的在劳动生活的范围内享有的管辖权。集体合同双方就工资与劳动条件自行达成协议，国家不予干涉。按照今天德国法上的通说，集体合同“法规性效力”的来源为“国家立法权的授予”。

需要强调的是，集体合同的法规性效力不同于一般法规，而类似于劳动基准性法规。一是对雇员有利时有强行效力，不利时只有相对强行效力；二是集体合同只能设定最低劳动条件，不能设定最高劳动条件；三是凡是规定于集体合同的权利，不可抛弃；四是劳动合同约定的劳动条件不同于集体合同时，差异部分无效，而由集体合同约定取代之。此外，集体合同的法规性效力的范围是个别劳动关系当事人，而与集体劳动关系当事人无直接关系。并且，集体合同以法规性效力为主，集体合同往往被视为法的渊源。

3）集体协议的作用

作为市场经济国家规定劳资双方权利和义务的要式合同，集体协议受法律保护，具有法律效力。它在规范劳动力市场运行、促进经济发展、建设和谐的劳资关系、弥补立法不足等方面都将发挥重要作用。

（1）集体协议制度是劳动力市场机制运行的必要条件。劳动力市场机制的有效运行，要依赖于市场主体力量的相互平衡和制约，依赖于建立规范的程序规则。劳动关系具有隶属关系的属性，劳动者处于相对弱势的地位，使得劳动者个人难以在劳动力市场上与雇主抗衡，而劳动关系具有的人身关系特点更加重了这种失衡。集体协议制度的建立，可以使劳动者的个人意志通过劳动者团体表现出来，由团体代表劳动者个人交涉劳动过程中的事宜，有助于克服个别劳动关系的内在不平衡，增强劳动者一方的力量。

（2）集体协议制度建立了平等协商、谈判的制度。平等协商、谈判是签订集体协议的前提，谈判质量的高低决定了集体协议内容的质量。集体协议制度是市场经济条件下劳动关系主体双方自主协调的基本机制。集体协商谈判，是双方在法律地位完全平等的基础上，就劳动标准、劳动条件以及其他与劳动关系相关的问题，依据国家法律、法规而进行沟通、协商、交涉的行为。

（3）集体协议制度是雇主谋求企业和平和企业利润的目标之一。经过协商、谈判依法订立的集体协议，是协调劳动关系的重要依据，对企业和全体员工都具有约束力。企业要从各自实际出发，因企制宜，合理确定集体协议的具体内容和标准，增强实效性和可操作性。根据具体情况，可以签订综合性的集体协议，也可以就工资分配等问题签订单项集体协议。集体协议的签订，可以使雇主在既定的劳动条件基础之上组织生产经营；可以避免怠工、罢工等争议行为带来的经济损失；可以防止本行业的不正当竞争，使劳动条件趋于标准化，降低员工流动率，保持企业稳定，促进技术改进和生产发展。

（4）集体协议制度是协调劳动关系的重要手段。集体协议制度是现代市场经济国家通行的调整劳动关系的制度，是维护劳动者权益的有效手段，是市场经济条件下企业制度不可缺少的组成部分，也是预防和化解劳资冲突、维护社会稳定的重要制度。为确保这一制度的有效运行，法律规定任何一方都有权提出平等协商、谈判的要求，另一方没有正当理由不得拒绝。规定了协商谈判代表的产生程序，加大了对谈判代表的保护力度，强化了协商代表的义务，赋予双方集体谈判的提议权和谈判义务，禁止企业以保护商业秘密为由拒绝披露有关信息；赋予集体协商双方代表平等的建议权、否决权和陈述权，明确了协议文本的制作方和协议订立时间。把工资集体协商作为推进平等协商的重点，就企业内部分配制度、工资分配形式、工资收入水平、工资支付方法等事宜进行平等协商，使平等协商在协调劳动关系方面发挥重要作用。

（5）集体协议制度可以弥补劳动立法的不足。集体协议的补充作用可体现在如下几个方面：第一，劳动立法所规定的关于劳动者利益的标准属于最低标准，通过集体协议，可以对劳动者利益做出高于法定最低标准的约定，从而使劳动者利益保护的水平能够实际高于法定最低标准；第二，劳动立法关于劳动者利益的规定，有许多是粗线条、原则性的规定，相对于现实生活中丰富复杂的劳动关系而言，难免有所疏漏。通过集体协议，可以在一定范围内就劳动者利益和劳动关系协调的共性问题做出约定，从而更具体地规范劳动关系，对劳动立法的完备起到补充作用。

9.4.2 集体协议的内容与期限

集体协议是劳资双方在集体谈判的过程中经过充分磋商签订的，作为规定劳资双方权利和义务的合同，集体协议具有特定的内容和发生法律效力的期限。

1）集体协议的内容

关于集体协议的内容，有些国家在立法中详细规定了其必要条款，如《法国劳动法典》将全国性集体协议应当包括的一般条款列举为8项，并对其中项目列举了若干子项；有些国家如我国在立法中只是简略地规定其必要条款；有些国家如日本在立法中不做规定，完全由签约双方商定应规定哪些条款。从发展趋势来看，集体协议内容所涉及的面越来越广，凡是在劳动关系中可能发生的问题，都应纳入集体协议的范围。

在美国，企业集体协议一般包括三个主要部分：①协议的序言部分。它主要是陈述协议的总目的和涉及的总范围，以及对工会的承认程度。②协议的正文部分。这是协议的主要部分，一般篇幅较长，条款较多，涉及的内容主要是工资、工时和其他雇佣条件等各种劳动条件和劳动标准问题。③协议的结尾部分。它主要是就协议的有效期限和终止日期做出规定。

在我国，《劳动法》就集体协议可具备的条款作了不完全的列举规定，《集体合同规定》则将集体协议应当具备的条款列为15项，即劳动报酬，工作时间，休息休假，劳动安全与卫生，补充保险和福利，女职工和未成年工特殊保护，职业技能培训，劳动合同管理，奖惩，裁员，集体合同期限，变更、解除集体合同的程序，履行集体合同发生争议时的协商处理办法，违反集体合同的责任，双方认为应当协商约定的其他内容。在劳动关系实践中，为了使集体协议内容更加完整和规范，有必要推行集体协议示范文本制度，即由集体协议管理机构会同工会和用人单位团体或有关经济管理部门，拟定各种类型的集体协议文本，作为签约人协商集体协议内容时的参考。

2）集体协议的期限

集体协议按照期限形式不同，可分为定期集体协议、不定期集体协议和以完成一定项目为期的集体协议。集体协议的期限应适当，太短不利于劳动关系的稳定；太长不利于劳动者利益的保护，即难以保证劳动者利益随着社会、经济的发展而同步提高。各国一般采用定期集体合同，并在立法中限制其最短期限（通常规定为1年）和最长期限（通常规定为3年或5年）。也有些国家采用不定期集体协议，立法中只规定其生效时间而不规定其终止时间，如法国、日本等。按照惯例，这种集体协议可以随时由当事人提前一定期限通知对方终止。还有少数国家采用以一定项目为期限的集体协议，如利比亚等国家。在实践中，当这种集体协议约定的工作（工程）未能在法定最长期限内完成时，一般将法定最长期限视为该集体协议的有效期。

集体协议的期限，由当事人双方在法定最短和最长期限范围内自行协商约定，期满前经当事人协商一致可以延期，但延期不得超过法定最长期限。

我国现行立法只就定期集体协议做了规定，期限为1~3年；在合同约定的期限内，双方代表可对合同履行情况进行检查，每年对协议进行修订。

9.4.3　集体协议的订立

经过漫长和艰苦的集体谈判过程之后，劳资双方通常会消除分歧，最终就工资、工作量和就业保护等双方关心的问题达成共识。此时，劳资双方将分别派出代表订立集体协议。

1）集体协议订立的主体与原则

集体协议订立的主体包括劳动者签约人和雇主签约人。劳动者签约人一般是工会，在工会组织体系采用一元化模式的国家，各级工会组织具有集体协议当事人资格；在工会组织体系采用多元化模式的国家，工会要想成为集体协议当事人，还需要有一个工会承认的过程。我国现阶段，立法赋予基层工会委员会以集体协议签约人的资格，对于没有建立工会组织的企业，允许由职工推举的代表充当集体合同签约人。雇主方签约人一般是有权代表本企业的雇主或雇主代表，在我国现阶段，与工会相对的集体协议当事人只限于用人单位，因此，单位法定代表人是集体协议的签约人。

集体协议的订立应遵循以下基本原则：

（1）合法原则。所谓合法，是指订立集体协议的主体、内容、程序都必须符合国家法律、法规和政策的规定。

（2）平等、合作原则。集体协议双方当事人在签订协议的过程中，处于平等的法律地位，不考虑工会或职工代表与企业之间在行政上的隶属关系。双方当事人在订立集体合同的过程中，应本着合作的态度提出问题、讨论问题、解决问题，任何一方都不得以任何方式压制或威胁对方。

（3）协商一致原则。所谓协商一致，是指集体协议是当事人双方意思表示一致而达成的协议。协商是处理劳动关系的重要方式，也是订立集体合同的基础。未经协商不能签订协议，虽经协商但不能取得一致意见，也不能签订集体协议。我国《劳动法》第八十四条规定："因签订集体合同发生争议，当事人协商解决不成的，当地人民政府劳动部门可以组织有关各方协调处理。"

（4）审查原则。在劳动关系实践中，应强化劳动行政部门对集体协议的监督和指导作用。劳动行政部门对集体协议进行审查，不仅是订立集体协议的必经程序，也是订立集体协议时必须遵循的原则。

2）集体协议订立的程序

订立集体协议是由双方的代表进行的，因此，在订立集体协议的活动开始之前，必须推举或指定参加协商的代表，即确定集体协议的签约人。根据我国的《集体合同规定》，参加集体协商的代表，每方至少3人，并确定一名首席代表。工会一方首席代表不是工会主席的，应由工会主席书面委托。企业代表，由其法定代表人担任或指派。职工一方的协商代表由工会选派，未建立工会的企业由职工民主推举代表，必须得到半数以上职工的同意。协商代表一经产生，无特殊情况，必须履行其义务；遇有不可抗力造成空缺的，应当按照上述办法重新指派或推举新的协商代表。职工一方代表在劳动合同期限内自担任代表之日起5年内除个人严重过失外，用人单位不得与其解除劳动合同。根据集体协议的订立是否包括集体谈判程序，可以把集体协议的订立分为谈判模式和非谈判模式两种模式。

（1）谈判模式的订立程序。首先，各方在确立了谈判人员，组建好谈判组织后，应拟订谈判方案，预约谈判的日期和地点。在谈判过程中可能会出现几种情形：第一种是双方相互让步，顺利达成协议；第二种是双方相互讨价还价，谈判陷入僵局，后经协商或调解达成协议；第三种是谈判陷入僵局并调解失败，导致谈判破裂甚至罢工或闭厂，后来又在政府的干预下继续谈判，最终达成协议。无论哪种情形，双方就集体协议内容达成协议后，都应制作集体协议书，由双方首席代表签字，并加盖签约人公章。

（2）非谈判模式的订立程序。首先，由资方和工会双方的代表根据资方和劳动者的状况、国家的法律和政策，在广泛听取各种意见的基础上拟订集体协议草案。然后，双方代表应就集体协议草案进行细致而充分的协商、讨论，各方代表都要充分发表自己的意见，申明自己的主张。在平等协商的基础上，最终形成一致的意思表示。协商期间，在不违反有关保密法律、法规的规定和不涉及企业商业秘密的前提下，双方有义务向对方提供与订立集体协议有关的情况或资料。当协商未达成一致或出现事先未预料到的问题时，经双方同意，可以暂时中止协商。具体中止期限及下次协商的具体时间、地点、内容由双方共同商定。经过双方协商形成的集体协议草案，应当提交职工代表大会讨论通过。集体协议草案经职工代表大会审议通过后，由参加协商的双方代表中的首席代表分别签字。

无论哪一种集体协议的订立模式，在签订协议后，都应当把合同文本报送政府有关部门审查、确认。政府部门如果有异议，可指令当事人进行修正。没有异议的，政府部门即予确认和批准。《劳动法》第三十四条规定：集体协议签订后应当报送劳动行政部门；劳动行政部门自收到集体协议文本之日起15日内未提出异议的，集体协议即行生效。经政府确认生效后，签约双方应及时以适当方式向各自所代表的全体成员公布。

9.4.4 集体协议的履行、变更和终止

1）集体协议的履行

履行集体协议，对于集体协议的当事人和利益相关人来说，既是约定义务，也是法定义务。在集体协议立法中，一般对集体协议的履行有明确的规定，有的还特别强调用人单位一方对集体协议的履行。在《法国劳动法典》的集体劳动协议篇中，单独设置了“协议的执行”一章，它规定，受集体劳动协议所约束的受雇者或雇主团体，应该避免做任何可能有害于忠实执行协议的事情；只要协议本身已做专门说明，他们都应负责执行该协议。在《卢旺达劳工法》中，除了做出与上述类似的规定外，为了保证集体合同履行，还特别要求，有集体契约或与企业集体协议有关联的投资方，应采取适当措施，使有关劳动者了解要在企业中执行的契约或协定的内容。

（1）集体协议的履行，应当坚持实际履行、适当履行和协作履行的原则。在集体协议履行过程中，应针对不同的合同条款采用不同的履行方法，其中，标准性条款的履行，主要是在集体协议有效期内始终按集体协议规定的各项标准签订和履行

劳动合同，确保劳动者利益的实现不低于集体协议所规定的标准；目标性条款的履行，着重于将集体协议所列各项目落实在企业计划和工会工作计划之中，并采取措施实施计划。对于内容不够明确的条款，凡是国家的法规、政策、劳动标准中有明确规定的，应按这些规定执行；凡是国家无明确规定的，应当由当事人双方、关系人双方或当事人与关系人依法重新协商，按新商定的要求履行。

（2）集体协议关系人对集体协议的履行，存在着多数人履行的特点。按同一方关系人之间在履行集体协议过程中的关系，集体协议的履行有按份履行和连带履行之分。集体协议的按份履行，即各关系人只履行按份由其承担的合同义务，而不负责全面履行合同义务。连带履行，即各关系人都应当履行本方关系人承担的合同义务的全部，债务履行请示权人有权向各关系人提出全部或部分履行本方关系人合同义务的要求。在同一方关系人中，连带履行者有权向未履行者要求按份给予补偿。在实践中，连带履行一般只发生在劳动者一方关系人之间，并且，必须以法律中的特别规定为依据，若无特别规定，只能按份履行。

（3）集体协议的履行过程中，监督是必不可少的。在西方国家，企业（职工）委员会负有监督集体协议履行的职责。在我国，企业工会、企业职代会及其职工代表、签约双方代表以及劳动行政部门、企业主管部门、地方和产业工会，都应当对集体协议的履行实行监督。

2）集体协议的变更

集体协议的变更，是指因订立集体合同所依据的客观情况发生变化，当事人依法对尚未履行或尚未完全履行的集体协议进行修改和补充。我国规定，在集体协议期限内，由于集体合同订立时所依据的客观环境和条件发生变化，致使集体协议难以履行时，任何一方均可提出变更集体协议的要求。可作为集体协议变更条件的情况主要有：①用人单位因被兼并、解散、破产等原因，导致集体协议无法履行的。②不可抗力事件发生，使集体协议的部分条款无法履行的。③集体协议约定的变更或解除条件出现的。④法律、法规、规章规定的其他情形。

3）集体协议的终止

集体协议的终止，是指因某种法律事实的发生而导致集体协议法律关系的消灭。它包括以下几种情况：①集体协议因有效期届满而终止；②集体协议因目的的实现而终止；③集体合同依法或通过协商解除而终止。④集体协议因当事人一方不复存在而终止。

● 个案分析

广州番禺利得鞋业有限公司（简称利得鞋厂）是一家外商独资企业，主要为欧美贸易商生产皮鞋，建厂20多年，订单充足、效益很好。由于原厂址进行商业开发，利得鞋厂准备搬迁至郊区。2014年8月中旬，工人得知搬厂消息，但工厂拖欠了全厂工人多年的医保和公积金等。从9月至11月底，利得鞋厂工人共计召开了工人代表座谈会5次，工人大会1次，选举产生了61名工人代表，11月15日召开了全体工人代表大会预备会。

第一轮集体谈判：利得鞋厂11月25日强迫工人签订不合理的劳动变更合同，工人开始拒签变更合同，工厂管理人员威胁工人，不签变更合同就签辞职书。12月5日晚上，工厂手缝组代表通过罢工的决定。6日早晨手缝组罢工引发全厂工人和代表的强烈关注和声援，全体工人代表临时召开第一次工人代表大会，选举出11名工人谈判代表，同时决定支援手缝组发起全厂大罢工。罢工之后，资方通知工人代表开展劳资集体谈判，这是双方的第一次集体谈判。劳资双方商定，7日上午的劳资集体谈判现场不邀请第三方机构或人士加入，劳资问题由劳资双方谈判解决。第二轮集体谈判：12月6日晚上，第一次工人代表大会召开，61名工人代表商讨维权和谈判事宜；工人谈判代表整理出了工人的诉求，制作了集体谈判议案，并提出了谈判进展的具体时限和要求。7日上午，劳资双方进行第二次集体谈判。劳方提出了13项集体谈判诉求。最终，资方基本答复了劳方的诉求并作书面回应：工厂将于2015年6月搬迁到南沙区；搬迁前3个月下发安置方案，对于解除劳动关系的员工，公司将出具失业证明并按法规发放补偿金；公司将依法为员工从入职时起补发社保、住房公积金、女工产假工资；对于有职业病危害的岗位，公司定期为员工组织健康体检；对于工人诉求中的高温补贴、带薪年休假、加班费等，公司正积极了解具体细则和执行标准，将在近期尽快给予答复。7日晚，工人谈判代表立即召开了第二次工人代表会议，讨论资方对集体谈判的回应及劳方的对策，建议全体工人复工。第二轮劳资集体谈判后，在工人代表的督促下，利得鞋厂将全厂2 750名工人的入职时间的核对在短期内高效率地完成，为劳资双方解决社保、住房公积金、工龄补偿等问题奠定了基础。工人代表协助每一位工友确认入职时间，加强了工友们与工人代表的联系和信任，促进了工人的团结。同时工人代表和谈判代表审定第二轮劳资集体谈判协议书草案，准备于13日与资方一起修改后签署。第三轮集体谈判：12月13日早上7点半，利得鞋厂管理层召开各部门员工大会，针对工人加班费、带薪年假、高温津贴等工人诉求发布公司单方面的公告。收到公司公告后，全体工人代表向公司提出：公司单方面发布公告，没有与工人代表进行协商，全体工人代表敦促公司正视工人的集体意愿和集体诉求，切实与工人代表展开劳资谈判，妥善解决工人提出的各项诉求。公司管理层回复，要求工人代表出具谈判诉求及具体的补偿标准，并取消原定于14日下午的第三轮集体谈判。工人代表向公司发出公告：坚持原定第三轮集体谈判的安排；不接受公司13日单方面发出的加班费等补偿方案；若公司破坏已达成的劳资第三轮集体谈判预定安排，后果由公司负责。12月14日，原定的第三轮集体谈判由于资方爽约而未进行。15—16日，利得鞋厂工人第二次罢工。迫于工人的压力，12月17日下午1—3点，利得鞋厂劳资双方举行了第三次集体谈判，劳资双方平等协商，最后达成协议：加班费、带薪年休假工资、高温补贴等三项合并以一次性每人每工作满一年按2 000元的标准发放，以6年为上限，工作未满1年的员工按每满1个月166元的标准发放，并于2014年12月20日前支付。下午4点，全厂工人复工。

至此，利得鞋厂劳资集体谈判顺利达成协议。接下来就是监督每一项承诺的兑现，落实2015年6月搬厂之前3个月的安置费。

资料来源 谢玉华. 市场化集体谈判成功案例——番禺利得鞋厂劳资集体谈判分析［N］. 中国工人，2015-02-05.

问题：

1.结合案例谈谈你对集体谈判的主体、程序以及集体谈判的意义的理解。

2.你认为工会在此次事件中扮演的角色如何？如果你是工会的一员，你会怎么做？

● 本章小结

集体谈判是指雇主和工会之间针对工作报酬、工作时间及其他雇佣条件，在适当时间以坦诚的态度所进行的协商和交涉。它有别于单个雇员为自己的利益而与雇主进行的谈判。它是工会代表雇员，为了维护全体雇员利益而进行的谈判，其目的是签订集体协议，规范双方的权利、义务关系，解决工作场所中所共同关注的问题。

集体谈判的主体是指谈判的双方，即资方和工会。西方国家一般通过立法解决谈判主体资格的承认问题。工会要取得法律认可的谈判资格，必须获得正式的承认。一般来说，工会可以通过两种途径获得承认，即自愿承认和法定承认。在谈判双方取得谈判资格后，才可进行谈判。一般来说，谈判的过程包括接触、磋商、敲定、扫尾四个步骤。谈判过程中，双方关注的主要问题可分为三类：程序性问题、实体性问题和劳动关系问题。在经历复杂而漫长的谈判过程后，谈判双方将达成共识，签订集体协议。

集体协议又称集体合同或团体协议，是指工会代表员工与雇主或雇主团体签订的，关于劳动条件、劳动标准及劳动关系问题的书面协议。它在规范劳动力市场运行、促进经济发展、建立和谐的劳资关系、弥补立法不足等方面都将发挥重要作用。

● 关键概念

集体谈判　集体协议　谈判结构　示范性谈判　协调性谈判　正式谈判结构　劳动关系问题　非正式谈判结构　程序性问题　实体性问题

● 课堂讨论题

1.结合自己的感受，谈谈对集体谈判概念的理解。

2.讨论集中谈判和分散谈判的优缺点，并说明原因。

3.讨论西方集体谈判制度对我国集体谈判制度理论及实践的借鉴意义。

4.讨论集体谈判和集体协议制度在我国的实施情况和发展趋向。

● 复习思考题

1.简述正式谈判结构的种类。

2.简述订立集体协议应遵循的原则。

3.集体谈判制度在劳动关系调整中的作用是什么?

4.集体谈判与集体协议有什么关系?

5.试以某一具体企业为例，说明劳动合同与集体合同的区别。

第10章 / 劳动争议处理

引导案例

田莉莉（化名）2006年8月受聘到某公司销售分公司工作，任经理助理。进入公司后，田莉莉的工作也还顺利，因为公司地处市中心，工作环境不错，周边交通便利，薪酬水平也较高，田莉莉对这份工作很满意。2008年3月初，田莉莉的主管通知她，因为下属工厂加工任务紧迫，缺少人手，要求田莉莉去工厂协助工作三个月。考虑到工厂地处郊区，从自己家到工厂需要转三次车，每天上下班路上需要很长时间，田莉莉很不愿意。主管说，这是公司管理层商定的事，不能改变，要求她克服困难，坚持三个月。田莉莉对主管说，自己的岗位是经理助理，不应该到下属工厂工作。再加上害怕以后会被长期留在工厂工作，因此，田莉莉坚决拒绝。几次谈话无果，2008年3月下旬，公司向田莉莉发出解雇通知，以她不服从主管的工作安排、严重违反公司的规章制度为由，解除了她与公司的劳动合同。

田莉莉向市劳动仲裁院申请劳动仲裁，要求撤销企业解除劳动合同的决定，恢复劳动关系，并要求单位支付仲裁期间的全部工资。市劳动仲裁院依法受理了她的申诉。

庭审中，公司称，公司的《员工手册》中明确规定员工不服从主管的工作安排，公司可以解除劳动合同。主管要求她到下属工厂工作三个月确属工作需要，田莉莉不服从安排，扰乱了工作计划，严重违反了企业的规章制度。公司为了维护正常的管理秩序，不得已依据法律和规章制度解除了劳动合同。公司提供的《员工手册》中确有“员工不服从主管的工作安排，公司可以解除劳动合同”的表述，但田莉莉表示，公司从来没有告知过有这样的《员工手册》，而且也没听说过公司有这样的规章制度。公司也未能提供相关证据材料证明《员工手册》是经民主程序制定的并公示或明确告知过田莉莉。

劳动仲裁院应怎样处理呢？若调解不成，应如何裁决？

学习目标

劳动争议处理是在市场经济条件下调整劳动关系的重要手段。通过本章的学习，应了解劳动争议的基本理论，包括劳动争议的概念与内涵、种类、特征以及我国劳动争议的现状与特点、劳动争议产生的原因和劳动争议处理的意义与原则；掌握劳动争议的处理程序，包括协商、调解、仲裁和诉讼；认识劳动争议预防的意义，并掌握劳动争议预防的有效措施等。

10.1 劳动争议概述

随着社会经济成分、分配形式、就业方式和利益关系的多元化，发生于劳动者和用人单位之间的劳动争议日益增加，而且这些争议正呈现逐步激化扩大的趋势，它们已经成为新的社会不稳定因素和企业改革深入发展的桎梏。在这一形势下，2007年12月29日第十届全国人民代表大会常务委员会第三十一次会议表决通过了《中华人民共和国劳动争议调解仲裁法》（以下简称《劳动争议调解仲裁法》），并于2008年5月1日起施行。该法律的顺利实施不仅有利于正确处理劳动争议，保障争议双方当事人的合法权益，而且对于现阶段稳定劳动关系也具有重要意义。

10.1.1 劳动争议的含义

劳动争议又称劳动纠纷，在非公有制企业和资本主义国家中又称劳资争议、劳资纠纷。广义的劳动争议是指劳动者与用人单位或其团体之间因劳动关系所发生的一切争议；狭义的劳动争议仅指劳动者与用人单位因实现劳动权利或履行劳动义务而发生的争议。从本质上来讲，劳动争议是劳动关系不和谐的反映。

为了更为准确地把握劳动争议的概念，需要进一步明确劳动争议的内涵，可以从劳动争议的主体、内容和客体三方面进行理解。

（1）劳动争议的主体即劳动争议的双方当事人，必须是建立劳动关系的劳动力供求双方，其中一方为劳动者或工会，另一方为用人单位或其团体。若争议不是发生在双方当事人之间，即使内容涉及劳动关系也不构成劳动争议。例如，劳动者与工会就某些利益关系发生的争议，企业之间因劳动力流动发生的争议，企业或其团体与劳动行政部门在劳动行政管理中发生的争议等，都不属于劳动争议的范畴。

（2）劳动争议的内容涉及劳动争议主体之间的权利和义务关系。劳动权利和劳动义务的内容相当广泛，它包括就业、劳动报酬、工作时间、休息休假、劳动条件、劳动保护、保险与福利、技能培训、劳动纪律等。劳动权利和劳动义务是根据《劳动法》、《劳动合同法》、集体协议和劳动合同确定的，超出这些立法和合同之外的权利和义务都无法形成劳动争议。

（3）劳动争议的客体是劳动争议主体的权利和义务所指向的对象。在我国，劳动争议的客体具体包括行为、实物和与人身相关的非物质财富等。例如，企业开除、除名、辞退员工和员工自动离职等行为，具体的工资、奖金的数额，劳动保护设施等财物，以及员工技术专利等非物质财富，都可以成为劳动争议的客体。

10.1.2 劳动争议的类型

现实中发生的劳动争议事件是多种多样的，为了便于理论分析和有利于劳动争议的处理，可以按照不同的标准，对劳动争议做以下分类：

（1）按照参与争议的主体不同，可以将劳动争议分为个别劳动争议、集体劳动争议和团体劳动争议三种。个别劳动争议是指单个劳动者与用人单位发生的争议。集体劳动争议是指多个劳动者（我国法定为10人以上）基于共同的理由与用人单位发生的争议。集体劳动争议的员工当事人应推举代表参加争议处理程序。

团体劳动争议是指工会与用人单位或其团体之间因集体协议而发生的争议。团体劳动争议中工会的法定代表人是企业工会主席，在争议处理中代表全体员工的共同利益。

（2）按照争议的性质不同，可以将劳动争议分为权利争议和利益争议。权利争议又称既定权利争议，是指因实现劳动法律、法规、集体协议和劳动合同所规定的权利和义务发生的争议。利益争议又称待定权利争议，是在当事人的权利和义务尚未明确的情况下，对于相互间的权利和义务是否维持或变更而发生的争议。它针对的不是现实的权利和义务，而是未来待确定的权利和义务。目前我国劳动争议仲裁处理的范围仅局限于权利争议。对于利益争议，目前仅靠在政府的干预下协商解决。

（3）按照争议当事人的国籍不同，可以将劳动争议分为国内劳动争议和涉外劳动争议。国内劳动争议是指具有中国国籍的劳动者与用人单位之间的劳动争议。涉外劳动争议是指当事人一方或双方具有外国国籍或无国籍的劳动争议，具体包括中国用人单位与外籍员工之间的劳动争议、在华外籍企业与中国员工之间的劳动争议、在华外籍企业与外籍员工之间的劳动争议。加入WTO以后，我国在大力引进国外人才的同时，涉外劳动争议也越来越吸引公众的注意。2007年3月，湖南省长沙市劳动争议仲裁院成功地为波黑籍务工人员阿德敏讨回了被克扣的工资和社保金，此案也成为湖南省首例涉外劳动争议案件。需要说明的是，凡用人单位在我国境内的涉外劳动争议，都适用我国法律进行处理。

10.1.3 劳动争议的特征

由于劳动争议发生在雇佣劳动这一特定行为领域，与一般争议相比，劳动争议具有其明显的不同之处。具体来说，劳动争议具有以下几点特征：

1）劳动争议的当事人是特定的

劳动争议的当事人是彼此存在劳动关系的用人单位与劳动者。用人单位包括具备法人资格的企业和不具备法人资格的单位（事业单位和国家机关、人民团体以及具有经营权的用人单位等）。前者应由其法定代表人参加仲裁，后者由其主要负责人参加仲裁。劳动者是指与用人单位形成劳动关系的具有劳动权利能力和劳动行为能力的中国公民以及在中国境内的外国人和无国籍人。劳动争议必须发生在具有劳动关系的用人单位与劳动者之间，没有劳动关系的其他主体之间即使因劳动问题发生纠纷也不属于劳动争议。

2）劳动争议的范围是限定的

我国劳动争议的范围限定在法律规定的范围之内，只要属于法律规定范围内的劳动争议，当事人均可向当地劳动争议仲裁委员会申诉。2008年5月1日施行的《劳动争议调解仲裁法》规定了目前我国劳动争议仲裁委员会受理劳动争议的范围：

（1）因确认劳动关系发生的争议；

(2) 因订立、履行、变更、解除和终止劳动合同发生的争议;

(3) 因除名、辞退和辞职、离职发生的争议;

(4) 因工作时间、休息休假、社会保险、福利、培训以及劳动保护发生的争议;

(5) 因劳动报酬、工伤医疗费、经济补偿或者赔偿金等发生的争议;

(6) 法律、法规规定的其他劳动争议。

3) 劳动争议有特定的表现形式

一般社会关系纠纷表现为争议主体之间的利益冲突，影响的范围局限在主体范围之内，而劳动争议除可表现为一般社会关系纠纷形式外，有时，重大的集体劳动争议、团体争议还会以罢工、示威等形式出现，涉及面广，社会影响范围大，甚至还会造成国际影响。2005年6月，西门子中国公司违反《劳动法》的规定非法裁员，引发数十名员工集体静坐以示抗议，警察出动维持秩序，在社会上造成了不良的影响。因此，劳动争议常常作为重要的社会问题，由专门法律和专门政策加以调整。

4) 不同的劳动争议适用不同的程序处理

劳动争议的类型不同，应适用不同的争议处理程序。个别劳动争议的处理程序包括协商、调解、仲裁、诉讼。我国法律规定，发生劳动争议，劳动者可以与用人单位协商；当事人不愿协商、协商不成或者达成和解协议后不履行的，可以向调解组织申请调解；不愿调解、调解不成或者达成调解协议后不履行的，可以向劳动争议仲裁委员会申请仲裁；对仲裁裁决不服的，除特殊规定的，可以向人民法院提起诉讼。我国现行劳动争议处理的基本特点是当事人自愿选择协商和调解；仲裁是劳动争议诉讼的前置程序。

对于集体争议来说，由于这种争议涉及的劳动者人数在10人以上，且涉案劳动者具有共同的争议理由，我国法律规定此时员工一方当事人应当推举代表参加调解或仲裁活动。集体争议包括两类：因签订集体协议发生的争议和因履行集体协议发生的争议。前者由劳动保障行政部门会同同级工会代表、企业代表共同进行协商；后者可以向劳动争议仲裁委员会提起申诉，对仲裁裁决不服的，可以向人民法院起诉。

我国目前并没有针对团体争议而设立相关的处理制度，有学者曾建议实行先调解再仲裁或诉讼的处理模式，即发生团体争议之后，应当由半官方的社会性调解组织介入，强制性地解决争议；调解不成，可以选择仲裁或诉讼，仲裁和诉讼两种程序是互相排斥的，一旦选择了其中的任何一种，该程序都成为最终救济程序，其得出的结果将成为最终结果。[①]团体争议是我国经济发展中不可忽视的一个重要问题，建立有效的团体劳动争议处理制度将直接体现对劳动者的关怀，也更能体现社会主义制度的优越性。

---

① 孙晓星. 完善我国团体争议处理机制的研究［D］. 苏州：苏州大学，2006.

10.2 我国企业的劳动争议

10.2.1 我国劳动争议的现状与特点

计划经济条件下，企业与雇员之间的劳动关系是由国家政策和有关法律来确定的，因而在公有制企业中难以形成真正意义上的劳动关系，劳动争议自然也较少发生。随着我国社会主义市场经济体制逐步确立，产业结构调整和国有企业战略性改组的力度不断加大，企业原有的经济结构、利益格局发生了重大的变化。劳动关系管理的契约化、市场化步伐加快，加之民营企业、外资企业等的大幅度发展，劳动者正面临着多种新型的劳动关系。总体来看，当前劳动争议显现出以下特点和变化：

1）案件数量呈现出两个高峰期

近十几年来，我国劳动争议案件出现了两个高峰期。第一个高峰期出现在2008年，全国共计受理各类劳动争议案件693 465件，比2007年度递增了343 283件，同比增长98%。第二个高峰期出现在2015年，全国共计处理各类劳动争议案件172.1万件，同比增长139.44%。

2）集体劳动争议案件明显上升，社会影响不断扩大

集体劳动争议案件呈现出全球化的趋势。从世界各地劳动争议案件统计数字来看，近年来集体劳动争议普遍呈现大幅度上升趋势，如美国波音公司性别歧视集体诉讼案、EA公司前员工集体诉讼要求补偿加班费案。而在我国，受全球经济一体化的影响，加之近年来由于企业改制、集体欠薪等原因造成的集体劳动争议案件也明显上升。2008年达到历史最高水平，全年全国各级劳动争议仲裁机构共办理集体劳动争议案件2.2万件，涉及劳动者50.3万人。上海法院2000年至2006年受理群体性劳动争议案件增长7倍，年均增长73.2%。2009年全国各地受理集体劳动争议案件数虽稍有下降，但涉及的劳动者人数仍高达30万。集体劳动争议涉及人数多，社会影响大，处理不好往往会影响企业内部劳动关系的和谐，甚至导致矛盾激化，如有的员工当事人到当地党委、政府上访，封堵公路，私自哄抢企业财物、拆毁厂房设备等，从而影响社会的稳定。

3）诉讼主体和纠纷类型多样化

劳动争议案件的诉讼主体向多样化发展。首先是参与诉讼的劳动者的构成出现显著变化，涉及企业高层管理人员的案件逐渐增多，涉及农民工劳动争议的案件所占比例逐年提高。上海市各级人民法院近年来受理这两类案件分别占劳动争议案件的5%和9%左右。其次是在受理的劳动争议案件中，用人单位虽仍以国有企业为主，但三资企业、私营企业 和合伙企业等非公有制经济体内部发生的劳动争议案件数上升幅度明显。上海法院近年来受理的劳动争议案件中，国有企业占63%、三资企业占27.8%、私营企业占9.2%。另以江苏省泰州市为例，该市2007年上半年

受理的劳动争议案件中，私营企业争议案件占到了案件总数的44.1%，比2006年同期增长15%。

劳动争议案件的纠纷类型也呈现多样化。虽然劳动报酬争议仍占这类案件的绝大多数，但报酬争议的形式已经由简单的克扣、拖欠工资争议，扩大到工资总额争议、最低工资争议、加班工资争议、提成款争议、工资变更争议以及富余、待岗人员生活费争议等形式。变更、解除和终止劳动关系是引发劳动纠纷的重要原因，2008年因这几方面的原因产生的劳动纠纷占全国纠纷总数的32.5%，2009年占到36.1%。其他劳动关系争议案件也占一定的比例，包括岗位调整、培训、休假以及事实劳动关系等各种争议形式。

4）劳动争议案件处理难度日趋增加

劳动争议案件的处理主要通过仲裁和诉讼两个阶段来实现。在仲裁阶段，劳动争议仲裁委员会调解结案的比例逐渐下降，根据2011年上半年全国劳动人事争议处理情况统计分析报告，2011年上半年审结25.65万件，比2009年、2010年同期分别下降18.93%和14.05%。当事人争议请求事项增加，甚至有的劳动者把仲裁当成了发泄对用人单位不满的一种途径，“漫天要价”和诉求金额小于100元的情况并存。辽宁省仲裁请求多于3项的案件占80%以上，有的多达十几项，上海市有2~5项仲裁请求的案件约占案件总量的70%。劳动者诉求中不合理的成分增多，期望值增大，导致基层调解组织调解难度加大，调解成功率有所下降，不仅增加了调解仲裁机构的工作量，而且使仲裁案件处理日趋复杂化。

劳动争议案件处理难度之所以逐渐加大，主要是由于以下几方面的原因：一是调查取证难。由于一些劳动者教育水平相对偏低、流动性强，只能从事技术含量低的劳动密集型企业的工作。此类企业往往法律意识淡薄，这就造成了当事人之间的劳动关系多是无书面劳动合同的事实劳动关系，用人单位与劳动者的权利和义务无据可查。二是适用法律难。劳动争议案件既涉及《民法典》《劳动法》，又涉及众多的行政法规、地方规章等，不仅法律规定的空白点多，而且对同一问题的有些规定不完全一致，在实践中如何适用不好把握。三是执行难。一方面，由于这类案件的判决结果往往涉及对劳动者的经济性赔偿，许多经营者为逃避债务，抽逃资金后隐匿藏身，难以寻找。另一方面，有的集体争议案件的赔偿数额巨大，若用人单位按照判决结果如实赔偿，企业的资金运营就会出现困难，更严重的则有可能直接导致企业破产，这也增加了判决结果的执行难度。

5）劳动争议案件分布相对集中

劳动争议案件的分布具有明显的地域特征和行业特征。从地域看，这类案件主要集中在经济发达和流动人口较多的地区。北京、上海、江苏、浙江、山东、广东六个经济发达地区一直为我国劳动争议案件高发地区，2009年六个地区当期受理案件408 243件，占当年全国受理案件总数的59.65%，如在经济较为活跃的广东省，近年来受理劳动争议案件量始终排在全国第一位；而广东省绝大多数的此类案件又集中在经济发达、外来人口多的珠江三角洲地区，仅2008年上半年该地区劳动争议案件数量就占到了全省的96.5%。从案件涉及的行业看，这类案件主要集中在加工制造、建筑、服务等劳动密集型产业。从上海市各级人民法院近年来受理的这类案件中可以看出，涉及加工制造业的占29.7%、涉及建筑业的占17.7%、涉及服务业的占11%，仅这三个行业劳动争议案件就占了争议案件总数的58.4%。

6）劳动者提起诉讼的比例增大、胜诉率高

在劳动争议案件中，劳动者一方提起诉讼的比例不断增大，且劳动者的胜诉率远高于用人单位。2010年《中国劳动统计年鉴》表明，2009年全国劳动者申诉案件达627 530件，占总数的91.7%。这说明，劳动者的法律维权意识正逐步增强。在2009年结案的689 714件劳动争议案件中，用人单位胜诉95 470件，占13.8%；劳动者胜诉255 119件，占37%；双方部分胜诉125 501件，占18.2%。这也进一步表明，用人单位离依法用工的要求还有一定差距，也反映了近年来国家加大了对弱势劳动者的倾斜性保护力度。

7）劳动争议所体现的劳资对立面不断尖锐

双方当事人所产生争议的原因并不仅仅是仲裁请求中的标的，而是将劳动争议仲裁机构视为一种利益表达渠道。在处理劳动争议仲裁过程中，因劳动争议引发的报复事件经常见诸报端，讨薪引发的罢工、堵路、跳楼事件屡见不鲜，个别劳动争议的不可调和性可见一斑。

10.2.2 我国企业劳动争议产生的原因

就本质来讲，劳动争议是由劳动关系双方当事人各自的利益冲突产生的。然而，具体而言，劳动争议的产生又有着多方面的原因，主要有以下几点：

1）用人单位法律意识淡薄，不依法办事

用人单位为了自身的利益，无故拖欠、克扣工资，随意延长工作时间，欠缴社会保险费，逃避工伤保险责任等，随意侵害劳动者的合法权益，导致不公正和违法事件发生。近些年来，用人单位拖欠劳动者工资现象比较普遍和严重，其中拖欠农民工工资问题最为突出，主要发生在建筑和餐饮服务等行业。例如，辽宁省进城务工农民王某与某建筑工程队签订了劳动合同，双方约定，按季度支付工资，每月1 500元，包吃住，合同期限为该工程的持续时间，预计为2年。干了8个月后，适逢春节，王某向工程队要求支付第三季度的工资作为回家路费，工程队予以拒绝。王某遂要求支付最后两个月的工资，工程队仍予以拒绝，并称不足一个季度不能发放劳动报酬，且工程队近几个月没有收到发包方的工程款，无力发放工资。无奈之下，王某将工程队告上仲裁庭，走上了依法讨薪之路。

另外还有一些用人单位的经营者缺乏民主作风，独断专行，滥用职权，导致职工代表大会等民主机构成为摆设，没有发挥应有的作用。不仅如此，还有一些用人单位没有树立正确的经营观念，过分追求短期经济效益，管理手段十分落后，如忽视员工福利，不开展必要的培训，工作场所安全措施不到位等，这些都增加了员工的抵触情绪，使得劳资双方常常处于敌对的状态，极易导致劳动争议的发生。

2）劳动力市场供过于求，劳动者处于相对弱势的地位

我国劳动力数量庞大，用人单位在劳动力市场上处于相对优势的地位。在利益的驱动下，一部分企业会以牺牲劳动者的合法权益为代价追求最大利润。而劳动者选择余地小，在订立劳动合同时缺乏足够的讨价还价能力，只能被迫放弃部分合法权益，接受一些不公平的待遇，这就为劳动争议的产生埋下了隐患。尤其是在目前，广大的农民工和外来务工人员纷纷涌向城市，他们的文化层次较低，社会地位不高，是社会的弱势群体，他们成为劳动争议的高发人群。在这一方面，某些地区已经采取了相应的措施。上海于2002年9月1日颁布实施了《上海市外来从业人员综合保险暂行办法》，规定用工单位须对外来务工人员提供工伤、住院医疗和老年补贴三项保险待遇，这不仅保障了外来务工人员的合法权益，对稳定劳务关系、避免劳资矛盾也起到了积极作用。

3）劳动合同和集体协议管理不规范

目前，我国的劳动合同呈现国企签约率高、私企签约率低的特点。有些用人单位和劳动者还没有完全形成依据劳动合同确立劳动关系的意识，劳动合同管理还缺乏系统性，合同的续签、变更、解除和终止等还不够规范，内容、形式不够完备，不按劳动合同办事，这些都容易引发劳动争议。部分企业仍未建立工会，有些即使建立了工会也很不健全，不能独立开展工作，阻碍了集体协议制度在企业中的开展和深入推广，这种情况在非公有制企业中尤为突出。加之目前企业的集体协议往往流于形式，千篇一律，内容空泛，其作用还得不到有效的发挥。就我国的现状来看，人员流动频繁，社会信用制度不发达，只有劳动合同很难约束员工，对于劳动者违反劳动合同的行为，企业难以追究，也使得企业缺乏签订劳动合同的积极性。所有以上这些不规范的劳动合同和集体协议管理都容易诱发劳动争议的产生。

案例10-1　　劳动合同争议案

案情：王某，男，大专学历，原是一家企业的技术骨干。王某在应聘时发现：技术岗位人员的招聘条件都要求是大学本科学历，尽管王某强调自己的能力很强，但仍多次碰壁。为了到某知名用人单位工作，应聘时王某向用人单位提交了写有“大学本科学历”的简历。该用人单位录用了王某，双方签订了一年的劳动合同。试用期内，用人单位获悉王某伪造大学本科学历。王某承认，为了应聘成功，不得已撒谎欺骗了企业，请求用人单位看在自己工作能力较强和工作态度较好上予以谅解。但该用人单位认为，员工应该有基本的诚信，王某是以欺骗的手段达到与用人单位签订劳动合同的目的，立即解除了与王某签订的劳动合同。王某不服，认为自己是通过面试等考核被录用的，入职用人单位后工作能力也得到了认可，与有无大学本科学历没有关系，用人单位不应该解除合同。王某遂提起仲裁申请，要求撤销用人单位解除劳动合同的决定，恢复劳动关系，继续履行原劳动合同。

点评：本案是一起因劳动者在订立劳动合同时谎报学历致使用人单位解除劳动合同而引起的劳动争议。双方立场不同，员工认为自己是通过面试等考核被录用的，进入用人单位后工作能力也得到了认可，有无大学本科学历没有关系，用人单位不该解除合同；用人单位的观点则是员工

的行为涉及诚信问题，涉及企业管理的纪律性与标准，所以双方相持不下。该争议的焦点在于明晰以下几个问题：王某谎报学历签订劳动合同是否违法？企业在发现王某谎报学历后能否单方面解除其劳动合同？企业在本案中有无过错？如何判定劳动合同无效？

《劳动合同法》第三条规定：劳动合同依法订立后即产生法律约束力，当事人必须履行，但这里要注意的是“依法订立”这个先决条件，如果不是依法订立，那这份劳动合同或者合同的某些条款对当事人就不具有约束力。《劳动法》第十八条以及《劳动合同法》第二十六条当中规定了致使劳动合同无效或者部分无效的条件：以欺诈、胁迫的手段或者乘人之危，使对方在违背真实意思的情况下订立或者变更劳动合同的。《最高人民法院关于贯彻执行〈中华人民共和国民法通则〉若干问题的意见》第六十八条规定：一方当事人故意告知对方虚假情况，或者故意隐瞒真实情况，诱使对方当事人做出错误意思表示的，可认定为欺诈行为。王某为了达到与用人单位签订劳动合同的目的，谎称自己具有大学本科学历，骗取了企业的信任，该行为足以影响用人单位录用其的意愿，亦影响了双方劳动合同的履行。王某的做法属欺诈行为。

依法订立并生效的劳动合同具有法律约束力，用人单位与劳动者应当依法履行。但是，如果订立劳动合同的双方当事人中的一方不符合劳动法律的要求，或者以欺诈、胁迫的手段或者乘人之危，使对方在违背真实意思的情况下订立劳动合同，或者劳动合同所约定的内容违背《劳动法》《劳动合同法》的规定或者其他劳动法律、法规的强制性规定，就会导致劳动合同的无效或者部分无效，从而引发双方当事人之间的劳动纠纷。

资料来源　佚名. 劳动争议协商调解经典案例［EB/OL］.［2019-10-30］. http://wenku.baidu.com/link? url=1u0mq5KLqbE1EaheAvq5jji7RyBFbYE04a7hXoLzbAI00vgw1vgKln06nPUb8M8ZEojx9uLj7Bw7Q9QK8xVmv_nOTvwXNhyI1slNxjkWjA3.

4）劳动者维权意识增强

随着劳动法律知识的普及和劳动执法部门维护劳动者合法权益力度的加大，劳动者认识到其与用人单位处于平等的法律地位，一旦发生劳动争议，通过法律渠道来维护自己的合法权益，越来越得到广大劳动者的认同。尤其是《劳动合同法》和《劳动争议调解仲裁法》的颁布实施，使更多的劳动者学法、知法、懂法，也为维护职工合法权益提供了强大的法律武器。例如，自2008年1月1日《劳动合同法》实施以来，江苏省高邮市劳动和社会保障局频频收到因解除劳动关系发生的劳动争议案件。截至2008年3月末，该类案件就已经占到该年立案总数的47%。由此可见，属于弱势一方的劳动者维权意识正逐步增强，他们已经越来越注重劳动权益的自我保护。

5）劳动法律、法规有待完善

完善的法律调整机制有利于保证劳动关系处于良性运转状态，而我国现阶段的劳动立法却显得十分滞后，一些重要的单行法，如《工资法》和《社会保障法》等还未出台，尚未形成和建立起以《劳动法》为核心的劳动法律体系。另外，已经颁布的劳动法律、法规还存在不够全面的地方，如在《劳动合同法》颁布以后，目前不少企业十分担忧的是无固定期限劳动合同、法定条件外资企业无权终止劳动合同以及在固定期限劳动合同期满终止时，向劳动者支付经济补偿金等问题。这导致从2007年下半年开始，包括中央电视台（CCTV）、LG、沃尔玛、中石化、泸州老窖等知名企业（单位）在内的众多企业（单位）纷纷开始了大规模“裁员”。“裁员”的对象基本为在本单位连续工作五年以上的老员工或者是所谓的临时工、劳务工；“裁员”的理由也多种多样，但体现的法律表现形式大致包括劳动合同到期不续签、终止事实劳动关系、协商解除劳动合同甚至违法解除劳动合同等。所有这些问题的解决有待于有关部门尽快出台实施细则，进一步完善该项立法。

6）劳动者的趋利性

随着法律、法规的宣传到位，劳动争议案件数量不断上升，劳动者身边的劳动争议案例也不断增多。胜诉的劳动者从劳动争议处理中获得利益，带动同类人员进行劳动争议仲裁或诉讼。劳动争议仲裁维权成本低，导致大量的劳动者抱着“试试看”的心态申请仲裁。

10.2.3 我国企业加强劳动争议处理的意义与原则

随着国有企业深化改革和私营企业快速发展，我国的劳动争议问题越来越突出。劳动争议的不断产生，必然会给劳动关系双方权益的实现制造障碍，并影响正常的生产和社会秩序。由此，劳动争议处理作为一种调整劳动关系的法律手段，其重要性日渐突出。

1）劳动争议处理的意义

劳动争议处理是劳动争议处理机构在当事人的参与下，运用法律规定的各项程序性措施，即协商、调解、仲裁、诉讼等，解决劳动纠纷，促进劳动关系和谐的一种方式。它对于保护企业和员工双方的合法权益，促进社会主义市场经济持续、快速、健康发展，维持企业和社会稳定具有重要意义。

（1）有利于维护双方当事人的合法权益。大量事实表明，大多数劳动争议都是由于用人单位的管理水平低下，法治观念淡薄，以言代法、以权代法，侵害了员工的合法权益而引发的。劳动争议案件直接关系到员工本人和其家庭生活，如果长期得不到解决，争议双方矛盾就会激化，给劳动者和用人单位双方都会带来严重的损失。我国劳动法律、法规不仅保护劳动者的合法权益，当用人单位的权益受到侵害时，用人单位同样也可以拿起法律的武器予以维护。

（2）有利于维护正常的生产经营秩序，建立和谐的劳动关系。劳动争议，特别是集体和团体争议，如果得不到及时有效的解决，就会引起停工、罢工等，严重影响正常的生产经营秩序。妥善处理劳动争议，可以及时缓和矛盾，防止事态扩大，从而保证企业生产的顺利进行。从更高的层面上来讲，及时化解劳动争议可以维持劳资双方关系的稳定，进而在全社会范围内建立起和谐的劳动关系。

（3）有利于维护安定团结的政治局面，保证和谐社会构建的顺利进行。劳动争议处理有利于整个社会的安定团结。一项劳资冲突对社会治安的影响的实证研究发现，劳资冲突与危害社会治安的违法犯罪活动直接相关。劳资冲突每增加1%，刑事案件总数增加0.59%，劳动争议涉案劳动者人数与主要刑事案件数和治安案件数呈高度正相关关系。[①]我国现阶段提出要构建社会主义和谐社会，这一目标的实现也要建立在劳动关系和谐的基础之上，因此，妥善处理劳动争议就成为实现这一目标的重要途径。

2）劳动争议处理的原则

劳动争议处理机构在处理劳动争议时必须遵循一定的原则，这些原则贯穿于劳动争议处理的全过程。2008年5月实施的《劳动争议调解仲裁法》第三条规定："解决劳动争议，应当根据事实，遵循合法、公正、及时、着重调解的原则，依法保护当事人的合法权益。"

（1）合法原则。合法原则是普遍适用的法律原则。这里的合法原则是指劳动争议处理机构在处理过程中必须以事实为根据，以法律为准绳，依法处理劳动争议案件。也就是说，劳动争议处理的程序、方法和内容不得违反法律，不得损害国家、集体和他人的权益。需要注意的是，这里"合法"一词所指的"法"是一个广义的概念，既包括劳动实体法也包括处理劳动争议的程序法，还包括相关的行政法规和政府规章，如《劳动争议仲裁委员会组织规则》《劳动争议仲裁委员会办案规则》等。另外，依法签订的劳动合同、集体协议以及依法制定并经职工代表大会或者职工大会讨论通过的企业规章制度，也都可以作为处理劳动争议案件的依据。

（2）公正原则。坚持公正原则是正确处理劳动争议的基本前提。公正原则是指在处理劳动争议的过程中，劳动争议处理机构要做到公平正义、不偏不倚，保证争议当事人处于平等的法律地位，具有平等的权利和义务，并对人们之间权利或利益关系进行合理的分配。由于劳动者和用人单位存在着隶属关系，在现实劳动关系中，劳动者服从用人单位的管理和指挥，劳动者相对处于弱势地位。这就更加要求劳动争议处理机构一定要坚持公正原则，防止把这种不对等关系带到劳动争议处理程序中，以确保劳动者和用人单位在劳动争议解决程序中处于平等地位，任何一方都没有超越另一方的特权。

（3）及时原则。对劳动争议的处理要讲求实效性，也就是说对争议案件的处理要及时。及时原则是指劳动争议当事人和处理机构应遵循劳动争议处理法律、法规规定的期限，尽可能快速、高效地处理和解决劳动争议。劳动争议与其他争议的一个重要区别就是，劳动争议与劳动者的生活、企业生产密切相关，一旦发生争议，不仅影响生产、工作的正常进行，而且会直接影响劳动者及其家人的生活，甚至影响社会的稳定。因此对劳动争议必须及时处理，及时保护权利受侵害一方的合法权益，以协调劳动关系，维护社会和生产的正常秩序。在实践中，劳动争议一旦发生，当事人应及时申请处理，各级处理机构应及时处理，对于处理结果当事人应及时执行。需注意的是，及时原则必须是在法定期限或者合理期限内解决劳动争议，参与劳动争议处理的各方要积极配合，反对拖延、耽误。另外，及时原则并不意味着一味求快，还须保证劳动争议案件的处理质量，反对草率处理。

① 齐杏发．劳资冲突对社会治安的影响实证研究［J］．劳动经济与劳动关系，2008（3）．

(4) 着重调解原则。着重调解原则是基于调解在劳动争议处理过程中的积极作用而提出的。调解是指在第三人的主持下，依法劝说争议双方在互谅互让的基础上达成协议，从而消除矛盾的一种方法。着重调解原则包含两方面的内容：一是调解作为解决劳动争议的基本手段贯穿于劳动争议的全过程。即使进入仲裁和诉讼程序后，劳动争议仲裁委员会和人民法院在处理劳动争议时，仍必须先进行调解，调解不成的，才能做出裁决和判决；二是调解必须遵循自愿原则，在双方当事人自愿的基础上进行，不能勉强和强制，否则即使达成协议或者做出调解书也不能发生法律效力。在调解中要注意防止久调不决的现象，即能够调解的就调解，不能够调解的就尽快进入裁决或者判决。

10.3　劳动争议处理程序

对劳动争议的处理应遵循一定的程序来进行。在我国，劳动争议的处理实行的是“一调一裁两审”的处理体制（劳动争议处理的程序如图10-1所示）。《劳动争议调解仲裁法》第五条规定，发生劳动争议，当事人可以向调解组织申请调解；不愿调解、调解不成或者达成调解协议后不履行的，可以向劳动争议仲裁委员会申请仲裁；对仲裁裁决不服的，除另有规定的外，可以向人民法院提起诉讼。该法第四条则规定：“发生劳动争议，劳动者可以与用人单位协商，也可以请工会或者第三方共同与用人单位协商，达成和解协议。”因此，本书把劳动争议协商也列为劳动争议处理程序的一部分，也就是说，劳动争议的处理程序包括：当事人协商解决；劳动争议调解组织调解；劳动争议仲裁委员会仲裁；人民法院审判裁决。

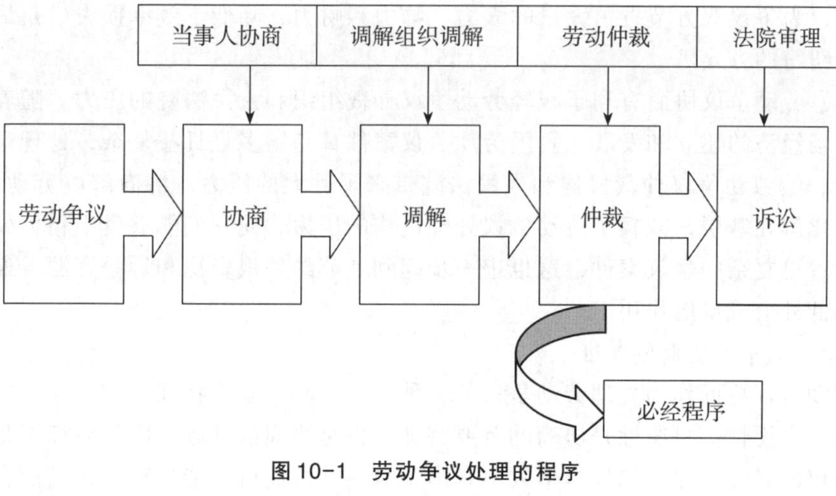

图10-1　劳动争议处理的程序

10.3.1　协商

劳动争议的协商是指发生争议的劳动者与用人单位通过自行协商，或者劳动者请工会或者其他第三方共同与用人单位进行协商，从而使当事人的矛盾得以化解，自愿就争议事项达成协议。劳动争议协商是解决劳动纠纷的一个环节。《中华人民共和国企业劳动争议处理条例》（以下简称《企业劳动争议处理条例》）规定了劳动争议的协商和解问题，即劳动争议发生后，当事人应当协商解决。《劳动争议调解仲裁法》在《企业劳动争议处理条例》的基础上，进一步完善了这一制度，除了规定发生争议的双方当事人可以自行协商和解外，还补充规定了劳动者可以请工会或者第三方共同与用人单位进行协商。

1）劳动争议协商的意义

当事人双方协商是处理劳动争议最简易的程序，是解决劳动争议最好的方式，因此也是我国法律、法规一直提倡的解决劳动争议的方式。它的意义和作用主要体现在以下几个方面：

（1）劳动争议协商有利于争议双方在和谐友好的氛围中解决劳动纠纷。由于协商是在自愿的基础上进行的，这表明双方都愿意使用这种平缓的方式解决纠纷，因此会尽力创造一个和谐友好的气氛，双方坦诚相见，互相体谅，从而促成和解协议的达成。另外，由于协议是自愿达成的，一般情况下双方都会自觉履行协议。通过这种友好的方式，双方既解决了纠纷，又保持了劳动关系的协调和稳定。

（2）劳动争议协商有利于及时解决劳动纠纷，避免矛盾进一步扩大。协商作为处理劳动争议的最简易程序，具有简便、快捷的特点。劳动争议发生后，当事人双方可以随时随地进行协商，协商的方式也可以多种多样，不受时间、地点的限制，能够在较短的时间内迅速解决争议，恢复良好的劳动关系，防止事态的扩大。

（3）协商有利于降低劳动争议的成本。协商没有程序性的规定和时间的要求，不需要法定第三人的介入，更不需要缴纳费用，因此可以最大限度地降低劳动争议的成本，为争议双方节省了大量的人力、物力和财力，降低了效率损失，是最经济的解决纠纷的方式。

（4）劳动争议协商有利于减轻劳动争议仲裁组织和人民法院的压力。随着社会主义市场经济的建立和发展，我国劳动争议案件日趋增多且日益复杂，处理难度也在加大，给劳动争议仲裁机构和人民法院带来了巨大的压力。协商解决劳动纠纷，将矛盾化解在基层，减轻了劳动争议处理机构的压力，使它们能够集中精力处理那些更大、更复杂的争议案件，这也进一步起到了节约仲裁资源和诉讼资源、最大限度地降低社会成本的作用。

2）劳动争议协商的特征

劳动争议协商作为处理劳动争议的一种方式，具有以下特征：

（1）自愿性。自愿性是协商的首要特征，也是协商的基础，因为协商不是处理劳动争议的必经程序，如果当事人不是出于自愿，协商就不能进行。协商的自愿性表现在以下几个方面：是否通过协商解决劳动争议，必须是双方当事人的自愿行为；经协商达成的和解协议必须是双方意志的体现，一方不能强迫另一方接受其不愿接受的条件；和解协议必须由当事人自觉自愿地履行，一方不能强迫另一方履行和解协议；当事人不愿协商或协商不成的，有权自主决定申请调解或仲裁，任何组织和个人无权干涉。

（2）灵活性。与劳动争议调解、仲裁和诉讼相比，协商具有灵活、简便、快捷的特点，双方当事人可以自主选择协商的时间、地点、内容等，协商的方式也可以根据具体情况来定，不受任何组织和个人的影响，也不受过多规则的限制。

（3）可选择性。劳动争议协商虽然是我国法律、法规所倡导的解决争议方式，但不是必经程序。因此，劳动争议发生后，当事人可以选择协商，也可以向企业劳动争议调解委员会申请调解，或直接向劳动争议仲裁委员会申请仲裁，但集体协议除外，协商是解决集体协议争议的必经程序。

（4）非终局性。劳动争议双方当事人可以选择协商解决劳动纠纷，如果达不成和解协议，可以继续选择其他方式来解决；即使达成协议，协议也没有必须履行的法律效力，并不是最终的裁决，当事人仍然可以选择其他方式解决纠纷。

3）工会在劳动争议协商中的作用

协商是解决劳动争议的法定方式之一，对及时处理纠纷、缓解矛盾具有积极的作用，也是工会参与劳动争议处理的重要环节。1995年8月17日全国总工会颁布的《工会参与劳动争议处理试行办法》第二章就对工会参与劳动争议协商做了明确的规定：发生劳动争议，工会可以接受员工及用人单位请求，参与协商促进争议解决；工会发现劳动争议，应当主动参与协商，及时化解矛盾；劳动争议双方当事人经协商达成和解协议的，工会应当督促其自觉履行；不愿协商或者协商不成的，工会可以告知当事人依法申请调解或仲裁。需要注意的一点是，因签订或履行集体协议发生争议的，工会和用人单位必须进行协商。

工会参与劳动争议协商是由工会的性质和职责决定的。工会是职工自愿结合的工人阶级的群众组织，是职工利益的代表者，这一性质决定了工会必须代表和维护职工群众的切身利益。2001年我国修改颁布的《工会法》也明确规定："维护职工合法权益是工会的基本职责。"近年来劳动争议以及集体劳动争议持续增加，是员工权益受到侵犯、劳动关系矛盾的集中体现，也表明现在是员工最需要工会的时候。工会积极参与企事业单位劳动争议处理工作，维护在劳动关系中处于弱势地位的员工的合法权益，是代表和维护员工合法权益的重要途径，也是工会履行其基本职责的必然要求。

在这方面，全国总工会积极推动劳资双方自主协调劳动关系。截至2008年年初，经过全国总工会与沃尔玛旷日持久的"工会门"的较量，沃尔玛在中国的84家分店，已有77家建立工会组织，另有3家正在筹建中，会员达2万人以上，员工入会率总体超过50%。这些工会组织将在协商解决劳动纠纷方面发挥积极作用。

10.3.2　调解

劳动争议调解是指劳动争议调解机构对发生在用人单位和劳动者之间的争议，在查明事实、明辨是非、分清责任的基础上，依据国家法律、法规和依法制定的企业内部规章条例和劳动合同以及道德规范，通过民主协商，促使双方互谅互让，达成协议，从而解决纷争的一种活动。我国的劳动争议调解有广义和狭义之分。广义的劳动争议调解是指企业劳动争议调解委员会的调解、劳动争议仲裁委员会的调解和人民法院的调解。狭义的劳动争议调解是指企业劳动争议调解委员会的调解。本书中的调解概念仅限于企业劳动争议调解委员会的调解。

调解不是劳动争议处理的必经程序，调解不具有法律效力，但是它是劳动争议处理制度中的“第一道防线”，对于及时解决劳动争议，稳定劳动关系具有不可忽视的作用。

1）劳动争议调解组织

《企业劳动争议处理条例》规定的法定调解组织是企业劳动争议调解委员会。为了充分发挥劳动争议调解的积极作用，《劳动争议调解仲裁法》立足于现有的劳动争议调解组织，根据实践的需要，健全了劳动争议调解组织，规定新的法定调解组织还包括依法设立的基层人民调解组织和在乡镇、街道设立的具有劳动争议调解职能的组织。这两种新型的组织具有民间性和区域性，不属于本书研究的范畴，因此本节所涉及的仅限于企业劳动争议调解委员会。

企业劳动争议调解委员会是企业内部解决劳动争议的机构。由企业劳动争议调解委员会调解劳动争议，有利于将劳动争议解决在企业内部，使劳动关系得以维持，因此该调解是一种非常好的解决劳动争议的方式。从实践看，企业劳动争议调解委员会在解决劳动争议中发挥了积极的作用。根据《中国劳动统计年鉴》，2009年全国建立劳动争议调解委员会的基层单位达42.7万个，受理劳动争议案件27.6万件，其中调解成功6.7万件，占受理案件总数的24.5%。

企业劳动争议调解委员会设在企业内部，由员工代表和企业代表组成。员工代表由工会成员担任或者由全体员工推举产生，企业代表由企业负责人指定。调解委员会的人数由职工代表大会提出，与企业领导协商确定，企业代表不得超过1/3。企业劳动争议调解委员会主任由工会成员或者双方推举的人员担任，其办事机构设在企业工会委员会。没有建立工会组织的企业，调解委员会的设立及其组成，由职工代表大会和企业代表协商确定。企业调解委员会的工作受上级工会和地区劳动争议仲裁委员会的业务指导，与仲裁委员会和人民法院之间不存在隶属关系。

2）劳动争议的调解原则

由于劳动争议调解属于我国劳动争议处理法律制度的一个组成部分，因此，调解同劳动争议处理程序的其他几个阶段一样，也必须遵守劳动争议处理的一般原则。除此之外，根据劳动争议调解的特殊性，还必须坚持以下原则：

（1）自愿原则。调解委员会应依据法律、法规，在当事人自愿原则的基础上进行调解。自愿原则主要体现在以下四个方面：第一，是否向调解委员会申请调解，由当事人自行决定，任何一方不得强迫。当事人任何一方或双方也可以直接向当地劳动争议仲裁机构申请仲裁。第二，在调解过程中，始终贯彻自愿协商的原则。调解的过程是一个自愿协商的过程，双方当事人法律地位平等，任何一方不得强迫另一方。第三，当事人自愿达成调解协议。调解机构应用说服教育的方式促成调解，不得强行调解或强迫当事人接受调解人的意见，更不允许包办代替。第四，调解协议的执行是自愿的。经调解达成的协议，没有强制执行的法律效力，由当事人自觉履行，当事人一方或双方不履行协议的，任何一方可以申请仲裁解决问题。

（2）民主协商原则。以民主协商为原则是由企业调解委员会的性质决定的。企业劳动争议调解委员会是专门处理企业内部劳动争议的群众性组织，不像司法、仲裁机构和行政机关那样拥有国家授予的权力，对劳动争议没有强制处理权，对调解达成的协议也没有法律强制力的保障。民主协商原则要求企业劳动争议调解委员会在处理劳动争议的过程中，应按民主说服和协商的办法解决劳动争议，不能采取强迫命令的单方处理方式。在调解劳动纠纷时，正确的做法是依据法律、法规，运用民主讨论、说服教育的方法，摆事实、讲道理，做深入细致的思想工作，在双方认识一致的前提下，动员其自愿协商后达成协议。

（3）尊重当事人申请仲裁和诉讼的原则。申请仲裁和诉讼是法律赋予公民维护自身合法权益的一项重要权利，任何组织和个人不得侵犯和剥夺。发生劳动纠纷后，如果当事人选择调解，则应及时调解；如果当事人不愿意接受调解或调解不成，则应尊重当事人的仲裁和诉讼权利。调解不是劳动争议处理的必经程序。调解委员会调解劳动争议的最长期限为30天，到期未达成调解协议的，视为调解不成，应及时告知当事人申请仲裁。

3）劳动争议调解程序与期限

劳动争议调解程序是企业劳动争议调解委员会调解处理劳动争议的步骤和方式。根据《劳动争议调解仲裁法》和《企业劳动争议调解委员会组织及工作规则》的规定，我国劳动争议的调解程序如下：

（1）当事人申请调解。当事人应当自知道或应当知道其权利被侵害之日起30日内，以口头或书面形式向调解委员会提出申请，并填写劳动争议调解申请书。

（2）调解委员会接到调解申请后，应征询对方当事人的意见，对方当事人不愿调解的，应做好记录，在3日内以书面形式通知申请人。调解委员会应在4日内做出受理或不受理申请的决定，对不受理的，应向申请人说明理由。对调解委员会无法决定是否受理的案件，由调解委员会主任决定是否受理。

（3）发生劳动争议的劳动者一方在10人以上，并有共同请求的，应当推举代表参加调解活动。

（4）企业劳动争议调解委员会在决定受理劳动争议案件后，就进入正式受理阶段。调解委员会按下列步骤进行调解：

①及时指派调解委员对争议事项进行全面调查核实，调查应作笔录，并由调查人签名或盖章。

②调解委员会主任主持召开有争议双方当事人参加的调解会议，有关单位和个人可以参加调解会议协助调解，简单的争议，可由调解委员会指定一至两名调解委员进行调解。

③调解委员会应听取双方当事人对争议事实和理由的陈述，在查明事实、分清

是非的基础上，依照有关劳动法律、法规，以及依照法律、法规制定的企业规章和劳动合同公正调解。

④经调解达成协议的，调解委员会应当制作调解协议书。调解协议书由双方当事人签名或者盖章，经调解员签名并加盖调解组织印章后生效，对双方当事人具有约束力，当事人应当履行。

⑤调解不成的，调解员应进行记录，并在调解意见书上说明情况，由调解委员会主任签名、盖章，并加盖调解委员会印章。

（5）调解委员会调解劳动争议，应当自当事人申请调解之日起30日内结束。到期未结束的，视为调解不成。

案例10-2　休息休假的争议调解案例

案情：李某在远离父母的一个城市工作，最近因母亲生病，李某向用人单位（国有企业）提出休假回家探亲，却被用人单位拒绝。李某的疑问是：以前每年他都可以休探亲假，今年为什么不行？用人单位告诉李某：他今年已在本地结婚成家，无权再享受探亲假。李某不服，一定要用人单位给个说法。

点评：本争议的焦点问题在于已婚职工（与父母不在同一城市）是否能继续享受探亲假？法律依据是什么？

调解经过与技巧：

1.成立调解小组：用人单位聘请第三方专业人力资源公司的劳动法律顾问，与工会主席组成2人调解小组，负责本次纠纷的协商调解。

2.法律顾问与员工进行沟通，从员工李某处了解到其母亲生病的事实，且李某是个孝子，平常都寄钱回家。以上事实法律顾问随后从用人单位及工会主席处得到落实。因此，法律顾问意识到如果没有足够的理由说服李某，李某极有可能做出过激行为，必然会引发其他职工的议论及不满，对用人单位今后的人力资源管理十分不利。

3.法律顾问将上述事实告诉了用人单位的领导，并就相关法律、法规向用人单位领导进行了解释。根据《国务院关于公布〈国务院关于职工探亲待遇的规定〉的通知》规定：已婚职工探望父母的，每四年给假一次，假期为二十天。虽然李某已婚，但他仍然有享受探亲假的权利，只不过是每四年享受一次。单位如果以李某已在本地结婚为由剥夺其享受探望父母休探亲假的权利，是没有法律依据的，所以应该纠正；否则，李某可以单位违反劳动法关于劳动者休探亲假权利的规定为由随时向劳动争议仲裁委员会申请仲裁，胜算居多。而对单位来说，职工的至亲生病，回家探望是难免的，如果不体恤职工的难处，从人性化管理方面多加考虑，恐怕此事的影响会扩大化，产生其他的负面影响。

4.单位最终批准了李某的请假，并以工会名义发放了100元慰问金。李某办完请假手续并做好工作安排后，十分感激单位，表示今后一定加倍努力工作，为单位多做贡献。

资料来源　佚名. 劳动争议协商调解经典案例［EB/OL］.［2019-10-30］. http://wenku.baidu.com/link? url=1u0mq5KLqbE1EaheAvq5jji7RyBFbYE04a7hXoLzbAI00vgw1vgKln06nPUb8M8ZEojx9uLj7Bw7Q9QK8xVmv_nOTvwXNhyI1slNxjkWjA3.

10.3.3　仲裁

仲裁，又称公断，是指由双方当事人协议将争议提交公正的第三方，由该第三方对争议的是非曲直进行评判并做出裁决。劳动争议仲裁是指经劳动争议当事人申请，由劳动争议仲裁委员会对用人单位与劳动者之间发生的劳动争议进行评价、判断和裁决的一种劳动争议处理方式。

仲裁是劳动争议的中间环节，也是劳动争议诉讼的前置程序，只有经过仲裁，方可向人民法院提起诉讼。与调解不同的是，仲裁的处理结果具有法律效力，劳动争议当事人如果不履行仲裁裁决，享有权利的当事人可以依法申请法院强制执行。

1）劳动争议的仲裁机构

劳动争议仲裁委员会是国家授权，依法独立处理劳动争议的专门机构。劳动争议仲裁委员会按照统筹规划、合理布局和适应实际需要的原则设立。省、自治区人民政府可以决定在市、县设立；直辖市人民政府可以决定在区、县设立。直辖市、设区的市也可以设立一个或者若干个劳动争议仲裁委员会，劳动争议仲裁委员会不按行政区划层层设立。

劳动争议仲裁委员会由劳动行政部门代表、工会代表和企业方面代表组成。仲裁委员会设主任一名、副主任两名、委员若干人。主任由劳动行政部门的负责人担任，副主任由仲裁委员会委员协商产生。劳动争议仲裁委员会组成人员应当是单数，实行少数服从多数的原则。仲裁委员会召开会议决定有关事项，应有2/3以上委员参加。劳动争议仲裁委员会下设办事机构，负责办理仲裁委员会的日常事务。

仲裁委员会处理劳动争议，应当组成仲裁庭。仲裁庭由3名仲裁员组成，简单劳动争议案件可以由一名仲裁员独任。劳动争议仲裁委员会应当设仲裁员名册。仲裁员必须公道正派并符合一定的条件。

2）劳动争议的仲裁管辖

仲裁管辖是指确定各个仲裁委员会审理劳动争议案件的权限，明确当事人应向哪一个仲裁机关申请仲裁，由哪一个仲裁机关受理的法律制度，其实质是仲裁机关审理案件的内部分工。明确管辖范围，有利于仲裁机关行使仲裁权和当事人正确行使申诉权。劳动争议案件的管辖可以分为地域管辖、级别管辖、移送管辖和指定管辖。

（1）地域管辖。地域管辖是指同级仲裁委员会之间，对于审理劳动争议案件的职权划分，原则上依行政区域划分。《劳动争议调解仲裁法》第二十一条明确规定："劳动争议仲裁委员会负责管辖本区域内发生的劳动争议。劳动争议由劳动合同履行地或者用人单位所在地的劳动争议仲裁委员会管辖。双方当事人分别向劳动合同履行地和用人单位所在地的劳动争议仲裁委员会申请仲裁的，由劳动合同履行地的劳动争议仲裁委员会管辖。"

（2）级别管辖。级别管辖是指上下级仲裁委员会之间，受理劳动争议案件的分工和权限。其实质是由哪一家仲裁委员会审理什么样的劳动争议案件。划分级别管辖的主要依据是案件的性质、重大与复杂程度，在劳动争议仲裁实践中还会依据企业的类型等。

（3）移送管辖。移送管辖是指劳动争议仲裁机关受理了劳动争议案件后，发现本案件不属于本劳动争议仲裁委员会管辖，从而将案件移送给有管辖权的仲裁机关。接到移送的劳动争议仲裁委员会认为不应由自己受理的，不应再向其他仲裁委员会移送，而应与有关仲裁委员会协商，协商不成的，报送共同的上级机关决定。

（4）指定管辖。指定管辖是指由于辖区不明或其他原因导致两个劳动争议仲裁机关发生争议时，由它们共同的上级机关指定下级某劳动争议仲裁机关行使管辖权。

《劳动争议调解仲裁法》规定，劳动争议仲裁委员会不按行政区划层层设立。也就是说，劳动争议仲裁委员会设在同一层面的不同地域，相互之间是独立的，没有隶属关系，不存在上级仲裁委员会可以变更或者撤销下级仲裁委员会做出的仲裁裁决的问题。因此，在我国，劳动争议仲裁不实行级别管辖。在出现管辖权争议时，法律又明确规定由劳动合同履行地的劳动争议仲裁委员会管辖，这也基本避免了由上级主管部门指定管辖的情形。

案例 10-3　　如何确定仲裁管辖权

案情：2005年，张某被聘为北京某公司南京办事处副主任，并与公司签订了两年的劳动合同。2007年，当两年劳动合同期满时，张某被公司经理召到北京总部，告知由于他这两年出色的表现，公司决定提升他为广州办事处主任，同时免去他在南京办事处副主任的职务。另外，他的工资由总部每月从北京寄给他，张某表示同意。张某在广州工作期间，与公司之间发生了一些劳动纠纷。经与公司反复协商，仍不能达成一致意见，张某一气之下回到南京，向当地劳动争议仲裁委员会提出了仲裁请求。

公司得知此事后，派律师前往南京，向当地所辖劳动争议仲裁委员会提出了管辖异议，声称该公司在与张某的劳动合同中有约定，一旦发生了劳动争议，由北京市的劳动争议仲裁委员会进行仲裁。律师以劳动合同向仲裁员证明了这一事实后，接着主张："不论是南京还是广州的劳动争议仲裁委员会对此案都无管辖权，此争议只能由北京市的劳动争议仲裁委员会处理。"

点评：这起劳动争议案件涉及的地区比较多。那么，究竟哪个地区的仲裁委员会对此案有管辖权呢？

关于这一问题可以参考以下条款：

①《劳动争议调解仲裁法》第二十一条规定："劳动争议仲裁委员会负责管辖本区域内发生的劳动争议。劳动争议由劳动合同履行地或者用人单位所在地的劳动争议仲裁委员会管辖。"

②《关于劳动争议案件管辖范围的复函》规定，劳动者工资关系与履行合同的场所不在同一地区的，可以按照方便劳动者的原则，由劳动合同履行地受理，也可以由劳动合同中约定的仲裁委员会受理。

本案中，由于张某的工资关系所在地是北京市，劳动合同的履行地是广州市，劳动合同约定的仲裁管辖地是北京市，用人单位所在地是北京市，所以北京市和广州市的劳动争议仲裁委员会对此案都有管辖权；虽然张某是南京人，但争议发生时，其与南京办事处已没有任何关系，故南京市的劳动争议仲裁委员会对该劳动争议没有管辖权。

资料来源　佚名. 如何确定仲裁管辖权［EB/OL］.［2019-10-30］. http：//www.51fj.com/article.asp？no=3002858.

3）劳动争议的仲裁时效

劳动争议的仲裁时效是指在规定的期限内，劳动争议当事人不行使申诉权，申诉权因期满而归于消灭的制度。劳动争议仲裁时效具体来说是指，劳动争议当事人如果不在法定期限内向劳动争议仲裁机构申请仲裁，就丧失了通过仲裁程序保护其合法权益的制度。对劳动争议规定仲裁时效，一方面可以督促当事人及时行使权利，因为一旦期限届满，当事人即丧失保护其权利的申诉权，仲裁委员会不会受理其仲裁申请；另一方面，当事人如果及时行使权利，劳动争议仲裁机构就能够尽快介入，易于调查取证，防止争议发生的时间过久致使证据不全或难以辨认，从而做到对劳动争议的正确处理，维护劳动关系的稳定。

我国法律对行使申诉权规定了时间界限。《劳动争议调解仲裁法》第二十七条第一款规定："劳动争议申请仲裁的时效期间为一年，仲裁时效期间从当事人知道或应当知道其权利被侵害之日起计算。""知道或应当知道其权利被侵害之日"是指有证据表明当事人知道自己的权利被侵害的日期，或者根据一般规律推定当事人知道自己的权利被侵害的日期。该日期即为劳动争议仲裁申诉时效的开始。应特别注意的是，"权利被侵害之日"是指侵权行为开始的时间，而不应理解为侵权行为终止的时间。

在一定条件下仲裁时效可以中断。仲裁时效的中断，是指在仲裁时效进行期间，因发生法定事由致使已经经过的仲裁时效期间统归无效，待时效中断事由消除后，重新开始计算仲裁时效期间。《劳动争议调解仲裁法》第二十七条第二款规定："前款规定的仲裁时效，因当事人一方向对方当事人主张权利，或者向有关部门请求权利救济，或者对方当事人同意履行义务而中断。"因此，仲裁时效中断的法定事由有三种情形：①向对方当事人主张权利，如劳动者向用人单位讨要被拖欠的工资或者经济补偿。②向有关部门请求权利救济，如劳动者向劳动监察部门或者工会反映用人单位违法要求加班，请求保护休息权利，或向劳动争议调解组织申请调解。③对方当事人同意履行义务，如劳动者向用人单位讨要被拖欠的工资，用人单位答应支付。从仲裁时效中断时起，仲裁时效期间重新计算。

仲裁时效还可以中止。仲裁时效的中止，是指在仲裁时效进行中的某一阶段，因发生法定事由致使当事人不能行使请求权，暂停计算仲裁时效，待阻碍时效进行的事由消除后，继续进行仲裁时效期间的计算。《劳动争议调解仲裁法》第二十七条第三款规定："因不可抗力或者有其他正当理由，当事人不能在本条第一款规定的仲裁时效期间申请仲裁的，仲裁时效中止。"根据《民法通则》第一百五十三条的规定，这里的"不可抗力"是指不能预见、不能避免并且不能克服的客观情况，如发生特大自然灾害、地震等。这里的"其他正当理由"是指除不可抗力外阻碍当事人行使请求权的客观事实，如当事人突然患病住院，或者身受重伤，无法在时效期内提出仲裁申请等情形。在不可抗力或者其他障碍的影响消除后，时效继续计算，当事人应当及时向仲裁委员会提出申请，仲裁委员会应当受理。

另外，申请劳动仲裁的一般时效为一年，但是，在有些情况下，一年的时效期间还不能保护劳动者的合法权益，如在有的行业，尤其是建筑业，拖欠工资问题比较突出，工人的劳动报酬很多到年底才结算；还有些劳动者为了维持劳动关系，在劳动关系存续期间对用人单位拖欠劳动报酬的行为不敢主张权利。如果都适用一年的仲裁期间，不利于保护他们的合法权益，因此《劳动争议调解仲裁法》第二十七条第四款规定："劳动关系存续期间因拖欠劳动报酬发生争议的，劳动者申请仲裁不受本条第一款规定的仲裁时效期间的限制。"对于劳动者与用人单位的劳动关系已经终止的情况，劳动者没有了维系劳动关系的顾虑，因此第四款又规定："劳动关系终止的，应当自劳动关系终止之日起一年内提出。"这也有利于进一步保护劳动者弱势群体的地位。

4）劳动争议的仲裁程序

劳动争议仲裁的程序是劳动争议仲裁委员会处理劳动争议案件的法定步骤和方式。按照我国法律的有关规定，劳动争议仲裁的程序一般包括申请和受理、仲裁前的准备、开庭审理和裁决以及制作仲裁裁决书等几个部分。

（1）申请和受理。

劳动争议发生后，当事人应当从知道或应当知道其权利被侵害起一年内向劳动争议仲裁委员会提交书面仲裁申请，并按照申请人人数提交副本。仲裁申请书应当载明下列事项：劳动者的姓名、性别、年龄、职业、工作单位和住所，用人单位的名称、住所和法定代表人或者主要负责人的姓名、职务；仲裁请求和所根据的事实、理由；证据和证据来源、证人姓名和住所。书写仲裁申请确有困难的当事人，也可以口头申请。

劳动争议仲裁委员会收到仲裁申请之日起5日内，认为符合受理条件的，应当受理，并通知申请人；认为不符合受理条件的，应当书面通知申请人不予受理，并说明理由。对劳动争议仲裁委员会不予受理或者逾期未做出决定的，申请人可以就该劳动争议事项向人民法院提起诉讼。劳动争议仲裁委员会受理仲裁申请后，应当在5日内将仲裁申请书副本送达被申请人。被申请人收到仲裁申请书副本后，应当在10日内向劳动争议仲裁委员会提交答辩书。劳动争议仲裁委员会收到答辩书后，应当在5日内将答辩书副本送达申请人。被申请人未提交答辩书的，不影响仲裁程序的进行。

（2）仲裁前的准备。

为了保证劳动争议仲裁的顺利进行，开庭前应做好必要的准备工作：

①组成仲裁庭。劳动争议仲裁委员会裁决劳动争议案件实行仲裁庭制。仲裁庭由3名仲裁员组成，设首席仲裁员。简单劳动争议案件可以由一名仲裁员独任。劳动争议仲裁委员会应当在受理仲裁申请之日起5日内将仲裁庭的组成情况书面通知当事人。②仲裁委员会决定仲裁员是否申请回避。③仲裁庭应当在开庭5日前，将开庭日期、地点书面通知双方当事人。当事人有正当理由的，可以在开庭3日前请求延期开庭。是否延期，由劳动争议仲裁委员会决定。④开庭前由书记员查明当事人和其他仲裁参加人是否已到庭。⑤宣布仲裁纪律，并向当事人和其他仲裁参加人讲明遵守仲裁庭纪律的重要性，并保证仲裁庭的秩序。⑥核对当事人，宣布案由，由首席仲裁员宣布开庭，并依次核对当事人。⑦宣布仲裁员、书记员并告知当事人

的权利和义务。

（3）开庭审理和裁决。

仲裁庭审理劳动争议案件的步骤包括：①申诉与答辩，其发言顺序是：申诉人及代理人，被诉人及代理人，第三人及代理人。②质证。在这一过程中，当事人需要互相出示证据。一方当事人指出对方提供的证据中所存在的问题，否认其真实性、关联性和合法性。同时，针对对方提出的质疑，当事人需要做出回应。在质证中，证人和鉴证人都应当出庭接受当事人的质询。③辩论。在仲裁庭的主持下，双方当事人就争议的事实认定问题和法律适用问题各自陈述己方的主张和根据，挑战对方的主张和根据，对对方的挑战进行反驳。辩论结束后，首席仲裁员或独任仲裁员应当按照申请人、被申请人、第三人的顺序，征询他们各自的最后意见。④仲裁庭调解。仲裁庭在做出裁决前，应当先行调解，达成协议的，仲裁庭应当制作调解书。⑤仲裁庭合议。裁决应当按照多数仲裁员的意见做出，不同意见必须如实记入笔录。⑥仲裁庭宣读仲裁决定，同时告知当事人的起诉权利。

仲裁庭裁决劳动争议案件，应当自劳动争议仲裁委员会受理仲裁申请之日起45日内结束。案情复杂需要延期的，经劳动争议仲裁委员会主任批准，可以延期并书面通知当事人，但是延长期限不得超过15日。逾期未做出仲裁裁决的，当事人可以就该劳动争议事项向人民法院提起诉讼。

（4）制作仲裁裁决书。

仲裁庭做出裁决后，应制作仲裁裁决书。仲裁裁决书由仲裁员签名，加盖仲裁委员会印章，送达双方当事人。当事人对“一裁终局”[①]以外的其他劳动争议案件的仲裁裁决不服的，可以自收到仲裁裁决书之日起15日内向人民法院提起诉讼；期满不起诉的，裁决书发生法律效力。

当事人对发生法律效力的调解书、裁决书，应当依照规定的期限履行。一方当事人逾期不履行的，另一方当事人可以依照民事诉讼法的有关规定向人民法院申请执行。受理申请的人民法院应当依法执行。

5）《劳动争议调解仲裁法》对现行劳动争议仲裁制度的调整

继《劳动合同法》《就业促进法》之后，2007年12月我国出台的《劳动争议调解仲裁法》在现有劳动争议处理机制的基础上，进一步强调了对劳动者的保护，这对于建立健全劳动争议处理机制、稳定劳动关系具有极其重要的作用。总的说来，《劳动争议调解仲裁法》对现行劳动争议仲裁制度的调整主要表现在以下几个方面：

（1）部分案件实行“一裁终局”。《劳动争议调解仲裁法》对原有的劳动争议案件一裁两诉终局制进行了重大突破，在仲裁环节规定部分案件实行有条件的“一裁终局”，即对因追索劳动报酬、工伤医疗费、经济补偿或赔偿金，不超过当地月最低工资标准12个月金额的争议，以及因执行国家劳动标准在工作时间、休息休假、

---

① 参见“本节5）《劳动争议调解仲裁法》对现行劳动争议仲裁制度的调整”。

社会保险等方面发生的争议等案件的裁决，仲裁裁决为终局裁决，裁决书自做出之日起发生法律效力。同时，为使劳动者不丧失对一裁终局劳动争议的诉讼救济权利，法律规定，劳动者对一裁终局的裁决不服的，也可以自收到仲裁裁决书之日起15日内向人民法院提起诉讼。这在一定程度上遏制了一些用人单位恶意诉讼以拖延时间、加大劳动者维权成本的行为。

（2）仲裁时效延长为一年。按《企业劳动争议处理条例》的规定，劳动者应当从知道或应当知道其权利被侵害起60日内向劳动争议仲裁委员会提出书面申请。在实践中，一些劳动者因为超过时效期间丧失了获得法律救济的机会。例如，员工唐某在长沙某酒店从事保安工作，2006年4月合同到期双方协议解除劳动合同，此时酒店方承诺为其补发节假日工资。但两个月过去了，该承诺一直没有兑现。一开始唐某还到酒店去问情况，可对方总以种种理由推脱，等唐某得知可以申请劳动仲裁时已经晚了，早已过了劳动仲裁时效。为更好地保护劳动关系当事人，特别是劳动者的合法权益，《劳动争议调解仲裁法》将申请仲裁的时效期间延长为一年，并完善了时效中断和中止制度。

（3）缩短了劳动争议仲裁审理期限。缩短仲裁审理期限，主要是针对劳动争议处理周期长的问题。根据《企业劳动争议处理条例》的规定，仲裁裁决一般应在收到仲裁申请的60日内做出；如案情复杂确需延期的，经法定程序批准可适当延期，但延期不得超过30日。为提高效率，《劳动争议调解仲裁法》缩短了仲裁审理时限，规定应当自受理仲裁申请之日起45日内结束；案情复杂需要延期的，经劳动争议仲裁委员会主任批准，可延期并书面通知当事人，但延期不得超过15日。如果案件超过60天还没有做出裁决，当事人就可以到法院起诉。其实，《劳动争议调解仲裁法》不仅缩短了仲裁处理时间，同时也缩短了调解时限，将调解时限由过去的30天缩短为15天。

（4）举证责任[①]分配更加合理。《劳动争议调解仲裁法》规定，当事人对自己提出的主张，有责任提供证据。考虑到用人单位一方在劳动争议过程中往往占据着信息和资源的优势，掌握和管理着劳动者的档案、工资发放、社会保险费缴纳等情况和材料，劳动者一般无法获得，又对用人单位承担举证责任做了特别规定，即与争议事项有关的证据属用人单位掌握管理的，用人单位应当提供，不提供的应承担不利后果。这一规定将有力地遏制现实中某些不法用人单位的恶意规避“有证据不提供”的行为。另外，一旦由用人单位掌握的证据发生遗失毁损，用人单位也将承担不利后果，这就要求用人单位必须做到规范用工，建立完善的用工制度，因此，这也间接起到了保护劳动者权益的作用。

（5）减轻了当事人的经济负担。有些劳动者在合法权益受到侵害时，想通过法律途径解决纠纷，但总感觉维权成本过高，担心自己会耗不起而最终放弃。例如，以前在湖南省某市申请劳动仲裁，一般情况下收取立案费20~50元，仲裁处理费按

① 举证责任，是指当事人对诉讼中提出的主张有提供证据加以证明的责任，否则，将承担其主张不能成立的不利诉讼后果的危险。详见本节劳动争议诉讼证据和举证责任。

照实际开支收取，在操作过程中收取300~1 000元，这就大大增加了劳动者的维权成本，不利于劳动维权。《劳动争议调解仲裁法》规定，劳动争议仲裁不收费。劳动争议仲裁委员会经费由财政予以保障。这是第一次通过法律的形式，建立了劳动者无成本的维权机制。需要特别指出的是，本法虽然只明确了仲裁不收费，没对调解进行规定，但并不意味着调解就可以收费，调解也是不能收费的。

（6）突出了劳动争议调解程序。为尽量把争议解决在基层，最大限度地降低社会成本，《劳动争议调解仲裁法》将调解单列一章，强化了调解。这一方面是对机构进行了强化，强调了各种调解组织都要发挥作用，包括企业内部的劳动争议调解委员会、司法系统的人民调解组织，还有乡镇、街道具有劳动争议调解职能的组织；另一方面，强调了调解的效力。关于调解的效力，包括了三层含义：第一，调解协议对双方当事人具有约束力，当事人应当自觉履行。第二，一方不履行调解协议时，另一方可以申请仲裁。第三，对因支付拖欠劳动报酬、工伤医疗费、经济补偿或赔偿金事项达成调解协议，用人单位在协议约定期限内不履行的，劳动者可持调解协议书依法向人民法院申请支付令，人民法院应当依法发出支付令。其中第三点是劳动者向人民法院申请追回工资报酬等经济待遇的一条快捷途径，从一定程度上提高了劳动者通过法律途径进行权利救济的效率。

10.3.4　诉讼

劳动争议诉讼是解决劳动争议的最终程序，它通过司法程序保证了劳动争议的最终解决。劳动争议诉讼是指劳动争议当事人不服劳动争议仲裁委员会的裁决，除法律另有规定的情形外，当事人可以在规定的期限内向人民法院起诉，人民法院在劳动争议当事人和其他诉讼参与人的参与下，依据民事诉讼程序，依法对劳动争议案件进行审理的活动。法律另有规定的情形，是指对于“一裁终局”案件，《劳动争议调解仲裁法》规定，仲裁裁决为终局裁决，用人单位不得向人民法院提起诉讼。此外，劳动争议诉讼还包括当事人一方不履行仲裁委员会已发生法律效力的裁决书，另一方当事人申请人民法院强制执行的活动。

由人民法院参与处理劳动争议，从根本上将劳动争议处理工作纳入了法治轨道，有助于保障当事人的诉讼权，有助于监督仲裁委员会的裁决，有助于生效的调解协议、仲裁裁决和法院判决的顺利执行。

1）劳动争议诉讼的原则

劳动争议诉讼的原则是在劳动争议诉讼过程中起着指导性作用的基本准则，也是人民法院、劳动争议当事人和其他诉讼参与人进行劳动争议诉讼活动必须遵循的准则。

劳动争议诉讼作为劳动争议处理的一个环节，必须遵循劳动争议处理的一般原则，即合法原则、公正原则、及时原则和调解原则。不仅如此，由于我国尚无专门的劳动争议诉讼法，人民法院审理劳动争议案件时，适用《中华人民共和国民事诉讼法》（以下简称《民事诉讼法》）所规定的诉讼程序，因此，劳动争议诉讼活动也要遵循司法审判中的一般诉讼原则。

（1）辩论原则。

辩论原则是指在人民法院的主持下，当事人有权就案件事实和适用法律等争议问题，各自陈述自己的主张和根据，互相进行反驳和答辩，以维护自己的合法权益。辩论原则贯穿于劳动争议诉讼的整个过程，包括一审、二审和再审程序。劳动争议诉讼活动之所以遵循辩论原则，其意义在于通过当事人双方的辩论，帮助人民法院查明事实真相，正确适用法律，确保案件的质量。

（2）处分原则。

处分原则是指劳动争议诉讼当事人在劳动争议诉讼过程中，有权在法律允许的范围内，处分自己的劳动权利和诉讼权利。该原则在诉讼活动中体现在两个方面：第一，劳动争议当事人在诉讼中有权处分自己的劳动权利。例如，原告在起诉时，可以自由地确定请求司法保护的范围和选择保护的方法；诉讼开始后，原告可以变更诉讼请求；原告与被告可以在诉讼活动中自行或通过调解达成协议。第二，劳动争议当事人有权处分自己的诉讼权利，如劳动争议诉讼程序能否启动，取决于劳动争议当事人是否在收到劳动争议仲裁裁决书之后于法定期限内行使起诉权；第一审法院做出判决后，当事人双方有权决定是否提起上诉；对已经生效的法院判决或调解书，享有权利的当事人有权决定是否申请强制执行等。

（3）监督检查原则。

人民检察院有权对劳动争议诉讼活动实行法律监督。人民检察院实行监督的内容主要有两个方面：一是监督审判人员贪赃枉法、徇私舞弊等违法行为。二是对人民法院做出的生效判决、裁定是否正确合法进行监督。人民检察院对已经生效的判决、裁定发现确有错误的，应当提起抗诉。人民检察院对诉讼活动进行监督检查，对维护社会主义法制、保障审判权的正确行使具有重要意义。

此外，根据劳动争议案件的特殊性，还应体现密切与有关单位配合的原则，如国家劳动行政机关、劳动争议调解委员会、企业工会等。特别是劳动争议仲裁机关是代表国家处理劳动争议的专门机构，直接受理和负责处理各种劳动争议案件，对争议的原因、过程等情况比较了解，且有一定的办案经验。人民法院审理劳动争议案件时应多向这些部门调查，密切与其配合。[①]

2）劳动争议诉讼的当事人

劳动争议诉讼当事人，是指由于劳动实体上的权利和义务关系发生纠纷，以自己的名义进行诉讼，并受人民法院判决约束的利害关系人。作为劳动争议诉讼当事人，应同时具备三个条件：一是当事人须以自己的名义进行诉讼。凡不是以自己的名义进行诉讼的人，就不是劳动争议诉讼当事人，而是诉讼代理人（以被代理人的名义进行诉讼）。二是诉讼当事人是因劳动权利和义务发生纠纷，向人民法院请求解决劳动争议的人。这包含两层含义：一方面，劳动争议诉讼当事人一般是劳动关

① 程延园. 员工关系管理［M］. 上海：复旦大学出版社，2004.

系当事人，是劳动法律关系主体，他们享有劳动权利，承担劳动义务；另一方面，劳动争议诉讼当事人要求人民法院裁判解决的是他们之间的劳动争议，而非其他争议。三是当事人受人民法院判决的约束。人民法院的裁决是为了解决劳动争议而做出的，只对当事人具有约束力。那些虽以自己的名义参与诉讼，但不受人民法院裁判约束的人，如证人、鉴定人，也不是劳动争议诉讼当事人。

3）劳动争议诉讼证据

劳动争议诉讼的证据是指能够证明案件真实情况的根据。它既是人民法院正确、公正审判劳动争议案件的基础，又是劳动争议当事人维护自己合法权益的重要手段，因此，劳动争议诉讼证据在整个劳动争议诉讼制度中具有非常重要的地位。根据《民事诉讼法》的规定，劳动争议诉讼证据有七种，即书证、物证、视听材料、证人证言、当事人陈述、鉴定结论和勘验笔录。

近年来我国加强了劳动方面的立法，相继出台了多部劳动法律和与之相配套的司法解释等。对于劳动争议诉讼证据，应注意以下几个问题：

（1）举证责任问题。

举证责任是指当事人对诉讼中提出的主张有提供证据加以证明的责任，否则，将承担其主张不能成立的不利诉讼后果的危险。我国劳动争议诉讼举证责任的分配规则是，一般情况下“谁主张，谁举证”，即提出主张的当事人负有举证责任，但由于劳动者的弱势地位，对其不应该刻意强调履行义务，而应当加强用人单位的举证责任，也就是说劳动争议案件应部分适用举证责任倒置。因此，《最高人民法院关于民事诉讼证据的若干规定》（以下简称《证据规则》）第六条和《最高人民法院关于审理劳动争议案件适用法律若干问题的解释》第十三条均规定：“因用人单位做出的开除、除名、辞退、解除劳动合同、减少劳动报酬、计算劳动者工作年限等决定而发生的劳动争议，由用人单位负举证责任。”

然而，《劳动争议调解仲裁法》又使得用人单位的举证责任从倒置向专属转化。《劳动争议调解仲裁法》第六条规定“与争议事项有关的证据属于用人单位掌握管理的，用人单位应当提供；用人单位不提供的，应当承担不利后果”，使得用人单位的举证责任专属化。这一规定极大地增大了用人单位的管理风险。例如，某单位员工旷工5天，依据用人单位的规章制度属于严重违纪，应当解除劳动合同，但员工谎称已向单位领导请了病假，且病假单已经交给用人单位。此种情形下，用人单位必须要求劳动者拿出病例卡或者就医证明，并到相关医院取证，否则用人单位如果无法证明劳动者没有请过病假，就要承担“不利后果”，即承担解除劳动合同的后果。可见，用人单位的管理成本提高了，风险也增大了。[①]

（2）举证期限问题。

举证期限是指负有举证责任的当事人应当在法律规定和法院指定的期限内提出证明其主张的相应证据，逾期不举证则失去提供证据的权利或负有某种不利法律后

---

① 刘大卫．劳动争议中用人单位举证责任研究［J］．中国人力资源开发，2008（4）．

果的一种制度。根据《证据规则》的规定，劳动争议诉讼当事人应当在举证期限内向人民法院提交证据材料，当事人在举证期限内不提交的，视为放弃举证权利。举证期限可以由人民法院根据案件情况指定，也可以由当事人协商一致，并经人民法院认可。由人民法院指定举证期限的，指定的期限不得少于30日，自当事人收到案件受理通知书和应诉通知书的次日算起。

对逾期举证，法院将不组织质证，也就是不能作为定案的依据，并且逾期提供的证据不能作为推翻原判决的新证据。如果当事人在举证期限内提交证据确有困难，应当在举证期限内向人民法院申请延期，经人民法院准许后，可以适当延长期限。

（3）证据交换问题。

人民法院对于证据较多或者复杂疑难的案件，或经当事人申请，人民法院认为有必要进行证据交换的案件，审判人员可以组织当事人在开庭之前交换证据。《证据规则》在我国首次确立了证据交换制度，其目的是通过证据交换手段，整理出当事人双方无异议的事实和证据并记录在卷；同时针对有异议的证据，归纳出案件的争议焦点，为开庭审理做好充分的准备。交换证据的时间可以由当事人协商一致并经人民法院认可，也可以由人民法院指定。人民法院组织当事人交换证据的，交换证据之日举证期限届满。当事人申请延期举证并经人民法院准许的，证据交换的时间相应顺延。证据交换一般不超过两次，但重大、疑难和案情特别复杂的案件，人民法院认为确有必要再次进行证据交换的除外。

4）劳动争议诉讼审判程序

诉讼程序是处理劳动争议的最终程序。人民法院处理劳动争议案件和处理一般民事纠纷一样，适用《民事诉讼法》的规定，其主要程序有第一审普通程序、第二审程序和审判监督程序等。

（1）第一审普通程序。

一审程序分如下四个阶段进行：

①起诉和受理。《劳动争议调解仲裁法》规定，当事人对仲裁裁决不服的，自收到裁决书之日起15日内，可以向人民法院起诉。起诉时，应当向人民法院递交起诉状，并按照被告人数提交副本。书写起诉状确有困难的，也可以口头起诉。人民法院收到起诉后，经审查，认为符合起诉条件的，应当在7日内立案，并通知当事人；认为不符合起诉条件的，也应在7日内裁定不予受理；原告对裁定不服的，可以提起上诉。

根据《民事诉讼法》第一百零八条和《劳动法》第七十九条的规定，劳动争议当事人向人民法院起诉必须具备以下条件：原告是与本劳动争议案件有直接利害关系的用人单位或劳动者；有明确的被告；有具体的诉讼请求和事实、理由；案件已经经过劳动争议仲裁机构的裁决；起诉应在法定的期限内提出，否则不予受理；属于人民法院受理劳动争议诉讼的范围和受诉人民法院管辖。这六个条件是原告起诉时必须同时具备的，缺一不可。

②审理前的准备。正式审理之前人民法院还要做一些准备工作，比如在法定期间内向原告、被告送达诉讼文书；告知当事人诉讼权利、义务和合议庭的组成人员；认真审核诉讼材料，调查收集必要的证据；追加当事人等。

③开庭审理。法庭调查时，按当事人陈述，证人作证，出示书证、物证和视听资料等证据，宣读鉴定结论和勘验笔录，当事人在法庭上提出新证据的顺序进行。进入法庭辩论后，先由原告及其诉讼代理人发言，然后由被告及其诉讼代理人答辩，再由第三人及其诉讼代理人发言或者答辩，最后由各方相互辩论。辩论之后由审判长按照原告、被告、第三人的先后顺序征询各方最后意见。

④判决和裁定。判决前当事人能够调解的，法庭还可以进行调解，调解不成的，应当及时判决。当庭宣判的，应当在10日内发送判决书；定期宣判的，宣判后立即发送判决书。判决书应当写明：案由、诉讼请求、争议的事实和理由；判决认定的事实、理由和适用的法律依据；判决结果和诉讼费用的负担；上诉期限和上诉法院。

（2）第二审程序。

当事人不服第二审判决的，可依法提起第二审程序，但须在一审判决书送达之日起15日内向上一级人民法院提起上诉。当事人不服一审裁定的，则须在一审裁定书送达之日起10日内向上一级人民法院提起上诉。上诉状应当写明当事人的姓名、法人名称及法定代表人的姓名或者其他组织的名称及主要负责人的姓名；原审人民法院名称、案件编号和案由；上诉的请求和理由。上诉状应通过原审人民法院提出，并按对方当事人或代表人的人数提交副本。当事人直接向第二审人民法院上诉的，第二审人民法院应当在5日内将上诉状移交原审人民法院。

原审人民法院收到上诉状，应当在5日内将上诉状副本送达对方当事人，对方当事人在收到上诉状副本之日起15日内提出答辩状。人民法院应当在收到答辩状之日起5日内将副本送达上诉人。对方当事人不提出答辩状的，不影响人民法院审理。原审人民法院收到上诉状、答辩状，应当在5日内连同全部案卷和证据，报送第二审人民法院。

第二审人民法院对上诉案件，应当组成合议庭，开庭审理。经过阅卷和调查，询问当事人，在事实核对清楚后，合议庭不需要开庭审理的，也可以进行判断、裁定。第二审人民法院审理上诉案件，除第二审的某些特殊规定外，适用第一审普通程序。第二审人民法院审理上诉案件，可以进行调解，调解不成的，应及时裁定。第二审人民法院做出的判决为终审判决。

（3）审判监督程序。

劳动争议诉讼中的审判监督程序是指人民法院、劳动争议当事人，认为人民法院做出的已经生效的判决或裁定确有错误而依法提起或申请再审，或人民检察院依法提出抗诉，由人民法院对案件再次进行审理并重新做出裁判的诉讼程序。它不是我国审级制度结构内的一种诉讼程序，不构成独立的审级，而是一种针对错误生效裁判的事后补救程序。[①]

再审的情形有三种：①劳动争议当事人申请再审。当事人对已经发生法律效力的判决、裁定，认为有错误的，可以向上一级人民法院申请再审；当事人的申请符合法定情形之一的，法院应当再审；[②]当事人对已经发生法律效力的调解书，提出证据证明调解违反自愿原则或者调解协议的内容违反法律的，可以申请再审。②人民法院决定再审。各级人民法院院长对本院已经发生法律效力的判决、裁定，发现确有错误，认为需要再审的，应当提交审判委员会讨论决定；最高人民法院对地方各级人民法院已经发生法律效力的判决、裁定，上级人民法院对下级人民法院已经发生法律效力的判决、裁定，发现确有错误的，有权提审或者指令下级人民法院再审。③人民检察院抗诉。最高人民检察院对各级人民法院已经发生法律效力的判决、裁定，上级人民检察院对下级人民法院已经发生法律效力的判决、裁定，发现有符合当事人的再审申请条件之一的，应当提出抗诉；地方各级人民检察院对同级人民法院已经发生法律效力的判决、裁定，发现有符合当事人的再审申请条件之一的，应当提请上级人民检察院向同级人民法院提出抗诉。

按照审判监督程序决定再审的案件，应中止原判决的执行，人民法院另行组成合议庭审理。由于再审不是一个独立的审级，再审案件没有专门的审判程序，因此，对于再审案件，人民法院可根据不同的情况，分别适用第一审程序和第二审程序进行审理。

案例10-4　　劳动诉讼如何举证

案情：原告张某诉被告天津宏大纺织机械有限公司劳动争议一案，原告张某诉称：原告自1999年8月至2013年11月在被告生产管理部半成品一库工作，主要职责是负责大件和铁板的收发与管理工作，工作场地是在装配车间油漆一组和油漆二组。大件由机二车间入油漆一组，铁板由冷作车间入油漆二组。原告与装配车间油漆一组和油漆二组共同管理大件和铁板共十余年。被告变更名称后，原告与同一岗位的其他油漆一组、二组工人待遇差别较大，并呈现逐年拉大趋势，十多年工资差额共计10万元，油漆组的其他待遇也没有享受。原告认为，被告已经严重违反《劳动法》第四十六条规定的同工同酬的工资基本原则。原告多次以邮寄的方式书面要求被告支付工资差额，但一直没有得到回复。为此，原告认为天津滨海高新技术产业开发区劳动争议仲裁委员会于2014年9月19日做出的不予受理案件通知不符合相关法律规定，故起诉，请求法院依法判令：①被告向原告支付1999年8月17日至2013年11月30日期间与油漆一组工作人员之间工资差额100 000元。②诉讼费由被告承担。

被告天津宏大纺织机械有限公司辩称：不同意原告诉讼请求。原告在民事起诉状中陈述事项及诉讼请求与事实不符。公司半成品库房与油漆一组和油漆二组工作场地之间相隔一定距离，且分别隶属于不同部门管理，故工作场地有明显区别。张某自调入公司以来直至其休病假期间一直从事库房管理工作，虽曾先后隶属于物流公司及生产管理部，但其工作内容始终未变，且属于辅助生产。公司油漆一组、二组隶属于装配车间，工作岗位为油漆工，主要职责是负责对零件进行喷漆、刷漆等，其岗位性质为一线生产操作。两个岗位无论是工作岗位、工作内容还是工作量都完全不同。

---

① 罗燕. 劳动争议处理［M］. 北京：中国劳动社会保障出版社，2005.
② 详见《中华人民共和国民事诉讼法》第一百七十九条。

法院认为，1999年8月17日至2012年7月31日期间，被告发放原告工资符合劳动合同约定，且不低于天津市最低工资标准。2012年8月1日至2013年11月30日期间，被告发放原告工资不违反法律规定。原告要求被告支付1999年8月17日至2013年11月30日期间与油漆一组工作人员之间工资差额100 000元之诉讼请求没有事实依据，本院不予支持。综上所述，依照《中华人民共和国劳动法》第十六条、第四十八条第二款及参照相关劳动政策之规定，判决如下：驳回原告的诉讼请求。

点评：劳动者维权应注意诉讼时效与举证规则，否则要承担不利的法律后果。

资料来源　佚名. 劳动者工资标准 劳动诉讼如何举证［EB/OL］.［2019-10-30］. http: //www.fabao365.com/laodong/161497.

10.4　劳动争议的预防

劳动争议的预防是指劳动行政机关、企业主管部门、工会组织、劳动争议处理机构等有关单位按照法律的规定，事先采取各种有效措施，积极防范和制止用人单位与员工之间发生劳动纠纷的活动。换言之，就是把劳动争议由事后的消极处理转化为事先采取积极措施，把劳动争议消除在萌芽状态，从而防止劳动争议的发生。劳动争议的预防是一种积极的预防，和劳动争议处理相比，劳动争议的预防对企业更有利，是解决劳动争议问题的一条根本途径。

10.4.1　劳动争议预防的意义

劳动争议的发生不仅会影响当事人双方的关系，不利于安定团结，而且由于劳动争议涉及员工的切身利益，发生后必然影响员工的生产积极性，不利于企业劳动生产率的提高和生产的发展。另外，争议发生后，一般要进行调解，有的要经过仲裁和诉讼程序才能解决，也需要耗费大量人力、物力和时间，加重双方当事人在经济和精神上的负担。另外，劳动争议的处理结果，不管多么完善或令双方当事人多么满意，争议所带来的经济损失都已经发生，这是无法挽回的。在社会主义市场经济条件下，劳动争议的发生是不可避免的，但尽量减少劳动争议的发生仍是政府和企业劳动争议处理的最终目标。也就是说，劳动争议的预防在劳动争议处理中占据着特殊的地位。劳动争议预防的意义在于：

1）有利于保护劳动者的合法权益，减少福利损失

我国目前的劳动纠纷主要是劳动者的权益频频受到侵害，有的表现为经济损失，致使其收入减少，有的则是直接的身体损伤。劳动争议发生后，劳动者一般都会诉诸仲裁或司法程序，这样也需要耗费大量的时间和精力，从而进一步加重了其经济负担，影响了劳动者的正常生活。如果能够及时采取预防措施，劳动者就能把更多的精力投入到更有益的事情上，从而增加劳动者的福利。

2）有利于企业生产率的提高和企业的发展

劳动争议一旦发生，必然会影响劳动者的生产积极性和企业正常的生产经营秩

序。而且争议发生以后的相持和处理过程越长，对企业经营管理的影响就越大，企业的损失也就越大。所以，及时有效的预防措施可以缩短这个过程，促进企业劳动生产率的提高，进而推动企业的发展。

3）有利于劳动行政部门转变职能

劳动行政部门是政府协调劳动关系的机构，其主要的职能是依法监督，协调劳动关系，保证劳动关系的良好运行。西方发达的市场经济国家出现的劳资纠纷，基本都是由劳资双方在企业内部协商解决，政府的注意力主要放在执法监督上，很少直接干预，这样有利于劳资双方加强合作，共同努力搞好生产。所以，如果事先采取预防措施，就会使多数可能会发生的劳动争议解决在企业层面，从而使劳动行政部门能够集中精力依法监督，协调劳动关系，以维护劳动力市场的正常运转。

4）有利于建立和谐的劳动关系，提高企业人力资源管理的水平

劳动争议的预防，就是要采取有效的措施，化解争议主体双方的矛盾和摩擦，促使双方在相互尊重的基础上平等协商解决纠纷，使劳动关系和谐、稳定、有序发展。同时，良好的劳动关系也可以使企业更加认识到人在企业生产和利润实现过程中的重要作用，做到以人为本，促使企业人力资源管理理念的变革、管理制度的建设、管理模式的变迁和管理水平的提升。

10.4.2 推动劳动争议预防的措施

总的来看，当前劳动关系的变化和由此带来的一些问题是计划经济向市场经济过渡时期的必然现象。劳动争议增多的趋势在今后一段时期还会不同程度地存在，社会各个层面应该始终把劳动争议预防作为一项长期的工作，采取积极措施预防劳动争议，推进和谐劳动关系的建设。推动劳动争议预防的措施主要 包括以下几个方面：

1）进一步完善劳动立法

针对我国目前有关劳动立法不完善的情况，可以从以下几个方面着手解决：首先，在广泛听取广大员工代表意见的基础上，以《劳动法》为核心，尽快制定和完善与调整劳动关系相关的工资法、劳动保护法等法律、法规，明确调整劳动关系的各种标准，为健全和完善劳动关系的协调提供法律依据。其次，现阶段的立法工作应着重解决诸如事实劳动关系、多重劳动关系、涉外劳动争议等近年来新出现的问题，使劳动关系的协调和劳动争议的处理尽量做到有法可依。最后，由于劳动争议案件不仅涉及《劳动法》《民法典》和国家相关政策，还涉及地方性法规等，各种层次的法律之间、各项政策之间，仍存在着不少矛盾和冲突。对于此，可适当减少地方政府部门关于劳动法规制定的权力，避免其与《劳动法》等国家法律、法规的冲突。

2007年和2008年我国相继通过并实施了三部有重要意义的法律，它们分别是《就业促进法》、《劳动合同法》和《劳动争议调解仲裁法》。另外，《中华人民共和国社会保险法》于2011年7月1日起实施。这对于未来一个时期完善中国的法律体

系、发展和谐的劳动关系有着重要的现实意义。

2）加强劳动法律、法规的宣传教育工作

开展劳动争议预防，应着力加强劳动法律、法规的宣传教育工作。大力宣传劳动方面的法规，进行普法教育，一方面能够提高劳动者维护自身权利的意识和能力，使劳动者在正当权利受到侵犯时，能够拿起法律的武器，依法维权；另一方面，通过有针对性地开展形式多样的宣传教育活动，还能够提高企业和员工遵守劳动法律、法规的自觉性，增强他们的法律意识和知法、守法观念，准确适用劳动法律、法规，正确处理好各种劳动问题。

有关部门可以通过各种形式向用人单位和劳动者以及社会大力开展劳动法律、法规和政策的宣传，使他们增强法律意识和法律观念，认识学法、知法、守法的必要性，了解自己的劳动权利与义务，掌握维护劳动权益的方法。国家有关部门也可以在每年的“五一”劳动节和12月4日的全国法制宣传日，向劳动者大众分发劳动法律、法规的文件，定期在收视率高的电视频道上举办有关电视讲座，以进行普法教育。对于企业来说，可以通过对员工的培训提高他们的法律意识。培训的内容不仅包括劳动法律、法规，还应该包括企业规章制度和劳动者自身权利、义务的内容，在这一环节尤其应突出对劳动合同的全面掌握。

3）加强劳动合同的管理

劳动合同是规范企业劳动关系的重要手段，理顺劳动关系要注重加强劳动合同的管理。关于劳动合同的管理，本书6.5.3小节从企业劳动合同管理制度的角度作了比较详细的阐述，本节则从一个动态的视角说明企业如何加强劳动合同的管理，从而预防劳动争议的发生。

第一，劳动关系确立时对劳动合同的管理。企业在与劳动者确定劳动关系时，应订立书面劳动合同。一方面，企业要与全体员工签订劳动合同。在国有企业中，有的用人单位只与在职正常上班的员工签订劳动合同，而忽略了与长期放假员工、停薪留职员工、自谋出路员工和下岗员工签订或变更劳动合同。在一些外资企业和民营企业中，不与劳动者签订劳动合同而存在事实劳动关系的现象大量存在。针对上述问题，企业要从对没有签订劳动合同的职工进行分类入手，逐个处理。另一方面，签订的劳动合同要做到内容全面，对劳动过程中可能涉及的问题给予充分的考虑。在具体约定事项中，企业可以与员工约定针对本企业特点的规定，如档案管理中的问题、培训的问题和竞业禁止的问题等。另外，企业在制定违约条款时，应明确双方的责任，使违约的责任易于操作和执行。第二，劳动关系存续期间对劳动合同的管理。劳动关系存续期间，也就是在劳动合同期限内，在实际操作中会涉及劳动合同的变更、续订等问题。人力资源管理部门要熟练掌握劳动合同管理的各个过程，在工作中要做到程序完备。比如，变更劳动合同要与员工协商后执行，续订劳动合同时必须满足一定的条件等。第三，劳动关系终止时对劳动合同的管理。劳动合同解除、终止程序不合法，处理不及时等都有可能引发劳动争议。企业要完全根据法律、法规的规定合法地与劳动者解除或终止劳动关系，妥善处理好经济补偿金等问题。

4）充分发挥工会的积极作用

工会是员工自愿结合的群众组织，是员工利益的代表、维护者。在我国，工会的主要作用是帮助和指导员工与用人单位签订劳动合同，代表员工参加企业的民主管理与监督。对用人单位违反民主管理制度的行为，工会有权提出意见要求其改正，对责任人员可向上级主管部门上报，要求予以处理，防止其进一步侵犯劳动者的利益。此外，工会还要协助用人单位做好关于员工的福利、工资和社会保险等的工作。鉴于此，从维护员工权利的角度出发，工会作为员工自己的组织，充分发挥自身的作用，更有利于预防劳动争议的发生。

在逐步建立社会主义市场经济体制的新形势下，我国的工会组织也从传统工会向现代工会转型。借鉴国外经验，结合我国实际情况，在劳动争议预防方面，工会转型应从以下几个方面着手：工会应以其鲜明的利益代表性赢得员工的真正信赖；工会干部管理体制必须改变，依法通过会员的民主选举，使其真正成为员工信赖的组织领导者和代言人；切实改变工会对企业行政的依附关系，使主体双方既协商合作又彼此监督制约；推进工会自身改革，努力克服“官办色彩”，转变自上而下的行政活动方式，以真正体现工会是员工自愿结合的群众性组织的根本特征。职能转变后的工会应在劳动争议预防方面发挥更积极有效的作用。①

5）建立健全民主管理制度

建立健全企业的民主管理制度，使员工参与到本企业计划、生产、财务等问题的决策和管理中，监督企业各级管理人员的活动，对于减少劳动争议的发生具有积极的作用。企业实行民主管理，第一，可以使广大员工亲身感受到自己是企业的主人，激发他们的主人翁意识，把企业的未来前景和个人的前途命运紧密联系在一起，同企业经营者一起关心企业的发展。第二，通过民主管理，可以使企业的重大决策体现广大员工的利益，密切企业与员工之间的关系，增强劳动关系双方当事人之间的团结。第三，职工参加企业民主管理，也是劳动者监督企业认真执行劳动法律、法规和国家政策的一项有效措施，可以及时纠正企业管理中的违法行为，避免劳动争议的发生。

我国企业实行民主管理的基本形式是企业的职工代表大会，企业应当按照《劳动法》、《公司法》和《工会法》的有关规定，建立职工代表大会制度，支持职工代表大会的工作，接受其监督。企业通过设立民主管理机构，建立民主渠道，顺畅沟通体系，可以随时掌握员工的思想动态；通过反映问题的员工人数多少、反映问题的性质如何、反映的问题集中在企业哪些部门等，对其加以分析总结，明确预防重点，对出现劳动争议苗头的情况及时予以处理。

6）健全企业人力资源管理制度

在企业，劳动争议处理工作属于企业人力资源管理的范畴，争议的预防也是以

① 栾爽. 我国企业劳动争议预防策略研究［J］. 集团经济研究，2006（22）.

人力资源管理部门为主进行的。因此，加强人力资源管理工作是预防劳动争议的关键环节。

第一，企业的人力资源管理部门应该制定出与国家法律、行业和部门规定相一致的、完备的企业规章制度。企业应紧密结合自身的情况和特点，尽可能使规章制度制定得准确、详细、具体、配套，强调可操作性，同时对违约责任的划分要清楚明白。第二，建立企业内部员工意见沟通渠道，以使劳动规章制度的制定做到民主化。内部规章制度虽然是单位自行制定的，但只有得到员工的认可，才能确保其真正实施。企业可以采用召开小型座谈会、开展问卷调查的办法了解员工对有关政策的反应；在建立职工代表大会制度的用人单位，重要的劳动规则可经职代会审议通过后实行；没有建立工会的企业，可以采取征求员工代表意见或直接邀请部分员工参与讨论的形式来吸收员工的意见和看法。第三，加强对人力资源管理人员的培训，提高其理论素质和管理水平。企业人力资源管理人员处于劳动争议管理工作的第一线，只有他们精通业务，才能有效地预防劳动争议的发生。为此，企业应要求他们每年拿出一定的时间参加专业培训或以自学的形式学习，以提高自身的业务水平，同时企业还应在经费等方面保证必要的投入。第四，建立违纪职工教育程序。我国许多企业在对违纪职工的教育程序和方法上存在缺陷，建立和完善教育程序对加强企业劳动争议处理工作具有重要的作用。具体来说，首先要建立两级批评程序，也就是说对于员工出现的错误，先由员工所在的基层单位对其进行批评，较严重的错误由企业人力资源管理部门对其进行批评。另外，人力资源管理部门对错误的处理要及时；批评材料要做到书面化，并由违纪员工签字；在批评教育时，教育内容要全面。第五，加强与劳动争议有关的外部关系管理。劳动争议涉及的情况非常复杂，企业人力资源部门闭门钻研往往事倍功半，如果能加强与劳动争议相关的外部单位的联系，包括与劳动争议仲裁委员会和人力资源管理专家等的外部关系，充分借助他们所掌握的外部资源，同时跟踪同行业内有关劳动争议发生的情况，吸取别人已有的经验来预防劳动争议的发生，就会产生非常好的效果。

7）劳动争议发生后，政府应发挥其中立的第三方调解者和仲裁者的作用

虽然国外在劳动关系调整中，政府发挥的作用并不一致，但就我国的劳动关系调整模式发展而言，政府还是应该发挥其中立的第三方作用，积极地干预劳动关系的调整，这样不仅有利于保护劳动关系弱势的劳动者一方，也有利于劳动关系的和谐运行及社会的和谐稳定发展。

● 个案分析

案例一：李某于2011年4月入职某外资公司，双方订立无固定期限劳动合同，约定李某的岗位为媒体公关总监，月薪3万元。2015年6月，公司告知李某，为精简组织架构，决定撤销李某的媒体公关总监岗位，另设媒体沟通总监及媒体关系拓展总监，但上述两个岗位均已有合适人选，现特别为李某设立公司高级顾问岗位，月薪降为2万元，希望能与其签署变更劳动合同协议书。李某不同意公司的要求，

该公司即以“订立劳动合同时的客观情况发生重大变化，双方未能就变更劳动合同内容达成一致”为由，向李某发出“解除劳动合同通知书”，并向李某支付了经济补偿及代通知金等。李某认为公司的解除行为违法，故提出仲裁，要求撤销“解除劳动合同通知书”并继续履行劳动合同。

问题：劳动争议仲裁委员会是否应该受理该案件？你认为劳动争议仲裁委员会会怎样裁决？

案例二：刘某于2012年8月13日到某模型公司上班。双方签订三年期劳动合同，合同中未约定工作地点，实际履行地为北京市昌平区某村。2014年7月30日，模型公司厂房的租赁合同到期，未能继续签订租赁合同，也未在原址附近找到合适的办公场所，最终决定将厂址迁至河北。模型公司将上述情况提前告知刘某，并承诺提供班车、住宿等条件，但刘某不同意到新地点继续履行劳动合同。于是模型公司解除了双方的劳动合同，并依法支付刘某解除劳动合同经济补偿金和未提前通知解除劳动合同的代通知金。刘某对此仍然不满意，向仲裁委提出仲裁申请，要求模型公司支付违法解除劳动合同赔偿金。

资料来源　闵丹．本市劳动争议十大典型案例［N］．工会博览，2016-11-01.

问题：刘某的仲裁请求会被支持吗？用人单位的做法有没有问题？

● 本章小结

劳动争议又称劳动纠纷、劳资争议、劳资纠纷。广义的劳动争议是指劳动者与用人单位或其团体之间因劳动关系所发生的一切争议；狭义的劳动争议仅指劳动者与用人单位因实现劳动权利或履行劳动义务而引发的争议。从本质上来讲，劳动争议是劳动关系不和谐的反映。

劳动争议按照参与争议的主体不同，可以分为个别劳动争议、集体劳动争议和团体劳动争议；按照争议的性质不同，可以分为权利争议和利益争议；按照争议当事人的国籍不同，可以分为国内劳动争议和涉外劳动争议。劳动争议具有四项特征，具体包括：劳动争议的当事人是特定的；劳动争议的范围是限定的；劳动争议有特定的表现形式；不同的劳动争议适用不同的程序处理。

随着经济的发展和社会的进步，当前劳动争议显现出六大特点：劳动争议案件总量持续大幅度增长；集体劳动争议案件明显上升，社会影响力不断扩大；诉讼主体和纠纷类型多样化；劳动争议案件处理难度日趋增加；劳动争议案件分布相对集中；劳动者提起诉讼的比例增大、胜诉率高。劳动争议的产生有着多方面的原因，具体来说有：用人单位法律意识淡薄，不依法办事；劳动者维权意识增强；劳动力市场供过于求，劳动者处于相对弱势的地位；劳动合同和集体协议管理不规范；劳动法律、法规有待完善等。劳动争议处理有利于维护双方当事人的合法权益；有利于维护正常的生产经营秩序，建立良好的劳动关系；有利于维护安定团结的政治局面，保证和谐社会构建的顺利进行等。《劳动争议调解仲裁法》规定处理劳动争议必须遵循的基本原则是合法原则、公正原则、及时原则以及调解原则。

我国劳动争议处理实行"一调一裁两审"的处理体制，劳动争议发生后，当事人应当协商解决；当事人不愿协商、协商不成或者达成和解协议后不履行的，可以向调解组织申请调解；不愿调解、调解不成或者达成调解协议后不履行的，可以向劳动争议仲裁委员会申请仲裁；对仲裁裁决不服的，除另有规定的外，可以向人民法院提起诉讼。劳动争议当事人可自愿选择协商和调解，仲裁是劳动争议处理的前置程序。

劳动争议的预防是指劳动行政机关、企业主管部门、工会组织、劳动争议处理机构等有关单位按照法律的规定，事先采取各种有效措施，积极防范和制止用人单位与员工之间发生劳动纠纷的活动。它有利于保护劳动者的合法权益，降低福利损失；有利于企业生产效率的提高和生产的发展；有利于劳动行政部门转变职能；有利于建立和谐的劳动关系，提高企业人力资源管理的水平。劳动争议的预防可以从以下几方面着手：进一步完善劳动立法；加强劳动法律、法规的宣传教育工作；加强劳动合同的管理；充分发挥工会的积极作用；建立健全民主管理制度；健全企业人力资源管理制度等。

● 关键概念

劳动争议　个别劳动争议　集体劳动争议　团体劳动争议　权利争议　利益争议　国内劳动争议　涉外劳动争议　协商　调解　仲裁　仲裁管辖　地域管辖　级别管辖　移送管辖　指定管辖　仲裁时效　诉讼　诉讼当事人　劳动争议诉讼证据　举证责任　举证期限　证据交换　劳动争议预防

● 课堂讨论题

1.联系当前实际，讨论我国劳动争议的现状。

2.讨论劳动争议仲裁与劳动争议诉讼之间的关系。

3.对比分析《劳动争议调解仲裁法》对现行劳动争议处理制度做了哪些调整。

● 复习思考题

1.简述劳动争议的概念、特征与类型。

2.试述劳动争议产生的原因。

3.劳动争议处理应遵循哪些原则？

4.劳动争议协商制度的优越性体现在哪些方面？

5.劳动争议调解的原则是什么？

6.劳动争议的仲裁管辖划分的依据是什么？

7.如何预防劳动争议的发生？

● 自测题

1.（　　）属于劳动争议。

A.企业与工会之间的争议

B.企业与劳动行政部门之间的争议

C.企业与劳动服务主体在劳动服务过程中发生的争议

D.劳动者与工会之间的争议

E.企业与企业因劳动力流动发生的争议

2.劳动争议的“第一道防线”是（　　）。

A.协商　　B.调解　　C.仲裁　　D.诉讼

3.（　）属于劳动争议诉讼当事人。

A.被处分的企业员工

B.鉴定人

C.证人

D.企业中做出处分员工决定的企业行政部门

E.诉讼代理人

4.劳动者应当从知道或应当知道其权利被侵害起________日内向劳动争议仲裁委员会提出书面申请。劳动争议仲裁委员会应当自受理仲裁申请之日起________日内结束案件；案情复杂需要延期的，经劳动争议仲裁委员会主任批准，可延期并书面通知当事人，但延期不得超过________日。

5.当事人对仲裁裁决不服的，自收到裁决书之日起________日内，可以向人民法院起诉。人民法院收到起诉状后，进行审查认为符合起诉条件的，应当在________日内立案，并通知当事人；认为不符合起诉条件的，也应在________日内裁定不予受理；当事人如若不服一审判决，可依法提起二审程序，但须在一审判决书送达之日起________日内向上一级人民法院提起上诉。

第11章 /三方协商机制

引导案例

欧盟产业转型及一体化对欧盟劳工政策三方机制的影响

欧共体时代，各成员国中盛行的三方机制在欧共体劳工政策形成和发展过程中发挥了作用。在欧盟一体化进程中承担着顾问功能的联合国经社理事会中就包括了各成员国指定的雇主、工人和其他利益群体的代表。但依据1957年《欧洲经济共同体条约》的相关条款，它的政策建议只涉及就业、劳动法律和工作条件、职业培训、社会保障、职业安全与卫生、结社权和集体谈判等劳工政策的传统领域，且对欧共体的决策机构不具约束力。

20世纪80年代末期，加快社会整合的需要及欧盟各国产业转型所带来的劳动关系多样化，给欧盟的劳工政策决策和执行都带来了很大的压力，为加强决策的民主性和针对性，三方机制在欧盟劳工政策领域的作用得到加强。1992年签署的《欧洲联盟条约》的《社会政策议定书》中，首先拓宽了三方机制所涉及的领域，增加了男女平等、被劳动力市场排斥的工人如何重新融入就业市场、解除合同时工人权益的保障、合法居住在欧盟区域内的第三国公民的就业条件、对促进就业和创造就业的财政支持等项目，既反映了新诞生的欧盟在劳工政策领域统合愿望和能力的增强，又透露出各成员国当时在劳工政策领域正面临着许多具有时代特征的新问题。其次，三方机制发挥作用的方式有了本质性的改变。

《社会政策议定书》中设计了社会伙伴对政策过程的三个层级的参与：第一，欧盟委员会在向欧盟理事会提交劳工政策草案前，必须与社会伙伴咨商；第二，也是最重要的，劳资双方在接受欧盟委员会咨商时，可以知会欧委会他们愿意就咨商议题自主达成协议；欧委会应协议签字方共同要求，将该协议向欧盟理事会提交，作为政策草案，经欧盟理事会通过成为理事会指令；协议也可以依照各成员国劳资约定的程序和惯例执行。第三，成员国政府应社会伙伴联合要求，可以授权社会伙伴负责实施该类欧盟指令。这些规定大大提升了三方机制在欧盟劳工政策过程中的地位，同时，这种决策方式也在一定程度上影响了各成员国的劳工法律、政策的决策模式和执行模式。

这种模式在1997年修订的《阿姆斯特丹条约》中被写入正式条款，并且在条约中明确提出劳工政策体系的完善“不止有赖于共同市场发挥作用，而且有赖于欧共体条约中的条款，各种法律、法规、行政命令中的相关规定发挥作用”。这大大增强了其法律效力，表明欧盟内部就增强欧盟在劳工政策领域的统合能力形成了较为一致的看法。

2001年修订《欧盟条约》时三方机制所涉及的领域呈现出新时代的特征，加入了“反对社会排斥、社会保障制度现代化”等新的内容，并提出“理事会在与欧洲议会咨商后，将成立一个顾问性质的社会保障委员会”。社会保障委员会“将和劳资双方建立适当的联系，以便于履行其职责”。社会保障委员会由每个成员国和欧委会各指派两名代表组成，负责“监测欧共体和成员国社会形势和社会保障政策的发展，促进成员国之间及成员国和欧委会之间的信息、经验的交流，主动或应理事会、欧委会要求提出报告”。因此，在20世纪90年代，各成员国产业升级和一体化所带来的压力，使三方机制成为欧盟层面劳工政策机制的重要组成部分，劳、资和欧盟治理当局共同成为劳工政策的重要主体。

资料来源　赵祖平. 欧盟劳工政策三方机制的发展及其启示 [J]. 国家行政学院学报，2010 (1).

学习目标

通过本章的学习，了解三方协商机制的概念、特点和作用，以及三方协商机制的起源和发展过程；了解市场经济发达国家的三方协商机制的状况以及国际劳工组织的概况；掌握三方协商机制的规则和程序，认识我国现行的三方协商机制存在的问题，能够使用三方协商机制分析与解决实际中发生的劳动关系问题。

11.1　三方协商机制概述

11.1.1　三方协商机制的概念及特点

三方协商机制产生于西方市场经济国家，现已成为发达国家劳动关系管理中普遍采用的一项基本制度。作为政府、劳方、资方三方共同管理和处理劳动关系问题的重要机制，三方协商机制是制度结构、运行体系和利益格局的统一体，对于稳定劳动关系具有重要作用。

1）三方协商机制的含义

1960年，国际劳工组织通过了《（行业和国家级别）协商建议书》（第113号），对三方机制的总目标提出以下要求："这种协商与合作的总目标应该是促进公共当局与雇主组织和工人组织之间以及这些组织之间的相互了解和良好关系，以求发展总体经济或发展其某些部门，改善劳动条件和提高生活水平。"

1976年国际劳工组织通过了《三方协商促进国际劳工标准公约》（第144号），该公约中规定：三方协商机制是指政府（通常以劳动部门为代表）、雇主和工人之间，就制定和实施经济与社会政策而进行的所有交往和活动，即由政府、雇主组织和工会通过一定的组织机构和运作机制共同处理所有涉及劳动关系的问题。

综上所述，劳动关系中的三方协商机制，是指政府、雇主、劳动者三方代表，根据一定的议事规则或程序，通过特定的形式开展协商谈判而形成的共同参与决定、相互影响、相互促进、相互制衡的一种制度。三方协商机制也可以称为三方协调机制、三方机制或三方格局，是专门解决劳动关系中矛盾和争议的制度，在市场经济成熟的西方国家被普遍采用，被认为是社会效益高的劳动关系协调机制，有利于兼顾国家、雇主和劳动者三方利益。

具体说来，该机制的含义包括以下几方面：①三方协商机制的主体是政府、雇主和劳动者。在三方格局中，政府一方一般是管理劳动事务的劳动行政部门或有关主管部门的代表，雇主一方可以是雇主代表，也可以是雇主协会（联合会）的代表，劳动者一方一般是工会代表。②三方协商的内容往往是劳动关系领域内重大的事务，诸如劳动立法、经济与社会政策制定、就业与劳动条件、工资水平、劳动标准、职业培训、社会保障、职业安全与卫生、劳动争议与处理及对产业行为的规范等。③三方协商的方式是在平等基础上进行对话、协商、谈判。④三方协商的宗旨是促进三方合作，维护劳动秩序，稳定劳动关系，促进国家经济发展，提高人民生活水平。

三方协商机制的实质是在社会活动中有差异的三方之间实行三方权利分享，共同协商，以消除误解、增进了解、弱化争议、取得共识。在市场经济条件下，不同集团有着不同的利益追求，形成了不同的利益倾向，不同集团内的人基于不同的经济利益所关注的问题就有所不同。雇主最关心的是获取最大的利润，增强竞争力，因此其会强调尽量降低生产成本，保证有序的生产秩序；而劳动者及其代表——工会最关心的是让自身更多地去分享劳动成果，提高其生活水平，因此会强调对工人权益的保护；政府则关注经济的增长、社会的安定和政局的稳定，因而会强调劳资双方保持良好的合作关系，期望劳动关系正常、稳定及和谐。所以，为了保证三方利益趋于一致，就需要一种机制和制度来解决分歧，通过协商、对话和合作达到各方基本满意的目的。而现代社会生活的民主化也要求在制定政策时，广泛发扬民主，吸收各方意见，以制约相互关系，达到相互之间的协调与平衡，因此三方协商机制体现的是劳动关系领域的民主化，是平衡各方实力、保持和谐平衡的重要机制。三方协商机制形成后，工会、雇主、政府各方在不同时期力量对比的变化以及各自的地位构成了一种客观利益格局，从而实现了各个社会利益集团在经济利益和其他方面的平衡。

2）三方协商机制的特点

三方协商机制作为一种调整劳动关系利益的有效机制，从其各方构成和运行的实践看，具有以下几个特点：

（1）机构上的层次性。三方协商机制从各级地方政府到中央政府，从个体的企业到结社的企业联合会或企业家协会，三方协商机制的构建都有相对独立的组织形式，不同的级别和层次都有不同的制度结构。国家一级的三方协商机构一般会采用委员会的形式，委员会由三方构成，商讨全国的劳动问题，地区一级的三方协商机构会有相应的一个或几个机构与其对应，协商更加具体的内容。

（2）主体权利的对等性。主体权利的对等性是基于主体的独立性。所谓主体独立性，是指参与协商的三方代表，即政府、雇主组织和工会组织在地位上是独立的，代表不同的利益主体。作为协商主体的三方各自都有其独立的发言权和表决权，不受他方的制约。正是这种主体独立使得各方权利对等。在涉及劳动方面的重大问题的协商过程中，由于各方代表的利益主体不同，各方的要求和目的会有很大差距。所以要达成各方都能接受的方案，就必须充分行使各方的权利，而且这种权利又必须是平等的，任何一方都不能凌驾于他方之上。很显然，这种权利对于在劳动关系中处于弱势的劳动者来说是一种保障。

（3）利益上的平衡性。由于三方的利益取向不同，三方协商机制的目的之一便是平衡三方利益，在符合三方基本利益的前提下解决劳资和社会发展问题，使各方在三方协商机制运行中尽可能得到最大的满足。如果一方独大或者一方的实力明显微弱，势力强大的一方就会攫取大部分的利益，三方机制就无法实现三方利益平衡，最终会危害整个社会和国家的发展，所以三方机制为了实现三方的长远利益，一定会平衡三方利益。

（4）协商中的民主性。三方协商机制的关键在于协商的民主性，而协商的民主性体现在三方友好的对话和商讨中，三方互相理解、互相支持，对于讨论的事项，反复商讨后达成共识。只有在协商过程中充分发扬民主，听取各方意见，甚至每位代表的意见，才能形成比较科学可行的意见和方案。

（5）运行中的合作性。在三方协商中各方虽然都是从自身的立场出发，但都是以协调劳动关系为基础和条件的。在劳动关系中各方存在着一定的利益取向，常常会发生利益冲突，但利益冲突只有在双方合作的基础上才能得以解决。协商时各方要充分考虑其他两方的意见和共同利益，雇主一方不能只强调生产经营而损害劳动者的权益，劳动者一方也不能只强调已方的劳动权益而阻碍企业的发展。三方只有经过合作才能实现共赢，只有通过合作才能共同发展。

11.1.2 三方协商机制的作用

基于政府、雇主和劳动者相互合作的三方协商机制，能够缓和劳资矛盾，稳定劳动关系；能够确立工会地位，保护工人合法权益，促进经济社会发展，同时也可以促进政策制定的民主化、科学化，推动社会文明的进步。

1）缓和劳资矛盾，稳定劳动关系

三方协商机制的基本作用是缓和劳资矛盾，建立一种和谐、稳定、规范的劳动关系。20世纪30年代，资本主义世界爆发了空前的经济危机，造成了大量的企业破产和工人失业，劳资关系也变得紧张起来，但由于政府采取了一些有效的干预措施，于是三方协商机制应运而生。三方协商机制的形成有助于劳资双方通过有组织的交涉和谈判来解决工资、就业条件等问题，对缓和劳资矛盾起到了重要的作用。经济危机之后，随着经济的重新发展复苏，产业合理化运动开始兴起，以工人参与企业管理为主要内容的产业民主化运动在许多国家出现。采用三方协商机制处理劳资关系事务已较为普遍，协调劳资关系的方式更加多样，内容更为广泛。

第二次世界大战以后，随着生产力的发展，世界范围的人民革命浪潮风起云涌。在工人运动的强大推动下，处理劳资关系的三方协商机制有了快速的发展，市场经济国家都设立了不同形式的三方协商机构。对于劳资关系领域的很多问题，都可以通过三方协商、集体谈判的方式来解决，在这种情况下，劳资间大规模的激烈对抗和冲突相对减少，取而代之的是日常的、规范化的、有组织的劳资协商、谈判，从而在很大程度上改善和缓和了劳资矛盾。经过产业革命之后的一个多世纪的发展，市场经济国家的三方协商机制不断完善，劳资关系的协商途径也趋向多样化、法律化、制度化和规范化，逐渐形成了完善的劳资体系，从而使劳动关系保持了相对稳定。

2）确立工会地位，保护工人合法权益，促进经济社会发展

在资本主义早期，劳资矛盾存在于劳动关系的所有领域。资方是生产资料的所有者，处于绝对优势地位，控制着生产经营管理的一切方面，资本家可以任意延长劳动时间，无限加大劳动强度，压低工人工资，随意打骂工人等。大多数政府在劳动关系领域实行自由放任政策，在“竞争自由”“契约自由”的旗号下，资本家残酷剥削和压榨工人，工人得不到丝毫的保护。为了反对资本家的残酷剥削和压迫，工人们奋起反抗，但由于没有工会组织，无法形成集体力量而一次次惨遭失败。这一时期，资本主义各国政府的法律都严厉禁止工人组织工会和罢工。直到19世纪末，三方协商机制出现后，这种局面才发生了变化，政府废除了歧视性法律条文，允许结社和罢工，从而确立了工会的地位。在三方协商机制中，工会一方作为独立的主体，争取工人的权益，原先占绝对优势的资方力量开始减弱，劳动者的影响力明显加强。工会的地位与工人的权益是紧密相连的，随着工会力量的增强，工人的许多权益在工会组织的抗争下开始得到有效保护。

劳动关系的紧张，对于企业的发展也是不利的。企业的正常运行需要稳定的内部环境，而工人与企业的矛盾冲突如果得不到有效释放，将会造成不稳定局面，影响企业的正常生产，进而影响经济社会的发展。

正确维护劳动者的合法权益，是社会发展的重要动力。三方协商机制对劳资关系的调整，保护了劳动力再生产的持续进行，促进了劳动力资源的开发，从而为经济发展提供了基本的条件；维护了劳动者的物质利益和政治权利，调动了劳动者的积极性，从而能有效地发挥劳动者的能动作用；劳方有权参与管理，并可参与国家立法，因而有权要求资方不断改善劳动条件，保护劳动者的安全健康，使劳动者能更好地发挥作用；通过三方对话协商、相互合作，增进了团结，消除了对抗，为发展生产创造了良好的社会环境，促进了社会的发展。

3）促进政策制定的民主化、科学化，推动社会文明进步

从三方协商机制的产生、形成和发展的历史看，它既是社会生产力发展和社会经济矛盾的必然结果，又是工业民主和经济民主的产物，也是社会民主政治制度的重要内容。利益的多元化，要求政府在制定政策时能充分听取各方意见，充分发扬民主，三方协商机制能充分发扬民主，它是工会代表员工、企业组织代表雇主参与经济和社会管理的重要民主渠道。工会代表和企业代表通过这种形式，反映员工、企业所有者和经营管理者的意见和要求，代表、维护员工和所有者、经营管理者的合法权益。通过加强三方组织间的沟通和合作，能够使国家和政府的政策法规和决策民主化、科学化、规范化，更加符合各方的要求，符合实际情况。

从实践和历史看，无论哪个国家，无论哪个历史时期，社会安定都是政治稳定、社会文明进步的一个重要前提。而社会安定取决于很多因素，其中劳动关系稳定和谐是最关键的因素。为了实现资产阶级统治的长久，各资本主义国家都把三方协商机制作为协调劳动关系、保持社会稳定的重要手段。三方协商机制能够保障社会安定，进而促进社会文明的进步。

11.1.3 三方协商机制中各方应遵循的原则

三方协商机制中各方应遵循的原则就是三方主体在处理三方协商的内容时应当遵循的基本准则，主要有以下几方面：

1）三方参与的原则

这一原则贯穿于三方协商的整个过程，它不仅表现在相关机构的人员构成上，也体现在实际活动中。这一原则不仅适用于全国、地方和行业领域，也同样适用于企业层面，当企业劳动关系双方因某个问题发生争执而又不能自行解决的时候，政府介入就成为必要。

2）相互信任、充分合作的原则

三方参与原则的出发点是将雇主和工人都看作发展经济的重要力量，工人与雇主合作，共同促进经济社会的发展。这一原则是三方协商长期共存的基础。合作不仅反映在三方协商的议事过程中，而且还表现在实际运作过程中各方之间相互支持的态度上。三方协商的目的就是在平等协商的基础上达成共识。在三方协商中，各方虽然都从自己的立场出发，但都是以协商劳动关系为基础和条件的。因此，协商时要充分考虑各方的意见和共同利益，始终以促进发展为目标。

3）利益兼顾的原则

国家是全民族意志和利益的体现，企业是市场交易的主体，员工是财富的创造者和社会发展的动力。在处理三方关系时，应力求兼顾平衡；在处理三方矛盾时，各方应本着克制、妥协、寻求三方平衡的原则来化解矛盾和危机。

4）平等协商的原则

三方都具有身份和地位上的独立性和平等性。在协商过程中，任何一方都不能把自己的观点强加于其他各方，要尊重作为独立主体的其他各方的意见。虽然各方利益的着眼点和动机不同，但基于共同的利益达成共识是可能的。这就需要各方进行必要的妥协和让步，在平等协商的基础上，寻求使问题能够解决的最佳方案。

11.1.4 三方协商机制的产生、发展与现状

1）三方协商机制产生的社会条件

三方协商机制的形成和发展经历了一个长期的过程，它是工人运动的产物，是工业民主化的一个重要组成部分和重要的表现形式。它的发展完善既取决于社会生产力水平和现代化程度的提高，也取决于工人运动的发展壮大。

三方协商机制源于19世纪末，至20世纪20年代初步成为一种制度。三方协商机制发端的直接动因是国际劳动立法兴起。19世纪下半叶，劳动立法作为国际工人运动共同的行动纲领，不仅得到了各国工人的响应，而且得到了一部分资产阶级社会活动家和政治家的关注，他们主张为保证社会稳定，应对工人的要求给予理解和同情，并通过立法在保证雇主利益的同时适度限制其为所欲为。这一主张被法国、德国和瑞士等国家的议会和政府所接受，并于1890年8月在瑞士工人联合会的

倡议下由13个国家的工人组织的代表在苏黎世举行了劳动保护首届国际代表会议。1901年，由工人组织、学者和政府代表在瑞士成立了国际劳动立法协会。这是一个非官方的具有三方协商色彩的关于劳动事务的国际机构。第一次世界大战爆发后，这一组织解体，但这个协会在劳工组织的构成及通过国际劳工公约的程序等方面提供了经验，并为后来的国际劳工组织所继承。

具体来讲，三方协商机制提出和实行的社会条件可以划分为以下三方面：

（1）从政治关系看，资产阶级民主制度的发展为三方协商机制的出现提供了政治条件。

20世纪初，资产阶级在统治策略上发生了重大的转变，即趋向于扩大政治权利，实行改良等。三方协商机制之所以能被资产阶级及其政府接受，正是由于这种方式与资产阶级自由主义的民主政治契合。

（2）从经济关系看，三方协商机制是市场经济发展到一定阶段的产物。

实施三方协商机制的经济条件主要是现代企业制度的建立和集体合同制度的实行。19世纪末20世纪初，以公司制为主要形式的现代企业制度在主要资本主义国家出现并得到快速发展。现代企业制度要求重组各种生产要素，使土地、资本、管理、劳动等都最大限度地发挥各自的作用。这种客观要求使得劳动者在生产过程中的地位得以提高。与此同时，以保护劳动者权益为基本目的的集体谈判和集体合同制度也开始兴起。从1904年到1919年，新西兰、荷兰、奥地利、德国、法国等相继颁布了关于集体谈判和集体合同制度的相关法律。现代企业制度和集体谈判制度的实行，要求用一种新的形式来制定相关的劳动法律和社会政策，这种要求成为三方协商机制产生的经济条件。

（3）从社会关系看，工人力量的增长和劳资矛盾的激化是三方协商机制的社会基础。

工人力量的增长，使得资产阶级政府不得不重视工人的要求；劳资矛盾的激化迫使资产阶级政府对劳资矛盾采取一种“建设性”的干预政策。政府通过三方协商来实行劳工立法，以稳定劳资关系，这便是“建设性”干预政策的一个重要内容。

2）市场经济发达国家三方协商机制的发展与现状

20世纪90年代以来，三方协商机制的实施已经成为一个世界性趋势，目前在全世界各国得到了较为普遍的实施。之所以如此，一是因为市场经济成为世界上绝大多数国家的选择，以往的计划经济与市场经济对峙的格局已经不复存在。以前的计划经济国家在实行市场经济的同时也开始推行三方协商机制。二是随着经济全球化和资本国际化，国际工人运动的交流与联系在加强，而且为了保护国家和企业的竞争力，政府和雇主也在一定程度上希望与工会合作以稳定劳资关系，这样就促使一些国家原有的三方协商机制得以不断完善。

欧美国家和地区作为三方协商机制的策源地，在实行普遍性、社会保障、社会基础支持等方面一直保持领先优势。20世纪90年代以来，各国的情况有了一些新的变化。对于三方协商机制持保留态度的一些国家，也有了一些进展，如美国在

1993年创立了一个三方委员会，以研究改进劳资关系中具有较大困难和争议的问题。德国一直存在三方协商的传统，早在1967年至1977年间就进行过三方合作试验，对当时的社会经济的发展起到了促进作用，但是近些年，德国逐步废除了一批劳动法规，提倡由劳资双方自由约定，政府不予干预，这主要是因为雇主和工会的组织比较成熟，三方协商也已形成了比较规范的制度，政府在三方协商中的地位和作用较以前有所降低。

在欧洲国家中，西班牙的三方协商机制颇具代表性。20世纪70年代以来，西班牙的劳资关系步入“社会协商时期”，三方协商机制在确定集体谈判和工资标准以及塑造新型劳动关系体系方面都发挥了重要作用。由于三方协商机制的广泛应用，西班牙的劳资关系充满了合作主义。

在西班牙，三方协商机制中代表国家一方的是西班牙经济和社会委员会，该委员会是根据《建立经济和社会委员会法》建立起来的。委员会由政府与最具有代表性的工会及雇主组织的代表构成，为体现平等原则，各方的代表人数相同。该委员会下设若干工作委员会，负责各项具体工作。该委员会的主要任务，一是参与国家有关经济、社会、劳工等方面的立法，就经济和社会问题向政府提供咨询。西班牙皇家法令规定，制定有关上述法律，在向议会递交之前，其草案必须向委员会咨询，如委员会的建议未被采纳，委员会可直接向议会提出陈述报告。二是三方就经济、社会、劳工等问题展开对话与协商。三是每年就国家经济、社会、劳工状况提出报告，劳资双方从不同角度进行分析，向政府和新闻媒体陈述自己的观点，做出自己的评价。四是每年根据经济增长和物价情况，提出最低工资标准和工资增长幅度的建议，由政府核准后颁布实施。

在英国和瑞士等国，三方协商机制长期以来一直在国家社会经济政策制定中占有重要地位，但近些年来，三方协商机制的机构和作用有所弱化。在其他国家，如法国、比利时、奥地利、爱尔兰、丹麦、意大利、荷兰等，三方协商机制在总体上呈现非常活跃的状态。

苏联、东欧社会主义国家在20世纪90年代之前几乎没有真正的三方协商机制。但目前大多数东欧国家都建立起了国家一级的三方委员会，它成为国家劳动关系协调中最主要的组织形式。在东欧国家中首先建立三方协商机制的是匈牙利，它于1988年成立了三方协商性质的“全国利益和解委员会”；1990年保加利亚签署了三方协议，并成立了联邦一级和共和国一级的“经济和社会和睦三方委员会”；波兰在1994年成立三方委员会；罗马尼亚在1994年制定了关于三方机构的职能和组建原则的法律草案。俄罗斯在1992年颁布了“关于建立调节社会和劳动关系俄罗斯三方委员会”的命令，又公布了《俄罗斯联邦调节社会劳动关系三方委员会条例》，三方协商机制在独联体国家得到推广。

东欧国家建立的三方机构，大都能发挥实质性作用。它们对于劳工立法草案、劳资关系问题，以及其他方面的社会政策和经济政策提出了大量意见，在某些方面，诸如确定最低工资和就业管理及职业培训方面，还行使了决策职能。匈牙利的三方委员会，在处理劳资纠纷方面有着重要的作用。其他一些国家的三方委员会，还能够就与经济改革相关联的重大问题签署三方协议，如保加利亚在1990年和1991年签署的协议中直接涉及私有化和产业调整问题，波兰于1993年就国家企业私有化问题达成了一项重要的三方协议。尽管这些国家的三方委员会在发挥作用方面还存在各种不同的问题，但其在保持社会稳定和发展中的重要性越来越被人们所认识。

三方协商机制在亚洲国家自20世纪90年代以来有了进一步的发展。日本在第二次世界大战后建立了三方协商机制和机构，这就是有名的从中央到地方的劳动委员会制度。日本第二次世界大战后的劳动关系比较稳定，社会和经济得到快速发展，在相当程度上都得益于这一基本的劳动法律制度的实施。新加坡自20世纪70年代以来实行三方协商机制，但都是以推动生产发展为基本目的的，机构的名称也几经变更，1979年称为“技能发展委员会”，1981年改称为“全国生产率委员会”，1994年又改称为“全国生产率与质量委员会”。韩国的三方协商是从20世纪80年代末开始的，并且在工资确定方面取得了一定成效。另外，如印度和巴基斯坦等国，三方机构以往也曾有过重要作用，但由于经济原因而面临一些问题。

3）国际劳工组织

国际劳工组织的英文缩写为ILO，于1919年根据《凡尔赛和约》作为国际联盟的附属机构成立。它的成立是劳资关系领域三方协商机制正式形成和发展的重要标志。国际劳工组织是一个政府间的国际组织，但在组织原则上又有其独特之处，即所谓三方性的体制和三方协商的议事规则。国际劳工组织徽志有两种图样：一种为两只握着铁扳手的手臂，意寓协调劳务、创造价值；另一种由国际劳工组织英文缩写“ILO”、三段齿轮组成，左右衬以橄榄枝叶，它曾经是国际联盟的一个自主组成部分。第二次世界大战后，国际劳工组织于1946年5月同联合国达成协议，接受联合国的领导。国际劳工组织在同年9月举行的第26届国际劳工大会上修改了章程，正式成为联合国所属负责劳工事务的一个专门机构。第二次世界大战以后的70多年来，国际劳工组织经历了深刻变化。因为国际劳工组织包含了所有政治、经济、社会制度不同的国家和不同倾向的国际工会组织和雇主组织，这就不可避免地将各种各样的矛盾带到国际劳工组织中来。随着冷战的结束，世界政治格局由两极争霸朝着多极化方向发展，国际劳工组织内也形成了各种政治力量互相牵制的局面。1969年，国际劳工组织被授予诺贝尔和平奖。国际劳工组织主要在下列领域提供技术援助：职业培训和职业康复；就业政策；劳动行政管理；劳动法和产业关系；工作条件；管理发展；合作社；社会保障；劳动统计和职业安全卫生。随着马尔代夫共和国正式接受《国际劳工组织章程》规定的各项责任和义务，成为国际劳工组织的成员国，截至2019年，国际劳工组织已经发展到187个成员国。

国际劳工组织宣称在其章程中规定的目标和宗旨，是在社会正义的基础上实现持久和平，从而使“全人类不分种族、信仰或性别都有权在自由和尊严、经济保障和机会均等的条件下谋求物质福利和精神发展”。为此，它主张采取各种措施，以便达到充分就业和提高劳动与生活标准，使工人享有正当权益。

国际劳工组织为实现促进社会进步和维护世界和平的宗旨，开展的主要活动包括：①制定国际劳工公约。②开展技术合作。③从事研究、教育与文献出版活动。国际劳工组织同国际工人运动的关系十分密切。从1919年第一届国际劳工大会起，西方主要国家工会领导人就以工人代表的身份参加国际劳工组织的活动。第二次世界大战之后，国际工人运动出现了世界工会联合会（世界工联）、国际自由工会联合会（国际自由工联）、世界劳工联合会（世界劳联）三足鼎立的局面。国际劳工组织章程规定，凡与其建立咨询关系的非政府国际组织，均有权参加国际劳工大会、理事会等各种会议，可以在任何会议上发言，但无权参加表决。

国际劳工组织的成立是劳资关系领域三方协商机制发展历程中具有里程碑意义的事件。国际劳工组织不仅在机构组成上具有三方性的明显特点，由政府代表、雇主代表、工人代表三方共同组成，而且活动的宗旨也充分体现了其促成政府、雇主、劳方合作，共同改善劳动状况、协调劳动关系、维护劳动权益的精神。1976年国际劳工组织专门制定了第144号公约——《三方协商促进国际劳工标准公约》和第152号建议书——《三方协商促进国际劳工标准建议书》，这成为各国建立三方协商机制的重要依据，三方协商机制也是各国政府、雇主、工会就其各自利益和共同关心的问题进行协商并达成共识而借鉴的有效形式。

三方性原则是国际劳工组织行动的基本原则。作为国际劳工组织章程一部分的《费城宣言》中申明，“反对贫困的斗争，需要各国在国内坚持不懈地进行，还需要国际上做持续一致的努力。在这种努力中，工人代表与雇主代表享有与政府代表同等的地位，与政府代表一起自由讨论和民主决定，以增进共同的福利”，以期“有效地承认集体谈判的权利，促进雇主和劳动者加强双方在提高生产效能中的合作，以及在制定与实施社会和经济措施中的合作”。

国际劳工组织所关心和处理的事务一般都涉及各国工人、雇主的利益，吸收雇主代表和工人代表以平等的地位同政府代表一起讨论、协商做出决定，体现了对劳动关系当事各方的尊重和谋求通过协商讨论达成共识的意愿。按照三方性原则做出的决定较能兼顾有关各方的利益，保证国际劳工组织活动的民主性。同时，各国经济和社会的发展实践表明，政府、雇主和工人以平等的地位就涉及各自利益和共同关心的问题，特别是劳工问题进行协商并达成一致，已成为化解劳资矛盾、维护社会稳定、促进经济社会发展的重要推动力量。

国际劳工组织的组织机构同样坚持三方性原则。国际劳工组织的机构包括国际劳工大会、理事会、国际劳工局，另外还有两个独立机构，分别是设在日内瓦的国际劳工问题研究所和设在意大利都灵的国际高级技术和职业培训中心。其中，国际劳工大会是国际劳工组织的最高权力机构。正常情况下，每年6月在瑞士日内瓦举行国际劳工大会。理事会是国际劳工组织的决策执行机构，是国际劳工组织在国际劳工大会闭会期间的领导机构。国际劳工局是国际劳工组织的常设秘书处。此外，国际劳工组织还设有区域性的办事机构，亚洲和太平洋地区的办事机构设在曼谷，拉丁美洲和加勒比地区的办事机构设在利马，非洲的办事机构设在亚的斯亚贝巴，阿拉伯国家的办事机构设在贝鲁特，欧洲的办事机构设在日内瓦。国际劳工组织一般每4~6年召开一次区域性会议。

（1）国际劳工大会。国际劳工大会是国际劳工组织的最高权力机关，与会的各国代表团由政府代表2人、工人和雇主代表各1人和若干名顾问组成，以体现三方性原则。国际劳工大会的主要任务是：①听取并审议国际劳工局局长的报告，该报告通常围绕当前形势尤其是针对具有重大意义的社会和劳工问题而做出；②制定和通过公约和建议书形式的国际劳工公约，并审议这些公约和建议书在各国的执行情况；③批准接纳新会员；④每两年由大会批准本组织的工作计划和预算；⑤为劳工组织的总政策和未来的活动提出指导方针。

（2）理事会。理事会是国际劳工组织的执行机构。在正常情况下，理事会每年举行3次例会。理事会设主席1名、副主席2名，每年改选1次。

同样，理事会也是三方机构，由56名理事组成，其中包括28名政府代表、14名工人代表和14名雇主代表。在28名政府代表中，包括中国在内的10个主要工业国为常任政府理事，另18名政府理事由政府代表在大会上选出的国家委派。

（3）国际劳工局。国际劳工局是国际劳工组织的常设秘书处，总部设在日内瓦，负责处理日常事务，对理事会负责。国际劳工局的主要任务是：负责起草文件和报告并为本组织的大会和专门会议准备必需的背景材料；征聘和指导劳工组织在全世界范围内进行技术合作的专家；发行各种专业出版物和期刊，并与各国劳工部、雇主组织和工会组织密切合作。国际劳工局根据工作计划定期召开地区会议和专门会议。

11.2　三方协商机制的内容及运行模式

11.2.1　三方协商机制的级别与主体

三方协商的不同级别在协商的主体和所要解决的问题上有所不同，依据国际劳工组织的文件和各国实施三方协商的实践，主要分为以下几种级别：

1）国家一级协商

三方协商机制最主要和最基本的一级是国家一级的协商。国际劳工组织在其有关三方协商的文件中所强调和侧重的也是国家一级的三方协商。参加国家一级三方协商的主体分别是：政府的代表是政府的劳动部门和有关经济部门，雇主的代表是全国一级的最有代表性的雇主组织，工人的代表则是全国一级的最有代表性的工会组织。经国家协调劳动关系三方会议第九次会议批准，我国的国家级三方会议办公室设立常设办事机构，由三方各派专职工作人员组成。

2）产业一级的协商

产业一级的协商一般指国家一级产业的协商。产业一级的协商主体是政府的产业部门、产业的雇主协会和产业工会。产业一级协商是三方协商的重要组成部分，在解决跨国、跨地区企业和涉外企业的劳动关系问题时会更适宜。产业一级协商可以充分发挥产业特色，借鉴和运用系统内类似矛盾的协调经验，更善于化解劳资矛盾，保持社会稳定，促进经济发展。

3）地方一级的协商

地方一级的协商主要指地方政府主导下的协商。其协商的主体为地方政府的劳动和经济有关部门、地方雇主协会、地方工会。这一级别的协商主要针对本地区劳动关系中出现的各种情况和问题，对本地区的劳动关系协调提出建议，具有区域性特征，与国家一级和产业一级的协商相比，地方一级的协商内容更加具体，各方的职责也更为微观。

4）企业一级的协商

在过去企业一级的协商并不作为三方协商的直接构成级别，而只是作为国家和产业一级协商的基础和相关内容。但目前企业一级的协商越来越受到关注，并作为三方协商机制的直接内容加以研究和应用。企业一级的协商的直接主体是雇主和企业工会，政府部门一般不直接参与，但在协商出现障碍无法继续时，政府也会出面调解。并且，有些国家规定企业一级协商或谈判的结果要在政府有关部门登记或认定才有效。这种两方协商的形式在其他级别上也会出现，比如产业一级的集体谈判，也可以看作两方的协商。除此之外，劳资双方还可以就双方关心的问题展开任何一级的协商，但主要是企业一级的协商。企业一级的协商一般有两种形式：一种是企业的集体谈判，这种形式比较正式并且受到法律约束；另一种是集体谈判之外的双方就企业有关涉及劳资关系的问题进行灵活的接触和协商。

三方协商是以企业的劳资协商为基础，以国家一级的协商为重点和主导的。协商的内容根据不同的时期以及级别的不同而有所差别，各个国家的历史背景和实际情况不同，不能一概而论。

11.2.2 三方协商机制的组织形式及协商内容

成立三方协商机构是三方协商机制顺利运行的保证。各国的三方协商机制的活动基本上由三方性组织机构来实施；明确三方协商的内容，使三方协商的主题集中、清晰，有利于促进三方协商顺利进行，提高三方协商机制的效率。

1）三方协商机制的组织形式及主要职责

政府、工会和雇主组织是三方协商机制的主体，其中，政府一般由国家行政部门代表。各国政府一般都设立了劳动（劳工）行政机构，如美国的劳工部、我国的人力资源和社会保障部等。在三方协商机制中，工会是劳方的代表。各国工会的组织形式不完全相同，一般有以下几种类型：①雇用单位工会，即由被雇用于同一雇主的雇工所组成的工会。②职业工会，即由同一种职业或相似职业的雇工所组成的工会。③产业工会，即由同一产业或相似产业内所有雇工组成的工会。④联合工会，即由各个单独工会联合组织起来的工会。而雇主协会是由雇主依法组成的，旨在代表、维护和增进雇主在劳动关系中的共同利益而与工会抗衡和交涉的团体。雇主组织是雇主一方的利益代表，在市场经济国家雇主协会已形成多种组织形式，包括行业雇主协会、职业雇主协会、雇主协会联合会、地方雇主协会和全国雇主协会。

建立在政府、雇主组织、工会这三个独立主体基础上的三方协商组织机构是三方协商机制顺利运行的组织保证。以国际劳工组织的三方协商组织原则为基础，许多国家都设立了不同类型的三方协商机构，其组织形式十分灵活，既可以是比较固定的三方性专门机构或委员会，也可以是在某个层面召开的三方会议，此外还可以通过三方签署的文件得以实现，具体可分为以下几种：

（1）由三方代表组成常设机构。许多国家由政府劳动部门、工会和雇主组织组成常设机构，共同讨论经济和社会政策，如法国的经济理事会。但也有些国家的政府组织不是固定的部门，而是根据工作关系确定相关内容。也就是说，政府一方由政府的相应部门来代表，但一般出席国际会议，如参加国际劳工大会则会由劳动行政部门代表政府出席。

（2）三方专业委员会。有的国家在三方协商组织机构中，成立专门的三方组织机构，如国家就业促进委员会、国家劳资生产委员会、国家工资委员会等。各专业委员会分别由三方代表组成，分别针对就业、工资、社会保险等问题进行专门协商讨论。政府机构、雇主组织和工会组织派出相同的代表人数，定期讨论有关全国性的经济与劳动关系的问题，参与相关政策和法规的制定等。

（3）综合性的三方联系制度。有些国家实行综合性的三方联系制度，如日本的产业劳动恳谈会、俄罗斯的社会与劳动关系三方调解委员会等，这是一些覆盖面较广的三方协商机制。这种综合性的三方联系制度的职责范围相对较广，可以处理与三方相关的各种问题，包括参与国家或地方经济社会政策的制定、处理劳动争议等。

（4）劳动大会形式。劳动大会由政府组织三方召开，每隔一段时间就有关全国性的劳动问题进行讨论协商，为一些重要法律的颁布做准备，并促使雇主和雇员达成协议，如印度就通过这种方式实现三方协商，协调劳动关系。

（5）三方劳动争议处理机构。很多国家在劳动争议处理机构中设立三方代表，或由三方人员组成调解委员会、仲裁委员会、劳资关系委员会等，主要针对劳资双方富有争议的问题，在政府的主导下双方谈判协商，尽可能通过协商找到双方都能接受的解决之道。

2）三方协商的内容

由于各个国家的历史背景和政治、经济、法律、社会环境各有其特殊性，所以各国的三方协商机制也有一些差异，各级别协商的内容也有所不同，但是有共同的部分。

国家一级协商的内容主要包括：①有关参加国际劳工大会的事宜和批准或履行国际劳工公约或国际劳工建议书的建议；②关于国家经济和社会发展的政策和立

法；③关于实施国际劳工标准和国内劳动法。

产业一级协商的内容主要包括：①产业的国际劳工标准；②产业发展的有关经济问题；③产业的劳动关系和劳动标准。

地方一级协商的内容主要包括：地方社会经济政策的制定和立法，以及地方的劳动标准和劳动法规。

企业一级的协商内容主要涉及劳动关系和劳动标准方面，但有时也会涉及企业经营和发展的有关问题。

具体来讲，三方协商的主要内容包括：一是推进和完善平等协商、集体合同制度以及劳动合同制度；二是企业改制过程中的劳动关系；三是企业工资收入分配；四是最低工资、工作时间和休息休假、劳动安全卫生、女职工和未成年工特殊保护、生活福利待遇、职业技能培训等劳动标准的制定和实施；五是职工民主管理和工会组织建设；六是其他有关劳动关系的问题。

11.2.3 三方协商机制的运行

三方协商机制应通过制定工作目标、确定工作规划、建立活动秩序来进行三方机制运作。通常情况下，国家级协调劳动关系三方机制一个季度或半年召开一次联席会议，地方级三方协商机构每个季度或每2个月召开一次联席会议或根据需要召开联席会议。联席会议的议题可由三方代表中的任何一方单独提出，并将议题的详细内容以书面形式告知其他两方。各方代表接到会议议题后，会认真研究，做好讨论发言的书面材料准备。此外，任何一方代表遇有特别需要协商讨论的问题时，均可向三方机构提出讨论议题，三方协商机构应及时做出决定是否召开会议。对三方协商机构讨论的问题，应当做出决议或形成问题的解决方案。

为使三方协商机制运行畅通有效，保证政府、工会和雇主组织在平等的基础上发挥作用，必须遵从一定的程序、建立一定的规则。

以我国为例，我国国家级三方会议制度对三方的协商规则和程序做了如下规定：①三方会议原则上每4个月召开一次。如果确实有需要，也可召开临时会议。②三方会议的每季例会轮流在三方机关或其他地点召开。每次召开会议前两周，各方向三方会议办公室提出议题，由三方会议办公室将各方确定的议题报告会议主席和副主席。会议由主席主持或由主席委托副主席主持。如果是召开临时会议，由提议方将时间、地点、议题等提出并由三方会议办公室与另两方协商确定。③每次召开三方会议，指定专人记录并形成会议纪要，根据议题的重要程度不同，可将会议纪要上报或下发。

1）三方协商机制的程序

程序对一个机制起着至关重要的作用，程序的合理与否甚至会影响结果，因此一个良好的协商程序对于三方协商机制显得至关重要。

(1) 协商的准备。协商前的准备工作是三方协商的重要程序，无论是政府、雇主组织、工会组织进行三方协商，还是政府组织雇主与工会之间谈判，都必须事先做好准备。协商前的准备工作内容包括：①确定三方代表组织人数及组成方式；②确定协商内容并拟订协商方案；③确定具体的协商时间和地点；④准备协商内容的有关资料。有的国家在协商工作中还包括对各方代表的联络方式的确定和对各方代表的资格的认定等。

(2) 召开协商会议。经过一定阶段的准备工作之后，三方协商机构按确定的日期召开协商会议进行协商。协商会议一般由三方会议主席主持，或主席指定副主席主持，或三方选出主持者，或按三方机构的工作章程由三方代表轮流主持。协商会议中，如果出现事先未出现的问题，三方可暂时中止协商，然后另行确定协商时间。

(3) 缔结协商协议。三方在每一次协商会议后，如果形成一致意见，一般都要缔结协商协议，之后公布于众，接受社会的监督。协商协议缔结完成后，各方都应按照协议中的规定行事，充分行使权利并履行相应的义务。在西方国家，政府有时候通过一定方式介入劳资双方集体协商谈判，以促进双方达成协议。

2) 三方协商机制运行的规则

三方协商机制是三方利益博弈、实现共赢的竞技场，又是实现三方权力制衡的平台。既然是三方博弈，又要求共赢，并且还要使三方协商机制连续不断地发挥作用，以实现化解利益冲突、达成合作的目的，三方就必须遵守一定的规则。这些规则概括起来主要有：

(1) 利益均衡。利益均衡指三方主体通过协商机制达成各自能接受的政策与协议，三方利益在总体上实现均衡。这种均衡是通过反复博弈，不断讨价还价，最后在政策契约或协议上体现出来的。不过这种利益均衡并不意味着各方在结果上得到相同的利益，而是得到与各自力量相称的利益。因此在三方协商中，妥协和让步是必要的，即把矛盾和利益差异减小到最低程度，利益竞争应该是适度的、有限的。

(2) 补偿。各方协商的一般不是一个政策，而是多个相互关联的政策，这就使各方可以在多个政策的博弈中获得整体均衡的结果。在一个政策或协议中受到损害的或利益增进不明显的主体，在另外的政策或协议中须得到补偿，从而实现总体利益的均衡。如果一方不顾及他方的利益，均衡被破坏，三方协商机制可能就无法运行，甚至瓦解。

(3) 许诺与期待。三方主体之间的博弈不是一次就能完成的，而是多次竞合的过程，因此，各方可以通过多轮次的博弈实现整体利益均衡。在本轮次中获得利益优先的主体，可以对利益受损者表示某种承诺，在下一轮博弈中给予回报。利益受损者的主体也可以期待未来的利益平衡，获得期待的利益，以实现双方或三方的合作。

(4) 信息开放。信息的充分开放与自由流动会使参加协商的组织主体或个人主体通盘了解所面临的问题，并以充分的信息资料为依据做出判断。这会使得各方做出的判断更加富有理性。三方也更容易达成妥协，取得一致，三方机制更容易发挥作用。

各国的三方协商机构在实际中为了保证三方的合作，还制定了一些具体的规则，如解决协商僵局规则、协商不成的处理规则等，用以应对三方协商中出现的各种情况。

11.2.4 西方发达国家的三方协商机制模式

大多数西方发达国家关于三方协商机制早已在宪法等法律中有了明确的规定。例如，比利时、德国、奥地利和法国在20世纪四五十年代就在法律中做出了规定，北欧国家则是在20世纪70年代实行三方协商机制的。

（1）美国模式。美国在1948年颁布实施了《塔夫脱–哈特莱法》（实际上这是不利于工人的法案）以及1959年通过的《马克格里芬法》（该法只适用于国有和公共事业部门）。由于美国雇主多数追求所谓的“没有工会的自由环境”，对工会不信任，甚至采取敌视态度，所以要实现集体合同规定的内容并非易事。在美国由于工会的组织率长期低下，影响力有限，因此对劳动关系的调节发挥作用的主要是政府劳动仲裁机关和一些私人劳动仲裁机构。在美国不存在签订全国总协议和产业协议的实践活动，主要通过在企业签订的集体合同和工人个人劳动合同来调解劳动关系问题。

（2）德国模式。德国三方协商机制的产生经历了一个痛苦的学习过程。德国工业化初期，罢工被禁止，工人自发组织的工会被视为非法组织，工会领袖被逮捕入狱。但19世纪这种压制工人运动的做法遭到失败，罢工运动依然存在，激烈的劳资冲突甚至对帝国统治者的地位产生了威胁，1933年法西斯上台后，德国的工人运动经历了巨大的倒退，自由的工人运动被禁止，由法西斯政府控制的工人组织代替了工会，这个组织本身就明确宣布禁止罢工。这种黑暗的状况直到1945年才发生转变。

德国的三方协商机制至今仍没有具体的法律依据、没有固定的协商模式。许多重要的社会政策和法律都是通过政府有关部门、工会和雇主协会之间非正式地密切协商，协商方式的选择极具实用主义色彩，有时是政府有关部门先制定出一个法律草案的初稿，然后根据与社会团体的对话进行修改；有时是社会团体先提出法律意向，政府再和另一方社会团体达成协商意见。还有一种情况是政府把法律草案完全交给社会团体双方协商起草。德国在1951年出台的《解雇保护法》就是德国现有劳动法律中的一个典型例子，该法明确规定了在何种前提下允许雇主终止劳动关系。这一法律是由德国雇主协会联合会和德国工会联合会不断协商之后起草的，政府几乎是将草案原封不动地递交给了议会。

（3）北欧国家模式。北欧国家实行三方协商机制的历史比较悠久，有关三方协商机制的法律和规章制度比较完善，工会在其中的作用比较突出。劳资关系问题通过工会与雇主的集体谈判和签订集体合同来调节，在全国各级都建立了劳动委员会，作为政府的协调机构，指导各级的集体谈判和签订集体合同的活动。国家对调解劳动冲突发挥仲裁作用，凡是关系到劳动问题而没有工会的参与均不能做出判定。这种模式更多关注的是如何防范劳动关系的激化和通过三方委员会的谈判达到各方的相互协调。

值得特别注意的是，随着欧盟的扩大和日益成为统一的整体，为了克服在经济全球化下出现的产业和国际资本的转移给工人就业和社会福利带来的不利影响，在欧洲出现了全欧性的跨国合作机制：一是全欧范围内的跨国协商体系。例如，欧洲工联提出了“工会欧洲化”的主张，以使工联成为超国家的工会中心，并以欧盟及其雇主组织作为合作的伙伴，通过举行洲际集体谈判和签订洲际集体合同，在全欧范围内解决劳资关系的问题。工联支持推行保护主义和制定有利于发达国家的国际规则与标准，支持把跨国公司对其他国家的投资同人权挂起钩来，以限制资本的外流，借以保护自己的利益。二是在跨国公司范围内建立跨国协商体系。例如，挪威、比利时等国建立了以跨国公司总部工会为中心的、由各子公司参加的跨国工会委员会，其任务是交流信息，讨论企业与资本的转移及其影响，制定跨国劳动标准和举行跨国集体谈判等。为此，跨国公司及其子公司所在的各国工会经常协调集体谈判的立场，以争取实现所属各公司工人的工资和劳动条件等与社会福利的平衡与统一，可以看出这是针对经济全球化的挑战所采取的对策。

11.3　三方协商机制在我国的实践

11.3.1　我国三方协商机制的产生与发展

三方协商机制的形成和确立，是受一个国家经济体制和政治体制制约的，在计划经济时代，由于实行高度集中的经济管理机制，我国的劳动关系形成了一种有别于同时代工业化市场经济国家劳动关系的运行机制和结构。企业的经济活动均被纳入到集中统一的国民经济计划中，其全部生产经营均服从政府主管部门的统一领导和管理，并严格遵循国家的统一政策和法令，成为政府的附属物。因而企业中的劳动关系与其说从表面上看存在着劳动者与企业的关系，不如说在实质上体现为劳动者和企业经营者与政府的关系。在此体系下，劳动关系形式结构单一，劳动关系双方的组织代表趋同，经济利益关系也趋于简单化。在整个劳动经济领域中劳动关系的调整只有一种模式：无论是企业还是劳动者，均无须担忧自己的生存和个性发展，仅听命于政府的安排。正是在计划经济土壤的培育下，我国的劳动关系的发展呈现出一种独特的现象，即从表面上看十分平稳、缓和与协调，利益对抗和社会冲突较少，事实也确实如此。但是，我国经济体制的改革使这种状况出现了历史性的变化。

随着社会主义市场经济体制的逐步建立与完善，我国的经济成分日趋多元化，所有制结构也日趋多元化，企业劳动关系开始呈现复杂的局面，劳动争议和劳动纠纷逐渐增多。为了更好地处理我国的劳动关系，按照市场经济国家的成功经验，我国开始了建立适合我国国情的三方协商机制的探索。

从20世纪90年代中期开始，一些省、自治区和直辖市就逐步开始建立起了三方协商机制。1996年，海南省率先建立了劳动关系三方协商机制。目前，全国有30多个省、自治区和直辖市建立了劳动关系三方协商机制。

1990年，全国人大常委会通过了国际劳工组织《三方协商促进国际劳工标准公约》(第144号)。1995年1月，伴随《劳动法》的实施，三方协商的形式已开始付诸实施。例如，为了在企业推行集体合同制，一些地方的政府劳动行政部门、企业家组织和工会，经三方协商以联名发文的形式来指导和规范基层的实践。虽然此种做法同集体合同制的国际通行惯例不尽一致，却意味着三方协商机制在我国的实践中已迈出实质性的步伐。1996年，国家劳动部①、中华全国总工会、国家经贸委、中国企业家协会在《关于逐步实行集体协商和集体合同制度的通知》中提出："有条件的地区应当逐步建立由劳动行政部门、工会组织、经贸部门和企业家协会共同组成的三方协调机制，定期就劳动关系中存在的重大问题进行协商。"

尤其应当提到的是，1998年3月在江苏省，由省劳动厅、省总工会、省企业家协会和省计划与经济委员会联合建立了国内首例具有鲜明三方特征的劳动关系协调会议制度。该会议制度的特点主要表现在以下几个方面：①从人员构成看，劳动关系协调会议由省劳动厅代表政府、省总工会代表职工、省计划与经济委员会和省企业家协会代表企业经营者共同组成三方，会议正式代表共9人，各方代表3人。②从会议承担的职责看，主要包括在制定有关建立集体协商和集体合同制度的地方性法规、政策时交流情况、交换意见，并针对有关问题统一认识，提出意见和建议；交流有关贯彻《劳动法》、建立健全集体协商和集体合同制度工作情况的经验，研究在运作中出现的重大问题，提出对策，加强指导；组织检查、交流、培训等活动，推动全省集体协商和集体合同工作。③从遵循的原则看，主要有：合法、公正、及时；兼顾国家、集体和职工利益；相互信任、支持、合作；协商一致。④从运作过程看，劳动关系协调会议一般每年召开两次。协商会议由三方首席代表轮流主持。经协商形成一致意见的事项，可由三方联合制发有关文件，也可形成会议纪要。

2001年3月，国家协商劳动关系三方会议成立暨第一次会议在北京召开，标志着由我国劳动和社会保障部、中华全国总工会和中国企业家联合会/中国企业家协会组成的国家级劳动关系三方协商机制正式成立，开辟了政府、工会和企业组织在劳动关系方面加强三方沟通协调、相互支持的重要途径，在劳动关系领域提供了全新的社会渠道和协调机制。同年10月27日，修改后的《工会法》第三十四条第二款明确规定："各级人民政府劳动行政部门应当会同同级工会和企业方代表，建立劳动关系三方协商机制，共同解决劳动关系方面的重大问题。"这是我国履行国际劳工组织第144号公约的一个具体措施，并且是首次在对建立劳动关系三方协商机

① 这里所说的劳动部及后文中所提到的劳动部或劳动和社会保障部现已更名为人力资源和社会保障部。

制上以国家法律的形式做出明确的规定。

2001年11月，我国劳动和社会保障部、国家经贸委、中华全国总工会和中国企业联合会/中国企业家协会在南京联合召开了“全面贯彻实施《劳动法》《工会法》，推进集体合同劳动合同工作经验交流会”。此次会议标志着我国建立协调劳动关系三方机制工作进入了一个崭新的发展阶段。此后，各省、市通过地方立法也相应做出了规定。

2002年8月，国家协调劳动关系会议办公室出台了《关于建立健全劳动关系三方协商机制的指导意见》（以下简称《意见》），《意见》指出：“已经建立三方协商机制的地区，要紧紧围绕劳动关系方面的重大问题进行协商，进一步完善制度和规程，在总结实践经验的基础上，逐步向市、县（区）一级延伸，形成本地区多层次的三方协商机制。”三方本着相互理解、相互信任、相互支持和兼顾国家、企业、职工利益的原则，充分发挥三方协商机制的优势，在最广泛的范围内达成一致意见，要紧紧围绕本地区劳动关系方面的突出问题开展工作。根据不同时期的实际情况，突出工作重点，抓住职工普遍关心的、影响劳动关系和谐稳定的全局性问题展开工作，充分发挥三方协商机制的作用。建立健全劳动关系三方协商机制是一项全新的工作，各省、自治区、直辖市要认真总结三方协商机制的做法和经验，指导地市一级建立三方协商机制。要不断研究新情况，解决新问题，积极探索三方协商机制的运作方式。要注意借鉴外国的成功做法和有益经验，逐步形成具有中国特色的劳动关系三方协商机制。《意见》的出台对于三方协商机制由国家级向省市一级推行起到了积极的推动作用。

2006年3月，第十届全国人大第四次会议审批的《国民经济和社会发展第十一个五年规划纲要（草案）》再次明确提出，要健全协调劳动关系三方协商机制，首次将三方协商机制工作纳入国家经济和社会发展总体布局中。

2006年9月，国家协调劳动关系三方会议第十次会议审议通过了《国家协调劳动关系三方会议专业委员会组建方案》和《关于调整国家协调劳动关系三方会议办公室组成人员的建议》。2006年10月国务院以国发〔2006〕35号文批准了劳动和社会保障事业发展“十一五”规划纲要，提出逐步健全协调劳动关系三方协商机制。

在2008年1月颁布实施的《劳动合同法》中第五条明确规定：“县级以上人民政府劳动行政部门会同工会和企业方面代表，建立健全协调劳动关系三方机制，共同研究解决有关劳动关系的重大问题。”

我国劳动关系的三方协商机制，是在我国经济体制改革和企业改革不断深化的背景下建立的，是社会主义市场经济不断发展的产物，符合社会主义市场经济的总原则和发展方向。劳动关系三方协商机制的建立，对于加强政府劳动保障行政部门、工会组织和企业组织三方就涉及劳动关系的重大问题进行经常性的沟通和协商，共同促进劳动关系长期稳定，保证改革开放的顺利进行和国民经济的持续健康发展具有重要意义。

11.3.2 我国三方协商机制存在的问题与思考

政府、雇主组织、工会是组成三方协商机制的主体，是社会主义市场经济正常运行不可缺少的有机组成部分。随着中国加入WTO，与国际惯例接轨，建立符合中国国情并具有中国特色的三方协调机制成为当代中国劳动关系领域的要务。

1）我国的三方协商机制存在的问题

由于三方协商机制在我国是一个新事物，还处于初步的探索时期，因此存在问题在所难免。现阶段，我国的三方协商机制存在的主要问题如下：

（1）观念问题。

三方协商机制是一种国际通行的协调劳动关系的有效制度，但我国从20世纪90年代才开始进行这方面的尝试，三方协商机制对我国政府部门和雇主组织以及工会组织都是比较陌生的。就政府部门来说，有不少政府官员习惯了计划经济体制下的政府高高在上的状态，面对新的市场环境，一时不知所措或无从下手，对计划经济下的传统职能存有怀旧或憧憬的心态并使其继续保持，他们很难想象或不愿意接受工会组织代表和雇主组织代表以平等的身份与其协商事宜。从雇主和劳动者角度来说，他们对于通过自己的代表与政府平等协商对话也持猜疑的态度。毕竟长期以来工会组织服从党的领导，工会与工会干部的许多利益依赖于政府行政部门。三方协商机制要求三者平起平坐，不论哪一方都感到茫然，一时间适应不过来。

（2）我国雇主组织现存的问题。

目前，各省市基本都有企业家协会、企业家联合会、商会、企业协会等雇主组织，从现状来分析，现有的雇主组织存在很多问题：

①代表性不够广泛。在中国的大多数地方，存在着企业协会、联合会以及商务局、市场监督管理局等多头管理的现象，产生了很多问题，进一步模糊了雇主组织的地位与身份，因此，很容易引起人们对雇主组织广泛代表性的怀疑。

②发挥的功能不全。大多数协会把主要精力放在举办各种会议上，也有的协会在咨询和商业服务、信息交流等方面开展了一些活动，但是在劳动关系领域没有发挥应有的作用，在维护企业成员的权益方面做得不到位，没有为企业提供足够的信息与技术支持。

③自我生存能力不强。很多雇主组织依赖政府部门，不能真正发挥民间组织的作用，其主要经济来源依靠政府部门，这就造成了雇主组织的独立性不强，在行使权利的时候会受到政府部门的干扰，不能体现雇主组织的真实意愿。

（3）我国工会组织现存的问题。

2001年修改的《工会法》第二十条明确规定：工会代表职工与企业以及实行企业化管理的事业单位进行平等协商，签订集体合同。这一规定使得工会组织在集体谈判中居于核心地位，为集体谈判和集体协议制度的发展提供了前提条件。

实际情况却并非如此——工会的独立性以及对劳动者的代表性不强。我国的工会从1949年以来就一直存在并不断发展，但从来没有作为资方的相对方存在过，因此在三方协商机制中，工会面对的不是利益相对立的一方，而是根本利益一致条件下的不同利益群体。由于对利益的认同多于利益的差异与对立，工会坚决维护职工利益的勇气大大降低。进一步讲，随着经济体制的转变，普通职工的利益越来越需要得到强有力的维护，但有着鲜明行政色彩的工会组织无法适应这一新的要求。国家级别的工会组织居于比较强势的地位，然而企业一级的工会组织的地位有日渐下降的趋势，某些企业的基层工会在企业改制中被撤并，在非公有制企业中工会的组建率比较低，在一些企业尤其是外商投资企业和私营企业中，工会甚至被雇主所控制，这些工会组织的代表性和独立性可想而知。

公有制企业中工会组织在体制上隶属于企业，工会干部兼任党委和行政职务，党委副书记兼工会主席、工会主席兼党委常委、纪委书记兼工会主席、副厂长兼工会主席等已屡见不鲜，工会主席究竟代表哪一方？这实际上是角色混淆、定位不明的表现，这种情况使得工会难以保持其应有的独立性和代表性，也使工会无法履行其维护职工合法权益的职责。究其原因，主要是在管理体制上工会组织隶属于企业，很多工会的工作人员都是兼职人员，工会工作人员既要维护企业利益，又要代表职工利益，在实际工作中处于两难的困境。所以解决工会的代表性和独立性问题，首先要解决的是工会在企业管理体制中的从属地位问题。

(4）政府的定位不明确。

一方面政府存在双重身份。在中国三方协商机制中，从形式上看，我国的政府是独立身份，但由于政府既是公共权力的集大成者，又是国有资产的实际所有者，这就使得政府在三方协商中不是充当雇主角色，就是主导工会的行为，政府无法在公平和效率的二维空间中找到自己的坐标和平衡点。比如，一些国有企业在生产中存在污染环境问题，从工会代表的职工群众利益角度和社会效益角度，毫无疑问应对企业予以严惩，并对利益受损的社会公众予以相应的物质补偿。但企业是国家的，是政府的，如何让政府对自己的企业施以重罚？如果出现这种情况，政府无疑又会站在企业经营者一边，为他们说话，从而使污染问题议而不决。

另一方面政府部门在三方协商中经常会过多地加入自身的意志，降低了劳资双方自主协商的积极性。按照市场经济的本质要求，在协调劳动关系的方面政府部门的主要职能应该是：立法、指导、服务、监督监察。随着社会主义市场经济体制的逐步完善，政府职能逐渐由直接行政干预转变为加强宏观调控、扩大企业与职工协商空间的“间接型”管理模式。原来由政府操作管理的空间，政府放手后在市场经济比较发达的西方国家是由各级工会和雇主组织来填补的，然而由于我国现有的工会组织和雇主组织自身的局限而无法及时做到这一点，所以，政府不得不行使原来的职责，更多地加强对劳动关系的管理。于是，本来应该由劳动关系双方自行协商解决的问题，双方都直接要求政府协调解决。而政府为了维护社会安定团结的局面，设置解决这些矛盾的部门并强化了解决这些矛盾的机制，主动接受劳动者对用人单位或雇主的投诉，进而介入劳动关系的调整和矛盾的处理等具体事务中，从而使得政府所承担的任务越来越多，效率降低，并且会导致机构膨胀形成官僚作风。

（5）三方协商机制自身制度不健全及运行过程中存在的问题。

2001年修改后的《工会法》中明确规定："各级人民政府劳动行政部门应当会同同级工会和企业方代表，建立劳动关系三方协商机制，共同解决劳动关系方面的重大问题。"这是我国第一次确立了实行三方协商机制的法律依据。现行的《工会法》《劳动争议处理条例》《集体合同条例》，还有2008年颁布的《劳动合同法》等法律、部门规章构成了我国现阶段三方协商机制立法的基本框架，但是能够用于规制具体运行和实际操作的规则还是比较匮乏的。面对现实世界中日益复杂的劳动关系和突出的劳资双方矛盾，三方协商机制的有效运行仅仅靠原则性的规定远远不能适应实际情况的需要，急需完善、细化法律规则。

三方协商机制自身制度不健全还表现在三方协商运作的组织形式、活动内容和操作规范等方面。目前，已崭露头角的三方协商机制在运作上尚未形成规范且相对固定的组织制度，相关机构在活动内容上也带有较强的随意性，如对三方会议确定的议题针对性不强，造成议而不决的问题；对一些问题缺乏深入的沟通或充分的科学论证，三方协商缺乏相对稳定且行之有效的行事规则。

另外，在我国的三方协商机制运行中"流于形式"的现象较为严重。我国的三方协商多以会议制度的方式进行，会后联合发文、集中下达，这种方式在初创阶段有一定的可行性。随着市场经济改革的深入，新时代背景下劳动关系问题变得复杂化，这种带有计划经济色彩的运行方式明显滞后，三方协商机制需要进一步改革，使其更加规范化和专业化。

以上问题是中国三方协商机制中存在的观念性和结构性问题，这些弊端与中国的历史及现时代的特殊国情有着密切联系，这些问题将会长期困扰着中国三方协商机制的发展，并在一定范围内和一定程度上影响三方协商机制效力的发挥。

2）对我国三方协商机制的几点思考

劳动关系三方协商机制是市场经济发展的产物，是市场经济发达国家协调劳动关系通行的机制，是促使劳资关系由对抗走向缓和的重要原因。世界各国的实践表明，三方协商机制有利于推动劳动立法，保证社会经济政策和劳动政策的贯彻实施；有利于缓和和化解劳资矛盾，保持劳动关系的和谐稳定。我国三方协商机制起步相对较晚，但经过三方不懈努力，协调劳动关系的三方机制建设有了很大的进展，已逐步开始发挥作用。随着社会主义市场经济体制的逐步完善，三方协商机制在协调劳动关系工作中的地位将会越来越重要。我国的三方协商机制应坚持从本国的实际国情出发，吸收借鉴其他市场经济发达国家的经验和教训，研究探索建立完善的具有中国特色的三方协商机制。

（1）全方位转变观念。

①政府应转变观念。随着市场经济的逐步深化，我国政府承诺遵守国际劳工组

织144号公约，也就意味着政府的职能、观念必须转变，将原来政府大包大揽的劳动争议处理的部分社会和经济职能分流给社会，树立政府与工会和雇主组织之间的平等意识。

②雇主组织的观念需要转变。雇主组织应审时度势，转变自己的观念，将维护经营者合法权益作为其首要职责，同时借助自身的有利条件，增强在三方协商机制中的参与意识，提高经济与劳动立法及相关政策制定的参与度，并就劳动关系调整中的一些重大问题同政府劳动行政部门和工会保持经常性的沟通与合作。

③工会组织观念应转变。工会组织代表着广大劳动者的利益，在我国倡导以人为本构建和谐社会的背景下，工会组织的观念应该与时俱进。具体而言，首先要转变工会领导向行政部门负责的价值取向，切实转变对企业行政以及政府行政部门的从属地位，注重加强工会组织自身建设；其次，工会要把维护劳动者权益作为直接目标并持之以恒地执行，对工会的组织体制、运行机制和活动方式进行一系列的合理化改革，以适应劳动者的需求；再次，工会应认识到资金独立性的重要性，努力扩大工会资金的来源渠道，降低企业和政府的行政资金拨款所占的比例，增强工会独立活动的能力，使工会成为一个真正独立的社团、经济利益主体和劳动法律关系主体。

(2) 加强三方协商机制的主体培育，增强其代表性。

在三方协商机制主体培育方面，各方应明确自己的定位和职责，自己职责范围内的各项事务应做到位，不越权，不干涉他方的内部事务。政府必须发挥表率作用。从某种意义上讲，三方协商机制的建立是政府在劳动关系领域的宏观调控，加强劳动立法和劳动政策制定，运用立法、监察和服务的手段，加强对劳动关系调整的引导，指导劳资双方自觉规范相互之间的权利和义务，为相互之间的协商和交往沟通提供服务，营造一个良好的法治环境，增进社会和谐。

从发达国家的实践经验来看，政府部门在调整劳动关系方面的主要职能应该是：立法、指导、服务、监督监察。我国现阶段，政府部门可以改变现在对劳动关系的直接管理方式，促进劳资积极协商，实现“政府搭台，劳资双方唱戏”的局面，沟通三方信息，协调双方利益，指导三方协商机制的运作与完善。在整个过程中，政府为其他主体进行协商提供了制度化途径。由此可见，政府发挥的是核心作用。

应该注意的是，三方协商机制的初始建立阶段，政府的作用应当予以适当加强。政府有必要推动劳资双方协商，在协商中发挥主导作用。政府不仅要负责三方协商会议议题的提出和促成双方达成一致结果并使之贯彻落实，还应当注重劳动部门与其他政府部门之间的协调，三方协商遇到重大分歧，一般是由劳动行政部门提请政府调解处置的，但是这只是过渡阶段，如果劳资主体的代表性和独立性达到一定程度，政府应该实行间接型管理模式，这也是我国劳动关系三方协商机制发展的趋势。

雇主组织应在政府的扶持和鼓励下，在各所有制企业内，引导雇主以自下而上的方式自愿结合组成性质不同的雇主组织代表。这些代表组织的建制，可以参考工会组织的建制进行完善，从而在社会经济的各个层面形成与工会交往的伙伴。[①]中国企业联合会、中国企业家协会在一份调查报告中，就建立三方机制问题提出了五条建议：①通过立法明确企业组织（指现在的企业联合会、企业家协会或将来新成立的雇主组织）在三方机制中的作用。②劳动保障部门、工会组织要对企业组织在三方机制中的地位充分认可，并支持和鼓励其参加活动，使三方机制得到完善。③政府部门应充分放权，要引导企业的经营管理者在需要解决问题时主动找企业组织，而不是找政府。④企业的经营管理者要转变观念，把企业组织当成自己的代言人，加强相互之间的沟通与交流。⑤企业组织本身要通过自身的努力创造条件，不可等、靠、要，只有自己的服务和角色地位被广大雇主所认可，才可能稳固自己在三方机制中的地位和作用。

在工会方面，各级各地方工会组织应进一步加强工会理论创新和体制创新意识，做到与时俱进、开拓创新。积极探索有别于传统计划经济体制下的组织体制的新型组织体制，在新型劳动关系前提下明确工会维护劳动者权益的职能。在理论上，加大对现实有指导意义的理论研究，为实践提供充分的论证和理论武器。在实践中，要尽快适应市场经济条件下社会经济成分多元化、利益关系复杂化的客观现实，按照市场经济规律要求办事，突破长期以来传统的、单一的组织体制和形式，力求有所创新。工会应在劳动立法、经济与社会政策制定以及各类涉及职工切身利益的重大问题上，加大源头参与力度，积极提出高质量的主张和建议。在工会资金方面，工会要积极谋求工会独立的资金筹措渠道，提高工会集资能力，使之较少依赖于政府，完善工会资金管理规定，使工会独立自主地开展活动；在基层工会组织建设上逐步实现会员的直接民主选举，使工会主席真正成为职工依赖的组织领导者和代言人，使工会真正成为职工的依靠。

（3）健全劳动关系领域与三方协商机制相关的法律、政策。

市场经济发达国家十分注重劳动关系法律、法规的制定和修改，并通过立法手段确立三方协商机制在劳动关系中的地位、作用。在一个国家中，健全的法律制度为劳动关系的调整和三方机制的有效运行提供了可靠的保证。我国现行的涉及三方协商机制的法律规则的实际可操作性相对较弱，原则性的条目较多。2008年1月1日颁布的《劳动合同法》在一定程度上缓解了这一问题，《劳动合同法》中的许多规定比较具体，其可操作性大大加强，对于规范我国劳动关系、完善三方协商机制起到了积极的作用。另外，还应在工作中制定一些具体的规则，如解决协商僵局规则、协商正常进行规则、协商不成的处理规则等，以保证三方协商机制的规范性和制度化，增强其有效性。

（4）建立多层次、全方位的劳动关系调整机制。

建立多层次、全方位的劳动关系调整机制，用以弥补目前三方机制主动性缺乏

① 段晶晶. 完善我国劳动关系三方协商机制的探究［J］. 北京交通大学学报，2007（7）.

的不足，超前介入并及时处理劳动争议。可以建立劳动关系协调委员会，成员由政府、工会、企业组织、民间组织、法律机构等组成，以预防、协调、处理劳动关系中的重大问题。同时，可以建立各种劳动法律服务机构，为企业和劳动者提供法律服务，将不必要的纠纷和矛盾消灭在萌芽状态。

● 个案分析

辽宁建海上劳动关系三方协商机制

2016年9月20日，辽宁省海上劳动关系三方协调机制成立大会在辽宁海事局隆重举行。辽宁海事局、辽宁省船东协会、辽宁省公交农建工会、辽宁省船员行业服务协会的代表共同签署了《辽宁省海上劳动关系三方协调机制备忘录》，并举行了辽宁省海上劳动关系三方协调机制办公室揭牌仪式。来自辽宁辖区70家航运企业、3所航运院校、大连海事法院、辽宁5家市级工会及大连市船东协会的110名代表参加成立大会。全国海上劳动关系三方协调机制办公室向大会的召开发来贺信。

辽宁省海上劳动关系三方协调机制由辽宁海事局、辽宁省总工会、辽宁省船东协会分别代表政府部门、海员工会组织和航运企业组织三方组成，并囊括了辽宁省船员行业服务协会，形成了具有辽宁特色的“三方四家”的组成模式，三方协调机制办公室设在辽宁海事局。未来“三方四家”将在三方协调机制框架下，以保障海员合法权益、服务辽宁地方航运发展为宗旨，就涉及海员劳动关系、船员管理等有关重大问题进行经常性沟通与协调，共同协商解决海上劳动关系方面的相关问题。

2015年8月，全国人大常委会正式批准我国政府加入《2006年海事劳工公约》，2015年11月12日，该公约对我国政府正式生效。作为劳工公约的重要内容，海上劳动关系三方协调机制建设及运行情况是检验和衡量我国履约工作的重要标准，也是实现海员体面劳动、构建和谐海上劳动关系的重要手段。结合辽宁经济社会发展和海员产业发展的实际需要，辽宁海事局于2010年启动辽宁省海上劳动关系三方协调机制筹建工作，并于2011年推动辽宁省船东协会成立，2015年11月，辽宁省总工会正式授权大连市海员交通建设建材工会为代表全省海员方面的工会组织。至此，辽宁省成立省级海上劳动关系三方协调机制各项条件已经成熟，辽宁海事局积极与相关各方进行协商，多次召开筹备会议，筹划建立辽宁省海上劳动关系三方协调机制，并成功举行了辽宁省海上劳动关系三方协调机制成立大会。辽宁省海上劳动关系三方协调机制建成后，将重点围绕船员集体劳动合同范本制定与推广，推进海员与航运企业集体协商，研究建立海上劳动关系重大事件调处机制，与相关各方就海员队伍建设、权益保护等方面开展研究工作。

辽宁省海上劳动关系三方协调机制成立后，将进一步激发海运企业工会与船东协会组织的活力，切实发挥海运企业工会与船东组织在保障船员合法权益、促进航运企业健康发展方面的积极作用。作为负责船舶和船员管理的政府职能部门，辽宁海事局今后将积极承担辽宁省海上劳动关系三方协调机制赋予的职责，抓住国家提出的“一带一路”倡议布局，以及新一轮振兴东北老工业基地决策部署及建设辽宁自贸区的有利时机，在劳工公约履约、维护船员合法权益、促进海员队伍建设、服务地方航运发展方面发挥积极作用。

资料来源　孔爱群. 辽宁省海上劳动关系三方协调机制正式成立［N］. 辽宁日报，2016-09-22.

问题：

1.结合上述材料说明辽宁省在三方协商机制建设上有哪些值得其他省市借鉴的地方？

2.结合上述材料和本章的相关内容，就我国三方协商机制的发展和完善谈谈你自己的看法。

● 本章小结

三方协商机制起源于19世纪末20世纪初的西方市场经济国家，它的产生和发展经历了一个长期的过程。三方协商机制指的是政府、雇主、劳动者三方代表，根据一定的议事规则或程序，通过特定的形式开展协商谈判而形成的共同参与决定、相互影响、相互促进、相互制衡的一种制度。

三方协商机制在机构上具有层次性、在主体上具有独立性、在利益上具有平衡性、在协商中具有民主性、在运行中具有合作性。三方协商机制的作用包括：缓解劳资矛盾，稳定劳动关系；确立工会地位，保护工人合法权益，促进经济社会发展；促进政策制定的民主化、科学化，推动社会文明进步。三方协商遵循以下原则：三方参与原则、相互信任和充分合作的原则、利益兼顾原则、平等协商的原则。

三方协商的级别分为国家一级的协商、产业一级的协商、地方一级的协商、企业一级的协商。政府、工会和雇主组织是构成三方协商机制的主体。国家一级协商的内容包括：①有关参加国际劳工大会的事宜和批准或履行国际劳工公约或国际劳工建议书的建议；②关于国家经济和社会发展的政策和立法；③关于实施国际劳工标准和国内劳动法。产业一级协商的内容主要包括：①产业的国际劳工标准；②产业发展的有关经济问题；③产业的劳动关系和劳动标准。地方一级协商的内容主要包括：地方社会经济政策的制定和立法，以及地方的劳动标准和劳动法规。企业一级协商的内容主要包括：劳动关系和劳动标准，但有时也涉及企业经营和发展的有关问题。

目前三方协商机制的模式主要有：美国模式、德国模式、北欧国家模式。我国的三方协商机制存在的问题分为以下几个方面：观念问题、雇主组织存在的问题、工会组织存在的问题、政府的定位问题、运行过程中的问题。健全我国的三方协商机制应该全方位转变观念；加强三方协商机制的主体培育，增强其代表性；健全劳动关系领域与三方协商机制相关的法律、政策；建立多层次、全方位的劳动关系调整机制。

● 关键概念

三方（协商）机制　三方协商　国际劳工组织

● 讨论题

1.结合自己的感受，说说对三方协商机制概念的理解。
2.讨论西方三方协商机制的实践对中国三方协商机制的借鉴意义。
3.讨论中国三方协商机制的主要问题及发展趋势。
4.从历史的角度看三方协商机制的起源和发展过程对人力资源管理的启示。

● 复习思考题

1.三方协商机制的特点和作用是什么？
2.三方协商遵循的原则有哪些？
3.三方协商的级别和内容有哪些？
4.三方协商的程序是怎样的？
5.我国的三方协商机制存在的问题有哪些？

● 自测题

1.劳动关系中的三方协商机制的主体包括（　　）。
A.工会　B.政府
C.雇主组织　D.国际劳工组织
2.我国第一次确立了实行三方协商机制的法律依据是（　　）。
A.《工会法》　B.《劳动争议处理条例》
C.《劳动合同法》　D.《民法通则》
3.三方协商机制的原则不包括（　　）。
A.三方参与原则　B.相互信任、充分合作的原则
C.利益兼顾和平等协商的原则　D.一致行动原则
4.国际劳工组织成立于（　　）年。
A.1918　B.1919　C.1920　D.1917
5.三方协商机制的级别不包括（　　）。
A.国际级　B.国家一级
C.产业一级　D.地方一级和企业一级

第12章 /劳动关系的结束

引导案例

陈某于2012年9月1日入职餐饮公司担任人事经理一职，2013年5月陈某以个人发展原因提出与餐饮公司解除劳动关系，餐饮公司批准了陈某的辞职申请，为其结清了工资并办理了离职手续，但陈某离职后不久即要求餐饮公司支付未签订书面劳动合同的两倍工资差额9万元。

案件审理过程中，餐饮公司表示，陈某全权负责公司所有员工的劳动合同签订工作，即使陈某未签订劳动合同，原因亦在于其本人意图以此牟利。餐饮公司向法院提交了陈某在入职时签收的岗位职责确认书。陈某认可上述证据材料的真实性，也认可其工作职责包括劳动合同的签订事宜，但坚称是餐饮公司不与其签订书面劳动合同。

法院经过审理后认为，根据案件证据情况，须审查劳动合同未能签订的过错在于哪一方，现陈某未能举证证明其曾向公司提出签订劳动合同而公司予以拒绝，应当承担举证不能的法律后果，综合上诉理由法院判决驳回了陈某的全部诉讼请求。

资料来源　林振富. 人事经理未签劳动合同用人单位不担责［EB/OL］.［2019-10-30］. http: //lawyers.66law.cn/s2c0027c835e69_i325010.aspx.

学习目标

劳动合同的解除与结束是劳动合同的重要组成部分。通过本章学习，掌握劳动合同解除的三种情况：双方协商、劳动者单方解除劳动合同和用人单位单方解除劳动合同，掌握解除劳动合同的条件以及补偿金等情况，掌握劳动合同终止的条件、用人单位不得解除劳动合同的情况以及相关的程序。

劳动关系的结束是指劳动者与用人单位在法律上已不存在雇用与被雇用的关系，双方不再履行劳动合同中规定的权利和义务。劳动关系的结束包括双方解除劳动合同和劳动合同终止两种情况。

12.1　劳动合同的解除

劳动合同的解除，是指劳动合同在期限届满之前，双方或单方提前终止劳动合同效力，解除双方劳动权利义务关系的法律行为。劳动合同的解除，只对未履行的部分发生效力，不涉及已履行的部分。劳动合同的解除，按照劳动合同解除的方式不同，可分为双方协商解除劳动合同和单方解除劳动合同；按照合同解除条件的依据是法律还是合同，可分为法定解除和约定解除；按照导致合同解除的原因中是否含有对方当事人过错，可分为有过错解除和无过错解除。[①]本书从劳动合同解除方

① 王全兴. 劳动合同法条文精解［M］. 北京：中国法制出版社，2007.

式不同的角度来阐述劳动合同的解除。

12.1.1　双方协商解除劳动合同

1）协商解除劳动合同的含义

协商解除劳动合同，是指劳动合同订立后，经双方当事人协商一致解除劳动合同。双方当事人就解除劳动合同协商一致，不仅包括对解除劳动关系本身协商一致，也包括对一方或双方提出的解除劳动合同条件协商一致。[①]当然，如果双方当事人没有提出任何条件，也就不存在条件达成一致的问题。从实践来看，协商解除劳动合同具有以下特点：

（1）双方当事人具有平等的解除合同请求权。劳动者或用人单位都可主动向对方提出终止劳动合同关系的请求。

（2）劳动合同的解除必须经双方平等自愿、协商一致而达成协议，任何一方不能将自己的意志强加于对方当事人。

（3）协议解除不受任何条件的约束。由于协议解除是基于双方当事人的自愿，故立法一般不规定实体性条件，只要求解除协议在内容、形式、程序上合法即可。

《劳动合同法》第三十六条规定，用人单位与劳动者协商一致，可以解除劳动合同。如果是劳动者提出与用人单位协商解除劳动合同，用人单位无须向劳动者支付补偿金，如由劳动者提出解除劳动合同并且给用人单位造成经济损失的，劳动者应承担赔偿责任。但如果是用人单位提出协商解除劳动合同，用人单位须向劳动者支付补偿金。因此，协商时最好让员工主动提出，一来不会使员工自尊心受到伤害，减少员工与用人单位的冲突；二来可以避免支付给劳动者解除劳动合同的补偿金，以降低用人单位解除劳动合同的成本。

2）协商解除劳动合同的程序（如图12-1所示）[②]

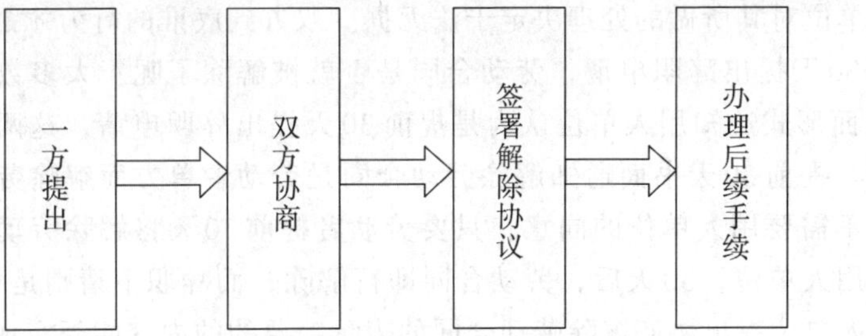

图12-1　协商解除劳动合同的程序

（1）一方提出。协商解除劳动合同时，总有一方首先提出解除劳动合同的意向，无论是用人单位还是劳动者，都可以向对方提出解除劳动合同的请求。

（2）双方协商。一方提出解除劳动合同的请求后，另一方如果同意解除劳动合同，双方需要就解除劳动合同的事项进行协商。

---

① 左祥琦．劳动合同与集体合同［M］．北京：中国劳动社会保障出版社，2002．

② 石先广．劳动合同法：深度释解与企业应对［M］．北京：中国法制出版社，2007．

（3）签署解除协议。经过双方协商以后，如果双方就解除劳动合同达成一致意见，双方需要签署解除劳动合同的协议。

（4）办理后续手续。协商解除劳动合同的最后一道程序就是办理工作交接、退工手续及支付经济补偿金等。如前文所述，需要由用人单位支付经济补偿金的，用人单位还须向劳动者支付经济补偿金。

12.1.2 劳动者单方解除劳动合同

劳动者与用人单位单方解除劳动合同，是指在劳动合同期限未届满时，由劳动者本人提出要求提前终止履行与用人单位订立的劳动合同，并终止双方由于订立劳动合同而建立起来的劳动关系。

我国《劳动法》赋予了劳动者辞职权，劳动者与用人单位解除劳动合同，可分为两种情况：一种情况是劳动者由于自身原因与用人单位提前解除劳动合同；另一种情况是由于用人单位不赋予劳动者应有的权利时劳动者与用人单位解除劳动合同。

1）提前通知解除

如果劳动者是由于自身原因与用人单位解除劳动合同，劳动者应提前30日以书面形式通知用人单位，才可解除劳动合同。另外值得注意的是，《劳动法》规定在试用期内，劳动者可以随时通知用人单位解除劳动合同，但《劳动合同法》第三十七条规定，劳动者在试用期内要提前3日通知用人单位，才可解除劳动合同。

例如，某职工向单位递交了辞职申请，用人单位不予批准，但是该职工在30天后不再来上班，用人单位两次书面通知该职工尽快回单位上班，但是该职工一直没有回来，所以用人单位以此人严重违反企业规章制度为由将其除名，该职工认为根据《劳动合同法》的规定只要提前30天通知用人单位就可与其解除劳动合同，认为用人单位对其所做的处理决定于法无据。双方到底谁的行为才是合法的呢？劳动者提前30天提出辞职申请，劳动合同是否就被解除了呢？大多数人都误把提前30日以书面形式通知用人单位认为是提前30天提出辞职申请，这两个概念有着很大的差别。提前30天书面通知解除劳动合同是劳动者单方面解除劳动合同权利的行使，并不需要用人单位的同意，只要劳动者提前30天将解除劳动合同的意思书面通知了用人单位，30天后，劳动合同即行解除；而辞职申请则是一个要约行为，其是向用人单位提出协商解除劳动合同的表示，要约的内容能否实现，还取决于受要约方的意思。如果用人单位没有批准，劳动合同仍然有效。[①]

新《劳动合同法》还对劳动者自行决定解除与用人单位签订的劳动合同的一些限制性条件做出了调整。《劳动合同法》规定仅需在培训服务期和竞业限制两种情况下，劳动者向用人单位支付违约金，如第二十五条规定，除本法第二十二条和第二十三条规定的情形外，用人单位不得与劳动者约定由劳动者承担违约金。

---

① 黄乐平，等. 劳动合同百案图解职场维权100个怎么办［M］. 北京：法律出版社，2007.

《劳动合同法》第二十二条规定，用人单位为劳动者提供专项培训费用，对其进行专业技术培训的，可以与该劳动者订立协议，约定服务期。劳动者违反服务期约定的，应当按照约定向用人单位支付违约金。违约金的数额不得超过用人单位提供的培训费用。用人单位要求劳动者支付的违约金不得超过服务期尚未履行部分所应分摊的培训费用。此外，用人单位与劳动者约定服务期的，不影响按照正常的工资调整机制提高劳动者在服务期期间的劳动报酬。

《劳动合同法》第二十三条规定，用人单位与劳动者可以在劳动合同中约定保守用人单位的商业秘密和与知识产权相关的保密事项。对负有保密义务的劳动者，用人单位可以在劳动合同或者保密协议中与劳动者约定竞业限制条款，并约定在解除或者终止劳动合同后，在竞业限制期限内按月给予劳动者经济补偿。劳动者违反竞业限制约定的，应当按照约定向用人单位支付违约金。《劳动合同法》第二十四条规定，竞业限制的人员限于用人单位的高级管理人员、高级技术人员和其他负有保密义务的人员。竞业限制的范围、地域、期限由用人单位与劳动者约定，竞业限制的约定不得违反法律、法规的规定。并且，在解除或者终止劳动合同后，前款规定的人员到与本单位生产或者经营同类产品、从事同类业务的有竞争关系的其他用人单位，或者自己开业生产或者经营同类产品、从事同类业务的竞业限制期限，不得超过两年。

通常情况下，劳动者主动提出解除劳动合同，必须严格履行相关程序方可与用人单位解除劳动合同，如一般情况下须提前30日书面通知用人单位等。因解除劳动合同、违反法律规定或合同约定，给用人单位造成损失的，则要根据责任大小，予以赔偿。劳动合同中约定违约金的，应按上述《劳动合同法》第二十二条、第二十三条的规定支付违约金。另外，职工给用人单位造成经济损失并经有关机构证明尚未处理完毕或由于其他问题在被审查期间的，不得与用人单位解除劳动合同。[①]

2）随时解除

如果用人单位不履行其义务，《劳动合同法》赋予了劳动者是否继续履行劳动合同更大的自由决定权，用人单位有下列情况之一的，劳动者可以与用人单位解除劳动合同：

（1）未按照劳动合同约定提供劳动保护或者劳动条件的。劳动条件是指有关生产过程中劳动者的安全、卫生和劳动强度等方面的条件，如厂房建筑和机器设备的安全状况，车间温度、湿度、通风、照明等条件，防护用品，安全卫生设施，机械化程度等。劳动合同约定的劳动条件是劳动者进行劳动的前提条件，如果用人单位不能为劳动者提供约定的劳动条件，劳动者就可以随时与用人单位解除劳动合同；安全生产条件关系到劳动者的生命健康权益，如果用人单位不能提供合格的安全生产条件，劳动者可以随时与用人单位解除劳动合同。[②]

（2）未及时足额支付劳动报酬的。未及时足额支付劳动报酬包括两种情况：一

① 左祥琦. 劳动合同与集体合同［M］. 北京：中国劳动社会保障出版社，2002.
② 石先广. 劳动合同法：深度释解与企业应对［M］. 北京：中国法制出版社，2007.

是未及时支付劳动报酬；二是未足额支付劳动报酬。通俗地讲，用人单位拖欠或克扣劳动者工资的，劳动者可以随时通知用人单位解除劳动合同。未及时支付，是指未在劳动合同约定和国家规定的时间支付劳动者应得的全部或部分劳动报酬；未足额支付，是指支付的劳动报酬数额少于按照劳动合同约定和国家规定劳动者应得的劳动报酬数额。在现实中，及时不一定足额（对于差额部分则属于不及时），足额不一定及时，故未及时与未足额往往并存。通常所说的工资拖欠，就是指未及时足额支付劳动报酬。[①]

（3）未依法为劳动者缴纳社会保险费的。用人单位应当为劳动者办理的基本社会保险包括养老保险、医疗保险、工伤保险、失业保险、生育保险，并缴纳社会保险费。《劳动合同法》规定，在各种基本社会保险项目中，工伤保险费、生育保险费和合同制农民工的失业保险费，由用人单位全额承担；养老保险费、医疗保险费和城镇职工的失业保险费由用人单位和劳动者按规定比例分担。用人单位未依法为劳动者缴纳社会保险费应当包括两种情况：一种是劳动者已被依法纳入社会保险覆盖范围，而用人单位未给劳动者办理社会保险；另一种是用人单位已为劳动者办理社会保险，但未按时足额缴纳其依法应当承担的社会保险费。[②]

（4）用人单位的规章制度违反法律、法规的规定，损害劳动者权益的。用人单位的规章制度违反法律、法规的规定，损害劳动者权益的，劳动者可以随时与用人单位解除劳动合同。这主要是因为劳动者成为企业的一员，就需要遵守用人单位的规章制度，但是如果企业的规章制度本身就违反了法律、法规的规定，并且已经损害了劳动者的利益，劳动者就可以随时与用人单位解除劳动合同。

（5）法律、行政法规规定劳动者可以解除劳动合同的其他情形。与《劳动法》相比，《劳动合同法》增加了用人单位未缴纳社会保险费，违反规章制度损害劳动者权益，以欺诈、胁迫的手段或者乘人之危订立劳动合同以及法律、法规规定的情况等4类可以随时通知解除劳动合同的情形。

3）无须通知立即解除

无须通知立即解除的规定是《劳动合同法》中新增加的规定，《劳动法》中并没有关于无须通知立即解除的规定。《劳动合同法》第三十八条第二款规定以下两种情况下劳动者不需事先告知用人单位可以直接解除劳动合同：

（1）用人单位以暴力、威胁或者非法限制人身自由的手段强迫劳动者劳动的；

（2）用人单位违章指挥、强令冒险作业危及劳动者人身安全的。

上述条款中所说的“暴力”是指殴打、虐待、体罚等侵犯劳动者人身的手段；“威胁”是指以给劳动者及其亲友的生命、健康、荣誉、名誉、财产等造成损害为要挟，迫使劳动者做出违背真实意愿的选择；“非法限制人身自由”是指采用拘留、禁闭或其他强制方法非法剥夺或限制劳动者按照自己的意志支配自己的身体活动的

---

① 王兴全．劳动合同法条文精解［M］．北京：中国法制出版社，2007.
② 王兴全．劳动合同法条文精解［M］．北京：中国法制出版社，2007.

自由。[①]第二种情况是指用人单位管理人员违章指挥、强令冒险作业使劳动者的生命和健康处于现实的或潜在的危险之中。以上两种情况劳动者不需事先告知即可立即与用人单位解除劳动合同。

如果是用人单位的原因导致劳动者不得不离开企业，《劳动合同法》以法律的形式（劳动法规定为司法解释）规定了上述情况下用人单位须向劳动者支付经济补偿金。但如果是劳动者违反法律的规定解除劳动合同的，用人单位可以要求劳动者承担赔偿责任。《劳动合同法》第九十条规定：劳动者违反本法规定解除劳动合同，给用人单位造成损失的，应当承担赔偿责任。所谓违反规定，主要是指劳动者没有履行提前30天或3天通知用人单位解除劳动合同的义务而提前解除的或在随时通知的情况下，劳动者没有履行通知义务而直接走人的等。

12.1.3　用人单位单方解除劳动合同

用人单位单方解除劳动合同，是指在劳动合同期限未届满时，由用人单位提出要求提前终止履行与劳动者订立的劳动合同，并终止双方由于订立劳动合同而建立起来的劳动关系。《劳动合同法》第四十三条规定，用人单位单方解除劳动合同，应当事先将理由通知工会。用人单位违反法律、行政法规规定或者劳动合同约定的，工会有权要求用人单位纠正。用人单位应当研究工会的意见，并将处理结果书面通知工会。与劳动者单方解除劳动合同相似，用人单位单方解除劳动合同也分为三种情况。

1）过失性解除

《劳动合同法》与《劳动法》相比，把劳动纪律并入用人单位的规章制度中，增加了对保持双重以上劳动关系且情节严重的劳动者可以解除劳动合同，以及以欺诈、胁迫的手段或者乘人之危订立或者变更劳动合同致使合同无效可以解除劳动合同等两种情形。《劳动合同法》第三十九条规定，劳动者有下列情形之一的，用人单位可以解除劳动合同：

（1）在试用期间被证明不符合录用条件的。“证明劳动者不符合录用条件”，是用人单位在试用期内随时与劳动者解除劳动合同的前提条件。用人单位不得随意就以劳动者不符合录用条件为理由将其辞退，必须拿出证据。这就要求企业在招聘简章和规章制度中明确录用人员的条件，并做好员工试用期期间的考核记录；否则，用人单位很难证明劳动者不符合其录用条件。在现实中，许多企业未对录用条件进行明确的规定，使试用期这一法律保护措施对企业失去了作用。此外，值得注意的是，不符合录用条件和不能胜任工作不是同一概念。录用条件一般包括年龄、性别、文化程度、专业知识、技术水平、工作经历、业务能力、身体状况等。以销售人员的工作为例，企业可以将劳动者应具备的能力列为录用条件，如市场开拓能力、沟通协调能力等，但不能以劳动者无法达到销售目标作为不符合录用条件无理

---

①　《劳动部关于〈劳动法〉若干条文的说明》（1994）第三十二条。

由与其解除劳动合同，因为没有达到销售目标只能说明该销售人员不能胜任工作。

在实践中，经常存在这样的情况，对于试用期内患病的员工、怀孕的员工等，企业一般以其在试用期为由辞退。这些都是不符合法律规定的。员工一旦提出仲裁、诉讼，败诉的肯定是企业。

（2）严重违反用人单位的规章制度的。劳动者与用人单位建立劳动关系以后，不仅受到劳动法律、法规和劳动合同的约束，而且还要遵守用人单位内部的规章制度。用人单位内部的规章制度只有以不违背劳动法律、法规的义务性规范和劳动合同的约定条款为大前提，才对双方当事人具有约束力。[①]如果用人单位以此为原因与劳动者解除劳动合同，用人单位就必须拿出劳动者严重违反的证据，而且用人单位承担教育的责任，只有在用人单位已经做出警告、教育和说服的相应程序后，对方依然不改正自己行为的情况下，用人单位才可与劳动者解除劳动合同。例如，某用人单位规定上班期间不得干私活，如果发现第一次书面警告，第二次用人单位有权予以除名。当其发现有名职工干私活时只是口头警告和教育了一下，并没有书面警告，再发现该职工干私活时用人单位则无权开除这名职工，因为用人单位没有履行相应的程序。

（3）严重失职，营私舞弊，给用人单位造成重大损害的。根据劳动部办公厅《关于〈劳动法〉若干条文的说明》的规定，“本条中的‘重大损害’由企业内部规章来规定，因为企业类型各有不同，对重大损害的界定也千差万别，例如，因严重失职、营私舞弊行为导致用人单位的有形财产、无形财产或人员遭受重大损害，如因粗心大意、玩忽职守而造成事故；因工作不负责任而经常生产废品、损害工具设备、浪费原材料或能源，贪污受贿，侵占公司财产，泄漏或出卖商业秘密等。[②]如果用人单位不对重大损害做出明确规定，那么界定权将交给仲裁机构和法院，企业就会失去主动权，在仲裁或诉讼时就会多一层败诉风险”。

（4）劳动者同时与其他用人单位建立劳动关系，对完成本单位的工作任务造成严重影响，或者经用人单位提出，拒不改正的。随着互联网的发展，人们工作的时间和地点已不受限制，所以，兼职的员工越来越多。根据《劳动合同法》第三十九条的规定，劳动者同时与其他用人单位建立劳动关系，对完成本单位的工作任务造成严重影响，或者经用人单位提出，拒不改正的，用人单位可以与劳动者解除劳动合同。这里如何界定对完成工作任务造成“严重影响”的问题，需要用人单位在劳动规章制度中明确规定，用人单位还应该做好日常管理中有关劳动者出勤、劳动绩效等方面的考核工作，为今后的劳动纠纷提供对公司有利的证据。如果企业没有对劳动者兼职对用人单位造成的严重影响做出规定，那么最终的认定将交给仲裁机构和法院。

企业应对这一新规定的最简单办法就是，可以在劳动合同和规章制度中事先做出规定，将兼职作为严重违反企业规章制度的行为，一经发现就可以解除劳动合

---

① 左祥琦．劳动合同与集体合同［M］．北京：中国劳动社会保障出版社，2002.
② 劳动部办公厅关于印发《关于〈劳动法〉若干条文的说明》（1994）第二十五条。

同，这样就可以依据劳动者严重违反企业规章制度的规定来解除劳动合同，不需要证明兼职给本单位的工作任务完成造成严重影响，也不需要再提出异议。①

（5）因《劳动合同法》第二十六条第一款第一项规定的情形致使劳动合同无效的。如果按《劳动合同法》第二十六条第一款规定签订劳动合同的，即以欺诈、胁迫的手段或者乘人之危，使对方在违背真实意思的情况下订立或者变更劳动合同的，此种情况签订的劳动合同无效，用人单位可以与劳动者随时解除劳动合同。

（6）被依法追究刑事责任的。根据《关于〈劳动法〉若干条文的说明》第二十五条的规定和《关于贯彻执行〈劳动法〉若干问题的意见》第二十九条的规定，"被依法追究刑事责任"是指，被人民检察院免予起诉的，被人民法院判处刑罚的（刑罚包括主刑和附加刑，主刑包括管制、拘役、有期徒刑、无期徒刑、死刑；附加刑包括罚金、剥夺政治权利、没收财产），被人民法院依据《中华人民共和国刑法》第三十二条免于刑事处分的。此外，原劳动部《关于贯彻执行〈劳动法〉若干问题的意见》第三十一条还规定，劳动者被劳动教养的，用人单位可以依据被劳教的事实解除与该劳动者的劳动合同。

以上六种情况都是由于劳动者自身犯有严重的错误，用人单位可以随时与劳动者解除劳动合同。过失性解除不受提前通知期的限制，不受用人单位不得解除劳动合同的法律限制，且不用支付给劳动者经济补偿金。

2）非过失性解除

此种情况是劳动者本身并没有犯重大过错，由于某些客观原因或出现下面法条规定的情况，用人单位可以与劳动者解除劳动合同，但应提前30日以书面形式通知劳动者的情形。《劳动合同法》第四十条规定，有下列情形之一的，用人单位提前30日以书面形式通知劳动者本人或者额外支付给劳动者一个月的工资后，可以解除劳动合同。需要指出的是，额外支付劳动者1个月工资后解除劳动合同是《劳动合同法》增加的一项新制度——代通知金制度，即用人单位在这种情况下解除劳动合同，可以用1个月工资代替提前30天通知劳动者解除劳动合同的义务。如果单位遇到突发事件，要与劳动者解除劳动合同，来不及等30天的话就可以用"代通知金"来代替提前30天通知的义务，同时，代通知金制度也可以使劳动者有较多的时间寻找新的工作。

（1）劳动者患病或者非因工负伤，在规定的医疗期满后不能从事原工作，也不能从事由用人单位另行安排的工作的。根据原劳动部《企业职工患病或非因工负伤医疗期的规定》中的定义，医疗期是指企业职工因患病或非因工负伤停止工作治病休息不得解除劳动合同的时限。这里所说的不得解除劳动合同，是指用人单位不得与劳动者解除劳动合同，但如果劳动者提出与用人单位解除劳动合同，法律上是不做限制的。

根据《企业职工患病或非因工负伤医疗期的规定》以及原劳动部《关于贯彻执

---

① 石先广．劳动合同法：深度释解与企业应对［M］．北京：中国法制出版社，2007．

行〈劳动法〉若干问题的解释》的规定，请长病假的职工在医疗期满后，能从事原工作的，可以继续履行劳动合同，如果员工医疗期满后，劳动者不能从事原来的工作，用人单位也不能与劳动者解除劳动合同，除非劳动者仍不能胜任用人单位新安排的职位，用人单位才可与劳动者解除劳动合同。关于如何鉴定劳动者是否能从事原来的工作，由劳动鉴定委员会参照工伤与职业病致残程度鉴定标准进行劳动能力鉴定。被鉴定为一至四级的，应当退出劳动岗位，解除劳动关系，办理因病或非因工负伤退休退职手续，享受相应的退休退职待遇；被鉴定为五至十级的，用人单位可以解除劳动合同，并按规定支付经济补偿金和医疗补助费。但如果地方政府有特殊的规定应遵守地方性的规定。患病或非因工负伤解除劳动合同的流程图如图12-2所示。

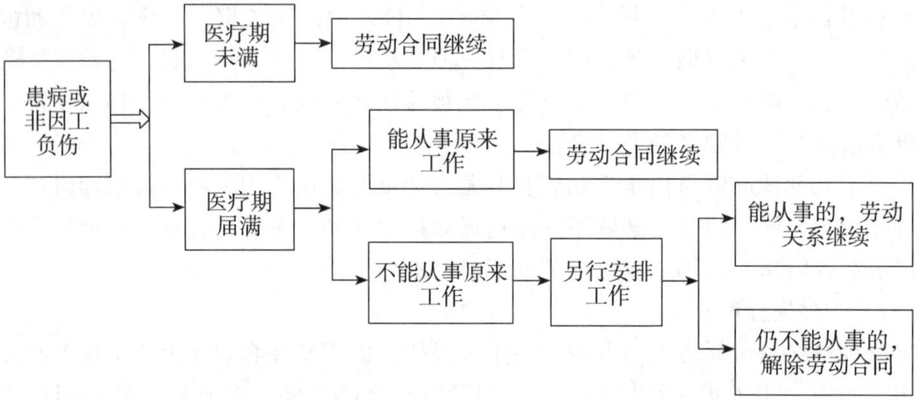

图12-2 患病或非因工负伤解除劳动合同的流程图

资料来源 石先广. 劳动合同法：深度释解与企业应对［M］. 北京：中国法制出版社，2007.

（2）劳动者不能胜任工作，经过培训或者调整工作岗位，仍不能胜任工作的。“不能胜任工作”，是指不能按要求完成劳动合同中约定的工作任务或者同工种、同岗位人员的工作量。如果不能完成这种工作任务或工作量，是由于用人单位故意提高劳动定额标准所致，就不构成“不能胜任工作”。如果用人单位要以劳动者不能胜任工作为由与其解除劳动合同，用人单位就必须举出劳动者不能胜任工作的证据，所以企业应该制定明确的考核标准，并对考核内容进行记录，这对于用人单位以后与劳动者解除劳动合同提供了可靠的依据。如果劳动者不能胜任原工作，用人单位也不能马上与劳动者解除劳动合同，用人单位必须对劳动者进行培训或者调整工作岗位，只有劳动者仍不能适应新工作的，用人单位才能与劳动者解除劳动合同。

（3）劳动合同订立时所依据的客观情况发生重大变化，致使劳动合同无法履行，经用人单位与劳动者协商，未能就变更劳动合同内容达成协议的。根据《劳动合同法》第四十条的规定，劳动合同订立时所依据的客观情况发生重大变化，致使劳动合同无法履行，经用人单位与劳动者协商，未能就变更劳动合同内容达成协议的，用人单位在提前30日以书面形式通知劳动者本人或者额外支付劳动者1个月工资后，可解除劳动合同。客观情况发生变化，是指发生不可抗力或出现导致使劳动合同全部或部分条款无法履行的情况，如企业迁移、企业被兼并、企业资产转移等致使劳动合同无法履行或无法完全履行的情况。如果当事人就某一种情形出现是否属于“客观情况发生重大变化”的认识不一致，应由劳动仲裁机构和法院裁定。[①]当用人单位因客观情况发生重大变化需要解除劳动合同时，一定要注意与员工沟通和协商，只有当无法就变更或终止劳动合同协商达成一致时，企业才可与员工解除劳动合同。

以上三种情况都是因为用人单位的原因才与劳动者解除劳动合同的，所以用人单位需要向劳动者支付补偿金。

3）经济性裁员

企业裁员的类型主要分为结构性裁员、优化性裁员和经济性裁员。结构性裁员主要是指由于企业战略调整需要对某些部门进行重组、削减等所引起的裁员；优化性裁员是指为了提高企业的效率而对业绩不佳的员工进行裁减的行为；经济性裁员是指由于企业生产经营发生困难，为摆脱困境，而较大规模裁减员工的行为。

（1）经济性裁员的条件。《劳动合同法》对裁员的规定专指的是经济性裁员，《劳动合同法》第四十一条规定，有下列情形之一，需要裁减人员20人以上或者裁减不足20人但占企业职工总数10%以上的，用人单位须提前30日向工会或者全体职工说明情况，听取工会或者职工的意见后，裁减人员方案经向劳动行政部门报告，可以裁减人员。

①依照《中华人民共和国企业破产法》（以下简称《企业破产法》）规定进行重整的。重整制度因其贯彻拯救理念，给予企业重生的机会，已经成为现代破产法的重要程序制度之一。关于重整，《企业破产法》第八章专门规定了破产中的重整问题。企业重整是指不对无偿付能力债务人的财产立即进行清算，而是在法院主持下由债务人与债权人达成协议，制订重整计划，规定在一定期限内，债务人按一定方式全部或部分清偿债务，同时债务人可以继续经营其业务。一般来说，破产保护的申请一经提出和被批准，债务人即可以免于债权人（包括有担保债权人）的一切诉讼和要求。如果企业依照破产法规定进行重整，就应该按照《劳动合同法》第四十一条规定的内容进行经济性裁员。

②生产经营发生严重困难的。何谓“生产经营发生严重困难”，法律没有明确的规定，对此原劳动部《关于〈劳动法〉若干条文的说明》第二十七条规定，“生产经营状况发生严重困难”可以根据地方政府的困难企业标准来界定。用人单位生产经营状况恶化，比如，企业发生严重亏损、开工严重不足、产品严重积压之类的困难，并达到各地政府要求的标准，此时企业才能通过裁员来克服困难。在这里，企业是否通过裁员来整顿或克服困难，应根据其陷入困境的原因来判断。只有当职工过剩是企业陷入困境的主要原因时，企业才可通过裁员来度过经营困境，如果是

① 石先广．劳动合同法：深度释解与企业应对［M］．北京：中国法制出版社，2007.

职工过剩以外的原因导致企业陷入困难，则不能认为企业需要裁员。

③企业转产、重大技术革新或者经营方式调整，经变更劳动合同后，仍需裁减人员的。与《劳动法》相比，这是《劳动合同法》关于经济性裁员新增的一条规定。企业由于转产、技术进步、产业升级、经营方式调整等原因使企业对劳动者的要求发生重大变化的，允许企业进行经济性裁员，但是在裁员之前，首先必须变更劳动合同，如果经变更还不能解决问题，则允许企业进行经济性裁员。

④因劳动合同订立时所依据的客观经济情况发生重大变化，致使劳动合同无法履行的。对于这种情况的规定也是《劳动合同法》新增的规定，当用人单位因劳动合同订立时所依据的客观经济情况发生重大变化致使劳动合同无法履行的，企业可以对劳动者进行经济性裁员。《劳动合同法》的这一规定可以说在很大幅度上放宽了用人单位对裁减人员的条件。因为法律没对“劳动合同订立时所依据的客观情况发生重大变化”做出明确的规定，实践中将导致这一条款的含义被放大，如生产条件的变化、销售条件的变化、劳动安全卫生条件的变化、重大技术改造，以及企业转产、合并、分立等，都可能会被认为是客观经济情况发生了变化。当然上述条件是否属于客观经济情况发生变化，还需要劳动仲裁机构和司法机关裁量。[①]

（2）经济性裁员的程序。用人单位进行经济性裁减人员的，应按下列程序进行（如图12–3所示）：①提前30日向工会或者全体职工说明情况，提供有关生产经营状况的资料；②提出裁减人员方案，内容包括被裁减人员名单、裁减时间及实施步骤，符合法律、法规规定和集体合同约定的被裁减人员的经济补偿办法；③将裁减人员方案征求工会或者全体职工的意见，并对方案进行修改和完善；④向当地（企业工商登记机关的同级）劳动行政部门报告裁减人员方案以及工会或者全体职工意见，并听取劳动行政部门意见；⑤由用人单位正式公布裁减人员方案，与被裁减人员办理解除劳动合同手续，按照有关规定向被裁减人员本人支付经济补偿金，并出具裁减人员证明书。

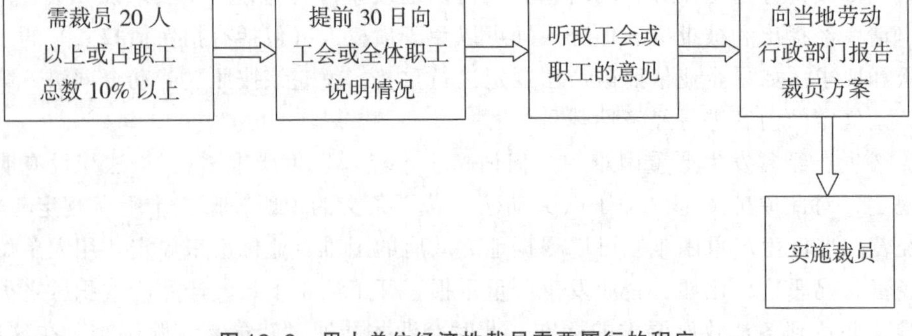

图12–3　用人单位经济性裁员需要履行的程序

资料来源　石先广．劳动合同法：深度释解与企业应对［M］．北京：中国法制出版社，2007.

（3）经济性裁员时应当优先保留的人员。经济性裁减人员，企业应履行优先留

① 石先广．劳动合同法：深度释解与企业应对［M］．北京：中国法制出版社，2007.

用和优先录用的义务。优先留用，是指用人单位选择裁员对象和安排裁员顺序时，基于一定的价值取向将特定类型的人员优先留用，亦即将其安排在裁员的较后顺序。优先留用具有相对性，即相当于其他人员具有优先留用的可能性，但并非不可裁减。[①]《劳动合同法》第四十一条规定，应当优先留用下列人员：

①与本单位订立较长期限的固定期限劳动合同的；

②与本单位订立无固定期限劳动合同的；

③家庭无其他就业人员，有需要扶养的老人或者未成年人的。

用人单位依照《劳动合同法》第四十一条第一款规定裁减人员，在6个月内重新招用人员的，应当通知被裁减的人员，并在同等条件下优先招用被裁减的人员。

与《劳动法》相比，《劳动合同法》放宽了用人单位裁员的程序要求，即用人单位裁减20人以上或占职工总数10%以上的，才须提前30日向工会或职工说明情况并向劳动行政部门报告；这意味着裁减人员不足20人且占企业职工总数不足10%的，无须执行上述程序。《劳动合同法》还增加了要求单位裁员时应优先留用三类劳动者的内容。如果用人单位在6个月内重新录用人员，《劳动合同法》增加了要通知被裁减人员的程序。以上情况用人单位需向劳动者支付补偿金。

4）用人单位不得解除劳动合同

为了保护劳动者的合法权益，防止不公正解雇，《劳动合同法》除规定用人单位可以解除劳动合同的情形外，还规定了用人单位不得解除劳动合同的情形。《劳动合同法》第四十二条规定，劳动者有下列情形之一的，用人单位不得依照本法第四十条、第四十一条的规定解除劳动合同。与《劳动法》相比，《劳动合同法》增加了对从事接触职业病危害作业的劳动者的预防性保护和对在本单位工作时间较长的老职工的保护。

（1）从事接触职业病危害作业的劳动者未进行离岗前职业健康检查，或者疑似职业病病人在诊断或者医学观察期间的。本项规定仅适用于在作业中接触职业危害因素的劳动者。职业病是指企业、事业单位和个体经济组织的劳动者在职业活动中，因接触粉尘、放射性物质和其他有毒、有害物质等因素而引起的疾病。职业病危害，是指对从事职业活动的劳动者可能导致职业病的各种危害。职业病危害因素包括职业活动中存在的各种有害的化学、物理、生物因素以及在作业过程中产生的其他职业有害因素。卫生部《职业健康监护管理办法》（2002）第九条规定，用人单位应当组织接触职业危害因素的劳动者进行离岗时的职业健康检查，对未进行离岗时职业健康检查的劳动者不得解除或终止劳动合同；第十一条规定，体检机构发现疑似职业病病人应当按规定向所在地卫生行政部门报告并按照体检机构的要求安排其进行职业病诊断或者医学观察。卫生部《职业病诊断与鉴定管理办法》（2002）第三条规定，职业病诊断应当由省级卫生行政部门批准的医疗卫生机构承

---

① 王全兴. 劳动合同法条文精解［M］. 北京：中国法制出版社，2007.

担；第十二条规定，职业病诊断应当依据职业病诊断标准，结合职业病危害接触史、工作场所职业病危害因素检测与评价、临床表现和医学检查结果等资料进行综合分析做出，对不能确诊的疑似职业病病人可以经必要的医学检查或者住院观察后再做出诊断。[①]

（2）在本单位患职业病或者因工负伤并被确认丧失或者部分丧失劳动能力的。《工伤保险条例》第二十一条规定，职工发生工伤，经治疗伤情相对稳定后存在残疾、影响劳动能力的，应当进行劳动能力鉴定。劳动能力鉴定标准由国务院劳动保障行政部门会同国务院卫生行政部门等部门制定。劳动功能障碍分为十个伤残等级，最重的为一级，最轻的为十级。

①职工因工致残被鉴定为一级至四级伤残的，保留劳动关系，退出工作岗位，享受以下待遇：从工伤保险基金按伤残等级支付一次性伤残补助金，一级伤残为24个月的本人工资，二级伤残为22个月的本人工资，三级伤残为20个月的本人工资，四级伤残为18个月的本人工资；从工伤保险基金按月支付伤残津贴，一级伤残为本人工资的90%，二级伤残为本人工资的85%，三级伤残为本人工资的80%，四级伤残为本人工资的75%。伤残津贴实际金额低于当地最低工资标准的，由工伤保险基金补足差额；工伤职工达到退休年龄并办理退休手续后，停发伤残津贴，享受基本养老保险待遇。基本养老保险待遇低于伤残津贴的，由工伤保险基金补足差额。

②职工因工致残五级、六级的，从工伤保险基金按伤残等级支付一次性伤残补助金，五级伤残为16个月的本人工资，六级伤残为14个月的本人工资。用人单位必须保留与劳动者的劳动关系，由用人单位安排适当工作。难以安排工作的，由用人单位按月发给伤残津贴，标准为：五级伤残为本人工资的70%，六级伤残为本人工资的60%，并由用人单位按照规定为其缴纳应缴纳的各项社会保险费。伤残津贴实际金额低于当地最低工资标准的，由用人单位补足差额。经工伤职工本人提出，该职工可以与用人单位解除或者终止劳动关系，由用人单位支付一次性工伤医疗补助金和伤残就业补助金。具体标准由省、自治区、直辖市人民政府规定。

③职工因工致残被鉴定为七级至十级伤残的，从工伤保险基金按伤残等级支付一次性伤残补助金，七级伤残为12个月的本人工资，八级伤残为10个月的本人工资，九级伤残为8个月的本人工资，十级伤残为6个月的本人工资；劳动合同期满终止，或者职工本人提出解除劳动合同的，由用人单位支付一次性工伤医疗补助金和伤残就业补助金。具体标准由省、自治区、直辖市人民政府规定。

（3）患病或者非因工负伤，在规定的医疗期内的。在这里，患病指的是劳动者患职业病以外的疾病，负伤指的是非因工负伤。关于医疗期的相关情况前文已经介绍过，这里就不再详细介绍了。医疗期内，用人单位不能与劳动者解除劳动

---

① 王全兴．劳动合同法条文精解［M］．北京：中国法制出版社，2007.

合同，医疗期满后，用人单位如要与劳动者解除劳动合同，应当遵守相应的条件和程序。

（4）女职工在孕期、产期、哺乳期的。女职工在孕期、产期、哺乳期内，用人单位不能与劳动者解除劳动合同。对于已经解除劳动合同后，女职工发现解除劳动合同时已经怀孕，要求用人单位与其恢复劳动关系的，单位应该与其恢复劳动关系。因为女职工在受孕后有一个待发现的过程，尽管在解除劳动合同以后发现，但仍是合同存续期间怀孕的，单位不得解除劳动合同，已经解除的，应该恢复双方的劳动关系。①但是如果女职工主观上犯了重大错误，如严重违反用人单位的规章制度或严重失职、营私舞弊，给用人单位造成重大损害的，用人单位可以解除与该女职工的劳动合同。法律对女职工在“三期”内的保护并不是无条件的，如果女职工在“三期”内违纪，按照有关规定给予辞退，是合法的，并没有侵犯女职工的合法权益。

（5）在本单位连续工作满15年，且距法定退休年龄不足5年的。国家法定的企业职工退休年龄是男职工年满60周岁，女工人年满50周岁，女干部年满55周岁。从事井下、高温、真空、特别繁重体力劳动或其他有害身体健康工作的，退休年龄男职工年满55周岁，女职工年满45周岁。因病或非因工致残，由医院证明并经劳动鉴定委员会确认完全丧失劳动能力的，退休年龄为男职工年满50周岁，女职工年满45周岁。

（6）法律、行政法规规定的其他情形。根据《工会法》（2001年修订）第五十二条的规定，劳动者不得“因参加工会活动”，工会工作人员不得“因履行本法规定的职责”而被解除劳动合同。据此，原劳动和社会保障部《集体合同规定》（2004）第二十八条规定，职工一方协商代表在其履行协商代表职责期间，除了有严重违反劳动纪律或用人单位依法制定的规章制度；严重失职、营私舞弊，对用人单位利益造成重大损害；被依法追究刑事责任的情形外，用人单位不得与劳动者解除劳动合同。②

12.1.4 解除劳动合同的后续问题

用人单位和劳动者按照《劳动合同法》的相关规定和条件解除劳动合同后，还需要为对方的损失支付补偿金和赔偿金，即包括用人单位向劳动者支付经济补偿金和赔偿金以及劳动者向用人单位支付经济补偿金和赔偿金两种情况。最后，用人单位需要按照相关规定为劳动者出具解除劳动合同的证明、转移其个人人事档案等手续。

1）补偿金问题

经济补偿金是指企业依据国家有关规定或劳动合同约定，在同员工解除劳动合同时以货币形式直接支付给职工的劳动报酬。根据《劳动合同法》第四十七条的规定，经济补偿按劳动者在本单位工作的年限，每满1年支付1个月工资的标准向劳

① 石先广．劳动合同法：深度释解与企业应对［M］．北京：中国法制出版社，2007.
② 王全兴．劳动合同法条文精解［M］．北京：中国法制出版社，2007.

动者支付。6个月以上不满1年的，按1年计算；不满6个月的，向劳动者支付半个月工资的经济补偿。劳动者月工资高于用人单位所在直辖市、设区的市级人民政府公布的本地区上年度职工月平均工资3倍的，向其支付经济补偿的标准按职工月平均工资3倍的数额支付，向其支付经济补偿的年限最高不超过12年。这里的月工资是指劳动者在劳动合同解除或者终止前12个月的平均工资。

此外，还有一些需要注意的地方，如果用人单位违反《劳动合同法》规定解除或者终止劳动合同，《劳动合同法》第八十七条规定，应当依照本法第四十七条规定的经济补偿标准的2倍向劳动者支付赔偿金。如果是劳动者违反《劳动合同法》相关规定解除劳动合同，给用人单位造成损失的，依照本法第九十条规定应当承担赔偿责任。当劳动合同解除时，用人单位未按规定向劳动者支付经济补偿的，《劳动合同法》第八十五条规定，由劳动行政部门责令限期支付，逾期不支付的，责令用人单位按应付金额50%以上100%以下的标准向劳动者加付赔偿金。

《劳动合同法》施行之日存续的劳动合同在本法施行后解除或者终止，依照本法第四十六条规定应当支付经济补偿的，经济补偿年限自本法施行之日起计算；本法施行前按照当时有关规定，用人单位应当向劳动者支付经济补偿的，按照当时有关规定执行。

2）办理解除劳动合同的手续

劳动者与用人单位解除劳动合同后，用人单位有义务为劳动者办理解除合同的相关手续，包括向劳动者出具解除劳动合同的证明、转移其个人人事档案等。《劳动合同法》第八十九条规定，用人单位违反本法规定未向劳动者出具解除或者终止劳动合同的书面证明，由劳动行政部门责令改正；给劳动者造成损害的，应当承担赔偿责任。同时，当劳动者依法解除或者终止劳动合同时，用人单位扣押劳动者档案或者其他物品的行为也是违法的，《劳动合同法》第八十四条规定如用人单位扣押劳动者档案或者其他物品，由劳动行政部门责令限期退还劳动者本人并以每人500元以上2 000元以下的标准处以罚款；给劳动者造成损害的，应当承担赔偿责任。如果员工拒绝承担违约责任或支付赔偿，用人单位也无权扣押劳动者的档案和其他物品，其正确做法是通过劳动争议仲裁等法律手段来维护自己的合法权益。

12.2 劳动合同的终止

劳动合同的终止，是指劳动合同依法生效后，因出现法定情形和当事人约定的情形以及劳动合同一方当事人消失而导致劳动合同的效力消灭，当事人之间的权利义务关系终止。

12.2.1 劳动合同终止概述

1）劳动合同终止的条件

与《劳动法》相比，《劳动合同法》取消了劳动合同的约定终止，即双方当事人不得约定劳动合同终止条件，即使约定也无效。劳动合同只能因法定情形出现而终止。《劳动合同法》第四十四条规定，有下列情形之一的，劳动合同终止：

（1）劳动合同期满的。这里所说的劳动合同期满适用于固定期限劳动合同期满以及以完成一定工作任务为期限的劳动合同因该工作任务完成而期满这两种情况。其他情况适用于固定期限劳动合同和以完成一定工作为期限的劳动合同，也适用于无固定期限劳动合同。无固定期限劳动合同是指用人单位与劳动者约定无确定终止时间的劳动合同。

《劳动法》规定，劳动合同期限届满或者当事人约定的劳动合同终止条件出现时，劳动合同即行终止。如果续订劳动合同，得当事人双方平等自愿、协商一致才行。《最高人民法院关于审理劳动争议案件适用法律若干问题的解释》规定，劳动合同期满后，劳动者仍在原用人单位工作，原用人单位未表示异议的，视为双方同意以原条件继续履行劳动合同，一方提出终止劳动合同关系的，人民法院应当予以支持。

（2）劳动者开始依法享受基本养老保险待遇的。劳动者因达到退休年龄或丧失劳动能力而办退休手续，开始依法享受基本养老保险待遇，劳动合同即行终止。值得注意的是，劳动者已具备退休条件，但未开始依法享受基本养老保险待遇的，劳动合同可不终止。[①]如果劳动者已依法开始享受基本养老待遇，但还继续留在单位工作，用人单位应与其签订聘用协议。对此，《劳动部关于实行劳动合同制度若干问题的通知》第十三条规定，已享受养老保险待遇的离退休人员被再次聘用时，用人单位应与其签订书面协议，明确聘用期内的工作内容、报酬以及医疗、劳保待遇等权利和义务。双方应对各自的权利和义务作详尽的规定，因为此时双方的关系不是劳动关系而是劳务关系，如果发生纠纷，不适用《劳动法》。[②]

（3）劳动者死亡、被人民法院宣告死亡或者宣告失踪的。宣告劳动者死亡或是宣告失踪的是指由当事人家属、亲属向法院提起而确认的，下落不明到一定时间，法律规定两年为宣告失踪，四年为宣告死亡。此种情况，用人单位可以与劳动者终止劳动合同。

（4）用人单位被依法宣告破产的。企业破产，是指企业因不能偿付到期债务而依法经一定程序由法院消灭其主体资格。根据《企业破产法》的规定，用人单位一旦被依法宣告破产，就进入破产清算程序，用人单位的主体资格将不再存在。由于劳动合同主体有一方已不存在，那么劳动合同归于终止。

（5）用人单位被吊销营业执照、责令关闭、撤销或者用人单位决定提前解散的。本项规定的情形，属于经营主体资格消灭的情形，而用人单位资格以经营主体资格为基础，故经营主体资格消灭，劳动合同归于终止。

（6）法律、行政法规规定的其他情形。上述5种规定尚未包括足以引起劳动合同终止的全部事由，例如，个体工商户、国家机关、事业单位、社会团体的主体资

---

① 王全兴．劳动合同法条文精解［M］．北京：中国法制出版社，2007.
② 石先广．劳动合同法：深度释解与企业应对［M］．北京：中国法制出版社，2007.

格消灭，还未能被上述第（4）、（5）规定所全部包括，故做出本项规定，为完善劳动合同终止事由的立法和在法律适用中应对新情况，以认定劳动合同终止事由为依据。

2）劳动合同期续延至相应情形消失时终止的情形

《劳动合同法》第四十五条规定，劳动合同期满，有本法第四十二条规定情形之一的，劳动合同应当续延至相应的情形消失时终止。但是，本法第四十二条第二项规定丧失或者部分丧失劳动能力劳动者的劳动合同的终止，按照国家有关工伤保险的规定执行。其中，《工伤保险条例》规定，劳动者患职业病或者因工负伤达到1级至6级伤残等级的，用人单位不能提出终止劳动合同。

在劳动者没有严重违反劳动纪律或者用人单位规章制度，无严重失职、营私舞弊，没有对用人单位利益造成重大损害，以及没有被依法追究刑事责任的情况下，劳动合同期限应自动延续至相应的情形消失时终止。此外，《工会法》第十八条规定，基层工会主席、副主席或者委员除任职期间个人有严重过失或者达到法定退休年龄外，劳动合同期限自动延长至任期届满。

3）退休人员的劳动合同终止问题

我国法律规定，在履行劳动合同时，当事人必须具备法定的资格，即当事人要有劳动权利能力和劳动行为能力。《国务院关于严格执行工人退休、退职暂行办法的通知》中规定，凡符合退休、退职条件的，就应当动员他们退休、退职。如生产上确有需要，必须缓退，要经过上级主管部门批准。没有经过批准，超过退休年龄继续工作的时间不计算“连续工龄”。对于应当退休、退职的工人，经过多次动员，仍然坚持不退的，可以停发其工资，改发退休费或退职生活费。

凡是不符合退休、退职条件的，不得退休、退职。对伪造证件退休、退职的，要追究本人和有关人员的责任，情节严重的，应给予适当处分。

对于完全丧失劳动能力，需要按照规定办理退休、退职的工人，必须经过县以上医疗部门认真检查，出具诊断证明，并且要经过劳动鉴定委员会鉴定，确认已经完全丧失劳动能力，方能退休、退职。劳动鉴定委员会要按鉴定标准，认真做好鉴定工作。

《劳动部关于实行劳动合同制度若干问题的通知》中规定，职工劳动合同期限届满，终止劳动合同后符合退休条件的，可以办理退休手续并领取养老保险金。领取养老金必须具备两个条件：一是达到法定的退休年龄；二是达到符合规定的缴费年限。有些劳动者可能达到了法定的退休年龄，但缴费年限没有达到规定的最低缴费年限，必须通过申请延续缴费满15年后才能办理退休手续。

12.2.2　劳动合同终止的程序

用人单位和劳动者按照《劳动合同法》的相关规定和条件终止劳动合同后，还需要为对方的损失支付补偿金和赔偿金。同时，用人单位需要按照相关规定为劳动者出具终止劳动合同的证明、转移其个人人事档案等手续。劳动合同终止的程序如

图12-4所示。

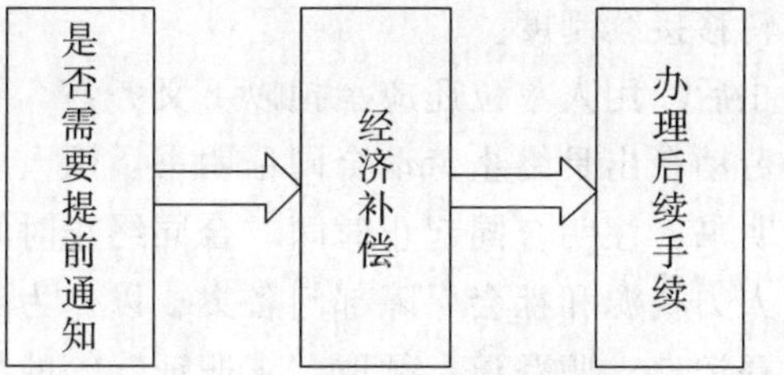

图12-4　劳动合同终止的程序

1）提前通知

《劳动合同法》和《劳动法》都没有规定终止合同用人单位是否有义务提前30天通知劳动者。《劳动部关于加强劳动合同管理 完善劳动合同制度的通知》规定，劳动合同期满前应当提前1个月向职工提出终止或续订劳动合同的书面意向，并及时办理有关手续。用人单位终止劳动合同未提前30日通知劳动者的，以劳动者上月日平均工资为标准，每延迟1天支付劳动者1日工资的赔偿金。

2）经济补偿

《劳动合同法》第四十六条对用人单位终止劳动合同应向劳动者支付经济补偿的情况做出了规定：除用人单位维持或者提高劳动合同约定条件续订劳动合同，劳动者不同意续订的情形外，用人单位不用向劳动者支付经济补偿金。用人单位被依法宣告破产的，用人单位被吊销营业执照、责令关闭、撤销或者用人单位决定提前解散的以及法律、行政法规规定的其他情形，用人单位均须向劳动者支付经济补偿金，经济补偿的计发办法见《劳动合同法》第四十条的规定。《劳动部关于实行劳动合同制度若干问题的通知》中规定，劳动者患病或者非因工负伤，合同期满终止劳动合同的，用人单位应当支付不低于6个月工资的医疗补助费；对患重病或绝症的，还应适当增加医疗补助费。

《劳动合同法》第四十八条规定，用人单位违反本法规定终止劳动合同，劳动者要求继续履行劳动合同的，用人单位应当继续履行；劳动者不要求继续履行劳动合同或者劳动合同已经不能继续履行的，用人单位应当依照本法第八十七条的规定支付赔偿金。

另外，《劳动合同法》第七十一条规定，非全日制用工双方当事人任何一方都可以随时通知对方终止用工。终止用工，用人单位不向劳动者支付经济补偿。非全日制用工，是指以小时计酬为主，劳动者在同一用人单位一般平均每日工作时间不超过4小时，每周工作时间累计不超过24小时的用工形式。

3）办理后续手续

《劳动合同法》第五十条规定，用人单位应当在终止劳动合同时出具终止劳动合同的证明，并在15日内为劳动者办理档案和社会保险关系转移手续。劳动者应当按照双方约定，办理工作交接。用人单位依照本法有关规定应当向劳动者支付经济补偿的，在办结工作交接时支付。用人单位对已经终止的劳动合同的文本，至少保存2年备查。《劳动合同法》第四十九条规定，国家采取措施，建立健全劳动者社会保险关系跨地区转移接续制度。

劳动合同依法终止后，用人单位还应承担以下义务：

（1）用人单位为劳动者出具终止劳动合同证明书。用人单位必须及时向职工提供终止劳动合同的证明书，注明合同起止时间、合同终止时间及所担任的职位等内容，并应一式多份报人力资源和社会保障部门备案，以作为劳动者按规定享受失业保险待遇，进行失业登记、求职登记，领取“求职证”等的相关材料。

（2）用人单位应在当地人力资源和社会保障部门规定的期限内，由其劳动人事工作人员持失业保险费缴纳证、失业人员档案到失业人员户口所在地的区、县劳动行政部门办理档案移交手续。

（3）为失业人员办理社会保险手续，转移劳动关系。

《劳动合同法》第八十九条规定，用人单位违反本法规定未向劳动者出具解除或者终止劳动合同的书面证明，由劳动行政部门责令改正；给劳动者造成损害的，应当承担赔偿责任。①

《劳动合同法》第八十四条规定，劳动者依法终止劳动合同，用人单位不得扣押劳动者居民身份证、档案或者其他物品，违反规定的由劳动行政部门责令限期退还劳动者本人，并依照有关法律规定给予每人500元以上2 000元以下的处罚。

《劳动合同法》第八十五条规定，用人单位终止劳动合同未依照本法规定向劳动者支付经济补偿，逾期不支付的，责令用人单位以应付金额50%以上100%以下的标准向劳动者加付赔偿金。劳动合同解除及经济补偿金支付情形见表12-1，劳动合同终止及经济补偿金支付情形见表12-2。

表12-1　　　　劳动合同解除及经济补偿金支付情形一览表

<table>
<tr><th colspan="2">解除形式</th><th>条件</th><th>期限</th><th>经济补偿金</th></tr>
<tr><td rowspan="2">协商解除</td><td>单位提出</td><td rowspan="2">不论何种类型的劳动合同，不需要任何条件，都可以协商解除</td><td>无要求</td><td>需要支付</td></tr>
<tr><td>员工提出</td><td>无要求</td><td>无须支付</td></tr>
<tr><td rowspan="7">单位单方解除的情形</td><td rowspan="7">即时通知解除劳动合同（过失性解除劳动合同）</td><td>试用期内不符合录用条件</td><td>随时</td><td>无须支付</td></tr>
<tr><td>严重违纪</td><td>随时</td><td>无须支付</td></tr>
<tr><td>造成重大损害</td><td>随时</td><td>无须支付</td></tr>
<tr><td>兼职，对本职工作有严重影响或经提出拒不改正的</td><td>随时</td><td>无须支付</td></tr>
<tr><td>以欺诈、胁迫的手段或者乘人之危订立劳动合同</td><td>随时</td><td>无须支付</td></tr>
<tr><td>被追究刑事责任</td><td>随时</td><td>无须支付</td></tr>
</table>

① 左祥琦．劳动合同与集体合同［M］．北京：中国劳动社会保障出版社，2002.

续表

解除形式		条件	期限	经济补偿金
单位单方解除的情形	预告通知解除劳动合同（非过失性解除劳动合同）	患病或非因工负伤医疗期满不能从事原工作也不能从事另行安排的工作	提前30天通知或支付1个月工资	需要支付
		不能胜任工作，经培训或调岗后仍无法胜任的	提前30天通知或支付1个月工资	需要支付
		劳动合同无法履行且无法达成变更劳动合同协议的	提前30天通知或支付1个月工资	需要支付
	经济性裁员	破产；经营困难；转产、重大技术革新或者经营方式调整；客观情况发生重大变化	履行法定程序后可以裁员	需要支付
员工单方解除的情形	提前30天通知解除	不论何种类型的劳动合同，不需要任何条件，劳动者都可以提前30天通知解除劳动合同	提前30天通知	需要支付
	提前3天通知解除	在试用期内的	提前3天通知	需要支付
	随时通知解除	未提供约定的劳动保护和条件	随时通知	需要支付
		未按时足额支付劳动报酬	随时通知	需要支付
		未缴纳社会保险费	随时通知	需要支付
		规章制度违法损害劳动者利益	随时通知	需要支付
		以欺诈、胁迫的手段或者乘人之危订立劳动合同的	随时通知	需要支付
		法律、法规规定的其他情况	随时通知	需要支付
	无须通知立即解除	以暴力等手段强迫劳动	立即解除，无须通知	无须支付
		违规违章强令冒险作业	立即解除，无须通知	无须支付

资料来源　石先广．劳动合同法：深度释解与企业应对［M］．北京：中国法制出版社，2007.

表12-2　劳动合同终止及经济补偿金支付情形一览表

终止形式	条件及期限	经济补偿金
劳动合同终止	劳动合同期满的	有条件支付
	劳动者开始享受基本养老保险待遇的	无须支付
	劳动者死亡、被法院宣告死亡或失踪的	无须支付
	单位被宣告破产	需要支付
	单位被吊销营业执照、责令关闭、撤销或者用人单位决定提前解散的	需要支付
	法律、行政法规规定的其他情形	无须支付
不得解除或需逾期终止的情形	从事接触职业病危害作业的劳动者未进行离岗前职业健康检查，或者疑似职业病病人在诊断或者医学观察期间的	
	患职业病或者因工负伤并被确认丧失或者部分丧失劳动能力的	
	患病或者负伤，在规定的医疗期内的	
	女职工在孕期、产期、哺乳期的	
	在本单位连续工作满15年，且距法定退休年龄不足5年的	
	法律、行政法规规定的其他情形	

资料来源　石先广. 劳动合同法：深度释解与企业应对［M］. 北京：中国法制出版社，2007.

● 个案分析

2013年4月1日，张某（乙方）与时光科技公司（甲方）签订无固定期限劳动合同，2016年11月时光科技公司以陈某严重违纪为由做出了辞退决定，后经二审法院判决确认，撤销辞退决定，恢复劳动关系。

时光科技公司收到二审法院判决后，即向张某邮寄了岗位安排及报到通知书，写明因物流经理岗位已满编，故将张某岗位调整为人力资源经理，但从事的主要工作是物流培训工作，薪资标准及办公地点都不变，并要求张某在3日之内到公司报到上班。张某收到上述通知后，对于两个岗位属同一序列等级不持异议，但坚持要求担任物流经理岗位，故未按公司要求报到上班。

此后，时光科技公司又多次向张某发出内容相同的上岗通知书，并向张某告知如不按时到岗上班，将作为违纪处理。随后，公司以张某不服从公司管理，拒不上班，已严重违反了公司纪律和管理制度为由，解除双方劳动关系。事后张某起诉，双方遂发生争议。

资料来源　佚名. 劳动争议案件的“胜负手”分析［EB/OL］.［2019-10-30］. http：//rmfyb.chinacourt.org/paper/html/2014-08/18/content_86548.htm？ div=-1.

问题：

根据以上材料以及本章所学的内容说明公司解雇陈某的做法是否合乎程序。

● 本章小结

劳动关系的结束包括劳动合同的解除和劳动合同的终止。劳动合同的解除包括双方协商解除劳动合同、劳动者单方解除劳动合同和用人单位单方解除劳动合同。在本章第1节讲述了劳动者和用人单位单方解除劳动合同的条件、用人单位需支付补偿金的情况和劳动合同解除的一些后续程序。

第2节讲述了劳动合同终止的条件、劳动合同期满不得终止劳动合同并应续延至相应情形消失时终止的情形、关于退休人员劳动合同终止的情况以及终止劳动合同的程序。

● 关键概念

劳动合同的解除　双方协商解除劳动合同　劳动者单方解除劳动合同　用人单位单方解除劳动合同　补偿金　劳动合同的终止　劳动合同终止的程序

● 课堂讨论题

1. 讨论用人单位单方解除劳动合同的条件。
2. 讨论用人单位在解除或终止劳动合同时需支付经济补偿金的情况。

● 复习思考题

1. 简述解除劳动合同的三种情况。
2. 简述劳动者单方解除劳动合同的条件。
3. 简述劳动合同期满不得终止劳动合同并应续延至相应情形消失时终止的情形。
4. 简述劳动合同终止的程序。

● 自测题

1. 劳动关系的结束包括________和________。
2. 简述用人单位可以经济性裁员的情况。
3. 简述用人单位不能解除劳动合同的情况。
4. 简述劳动合同终止的条件。
5. 劳动合同依法终止后，用人单位还应承担哪些义务？

主要参考文献

[1] 吴宏洛. 转型期的和谐劳动关系 [M]. 北京：社会科学文献出版社，2007.

[2] 常凯. 劳动关系学 [M]. 北京：中国劳动社会保障出版社，2005.

[3] 赵瑞红. 劳动关系 [M]. 北京：科学出版社，2007.

[4] 程延园. 劳动关系 [M]. 北京：中国人民大学出版社，2002.

[5] 关怀. 劳动法 [M]. 北京：中国人民大学出版社，2001.

[6] 巢健茜. 劳动法与社会保障法 [M]. 北京：科学出版社，2007.

[7] 苑茜，等. 现代劳动关系辞典 [M]. 北京：中国劳动社会保障出版社，2000.

[8] 贾俊玲. 劳动法与社会保障法学 [M]. 北京：中国劳动社会保障出版社，2005.

[9] 劳动和社会保障部劳动工资研究所. 中国劳动标准体系研究 [M]. 北京：中国劳动社会保障出版社，2003.

[10] 蔡昉，都阳，王美艳. 中国劳动力市场转型与发育 [M]. 北京：商务印书馆，2005.

[11] 程延园. 员工关系管理 [M]. 上海：复旦大学出版社，2011.

[12] 王祖强. 劳资关系与员工权益：基于浙江私营企业的调查与分析 [M]. 北京：中国经济出版社，2007.

[13] 胡建国. 劳资关系治理与工会绩效：基于中国私营企业的研究 [M]. 北京：社会科学文献出版社，2011.

[14] 赵小仕. 转轨期中国劳动关系调节机制研究 [M]. 北京：经济科学出版社，2009.

[15] 石美遐. 劳动关系国际比较 [M]. 北京：中国劳动社会保障出版社，2010.

[16] 荣兆梓. 通往和谐之路：当代中国劳资关系研究 [M]. 北京：中国人民大学出版社，2010.

[17] 罗宁. 中国转型期劳资关系冲突与合作研究：基于合作博弈的比较制度分析 [M]. 北京：经济科学出版社，2010.

[18] 冯同庆. 劳动关系理论 [M]. 北京：中国劳动社会保障出版社，2009.

[19] 朱芝洲，俞位增. 冲突到稳定：私营企业劳资关系协调机制研究 [M]. 北京：经济科学出版社，2011.

[20] 詹婧. 企业民主参与动力研究：基于劳资双赢的经济学视角 [M]. 北京：首都经济贸易大学出版社，2010.

[21] 李环. 和谐社会与中国劳动关系 [M]. 北京：中国政法大学出版社，2007.

[22] 常凯．劳动关系·劳动者·劳权 [M]．北京：中国劳动出版社，1995.

[23] 许晓军．中国工会的社会责任 [M]．北京：中国社会科学出版社，2006.

[24] 左祥琦．劳动关系管理 [M]．北京：中国发展出版社，2007.

[25] 程延园．劳动关系学 [M]．北京：中国劳动社会保障出版社，2005.

[26] 王全兴．劳动法 [M]．北京：法律出版社，1997.

[27] 姚先国．劳动力产权与劳动力市场 [M]．杭州：浙江大学出版社，2006.

[28] 中国工运学院工会学系．向市场经济过渡中的工会工作 [M]．北京：中国大百科全书出版社，1993.

[29] 徐小洪．冲突与协调——当代中国私营企业的劳资关系研究 [M]．北京：中国劳动社会保障出版社，2003.

[30] 余士雄．工会百科词典 [M]．北京：人民出版社，1993.

[31] 赵永乐，王培君．劳动合同管理技术 [M]．上海：上海交通大学出版社，2002.

[32] 丘小平，等．劳动关系 [M]．2版．北京：中国劳动社会保障出版社，2004.

[33] 王君南，等．劳动关系与社会保险 [M]．济南：山东人民出版社，2004.

[34] 张僩．劳动关系管理 [M]．北京：电子工业出版社，2006.

[35] 林忠，等．人力资源管理 [M]．大连：东北财经大学出版社，2006.

[36] 黎建飞．劳动合同法案例判解 [M]．北京：中国法制出版社，2007.

[37] 滕晓春，李国志．劳动合同法条文释义与案例精解 [M]．北京：中国民主法制出版社，2007.

[38] 林嘉，等．劳动合同法条文评注与适用 [M]．北京：中国人民大学出版社，2007.

[39] 黄乐平，等．劳动合同法疑难案例解析 [M]．北京：法律出版社，2007.

[40] 罗燕．劳动争议处理 [M]．北京：中国劳动社会保障出版社，2005.

[41] 李维斯，等．雇员关系：解析雇佣关系 [M]．高嘉勇，等，译．大连：东北财经大学出版社，2005.

[42] 卡茨，等．集体谈判与产业关系概论 [M]．李丽林，吴清军，译．大连：东北财经大学出版社，2010.

[43] 巴德．劳动关系：寻求平衡 [M]．于桂兰，等．译．北京：机械工业出版社，2010.

[44] 程延园．政府在劳动关系中的角色思考 [N]．中国劳动社会保障报，2002-12-10.

[45] 张坊．劳动关系变化与政府职能转变 [J]．群众，2006（6）.

[46] 赵祖平．WTO时代的政府与劳动关系 [J]．工会理论与实践，2006（6）.

[47] 陈泰峰．入世与我国政府职能定位创新研究 [J]．国际商务研究，2004（3）.

[48] 王文珍．我国劳动争议处理制度存在的问题及完善建议 [J]．中国劳动，

2004（8）.

[49] 王文兴.《劳动法》完善的方式选择 [J]. 中国劳动，2005（2）.

[50] 董保华，李干. 我国社会保险权利救济制度的理论悖论与现实困境——“裕元事件”引发的思考 [J]. 法学，2015（1）.

[51] 赵永乐，薛琴，方江宁. 劳动关系管理与劳动争议处理 [M]. 上海：上海交通大学出版社，2010.

[52] 彭倩文，曹大友. 是劳动关系还是劳务关系？——以滴滴出行为例解析中国情境下互联网约租车平台的雇佣关系 [J]. 中国人力资源开发，2016（2）.

[53] 聂生奎. 建立和谐劳动关系　维护企业和职工权益 [J]. 中国人力资源社会保障，2016（1）.

[54] 唐虚谷. 探究新时期劳动法律关系认定的困境——以两起典型案例为视角 [J]. 中国劳动，2015（23）.

[55] 薛丁齐，乔昕. 关于创新互联网+工会工作模式探索 [J]. 中国劳动关系学院学报，2016（3）.

[56] 李志华. 巧建员工自主经营管理模型 [J]. 人力资源，2012（11）.

[57] 陈晓燕. 工资集体协商在这家P2P企业落了户 [N]. 工人日报，2016-08-18.

[58] 李昌徽，等. 中国正在经历怎样的集体谈判 [J]. 中国工人，2016（2）.

[59] 谢玉华，李红，杨玉芳. 集体行动走向集体谈判的条件：基于珠三角案例的分析 [J]. 中国人力资源开发，2015（23）.

[60] 刘诚. 集体谈判散论 [J]. 上海师范大学学报，2016（5）.

[61] 谢玉华. 市场化集体谈判成功案例——番禺利得鞋厂劳资集体谈判分析 [J]. 中国工人，2015（2）.

[62] 闫新燕. 新常态下和谐劳动关系的构建研究——以劳动关系调整模式为视角 [J]. 特区经济，2016（3）.

[63] 吴国东，汪翔. 基于公平博弈的劳资冲突的成因与化解 [J]. 当代经济，2017（6）.

[64] 汪仕凯. 劳资冲突的新趋势与治理政策的选择 [J]. 天津社会科学，2017（4）.

[65] 吕洁诗. 无固定期限劳动合同对劳资关系的影响 [J]. 当代经济，2017（8）.

[66] 王德才. 伙伴关系实践对劳资冲突的影响——机制与情境因素研究 [J]. 管理评论，2018（1）.

[67] 姜凤珍，胡斌. 劳资冲突行为演化的随机突变分析及稳定性 [J]. 系统管理学报，2019（5）.

[68] 张高旗，徐云飞，赵曙明. 心理契约违背、劳资冲突与员工离职意向关系的实证研究：整合型组织文化的调节作用 [J]. 商业经济与管理，2019（9）.